謝伯陽 編纂

全明散曲

任半塘敬題

（增補版）

（一）

齊魯書社

國家古籍整理出版專項經費資助項目
本書出版得到高校古籍整理委員會資助

自序（一）

散曲是在宋、金時代的「俗謠俚曲」的基礎上，以及其他説唱藝術的影響下，發展起來的新興的一種歌詩和樂曲。這一從民間來的新的文學樣式，經過了長期的醞釀和發展，到元代進入了她的全盛時期。作爲我國古典詩歌中流行久遠，而又保持着自己特色的「元曲」（散曲和雜劇），取得了與「唐詩」「宋詞」鼎足而三的地位。

在中國文學史上給散曲以一席之地，祇不過六七十年的事情。曲在中國各種古典詩歌體裁之中，産生最晚，地位也最低，無論散曲還是戲曲，歷來爲封建衛道者所歧視，長期被當作小道末技而「薄之」！民國以後，吴梅、任訥、盧前、趙景深、鄭振鐸、陸侃如、馮沅君諸先生大力倡導，他們不僅在著作中給予散曲不少的篇幅，而且在大學講堂上也給予了她高度的評價，風氣爲之一變！曲學昌明已有半個世紀了，有關曲籍也出版了一些：任訥的《散曲叢刊》十五種（收元人曲集六種，明人曲集五種，清人散曲選刊一種，自著三種），一九三一年由中華書局刊行；爾後商務印書館則出版了任訥、盧前合輯的《散曲集叢》七種（收元代曲家四人、明代曲家三人）。而刊印元明清三代散曲作品最多的是盧冀野自費雕板刊行的《飲虹簃所刻曲》（正續集六十種），收元人曲集一十五種、明人曲集三十七種（其中陳鐸的《梨雲寄傲》《秋碧樂府》兩種祇是《陳大聲樂府全集》的選本；薛論道的《林石逸興》十卷，而盧刊用的是不足二卷的殘本）、清人曲集七種。這三部叢書連同其他幾種單行本，有明一代散曲別集總共纔有了五十種。

散曲在元代經歷了她的興旺時期以後，到了明代，作家和作品的數量都遠遠地超過元代。明人對散曲比較重視，曲集也編了不少，我們現在比較容易見到的明人曲選總集，是一九一九年上海商務印書館輯印於《四部叢刊》續編集部中的《雍熙樂府》（景明嘉靖刊本）；五十年代中期，文學古籍刊行社影印的《盛世新聲》和《詞林摘艷》，以及六十年代初中華書局排印的《南北宮詞紀》。可是，明人編的一些曲集對所選入的曲文，一般都不注撰人，僅有少數的曲子注了作者或劇目名稱，或者祇有題目。因此要使用這些曲選總集，是極不方便的。長期以來，研究曲學的同好深感明代散曲資料的分散和不足，找起來更是困難重重（不管是曲別集還是曲選總集，其中絶大多數屬於甲種善本或乙種善本）。時至今日，還没有一部詳備的明代散曲全集，實在是學術界的一大缺憾。

一九三三年盧前在《河南圖書館刊》第一册（期）上發表的《散曲書目初稿》，和任訥的「散曲書録」（見《散曲概論》）是姐妹篇。我們從明代最早的一部曲總集《盛世新聲》的刊刻，即武宗正德十二年（一五一七）算起（該書有正德十二年序），到現在已經過了四百七十一年了。而以雕印於宣宗宣德（一四二五至一四三五）年間的散曲别集《誠齋樂府》來説，則已有五百六十年左右了。在這漫長的歲月中，人世滄桑，經歷了天灾人禍的毁滅，遭遇到蠹魚蛀蟲的吞蝕，書目中記載的書籍固然有的還在人世間，但恐怕其中相當一部分是目存書亡，我們是永遠看不到了。在盧氏「書目」中，除去已刻的五十種，所剩的還有五十幾家，這個數目同一九六一年周妙中發表的《古本散曲叢刊》目録（初稿）中「明别集」六十家相比較，除個别的不一樣，其他基本相同。但是，據任著《散曲概論》「作家第六」統計，明代著有散曲的作者，共三百三十人（其中有重複和誤列的）。兩年前，哈佛大學漢學家韓南教授，從美國寄給我一份夏威夷大學羅錦堂教授於一九六六年出版的《中國戲曲總目彙編》複印件，其中明人散曲的總家數也没有超過任、盧的「書目」。根據我現在所掌握的資料來看，上述人數與實際上應有作者數相差甚大；就是那些已有專集的作家，也還有一些作品遺落在集子外面，需要加以補訂；而對相當一部分曲家别集已亡佚了的曲作，則非花費極大的精力另行輯佚不可。現在人們要研究我國古典文學史、散曲史和戲曲史，金元部分，已有隋樹森先生編的《全元散曲》；清代三百年，拙編《全清散曲》亦於一九八五年跟讀者見面了。唯獨有明一代散曲尚無全集，因此我覺得有必要將現存的明人散曲加以搜輯和整理，雖然工程浩大而艱巨，但編成一代總集，使人們能够很方便地看到明人散曲的全貌，填補散曲史上近三百年的空白，這一工作無疑是意義重大，非做不可的。

七十年代末期，《全清散曲》殺青以後，我就全力投入《全明散曲》的編纂工作。儘管現存明、清人曲選集中可供輯佚的材料不少，但對這些材料的辨認、正名的工作是極爲繁重和相當困難的。一九八〇年五月十日，趙景深先生在給我的信上寫道：「您現已開始明人散曲的編輯工作。這工作比較難做。過去我寫過《論伯虎雜曲》在開明書店的《國文月刊》上發表，祇是唐寅的散曲，就已有好多异名。……明人散曲搜輯的困難，主要在於常有一支小令或一篇散套屬於好幾個人的。」明人編的曲總集，爲什麽曲文作者的异名問題這樣嚴重呢？究其原因，主要有以下兩種：

一是明代曲總集的編者，受正統思想影響，對所收曲文的作者是誰，采取了無所謂的態度，因此有的不注撰人，如《盛世新聲》《雍熙樂府》等；有的隨便羅列曲家姓氏，如明人陳所聞所編《南北宫詞紀》，他在書裏列了一張《紀内詞人姓氏》表，在這張曲家姓名表中，既有吴仁卿又有吴克齋，既有曾褐夫又有曾瑞卿，既有劉逋齋又有劉時中，既有陳秋碧又有陳大聲，不僅同一個人在姓氏表中重出，還有的衹寫號或别號的，如誠齋、王西樓、王渼陂、徐髯仙、斛園居士、恒軒老人等。更有甚者，連作者的名號都不寫而衹書官職的，如童童學士、劉太保、仇州判、王太傅等等。編者在表後面附了幾句説明：「右諸詞人有書諱者，書字者，書號者，書官者，書别號者，不能詳考，姑隨各集中所刻者録之。」這種姓氏表體例的混亂，充分説明了編者對於所收曲文，究竟誰是它的作者往往是不重視的。

二是明代曲家不願意以詞曲知名，而曲總集的編者爲了眩人耳目，表示搜羅宏富，以廣招徠，隨意署題作者姓氏。《太霞新奏》的編者香月居主人在該書「發凡」中指出：「前輩不欲以詞曲知名，往往有其詞盛傳，而不知出於誰手者。《吴歈萃雅》悉取文人姓字，妄配諸曲，欲眩世目，貽笑明眼。」這種「取文人姓字，妄配諸曲」，不僅《吴歈萃雅》有，其他明人編的曲總集也都存在類似情形，衹不過程度不同罷了。這一種情形是造成曲文作者异名嚴重的一個重要原因。以上這些情況，不能不給我的工作帶來「麻煩」和留下一些意想不到的「後遺症」！

曲總集的編者們對曲文作者署名的不重視，有的竟到了基本上不注作家姓氏的地步了。例如選輯曲子極爲豐富的《盛世新聲》《重刊增益詞林摘艷》、徽藩本《詞林摘艷》《雍熙樂府》《昔昔鹽》《盛世詞林》《樂府争奇》等等都是這樣的，以致書中有些曲文的作者，我使用了十幾種曲籍都没能考證出來。看來這些作品，我們根本就無法知道它的主人是誰了。

從曲别集、曲總集以外的書籍中輯録明代散曲，我主要利用明人詩、文、詞集，小説、戲曲、筆記、曲譜、曲話一類的書。在這些書裏，固然有時也能發現少量的小令和散套；但更多的時候是費了很多時間，却什麽材料也得不到。從明人詞集中輯明人散曲，由於詞牌和曲牌的名稱相似，甚至有的完全一樣，詞曲又都是長短句，詞和曲中的小令有些就會互相混淆。例如楊慎的《升庵長短句》裏就有一些令曲。其他明人的詞集，也偶然有夾雜着散曲的，雖然這裏面能找到的材料很有限，如果不經過一番整理和校勘，也就無法加以輯録。

現在談一談我在輯校工作中，對幾個主要問題的處理情況：

一、關於作者的斷限

《全明散曲》收録的作者，一部分是生於元代而卒於明太祖洪武元年（一三六八）以後的人。在這一部分作者中，有些人生卒年代不詳，現祇得依據朱權《太和正音譜》中所列「國朝一十六人」的次序予以編排；在這些人當中有的仕明至三世，并且得到成祖永樂皇帝寵幸的，如湯式、唐以初等人。第二部分是生於明洪武元年，卒於明思宗崇禎十七年（一六四四）之間的人。第三部分是生於明代，歿於清初的明朝遺臣故老，如陳子龍、夏完淳、馮夢龍等人，他們有的爲抗清捐軀殞命，有的隱跡山林誓死不事二姓。勝國之遺老，便是异代之殷頑，若將其與新貴同列，有違死者意願。所以凡生於元末卒於明初、生於明末卒於清初鼎革之際的歷史人物，很難以朝代興亡爲斷，祇能視其生存時間和畢生言行，酌量取捨，予以收録。

二、關於作品的編排

《全明散曲》的編排，以作者的時代先後爲序。作者凡生卒年代可考者，按先後順序排列。至於那些不甚知名，而對其生平無法考知的作者，則祇能依據其著作的序跋，或科名録、筆記、曲話、曲目、詩詞總集等書中見到的一些史料加以推斷。還有一些生平不詳的作者，祇能從與其交遊者，或曲文據以輯佚之書籍刊刻年代量爲叙次。以上這些通過各種方法估量作者生年先後，要做到排列絶對準確是很難的，這祇有等待將來發現了新材料時再作調整了。

三、關於作品的出處

明人散曲雖有一些別集流傳下來，但數量不多，已出的幾種曲選總集，也有還需要重新輯逸的，如《飲虹簃所刻曲》中的《林石逸興》是據二卷殘本刊印的；陳鐸的《秋碧樂府》和《梨雲寄傲》也是用的明鈔選本刻的，其内容則是從《坐隱先生精訂陳大聲樂府全集》中的《梨雲寄傲》《秋碧軒稿》《可雪齋稿》《月香亭稿》等別集中選録的。類似這樣的情況還不少，這就必須進一步訪求善本曲書，對資料進行排比整理做拾遺補闕的工作。爲了便於讀者覆檢原書，凡是從兩種以上書籍中搜輯來的曲文，以及無名氏的作品，分別不同情況、采取不同的方式注明出處，譬如《全明散曲》王九思卷中之曲，是集王著的《碧山樂府》《碧山樂府拾遺》《碧山新稿》《碧山續稿》以及他和李開先合撰的《南曲次韻》等曲別集而成的；分別在每隻小令的曲末或套數尾文的下面，一一寫出各自的出處書名。另外一種情形是作者本有曲别集傳世，而在别集以外的書籍中、曲選裏又可以輯出若干首（篇）佚曲，如楊慎卷的散曲是將《陶情樂府》《陶情樂府續集》《陶情樂府拾遺》《楊升庵夫婦散曲》《升庵長短句》《升庵長短句續集》《玲瓏倡和》和曲選總集《群音類選》《樂府先春》《北宫詞紀》《吴騷集》《吴歈萃雅》《詞林逸響》《南音三籟》《吴騷合編》等書中的曲子歸并在一起，按例重新予以編排，分别注明各曲不同的來源。再一種情况是有的别集，還根據作品的特定内容或寫作年代，分列標題名稱，如李開先的散曲集分别由標題爲《中麓小令》《卧病江皋》《四時悼内》等集組成。現亦取消各集界限，重予排列，於各曲末尾處，注標題名。來源單一僅見作者曲别集的，一概不另注書名，其出處可參見「作者小傳」或「引用書目舉要」。最後一種情况是一曲見諸各書而彼此主名互异，其中有頗難確定作者的，凡皆出自别集者，雙收之；凡一見於别集，一見於總集者，以别集爲主録之，另立「複出」條目；凡同見於曲選總集者，酌情或兩處互見，或置於一人名下而於另一人之篇（首）末標立「複出」。複出之曲目，僅書牌調、題目、首句，注明所録曲集之名稱、作者，已輯於本書某人卷；詳細注語則見主收一家校勘記中。

四、關於作品的校勘

明人散曲别集精刻不多；曲選集輯者好事僞託，妄題撰人姓名，訛誤衍奪，多有所見。因此對於曲文作者的异説、題目的不同，都寫了詳細的校勘記。曲要上口歌唱，文句上的差异，襯字的增減，自屬難免。例如〔北中吕粉蝶兒〕（小扇輕羅描不上）散套，《詞林摘艶》注貫石屏著，《新編南九宫詞》注南北樂府，《樂府先春》注沈蛟門作，《北宫詞紀》《詞林白雪》注貫酸齋，《詞林逸響》《恰春錦》《古今奏雅》注李日華，《南北詞廣韻選》注元人，《樂府珊珊集》注唐伯虎撰，而《盛世新聲》《雍熙樂府》《昔昔鹽》《盛世詞林》《樂府争奇》《絃索辨訛》俱不注撰人。一篇套數，被十六種曲集所收，作者异説竟達八種之多。如果根據這些曲集的差异撰寫一篇詳細校記，所用的篇幅恐怕比原來的曲文還要多幾倍！這樣的校勘記對曲學專門研究者固然極有用處，但對於一般的讀者不僅失於瑣碎，而且徒增無謂的額外負擔。像上述〔粉蝶兒〕這樣的例子，在明人散曲中并不少見，我所撰寫的《明人散曲有關作品作者异名考録（表）》（見本書「附録」），是足以説明這方面的問題了；因此我覺得它（表）對於不同需要的讀者能提供更方便有用，更有參考價值的東西。《全明散曲》的校勘，現運用詳校和略校兩種方法：以别集异本，或别集與總集對校爲主；明人刊刻抑或後人排印之曲選總集，僅間引比較，皆不詳細互校。本書力避繁瑣而又無實用價值之逐字逐句全面對勘法。古今字、异體字、正俗字一概不校；通假字、通俗語辭一仍其舊，不作劃一。明顯錯字，一律徑自改正，不出注文。會引起异義之諧音字，改後加注。字迹漫漶，依照它本補正者，注明出處；脱字衍文，其據譜書推斷者，亦出校語。凡有助於對作者、曲文、版本的考訂，悉加案語。

《全明散曲》收作者四百零七家（無名氏不計其内），共輯得小令一〇六〇六首，套數二〇六四篇（複出小令、套數除外）。這比《全元散曲》和《全清散曲》的篇幅要多許多。我雖然想把材料網羅得十分完全，但尚有個别曲集因某種原因無緣得見，有的則未明藏者而無法收録。希望海内外藏家及熱心讀者不吝以珍貴的資料見惠，俾便增補掛漏，不勝感幸。本書的編纂承吴曉鈴先生過録明人典籍，海内外朋友寄贈資料；還得到北京圖書館、南京圖書館、上海圖書館、山東省圖書館、浙江圖書館及各兄弟院校圖書館先生們的大力協助，都是我所衷心感謝的。

謝伯陽　一九八八·四·二七

吴新雷序

看到謝伯陽教授推出的最新學術成果《全明散曲》（增補版），不禁勾起了我對一連串往事的回想和思念！

猶記二十世紀五十年代後期，我和伯陽兄先後在南京大學中國語言文學系陳中凡老先生門下攻讀曲學。陳老早年擔任東南大學國文系首届系主任期間，曾於一九二二年從北京大學聘來曲學大師吴梅執教，東南曲學，自此昌盛。陳老很自豪地再三强調説：「我們這裏在曲學方面是有優良傳統的，打從二十年代到三十年代，吴梅先生在東南大學、中央大學、金陵大學任教時，便開設了曲學通論、詞學通論、曲學、詞選、戲曲概論、度曲述要、散曲研究和南北曲律譜等課程，培育了唐圭璋、盧冀野、王季思、浦江清、常任俠、趙萬里等一大批詞學家和戲曲學家。」但陳老感歎本校自吴梅先生和盧冀野先生過世後，曲學方面的教研工作斷了檔，後繼乏人。一九五六年陳老訂立遠景規劃時，特地向校、系領導建言，力主在南大中文系恢復吴梅曲學的優良傳統。那時伯陽兄鑽研散曲學剛好起步，我則兼讀小説戲曲尚未入門。後遵奉陳老所囑，我便專攻戲曲學了。陳老爲人寬厚大度，鼓勵我轉益多師，他謙遜地説自己衹是吴梅的朋友，不足以承接吴梅的曲學事業，必得另外聘請吴門的嫡傳弟子來，纔能在南大真正傳承吴梅曲學的優良傳統。陳老盤算多時，向校、系領導推薦了吴梅在北大時期兩位盡讀其藏曲珍本的入室弟子：一位是近代散曲學的奠基人任中敏，號二北，晚號半塘，時在成都四川大學文科研究所。一九五七年春節期間，陳老打聽到任先生在上海侄兒家過年，便派我做信使趕到上海虹橋路任先生寓邸進謁。任先生是江蘇揚州人，思鄉之念甚切，欣得陳老之言，大喜過望，要我向陳老轉述心曲，并引用唐詩中張祜名句「人生衹合揚州死」的嘉話來表示極願回歸江蘇之意。不料任先生從滬上返回川大後，校方不放他走，而且爲此遭到「反右」風暴的襲擊，歸來無望。陳老推舉的另一位學人是南戲學科的開拓者錢南揚，時在杭州浙江師範學院中文系。陳老派我以短期進修的名義到該校直接聯絡，經歷了一番風風雨雨的曲折過程，終於成功。一九五九年九月，錢南揚先生被聘來南京，陳老欣喜無比，從此在南大中文系建立了戲曲研究室，使吴梅曲學的傳統得以恢復，從而培養了一批接班人。

二十世紀八十年代初，我在南京大學中文系開設了中國戲曲史課程，并着手昆曲學的建構。伯陽兄則開設了歷代散曲課程，與南京師範學院凌景埏先生合作校訂了《海浮山堂詞稿》（上海古籍出版社一九八一年出版）和《諸宮調兩種》（齊魯書社一九八八年出版），并繼凌先生遺志編成《全清散曲》，作爲「南京大學古典文獻研究所專刊」於一九八五年由齊魯書社出版，榮獲「全國首届古籍整理圖書二等獎」（此書又於二〇〇六年出了「增補版」）。同時，伯陽兄應中山大學王季思教授之邀，與洪柏昭教授共同完成了《元明清散曲選》（人民文學出版社一九八八年出版），被國家教委指定爲高等學校第一部散曲教材。

事有所未料，伯陽兄正在南大中文系發奮圖强、雄心壯志地輯集《全明散曲》時，却又出乎意料地轉到揚州師範學院協助任半塘先生指導博士生去了。對照當年陳中凡教授想請任先生來南大未能成行的舊話，想不到揚州師範學院竟得勝算，既成功地爲任先生圓了歸鄉之夢，又神奇地因任先生而取得了國務院學位委員會授予的首批博士點。此話怎講？我是知道其中有一段戲劇性情節的：真是「天晴日朗，千山開翠峰」，任半塘先生在四川歷經坎坷波折後，先出川到北京，接着於一九八〇年以八十四歲的高齡回到了他朝思暮想的「人生衹合揚州死」的家鄉。在揚州師範學院（一九九二年五月組建爲揚州大學）中文系創建了詞曲研究室和中國古代文化研究所，被國務院學位委員會公推爲首批博士研究生導師。由於年事已高，校、系領導十分關懷，專門爲任老配備了副手（副導師）。曾從江蘇省昆劇院聘來戲曲史專家胡忌先生。胡先生於一九八八年卸任後，便屬意於散曲學專家伯陽兄。伯陽兄由此從南京調到了揚州。獨具學術個性的任老學識淵博，於文史領域涉獵甚廣，著述宏富，多達五百萬言以上。他指導的博士生，既可以承其《唐戲弄》《唐聲詩》之餘緒鑽研戲曲史或唐代音樂文藝，又可以追蹤其《散曲概論》《散曲叢刊》及《新曲苑》之門徑接續散曲學研究，從而使揚州大學成爲國内首屈一指的散曲學博士點。伯陽兄受聘到此後，真是得其所哉。任老喜見他能承繼散曲學衣鉢，欣然爲他的學術成果親筆題簽，這就是我們看到的「全明散曲，任半塘敬題」書簽之由來。《全明散曲》於一九九四年由齊魯書社出版，榮獲第九届中國圖書獎和山東省優秀圖書一等獎。

伯陽兄在揚州校内的教研工作做得很出色，他在以任老爲首的博士生指導小組中，和徐沁君教授等爲研究生開課，并協助任老對研究生進行輔導，擔任了博士點指導小組組長。我曾來往於寧、揚之間，跟了伯陽兄多次拜見任老，在向任老請教《盪氣迴腸》散曲選中「拋紅豆」的紅學公案後，他老人家還親筆給我寫了回信。

任老對博士生的培養抓得很緊，有很高很嚴的要求。我在研究所看到，壁間有任老用毛筆墨書的兩幅大字，一幅是「聰明、正直、至大、至剛」的八字箴言，另一幅則題爲：「博士研究生到畢業時必須遵守部頒標準，能拿出學術研究上的某一種創造性的成果。」當弟子們入室時，就首先面壁領教，朝夕用功，未敢懈怠。伯陽兄秉承任老之意，盡心盡力地做輔佐工作，任老門下，人才輩出。

伯陽兄在揚州任老麾下還開展了多種學術交流活動，影響最大的一次是一九九一年九月四日至六日，由伯陽兄發起并主持、揚州師範學院科研處和古代文化研究所策劃組織、散曲學會理事長羊春秋、秘書長門巋等先生共同支持的「首屆海峽兩岸散曲研討會」，來自兩岸三十多個省市六十個高校與科研單位的七十餘位專家學者彙聚一堂，曾永義、李殿魁、汪志勇等臺灣著名曲家都來了，前輩著名學者吴曉鈴、顧學頡、王季思及香港學者羅忼烈等諸先生都專門寄來賀詞，九十五歲高齡的任老特感欣慰，坐着輪椅和全體與會代表在校園裏合影。會後，伯陽兄認真負責地把代表們提交的論文結集爲《散曲研究與教學》一書（首屆海峽兩岸散曲研討會論文集），交由浙江教育出版社於一九九二年出版，在當時，可謂是散曲界的一件大事、盛事。

一九九四、一九九五年，伯陽兄被韓國全羅南道光州國立大學聘請爲客座教授，傳經授藝的兩年，他將中國散曲的文化精神也帶到了异邦。自被推舉爲中國散曲研究會理事長以後，伯陽兄又肩負重任，與趙義山、門巋等諸先生聯絡全國各地的會員，促進各兄弟院校之間的學術交流，爲開拓散曲學的學科建設做了一系列實事。在他任職之前，全國性的散曲學術研討會已在天津等地開過三届，他接任後，自第四届至第十二届，又接續開了九次之多。從河北到遼寧，從廣東到廣西，從陝西到山西，從湖南到四川，伯陽兄和全體會員一起傳播了散曲學科的種子，在全國各地開了花結了果。我因俗務纏身，未能全都參與，但也有四次是躬逢其盛的。如一九九九年八月下旬在石家莊舉行的第四届中國散曲學術研討會，二〇〇一年九月中旬在錦州舉行的第五届研討會，二〇〇二年十一月下旬在順德舉行的第六届、二〇〇八年八月下旬在榆林舉行的第十届，我曾追隨伯陽兄之後，加入了與會者的行列。我與各地的會員叙談，論及當今文學趨勢，認爲經過散曲學會全體仁人志士多年來的共同努力，散曲學終於從詞曲學和戲曲學的固有範疇中騰飛而出，形成了一門獨立的學科。大家群策群力，使散曲的創作活動和學術研究在中國詩歌學中闖出了新局面。

伯陽兄退休以後，同夫人翁曉芹女士移居蘇州，但他没有優遊於山水園林之間，而依然埋頭書齋，坐着冷板凳繼續用功做學問。編注了《清曲三百首》（與夫人合作，百花文藝出版社二〇〇二年出版），編校了《馮惟敏全集》（齊魯書社二〇〇七年出版）。尤其是持續不斷地爲《全明散曲》做好了拾遺補闕的工作。他謙抑沉穩，與世無争，而治學嚴謹，鍥而不捨。從大量的文獻資料中尋尋覓覓，爬羅剔抉，輯佚補苴。這種鑽故紙堆的工作難度很大，既要鈎沉，又須辨僞；既要校勘，又要斠律。前後近二十年，終於在今年完成了《全明散曲》的「增補版」。回頭看初版，共收録曲家四〇六家，得小令一〇六〇六首，套數二〇六〇篇；再看增補版，收録曲家已達四七四家，喜得小令一一三四六首，套數二二一三篇。我掐指算來，曲家增補了六十八人，小令增補了一七四〇首，套數增補了一五三篇。足見他功底深厚，用力勤奮，創獲良多，事業大成，真是可喜可賀呵！

我和伯陽兄相知相交近六十年，青年時我們經常結伴或相遇於中凡先生寓所，後來又同事於南京大學。自他調去揚州後，每逢任老門下博士生答辯，我是必定要北渡揚州的；而當時是揚州市政協常委、江蘇省政協委員的伯陽兄，每次赴寧與會，也必抽空與我喁喁促膝，我倆可謂情緣深厚！如今我們已跨入耄耋之年，伯陽兄還長我二歲，仍然壯心不已。我已歸於林野，但伯陽兄却咬住青山，筆耕不輟，着實令人欽佩。我衷心祝願伯陽兄的學術成果隨着春風廣被南北，嘉惠學林而教澤永存！

二〇一四年中秋寫於南京大學文學院

自序（二）

《全明散曲》初版面世，已廿易寒暑，對此書的罅漏補苴也幾乎没有間斷過。關心明代散曲的同仁陸續刊出拾遺曲作及曲家生平的新資料，其中尤以何貴初博士最爲掛心。二〇〇五年南京「從傳統到現代國際學術會議」傳出康海散曲集《沜東樂府後録》（下簡稱《後録》）二卷在臺灣「國家圖書館」被發現的訊息，過去我們雖在康海詩文集《對山集》中讀到過《後録》自序的全文，但經過幾十年的尋覓，《後録》一書始終如石沉大海，無影無蹤。二〇〇九年五月，貴初兄從香港寄來《後録》的複印全書，使我們看到了隱藏已久的一般認爲已佚的异本罕曲。根據康海的自序，《後録》中的作品完成於康海辭世的前一年；如果以《沜東樂府》康海自序的時間計算，《沜東樂府》記録了康海正德八年（一五一三）之前的散曲創作，《後録》則展現了康海正德八年以後直至生命終止之前的散曲風貌。《後録》收有小令一百八十六首，套数八十二篇，其中有六首小令和五篇套曲《全明散曲》初刊本已收録，分别輯自任中敏先生《沜東樂府補遺》、趙景深先生《南北宫詞紀》校訂本及吴曉鈴先生《南北宫詞紀校補》。康海是明中葉重要曲家之一，無疑，《後録》的發現，對《全明散曲》的增訂，有著舉足輕重的意義。

《明清曲家考》資料翔實，考據嚴密。附編《全明散曲補輯》，輯得曲家二十二人；收小令一百九十一首，套曲二十五篇，爲《全明散曲》的增訂提供了新的内容。其中需要商榷的是汪廷訥卷收録的小令三十二首，套數十一篇。其中小令十一首、套數八篇亦見葉華《迦陵音一卷》，《全明散曲》初版已輯入。這些復見於汪廷訥《坐隱先生集》的曲作，在題目、曲文上與葉華卷都有不同程度的差异。《全明散曲》收入葉華卷有兩點考慮。首先是依據冰雪道人釋如德爲《迦陵音一卷》所作序。序云：「癸丑秋，偶晤金粟頭陀於澹然齋之陰，談金漱玉，逸雅逼人。於案頭得清調一帙，讀之，言言藥石，字字琳琅。且謂予曰：『此方真教體清響在音。』問余欲以音聲爲佛事可乎？予合十曰：『迷當詢道，飢欲得食，世道至今，澆漓極矣。是帙也，得非照昏衢之慧燈，濟荒年之粒粟乎！真所謂現居士身設爲開示，令人就熟路駕輕車，還家覓見主人，不啻菩薩悲願之廣也。當名之曰《迦陵音》。』亟梓傳世。」其次是關於汪廷訥的品行做派。汪氏是當年金陵的書商，把别人的作品收入自己的名下不是個案。以他和陳所聞爲例，周暉《續金陵瑣事》卷下八種傳奇條云：「陳所聞工樂府，濠上齋樂府外尚有八種傳奇，獅吼、長生、青梅、威鳳、同昇、飛魚、彩舟、種玉，今書坊汪廷訥皆刻爲己作。余憐陳之苦心，特爲拈出。」顧起元《客座贅語》在髯仙秋碧聯句條上也説：「友人陳藎卿所聞亦工度曲，頗與二公相上下，而窮愁不稱其意氣，所著多冒他人姓氏，甘爲床頭捉刀人以死，可歎也！」趙景深先生更在校訂本《南北宮詞紀》序中説：「希望《六十種曲》《古本戲曲叢刊》的目録最好也能把這些傳奇改署陳所聞的姓名，使得物歸原主。」這些雖是汪、陳兩家之事，但對汪、葉兩家重出曲子的處理，也可作有力的參對。但不管怎麽説，這些曲作亦見於《坐隱先生集》已是客觀事實，因此《全明散曲》增補版在汪廷訥卷中作了複出處理，并同時在葉華卷中對於一些出入較大的异文部分做出校語。

《風月錦囊箋校》的問世，僅從散曲這一門類，就爲我們提供了極爲珍貴的資料。我在三十年前，於吴曉鈴先生處借得《新刊耀目冠場擢奇風月錦囊正雜兩科全集》四十一卷（明徐文昭輯，嘉靖三十二年書林詹氏進賢堂刊本）的複印件，其文字漫漶缺筆，紙頁殘損破漏。因此箋校本的出版，使《風月錦囊》原來不堪卒讀的錯誤得以釐正，脱漏闕失得到補綴，對於《全明散曲》的增訂校讎，意義重大。

《全明散曲》初版時，我從《明代歌曲選》輯得朱載堉小令二十首，因此覓得《醒世詞》并輯訂，不僅對增補《全明散曲》來説不可或缺，更重要的是，通過展示朱載堉散曲的全貌重新確定其在明代散曲史上的地位。這次我們根據民國二十四年由閻永仁整理、益智堂刊刻的《醒世詞》影印本（簡稱益智堂本）對朱載堉的散曲進行了仔細校勘和整理。由於閻永仁對散曲這門韻文體的格式體例不是很熟悉，因此益智堂本把詩、文、民歌、散曲參差混刻，不易分辨哪些是散曲哪些又是民歌、小曲。有的曲牌和曲文身首异處；有的衹有曲文丢失了曲牌；有的則誤寫曲牌，張冠李戴；有的衹見曲牌不見曲文。更有甚者，一篇套數的各隻曲被作爲小令肢解散落於各頁。因此我們儘可能地將曲文和曲牌準確歸位；「丢失」曲牌的則觀其句式，根據曲譜冠以曲牌；一些句法近似某曲牌的曲作，我們會在下面加按語説明，存疑俟考。還有一些曲子，雖一時無法確定其曲牌，但從它們的句式和韻格來看，都是些寓意深刻、曲味濃郁的散曲，便歸入「失牌名」一欄。套數中散落於各頁的單曲，亦據曲律組套之規則，將它們重新串起。如此，《全明散曲》增補版共輯得朱氏小令二百五十四首，套數一篇。

辛卯年春上，我和内人在北京大學圖書館善本部看到燕京大學圖書館舊藏李應策詩文别集《蘇愚山洞續集》（簡稱《續集》）的縮微膠卷。《續集》三十卷，明刊本，二十八册四函。撰者李應策，字成可，號蒼門，陝西蒲城人，萬曆癸未進士，與湯顯祖同年。《續集》第八卷、二十二卷、二十八卷中録有散曲，雖目録及正文卷首均題署爲「詞」，但除去少量是詞以外，大多實爲散曲。對於《續集》散曲部分的輯録整理，我們一仍舊貫；一些重點的錯處，予以訂正并加按語。如【古輪臺】「偶聞蔡中郎賞月之曲援筆和此」，底本將【换頭】以下的曲文列爲了另一隻小令。除詞調外，一些曲、詞牌兼有，句式亦同，則根據曲之一般規律看其是否爲單片；或一些既不符合詞律，亦不合曲譜的小令，則據其曲味及襯字的使用情况來判定是否輯入。《全明散曲》增補版共輯得李氏小令四百六十八首。

除上述幾位重點曲家的作品增補，增補版還收入了黄淮、馮敏効、俞彦、范允臨、方汝浩、楊爾曾等六十多位作者的曲作。

通過對二百七十餘年明散曲的輯録和統計，我們不僅獲得了曲家、曲作的數據，同時也獲得了區域間曲家群體形成、變遷的數據，并以此佐證有明一代散曲興衰起落的軌跡。一般認爲，從永樂至成化中後期（約一四八〇年止）的八十餘年，是散曲創作的沉寂期，如果我們把活動於這段時間内的曲家視爲初期作者，以《全明散曲》增補版所輯録的現存作品統計（不含無名氏作品），大致有曲家三十六名，小令七百二十首，套數一百四十九篇。其中以湯式、朱有燉、賈仲明作品最多，唐復、李昌祺、朱瞻基、瞿祐、蘭楚芳、朱權、黄淮、楊訥、左贊等次之。明初曲家之間有無交集、唱和之群體有否形成，現存資料及曲作尚無法證明，衹能見到湯式、賈仲明、楊訥同在燕邸受到明成祖賞識；賈仲明與李唐賓交厚、與楊訥相交近五十年，以及黄淮奉敕與解縉撰《古今烈女傳》等一些零星資料。

成化後期至嘉靖末將近八十六年，一般認爲是明散曲創作的復興、鼎盛期。活動於這個階段的曲家大致有一百五十名，小令四千三百九十四首，套數六百四十七篇。同樣是八十餘年，但曲家及作品數量遠超越前期，明中葉散曲創作的繁榮景象顯而易見；主要區域的作者群亦此起彼涌，燦若星河。相繼出現：史忠、陳鐸、胡汝嘉、徐霖、萬勛、徐遵誨、陳沂、顧璘之金陵曲家群；王磐、陸滄浪、朱應登、朱應辰、朱曰藩、張守中之維揚曲家群；康海、王九思、馬理、張鍊、吕柟、韓邦奇、韓邦靖、張伯純、康河、康梧之陝西曲家群；楊廷和、楊慎、黄峨、楊愷、楊惇、劉泰之、張含、顧應祥、沐崧、簡紹芳、吴懋之蜀滇兩地曲家群；王田、李開先、高應玘、袁崇冕、弭來夫、劉守、馮惟敏、張誠菴之山東曲家群；唐寅、祝允明、文徵明、楊循吉、王寵、鄭若庸、周瑞、陸治、顧夢圭之蘇州曲家群。其餘如杭州的沈仕，山西的常倫、劉良臣，安徽的朱讓栩，江西的夏暘、夏言，四川閬中的徐敷詔，都是明中葉作品較多且出彩的曲家。

隆慶萬曆以後的七十七年，散曲史稱作「晚明」時期。過去，對於這個時期的散曲創作評價不是太高，有認爲是衰微期，這也許與當時有明一代散曲尚未集成有關。根據本書統計，這時期的曲家大致有二百八十八名，小令有四千四百一十四首，套數八百六十七篇。顯然，和明中葉鼎盛期比，這個數據不能證明晚明散曲進入了衰退期。再來看這個時期的曲家群：繼陳鐸、萬勛等而起的有金鑾、邢一鳳、吴嶔、倪民悦、曹大章、張鳳翼之前金陵曲家群；陳所聞、李如真、黄祖儒、黄戌儒、皮元素、杜大成、茅溱、盛敏耕、張四維之後金陵曲家群。與之呼應并互爲參與的是王寅、孫湛、汪廷訥、梅鼎祚、程可中之安徽曲家群；在山東，則有王克篤、丁綵、丁惟恕、薛崗、畢木、葉華之曲家群；在吴中、江南區域，繼唐寅、祝允明等而起有梁伯龍、王世貞、王穉登（移居蘇州）、杜子華、俞安期之前蘇州曲家群；馮夢龍、俞彦、俞宛綸、宛瑜子、范允臨、徐媛、范壺貞之後蘇州曲家群；沈璟、顧大典、沈自徵、沈君謨、沈瓚、沈珂、沈静專、葉憲祖之吴江曲家群；陳繼儒、董其昌、施紹莘、顧彦容、莫是龍、顧正誼、張積潤之華亭曲家群；王驥德、史槃、馮敏効、周履靖、胡文焕、屠隆、陳與郊之浙江曲家群；以及李應策、范垣、王徵、張炳濬之陝西曲家群。其他諸如廣東的陳子升，河北的薛論道、趙南星，皇室成員朱載堉，雖然没有資料顯示他們周圍有群體的形成，但他們都有數量可觀且優秀的作品。

以上衹是大致的劃分，有些曲家或會跨越前後兩個曲家群，如金鑾、張鳳翼等；也有些曲家會參與到其他區域的群體，如汪廷訥、屠隆等；再有同一群落的曲作者互相間也不一定都有交集。從群落的數量上比較，明中葉八個，晚明十個；從區域的變遷看，明中葉分佈在雲南、四川、山東、陝西、南京、揚州、蘇州；晚明曲家群落却主要集中在東南江浙一帶，尤以吴中爲多。從曲家和作品看，晚明的數量均不亞於明中葉，特别是長套數量的增多。這些數據説明：歷時二百七十多年的明一代散曲，由於戰争和朝代的更替，經歷了永樂至成化中後期的沉寂，於弘治、嘉靖的八十餘年間進入了鼎盛期；隆慶、萬曆後的晚明曲壇并不寂寥，是爲繼盛期。散曲創作的繁榮地由北方、關中向東南遷移，尤以吴中爲中心。散曲究竟於何時進入衰退期，元明清三代當做一統觀。

《全明散曲》增補版新增曲作的校勘輯録標準仍沿用初版體例，斷句以吴梅《南北詞簡譜》、沈自晉《南詞新譜》、李玉《北詞廣正譜》爲依據。考慮到散曲不僅有文字形式，還有其歌唱的形式，斷句儘可能依照曲譜，即「文意、格律兩通者，從曲律；按曲律不通者，則從文意」。對於初版《全明散曲》中未予以糾正的宫調、曲牌方面的錯訛作了釐正。比如【好事近】和【泣顔回】，一直以來被人們誤認爲是同一曲牌的兩個名字。其實【好事近】是由［泣顔回］［刷子序］［普天樂］中各取幾句組成的集曲，衹不過首四句是［泣顔回］而已。又比如套數【夜行船序】後面的【黑嘛序】，明人曲家多誤作【鬭寶蟾】。南越調有【鬭寶蟾】一牌，但句式與【黑嘛序】完全是兩碼事。吴梅《南北詞簡譜》在【黑嘛序】條下按云：「此用在【夜行船序】之後，止用换頭。……舊譜作【鬭蝦嘛】【鬭黑嘛】【蝦蟆序】，皆訛傳也。」又於【惜奴嬌序】條下按云：「【夜行船序】下必接【黑嘛序】。」爲何曲牌名【黑嘛序】會誤作【鬭寶蟾】？也許是【鬭蝦嘛】【蝦蟆序】中的蛤蟆、蟾蜍之間的發音、詞義等内在聯繫而以訛傳訛了。其他如商調的【梧桐樹】和【金梧桐】，越調【小桃紅】和正宫【小桃紅】，【油葫蘆】和【油核桃】，也有類似的情况，這次都予以釐正。還有一個普遍的情况，就是南南吕【梁州新郎】，明人刻本總是將曲牌衹刻作【梁州序】，所謂「亦猶新篁池閣之混刻爲梁州序，而不知犯賀新郎；糠和米之混刻爲孝順歌，而不知犯江兒水也」。

「全套首尾一韻」是散套創作的基本原則。我曾在《全明散曲》初版自序中寫道：「（明人）曲選集輯者好事僞託，妄題撰人姓名，訛誤衍奪，多有所見。」此話的含義不僅是指署名之亂象，還有指明人曲選集輯者好將不同作者之令曲，或不同套數中的隻曲拼湊成套，以之湊數。因此我們會發現一些套曲前後用韻不一，或前後文意不搭，這種現象在無名氏作品中比較嚴重，《全明散曲》（增補版）大多會給出按語指明。但也有一些是曲作者故意而爲之的情形。比如施紹莘的【北雙調二犯江兒水】「旅懷」套，首曲、次曲及後三曲分別葉齊微、尤喉、江陽韻，作者「自記」解釋道：「右詞皆偶然口占，或止一章半折，因其語意相入，彙而成篇，乃詞家百衲琴也。」再比如宛瑜子南北雙調【新水令】「憑伴」套，套中以一曲問一曲答的方式換韻。這些都屬於特例。

增補版將初版中遺漏的首句索引頁碼予以補寫。由於新資料的發現，有些曲家的位置作了調整。《全明散曲》增補版共收録曲家四百七十四家，小令一萬二千三百四十六首，套數二千二百一十三篇。拙編增訂雖力求完善，但限於個人學養閲見，疏謬舛誤在所難免，敬希海内外讀者方家不吝賜教。

在本書輯校的幾十年間，給予我關心和幫助的師友衆多，他們有的已乘鶴歸去，墓有宿草。如唐圭璋先生、趙景深先生、吴曉鈴先生、隋樹森先生、王季思先生、錢南揚先生、顧廷龍先生、周汝昌先生、王紹曾先生、周妙中先生、陳汝衡先生、羊春秋先生、李玉山先生、宛雨生先生、吴永坤先生，誠不勝山陽鄰笛之痛！本書又承任中敏先生親筆題寫書名，令我永懷不忘！

所謂一事之成，端賴衆力。這次增訂，獲得了學界師友的合力支持：明散曲補輯方面，有何貴初、汪超宏、葉曄、歐陽春勇諸學者；作者生平新資料方面，有侯榮川、劉水雲、劉英波、周鞏平諸同道；對校補漏方面，有孫崇濤、黄仕忠、陳飆沅、卜鍵、趙偉、張强、楊東甫諸同仁，以及學兄吴新雷先生，散曲學會趙義山、門巋、吕薇芬、楊棟、許建中、郭梅諸先生，北京大學圖書館善本部李雲先生。得到幫助之多，不勝枚舉，或有遺漏，謹請諒解，在此我一併致以衷心感謝！本書增補版還承蒙學兄吴新雷先生賜序，謹致謝忱！

《全明散曲》的問世及增訂版的付梓，自始至終與齊魯書社新老領導及相關員工的鼎力支持分不開，責編工作至為繁瑣辛苦，在此我要感謝劉海軍、張超編輯，尤其是宫曉衛先生，春秋正富，學識尤豐，長久以來孜孜勤力於中華古籍出版事業，鑿輪巨匠，造福學界，令我銘感！

謝伯陽　乙未（二〇一五）仲夏

凡例

一、本書彙輯明一代散曲家作品，斷代爲書，旨在得見近三百年散曲之全貌。搜集範圍，以歿於明代（自洪武元年至崇禎十七年）的作者爲主；明代遺臣，雖歿於清朝初年，或抗清殞命，或誓死不事二姓，如陳子龍、夏完淳、馮夢龍等人，若與新朝官宦同列，有違作者意願，兹一併采録，提供給古典文學研究者以廣泛的資料。

一、本書編次，以作者爲經，以時代爲緯。依作家生年先後順次排列。年代不詳者，略以作家之科第、仕履、交遊、撰述及曲選集刊行時代量爲區别。生卒年難以考知之明初作者，概依朱權《太和正音譜》「國朝一十六人」序列之。無名氏作品俱繫於編末，亦以曲文所出之書籍刊行年代以爲叙次。

一、本書每家散曲，均綴作者小傳，間録序跋及曲評。由於過去爲「正統文學」觀念所拘囿，曲家生平，鮮有記載。僅就見聞所及，略作紹介，旨在提供資料。至舊有序跋，對於考訂作者之事蹟大有裨益，俱録之。作者小傳主要根據《明史》《録鬼簿》《録鬼簿續編》《太和正音譜》《皇明名臣言行録新編》《國朝獻徵録》《盛明百家詩》《列朝詩集》《明詩綜》《歷代名人年譜》《今樂考證》《四庫全書總目提要》以及各地方志等等。此外，又從其他詩文集、筆記、曲目、《南北宫詞紀》「紀内詞人姓氏」表、《彩筆情辭》「辭人姓字」中鈎稽有關資料，兼采近人可信之考證；生平無考者則闕如。惟作者小傳、序跋及曲評涉及著作、雜劇、散曲名頗多，格式複雜，爲方便計，均略去書名號。

一、明人曲選好事僞託，妄題名家姓氏，常有一曲見諸各集者，彼此主名互異，其中有頗難確定撰人的，但凡出自别集無法考定者，則兩處互見；凡出自選本者，酌情收之，或兩處互見，或置於一處而於另一處之篇末標立「複出」。複出之曲目，僅書牌調、題目、首句，注明已輯於本書某人卷，而詳細注語則見主收一家校記中。對此類疑不能決之曲，雖按通行意見列於某人名下，然文獻不足，無從斷其真僞，聊備一説而已，非謂此即足資徵信。

一、本書每家之曲，先列小令，後列套數。現有專集傳世者，若集中偶有俗曲夾雜其中，亦爲研究當時曲壇之重要資料，自無删去之理，編次一仍其舊；惟原書小令、套數雜陳或訛竄者，改編之。無名氏曲作排列，先别集而後雜録散見之曲，先南曲後北曲，先小令後套數。宮調次第：南曲皆依沈自晉之《南詞新譜》，北曲均據李玉之《北詞廣正譜》。

一、本書每家之曲，曲牌相同者，小令僅於第一首前標出宮調牌名，以下各曲不再重標。套數僅於第一隻曲牌之上，注明宮調。南北合套，皆於題目或曲文前標出宮調，各曲牌下書明南、北，首調亦然。

一、本書每家之曲，其來源不同者，於各首（套）末尾分别注明書名。無名氏之曲録自别集者，以書名冠首；其餘從各種書籍輯録者，一律注明出處。某些别集，倘有按内容不同而分列標題者，依例改編之；改編之曲，僅書標題而不注别集名稱。曲文見於作家别集者，則一概不另加注，其來源參見作者小傳及「引用書目舉要」。

一、本書每家之曲，凡原書未標南北宮調者，皆爲增補；宮調誤標者，徑予訂正，均不加注語。曲牌异名者，本書各依原本，不作劃一；异名對照，另見「曲牌及有關作品首句索引」。曲牌錯標者，改正後酌情加注説明。

一、本書每家之曲，原無斷句者，則予以斷句；原書斷句不盡正確者，今皆重行校訂。斷句原則：文義、格律兩俱可通者，從曲律；按曲律不通者，則從文義。

一、本書校勘，以别集异本，或别集與曲選本對校爲主；明人刊刻抑或後排印之曲選集，僅間引比較，皆不詳細互校，力避繁瑣而又無實用價值之方法，不逐字逐句作全面校勘。如古今字、异體字、正俗字等，一概不校。曲書因傳唱，通假字、諧音字、口頭語、方言俗語頗多，本書仍如其舊，不作統一。明顯錯字一律徑自改正，不出校語。會引起异義之别字，改後加注。字跡漫漶，依照他本補正者，注明出處；衍倒訛脱，其據譜書推斷者，亦出注文。作者舛誤、題目差异、曲牌傳訛等，凡有助於對作家、曲文考訂者，悉附按語。

一、本書前有「引用書目舉要」，後附「作者姓名字號籍貫索引」「曲牌及使用此曲牌之作品首句索引」「明人散曲有關作品作者异名表」等，以便讀者尋檢。

一、編者泛覽未博，掇拾未盡，或有真僞不分，作者失考，乖舛疏謬之處，在所難免，惟祈海内外藏家及熱心讀者，有所垂教，不吝以珍貴資料見示，俾便增補修訂，個人至深心謝！

引用書目舉要

盛世新聲十二卷　明臧賢輯　正德十二年刻本

萬花集　明無名氏輯　正德間刊盛世新聲附刻本

詞林摘艷十卷　明張禄輯　嘉靖四年刻本

樂府羣珠四卷　明無名氏輯　一九五五年商務印書館排印本

新刊耀目冠場擢奇風月錦囊正雜兩科全集四十一卷　明徐文昭輯　嘉靖三十二年書林詹氏進賢堂重刊本

雍熙樂府二十卷　明郭勛輯　四部叢刊影印嘉靖四十五年序刊本

新刻京板青陽時調詞林一枝四卷　明黄文華輯　萬曆元年福建葉志元刻本

新編南九宫詞九卷　明三徑草堂編　鄭振鐸影印萬曆間刻本

新刻群音類選正續集四十六卷　明胡文焕編　一九八〇年中華書局影印萬曆間胡氏文會堂刻本

新刻游覽萃編六卷　明陳繼儒編　萬曆間胡氏文會堂刊本

新刻點板樂府南音二卷　明洞庭蕭士輯　萬曆間刻本

精選點板昆調十部集樂府先春三卷　明陳繼儒輯　萬曆間徽郡謝少連刊本

南北宫詞紀十二卷　明陳所聞輯　趙景深校訂　一九五九年中華書局排印本

南北宫詞紀校補不分卷（附北宫詞紀外集三卷）　吴曉鈴校補　一九六一年中華書局排印本

南詞韻選十九卷　明沈璟輯　萬曆間吴江沈氏刻本

月香小稿二卷　明無名氏輯　明鈔本

南北詞廣韻選十九卷　明徐復祚編　清鈔本

新刻點板情詞昔昔鹽五卷　明魏之皐輯　萬曆間刊本

新刻出像點板增訂樂府珊珊集四卷　明周之標編　萬曆間刻本

新鐫出像詞林白雪八卷　明竇彦斌輯　萬曆三十四年刊本

鼎刻時興滚調歌令玉谷新簧五卷　明吉州景居士輯　萬曆三十八年刻本

新鐫彙選辨真昆山點板樂府名詞二卷　明無名氏輯　鮑啓心校　萬曆間書林周敬吾刻本

情籟四卷　明騎蝶軒輯　江都任氏影抄明刊本

吴騷集四卷　明王穉登輯　萬曆四十二年刊本

吴騷二集四卷　明張琦　王煇輯　萬曆間長洲周氏刊本

吴歈萃雅四卷　明周之標編　萬曆四十四年刊本

青樓韻語四卷　明朱元亮　張夢徵輯　萬曆四十四年武林刊本

詞珍雅調八種十三卷　明李子彙選　金陵書肆刻本

盛世詞林樂府大全十二卷　明無名氏編　明鈔本

新鐫樂府争奇三卷　明汪公亮輯　汪公亮刊本

北曲拾遺不分卷　明無名氏編　民國二十四年上海商務印書館排印天一閣藏鈔本

詞林逸響四卷　明許宇輯　天啓三年刻本

彩筆情辭十二卷　明張栩輯　天啓四年刊本（坊賈改名青樓韻語廣集）

太霞新奏十四卷　明顧曲散人輯　天啓七年刊本

黄鶯兒一卷　明浮白主人輯　崇禎間刻本

山歌十卷　明馮夢龍輯　崇禎間刻本

黄山謎五種　明墨憨齋主人輯　民國二十四年中央書局排印本

南音三籟四卷　明凌初成輯　清康熙七年袁園客重刻本

新刻出像點板怡春錦曲（纏頭百練）六卷　明沖和居士輯　崇禎間刊本

白雪齋選訂樂府吴騷合編四卷　明張琦　張旭初編　崇禎十年刻本

古今奏雅六卷　明吴長公輯　崇禎九年刻本

名媛詩緯雅集四十卷　明王端淑輯　康熙六年刻本

曲選不分卷　明無名氏編　明鈔本

萬錦清音四卷　明方來館主人輯　崇禎間刻本

新鐫南北時尚青昆合選樂府歌舞台四集　明無名氏輯　清順治間書林鄭元美刻本

新鐫南北時尚萬花小曲不分卷　清無名氏輯　順治十三年金陵奎壁齋鄭元美刻本

元明小令鈔不分卷　清孔廣林輯　嘉慶間鈔本

曲苑十四種　陳乃乾編　民國十年海寧陳氏景石印巾箱本

散曲叢刊十五種　任訥輯　民國二十年上海中華書局聚珍倣宋版刊印

散曲集叢七種　任訥　盧前輯　民國三十年長沙商務印書館刊行

飲虹簃所刻曲　盧前編　廣陵古籍刻印社木板印本

筆花集不分卷　明湯式撰　天一閣舊藏明鈔本

樂府遺音一卷　明瞿佑撰　八千卷樓傳鈔明天順七年刻本

誠齋樂府二卷　明朱有燉撰　宣德間刊本

南山黄先生家傳集　明黄潤玉撰　藍格鈔本

僑菴樂府一卷　明李昌祺撰　汲古閣刊僑菴詩餘附刻本

桂坡集五卷　明左贊撰　正德間刊本

梨雲寄傲一卷　秋碧樂府一卷　明陳鐸撰　明鈔本

林泉高士孫西川詩稿　明孫艾撰　嘉靖間刻本

歸田稿八卷　明謝遷撰　文淵閣四庫全書本

坐隱先生精訂陳大聲樂府全集七種十二卷（梨雲寄傲二卷　秋碧軒稿二卷　可雪齋稿二卷　月香亭稿二卷　訥錦郎傳奇一卷　太平樂事一卷　草堂餘意二卷）　明陳鐸撰　萬曆三十九年汪氏環翠堂刊本

滑稽餘韻一卷　明陳鐸撰　萬曆三十九年環翠堂刊本

南峰樂府一卷　明楊循吉撰　文禄堂影印明刊本

樂府餘音一卷　明楊廷和撰　嘉靖間刊本

改亭存續稿十六卷　明方鳳撰　崇禎間刻本

葵軒詞餘一卷　明夏暘撰　嘉靖間刊本

中川遺稿　明王教撰　嘉靖間清白堂刻本

蓮湖樂府一卷　明夏文範撰　欽虹簃刊本

碧山樂府二卷　明王九思撰　嘉靖三十四年張書紳刻本

碧山樂府拾遺一卷　明王九思撰　明正德刻清印本

碧山新稿一卷　碧山續稿一卷　明王九思撰　嘉靖間刊本

南曲次韻一卷　明李開先　王九思撰　嘉靖間刊本

王西樓先生樂府一卷　明王磐撰　嘉靖三十年張守中刻本

伯虎雜曲二卷　明唐寅撰　欽虹簃刊本

柏齋何先生樂府一卷　明何瑭撰　崇禎十三年刊碧山樂府附刻本

沜東樂府二卷　明康海撰　嘉靖三年刊本

沜東樂府後録二卷　明康海撰　嘉靖間刻本

凌谿燈詞一卷　明朱應登撰　清嘉慶二十一年詹應甲校刻本

苑洛餘音一卷　明韓邦奇撰　嘉靖間刊苑洛集本

淮海新聲一卷　明朱應辰撰　嘉慶二十一年詹應甲校刻本

陶情令一卷　明楊應奎撰　清鈔本

瀼溪草堂稿　明孫承恩撰　孫氏刊本

鷗園新曲一卷　明夏言撰　嘉靖二十五年刊桂翁詞合刻本

夏桂洲先生文集　明夏言撰　崇禎間刻本

西郊野唱北樂府一卷　明劉良臣撰　劉鳳川遺書本

陶情樂府四卷　明楊慎撰　嘉靖間刻本

陶情樂府續集一卷　拾遺一卷　明楊慎撰　嘉靖間簡紹芳刻本

升庵長短句三卷　明楊慎撰　嘉靖二十二年重刻本

升庵長短句續集三卷　明楊慎撰　嘉靖間陸氏刊本

玲瓏倡和三卷　明楊慎等撰　嘉靖間刊本

楊升庵夫婦散曲不分卷　明楊慎　黃峨撰　民國十七年任二北校訂本

張龍湖先生文集　明張治撰　清雍正四年刊本

長春競辰餘稿擬元人樂府一卷　明朱讓栩撰　明刊本

詞餘一卷　明鄭若庸撰　清康熙三十八年程定遠滎陽雜俎附刊本

常評事寫情集二卷　明常倫撰　嘉靖間刊常評事集本

蕭爽齋樂府一卷　明金鑾撰　萬曆間環翠堂刊本

雙溪樂府二卷　明張鍊撰　明鈔本

玄素子集五十五卷　明廖道南撰　嘉靖間刊本
射陽先生曲存一卷　明吴承恩撰　飲虹簃刊本
篆江存稿九卷　明姜恩撰　萬曆間錢塘刊本
射陂蕪城詞一卷　明朱曰藩撰　清嘉慶二十一年詹應甲校刻本
李開先集不分卷　明李開先撰　一九五九年中華書局排印本
花朝閣樂府　明徐敷詔撰　萬曆間刊本
海浮山堂詞稿四卷　明馮惟敏撰　嘉靖四十五年刊本
秦詞正訛二卷　明秦時雍撰　嘉靖四十年序刻本
江東白苧二卷　續稿二卷　明梁辰魚撰　明刻本
徐文長佚草十卷　明徐渭撰　明末清初息耕堂寫本
明農軒樂府一卷　明殷士儋撰　萬曆六年刊本
詞臠一卷　明劉效祖撰　康熙三十五年胡介祉谷園刻本
適暮稿一卷　明王克篤撰　嘉慶二十一年王志超鈔本
留餘堂集二卷　明陳儒撰　鈔本
王十嶽樂府一卷　明王寅撰　萬曆十三年刻本

林石逸興十卷　明薛論道撰　萬曆十八年刻本
金山雅調南北小令一卷　明薛崗撰　萬曆四十四年鈔本
鄭王醒世詞分類彙編　明朱載堉撰　一九九二年中州古籍出版社影印本
娑羅館逸稿　明屠隆撰　民國二十六年上海商務印書館排印本
新刻三徑閑題二卷　明圻山山人撰　萬曆六年刊本
小有亭集三十卷　明馮敏効撰　明刊本
程仲權先生集一卷　明程可中撰　拜環堂集叢刻本
太霞洞集　明杜文煥撰　天啓刻本
鶴月瑶笙四卷　明周履靖撰　萬曆間刻本
夷門廣牘　鶴月瑶笙四卷　明周履靖撰　景明刻本
緑槐堂稿　明王交撰　隆慶五年刻本
筆花樓新聲一卷　明顧仲方撰　萬曆間刻本
種蓮歲稿六卷　明朱憲㸅撰　嘉靖間遼藩刻本
隅園集一卷　明陳與郊撰　明天啓元年賜緋堂刊本
芳茹園樂府一卷　明趙南星撰　明末刻本

吴廷翰集不分卷　明吴廷翰撰　一九八四年中華書局排印本

蘇愚山洞續集三十卷　明李應策撰　明末刻本

清明曲一卷　明陳繼儒撰　萬曆間刊晚香堂小品附刻本

輸寥館集八卷　明范允臨撰　清初刻本

絡緯吟十二卷　明徐媛撰　萬曆四十一年刊本

綸灑詩集十九卷　明龍膺撰　清光緒十四年重刻本

山居詠一卷　明王徵撰　飲虹簃刊本

適志齋稿　明許樂善撰　清乾隆間刊本

小令一卷　明丁綵撰　崇禎間刊本

蔡恭靖公詩文稿、雜編　明蔡國珍撰　清刊本

山居詠和一卷　明張炳濬撰　飲虹簃刊本

劉婺州文集二十四卷　明劉汝佳撰　萬曆間刻本

峽峰先生小令不分卷　明孫峽峰撰　明末鈔本

止止齋集　明沈演撰　崇禎間刊本

鄭京兆文集　明鄭心材撰　萬曆間刊本

太平清調迦陵音一卷　明葉華撰　明樹德堂刻本

曲典一卷　明真如子撰　萬曆間刻本

吴姬百媚二卷　明宛瑜子撰　萬曆四十五年貯花齋刻本

步雪初聲不分卷　明張瘦郎撰　崇禎間刊本

調刁集不分卷　明李朴撰　明末刊本

自娱集曲不分卷　明俞琬綸撰　萬曆四十六年刻本

秋水庵花影集五卷　明施紹莘撰　崇禎間施氏秋水庵刻本

俞少卿集二十卷　明俞彦撰　明末刊本

南北詞曲隨筆不分卷　明范垣撰　明鈔本

蘖絃齋曲一卷　明王屋撰　崇禎八年刊草賢堂詞箋本

沈君庸集不分卷　明沈自徵撰　鈔本

峚陽草堂詩文集　明鄭鄤撰　民國間活字本

北征集不分卷　明禄洪撰　鈔本

續小令集不分卷　明丁惟恕撰　崇禎十三年自刻本

陳忠裕公全集三十卷　明陳子龍撰　嘉慶八年簳山草堂刻本

雁樓集　明徐士俊撰　清初刊本
中洲草堂曲一卷　明陳子升撰　詩雪軒校刊中洲草堂遺集本
寒香館遺稿　明辛升撰　民國五年刊本
返生香一卷　明葉小鸞撰　光緒二十二年羊城秋夢盦刊本
范蓉裳胡繩詩鈔　明范壺貞撰　乾隆間刻本
獄中草一卷　明夏完淳撰　嘉慶十二年刊夏節愍集本
石佛洞権倀小品　明翁吉熺撰　崇禎六年刻本
諸佛世尊如來菩薩尊者名稱歌曲七卷　題永樂御製　飲虹簃刊本
中和樂章　明無名氏輯　太和正音譜附刊本
新編四季五更駐雲飛一卷　明無名氏編　成化七年北京魯氏刻本
新編題西厢記詠十二月賽駐雲飛一卷　明無名氏編　成化七年北京魯氏刻本
新編太平時賽賽駐雲飛一卷　明無名氏編　成化七年北京魯氏刻本
新編寡婦烈女詩曲一卷　明無名氏編　成化七年北京魯氏刻本
天樂正音譜一卷　題佚名　飲虹簃刊本
皋蘭明儒遺文集　王烜輯　民國三十二年蘭州石印本

玉笥詩談三卷　明朱孟震撰　學海類編本
玉茗堂重校音釋曇花記二卷　明屠隆撰　明刊本
金瓶梅詞話一百回　明蘭陵笑笑生撰　萬曆四十五年刻本
棣萼香詞二卷　清宋存標等撰　順治間刻本
筆精八卷　明徐𤊹撰　崇禎四年刻本
珊瑚網書録二十四卷　明汪珂玉撰　適園叢書本
幻影三十回　明夢覺道人　西湖浪子撰　崇禎間刻本
識小録四卷　明徐樹丕撰　涵芬樓祕笈第一集本
山樵暇語十卷　明俞弁撰　涵芬樓祕笈第二集本
堅瓠集六十六卷　清褚人穫撰　上海進步書局石印本
中原音韻　元周德清撰　中國古典戲曲論著集成本
録鬼簿二卷　元鍾嗣成撰　中國古典戲曲論著集成本
録鬼簿續編一卷　明無名氏撰　中國古典戲曲論著集成本
太和正音譜二卷　明朱權撰　中國古典戲曲論著集成本
詞謔不分卷　明李開先撰　中國古典戲曲論著集成本

曲論一卷　明何良俊撰　中國古典戲曲論著集成本
曲藻一卷　明王世貞撰　中國古典戲曲論著集成本
曲律四卷　明王驥德撰　中國古典戲曲論著集成本
顧曲雜言一卷　明沈德符撰　中國古典戲曲論著集成本
絃索辨訛不分卷　明沈寵綏撰　中國古典戲曲論著集成本
遠山堂曲品不分卷　明祁彪佳撰　中國古典戲曲論著集成本
遠山堂劇品不分卷　明祁彪佳撰　中國古典戲曲論著集成本
曲品三卷　明吕天成撰　清乾隆五十六年楊志鴻鈔本
傳奇彙考標目二卷　清無名氏編　中國古典戲曲論著集成本
今樂考證十二卷　清姚燮撰　中國古典戲曲論著集成本
曲録六卷　王國維撰　清宣統元年晨風閣叢書本
舊編南九宫譜十卷　明蔣孝輯　萬曆間刻本
廣輯詞隱先生增訂南九宫詞譜二十六卷　清沈自晉編　民國二十六年北京大學影印原刻本
北詞廣正譜十八帙　清李玉編　民國二十六年北京大學影摹石印本
彙纂元譜南曲九宫正始十七卷　清徐子室　鈕少雅編　民國二十五年影印清初朱墨鈔本

九宫大成南北詞宫譜八十一卷　清周祥鈺　鄒金生等輯　民國十二年古書流通處景印内府本

南北詞簡譜十卷　吴梅編訂　一九三九年盧前重慶白沙石印本

北曲套式彙録詳解　鄭騫編　臺灣藝文印書館印行

明代雜劇全目　傅惜華編　一九八五年作家出版社排印本

明代傳奇全目　傅惜華編　一九五九年人民文學出版社排印本

歷代婦女著作考二十一卷　胡文楷撰　一九五七年商務印書館排印本

明史三百三十二卷　清張廷玉等撰　一九七四年中華書局排印本

明史列傳九十二卷　題清徐乾學撰　舊鈔本

皇明名臣言行録新編三十四卷　明沈應魁輯　嘉靖三十二年刻本

國朝名世類苑四十六卷　明凌迪知輯　萬曆三年吴興凌氏刊本

國朝獻徵録一百二十卷　明焦竑輯　萬曆四十四年刻本

名山藏一百零八卷　明何喬遠撰　崇禎十三年刻本

皇明人物考六卷　明焦竑輯　明閩建書林近山葉貴刊本

明詩綜一百卷　清朱彝尊編　康熙四十四年六峰閣刊本

歷朝杭郡詩輯四十卷　清丁丙編　鈔校本

堯山堂外紀一百卷　明蔣一葵輯　萬曆三十四年刻本
四友齋叢説三十八卷　明何良俊撰　隆慶三年華亭何氏刊本
金陵瑣事正續集八卷　明周暉撰　萬曆三十八年刻本
弇州山人四部稿一百七十四卷　明王世貞撰　萬曆五年吴郡王氏世經堂刊本
弇州山人續稿二百零七卷　明王世貞撰　崇禎間刊本
昆山人物志十卷　明方鵬撰　嘉靖間刊本
盛明百家詩前後編三百零三卷　明俞憲輯　嘉靖隆慶間刻本
掖垣人鑑十六卷　明蕭彦撰　萬曆間刊本
大泌山房集一百三十四卷　明李維楨撰　萬曆間刻本
毘陵人物志九卷　明顧憲成撰　萬曆三十二年刻本
皇明世説新語八卷　明李紹文撰　萬曆三十八年雲間李氏刊本
石蓮洞羅先生文集二十五卷　明羅洪先撰　萬曆四十四年陳于廷文江刊本
列朝詩集八十一卷　清錢謙益撰　順治九年錢氏絳雲樓刻本
圖繪寶鑑六卷　明韓昂續撰　明末汲古閣刊津逮秘書本
皇明將略五卷　明無名氏撰　天啓元年吴興茅氏刊朱墨套印武備全書本

明儒學案六十二卷　清黄宗羲撰　四部備要本
帝里明代人文略二十四卷　清路鴻休纂　清道光三十年甘氏津逮樓刊本
天啓崇禎兩朝遺詩　明陳濟生輯　一九五八年中華書局影印本
明遺民詩十六卷　清卓爾堪輯　一九六一年中華書局排印本
江蘇詩徵一百八十三卷　清王豫輯　道光元年焦山詩徵閣刊本
金陵詩徵四十八卷　清朱緒曾輯　光緒十八年刊本
明詩紀事一百八十七卷　陳田編　陳氏聽詩齋刊本
小腆紀傳六十五卷　補遺六卷　清徐鼒撰　光緒十三年六合徐氏刊本
明遺民録四十八卷　孫静庵撰　民國元年上海新中華圖書館刊本
疑年録四卷　清錢大昕撰　小石山房叢書本
續疑年録四卷　清吴修撰　嘉慶二十三年海鹽吴氏自刊本
補疑年録四卷　清錢椒撰　道光十八年刻本
三續疑年録十卷　補遺一卷　清陸心源撰　光緒五年吴興陸氏自刊本
三續疑年録補正一卷　楊寶鏞撰　龍淵爐齋金石叢書本
疑年賡録二卷　清張鳴珂撰　寒松閣集本

五續疑年録五卷　附録二卷　閔爾昌撰　民國十二年刊本
疑年録彙編十六卷　補録一卷　分韻人表一卷　張惟驤編　民國十四年武進張氏小雙寂庵叢書本
歷代名人年譜十卷　附録一卷　清吴榮光撰　光緒二年京都寶經書坊刊本
碑傳集一百六十卷　清錢儀吉纂　光緒十九年江蘇書局刻本
續碑傳集八十六卷　清繆荃孫纂　宣統二年江楚編譯書局刻本
碑傳集補六十二卷　閔爾昌纂　民國十二年燕京大學國學研究所排印本
四庫全書總目二百卷　清永瑢等撰　一九六五年中華書局影印本
明清進士題名碑録索引　朱保炯　謝沛霖編　上海古籍出版社排印本
明人傳記資料索引　台灣「中央圖書館」編　中華書局一九八七年影印本
吴曉鈴集　吴曉鈴撰　二〇〇六年河北教育出版社排印本
晚明曲家年譜　徐朔方撰　一九九三年浙江古籍出版社排印本
康海年譜　韓結根撰　一九九三年復旦大學出版社排印本
風月錦囊箋校　孫崇濤、黄仕忠箋校　二〇〇〇年中華書局排印本
明清曲家考　汪超宏撰　二〇〇六年中國社會科學出版社排印本
明代中葉北曲家年譜　金寧芬撰　二〇一二年中國大百科全書出版社排印本

初刻、二刻拍案驚奇　明凌濛初著　北京燕山出版社排印本

韓湘子全傳　明楊爾曾著　二〇一三年華夏出版社排印本

全明散曲新輯下　葉曄編　文學遺産網絡版二〇一一年第三期

李開先全集　卜鍵箋校　二〇〇四年文化藝術出版社排印本

目録

無名氏

補　遺

附　録

王子一

王子一，名號、里居及生平均不詳。朱權太和正音譜評論明初曲家十六人（王子一、劉東生、王文昌、谷子敬、蘭楚芳、陳克明、李唐賓、穆仲義、湯舜民、賈仲名、楊景言、蘇復、楊彦華、楊文奎、夏均政、唐以初），而列王氏於榜首，稱其詞「如長鯨飲海」。並謂：「風神蒼古，才思奇瑰，如漢庭老吏判辭，不容一字增減。」約明太祖洪武初前後在世。所作雜劇四種：海棠風、楚臺雲、鶯燕蜂蝶、劉晨阮肇誤入天台，僅存劉阮天台一種。

套數

紀夢

【北雙調新水令】鳳臺無伴品鸞簫。間别來未知音耗。魚沉尺素稀。鴈斷錦箋遥。魄散魂消。心間事對誰道。

【駐馬聽】林外蕭條。一夜霜侵紅葉老。庭前寂寥。幾番風撼的碧梧凋。病兒多偏覺被兒薄。影兒孤最怕燈兒照。睡不着。淅零零暮雨窻前哨。

【喬牌兒】業眼兒纔待交。丫鬟早來報。攬衣推枕掀簾幙。共多情厮撞着。

【沉醉東風】則見他烏雲髻斜簪玉翹。芙蓉額檀口似櫻桃。端的是萬種嬌。千般俏。更那堪蘭麝香飄。今日箇得見多情女艷嬌。將我這受過的淒涼忘了。

【風入松】相思一擔我都挑。壓損沈郎腰。筍條般瘦損潘安貌。這些時茶和飯懶待湯着。幾番待要覓尤雲尋取快樂。争柰被水渰藍橋。

【甜水令】則見他欵解羅衫。輕分羅帳。低垂羅幙。團弄粉香嬌。半擁鴛衾。斜欹珊枕。共諧歡樂。枕凝伴手腕兒相交。

【鴈兒落】被翻紅浪高。髻嚲烏雲落。强如海上方。勝似靈丹藥。

【得勝令】呀。則見他粉汗透鮫綃。恰便似殢雨海棠嬌。雨歇陽臺静。雲還楚岫遥。欲再整鸞交。間阻邯鄲道。懊恨你一箇妖嬈。可怎生夢兒裏無下稍。

【川撥棹】我這裏下庭臯。雨初晴月影高。銀漢迢迢。落葉瀟瀟。萬籟静閑庭悄悄。原來這幾般兒將鴛夢攪。

【七弟兄】畫簷外鐵敲。紗窻外竹摇。呀。敢聒的人越難熬。寒蛩唧唧臨階鬧。疎螢點點趂風飄。賓鴻嚦嚦穿雲叫。

【梅花酒】呀。我這裏自窨約。三皷又頻敲。四更又初交。呀。㗂兩意又徒勞。心兒裏想念着。呀。敢夢兒裏故尋着。不由人越懊惱。書房中受寂寥。我心内自量度。可着我怎了。

【喜江南】幾番待接絲絃何處覓鸞膠。取銀瓶無計井中撈。轉南柯蟻陣早迷巢。孤眠獨枕過今宵。

【離亭宴帶歇指煞】〔二〕西風煞是能聒噪。秋聲不管離人惱。鬼病兒今番越着。不能勾共枕席。謾使傳書簡。空服靈丹藥。近燈檠將香篆焚。扣香風把靈神告。將一箇羊兒賽了。你怎生再使我可憐他。着俺這夫婦團圓睡到曉。（詞林摘艷）

按：盛世新聲無題，雍熙樂府題作「幽夢」，俱不注撰人。詞林摘艷題作「紀夢」，注皇明王子一作。北詞廣正譜引喜江南一曲亦注王子一。北宮詞紀題作「秋夜夢回有感」，注湯菊莊作。未知孰是，兹互見兩家曲中。

十面埋伏

【北中呂粉蝶兒】創立秦都。漢三杰盡忠人物。憑著這黃石公三卷天書。一來是子房功。二來是蕭何智。都把這三軍擺佈。大將軍八面威風。漢華夷立擎天玉柱。

【醉春風】收六國捲三秦。因此上播清風一萬古。築壇拜將用賢良。都是那蕭何薦舉。舉。暗度陳倉。明修棧道。聖明主有百靈咸助。

【紅綉鞋】困滎陽英雄發怒。火焚了紀信身軀。將沛公鴻門會上死扶助。呂馬通隨著鑾駕。陳平你趲著軍卒。著俺這韓元帥定一個漢楚。

【石榴花】一來是聖明君天子百靈扶。二來是大將有機謀。則俺那漢君王聖主有洪福。都一般俸禄。兩等遷除。當日個晋西施不得功勞簿。他曾看戰策兵書。量你個丁公雍齒成何物。他便會文共武待何如。

【鬬鵪鶉】他便會握霧拏雲。我也會呼風喚雨。鵲自尋巢。輕如輕如糞土。量這個舉鼎拔山夯鐵夫。微臣前怎生過去。縱然他計有千條。走不出龍潭虎窟。

【滿庭芳】哎你個英雄霸主。指鴻溝爲界。創立秦都。貪財爲撅秦皇墓。秦宮内粉黛遭誅。休笑這胯下夫偷瓜盜粟。到有那定乾坤安社稷權術。軍過問陳倉路。俺這裏兵雄將虎。到來日穩情取大會垓定一個贏輸。

【快活三】丹墀内忙拜舞。玉階前謹山呼。豁達大度世間無。大開賢門路。

【朝天子】我王是聖主。霸王是勇夫。怎消的百二山河路。空做了堂堂大丈夫。便死也無名目。扶立劉朝臣僚相助。我王是紫金龍。微臣是白額虎。忙扶持聖主。臣非是謬語。普天下都把劉朝助。

【上小樓】四下裏旗旛亂舞。八方裏軍兵擺佈。則見那四面八方。喊殺連天。盡是軍卒。憑著這子房符。整隊伍。三軍擺佈。飛不過浪濤濤大江東去。

【幺篇】舒展開丹青畫圖。標寫就山川名目。只殺的他羞奔秦邦。懶歸燕趙。耻向東吳。殺的他軍又無。將又疎。孤行獨步。只殺的他到烏江自無船渡。

【幺】明明的傳著將令。暗暗的用著智謀。閃的他直至江邊。駕著孤舟。閔子奇打扮做漁夫。賺的那楚項羽。到此處。無船擺渡。逼的他拔龍泉自行誅戮。

【十二月】則他那重瞳項羽。顯威風小覷俺那軍卒。欺負俺沛公軟弱。用韓侯統領著軍卒。鞍上將如狼似虎。準備著十面埋伏。

【堯民歌】呀。更有那灌嬰盧綰英布彭越用機謀。更有那周勃周昌盧韋亞夫各使兵機。一來一往似攛梭。殺的那楚霸主一人一騎要上東吳。猛聽的擂鼓篩鑼五侯人馬當攔住。叫一聲長吁。軍兵一個無。將一個楚重瞳賺入陰陵路。

【耍孩兒】氣撲撲按不住雷霆怒。統大勢干戈便舉。衆兒郎準備著定機謀。急槽頭牽戰龍駒。前先鋒執一枝定乾坤安社稷描金畫桿方天戟。後合後使一柄陣必開戰必勝鐵桿朱纓倒馬毒。九江王使的是月樣開山斧。憑戰策南征北討。按兵書東蕩西除。

【二煞】到來日喊殺聲鬧了戰場。蕩征塵遮了太虛。楚重瞳對面無心覷。高聳聳巉巍巍四圍山頂密匝匝軍屯滿。翻滾滾浪淘淘萬里長江。淹淹都著這馬飲枯。四下裏擋攔住咽喉路。三畧法軍兵點聚。六韜書隊伍全無。

【三煞】那韓信龍鱗鎧久慣披。獅蠻帶能結束。虎觔絛緊緊的牢拴住。寶鐵胎香檀靶鵲畫弓斜跨在雕闌油漆飛魚帶。紫金鈚皂雕翎狼牙箭輕插在鋪翠描金走獸壺。有去路無回路。殺的他觔舒力盡。使不得你大膽心麄。

【四煞】一壁廂蕭何運草糧。周勃統士卒。莽樊噲助陣吶喊鳴金鼓。有一個貫相持相對壘盧綰排著軍陣。有一個能言語能舌辯才知隋何下著戰書。陳都尉緊的牢防護。四週圍安營下寨。九里山十面埋伏。

【五煞】到烏江逢著漢軍。恰便似朝歌城滅了紂主。不弱如魏龐涓樹下身遭苦。能飛也飛不出齊田單火牛陣。密匝匝的連環寨快逃也逃不出孫武子長蛇陣。亂紛紛八卦圖。命裏合歸去。使不著喑嗚叱咤。則落的短嘆長吁。

【六煞】漢帝向寶帳中韵悠悠奏樂聲。子房公巔峰上暗暗的使著智謀。吹笛散楚歌聲曲。吹的那八千子弟閙垓垓急穰穰都把軍兵散。項營中靜悄悄三軍一個無。他每都思鄉故。使不的拔山舉鼎。刺懷王霸業爭圖。

【七煞】呂馬通緊緊的隨著後軍。急急的催著亞夫。逼的那楚重瞳驟龍駒引定虞姬女。夫別婦。恰便似館娃宮西施女悲悲切切深宮內離了吳帝。婦別夫。恰便似金谷園晋石崇高樓上哭啼啼墜了緑珠。這的是生死離別路。玉纖手高擎著寶劍。磣可可血糢糊美艶嬌姝。

【八煞】彭越隘口防。灌嬰將船掉舉。方信道烏江不是無船渡。先賺了黄金勒寶雕鞍趁日能行千里烏騅馬。後賺了鎖子凱玉連環貫彩綉團花錦戰服。把兵器先收取。横死在白金劍下。自刎了七尺身軀。

【尾聲】一心兒扶立劉。主意兒要滅楚。將一個楚重瞳生逼入陰靈路。人共馬全然做不的主。（詞林摘艶）

八仙慶壽

【北中吕粉蝶兒】山勢崔巍。映紅霞縷金鋪翠。作伴的茶蘼琴棋。春來到百花香。夏值著荷花噴。秋風擺梧桐飄墜。冬景堪宜。剪鵝毛亂飄祥瑞。

【醉春風】四季景堪題。仙家叅道理。俺那裏延年益壽托皇基。都來進禮。禮。聖主寬恩。賢臣忠孝。因此上黎民安治。

【普天樂】看一岱嶺雲飛。在十二瑶池内。俺那裏祥雲冉冉。緑草萋萋。採靈芝下玉梯。朝金闕乘鸞背。俺那裏四望雲山純鋪著翠。勝蓬萊閬苑瑶池。俺那裏山圍著緑水。水流在澗溪。香馥馥花繞疎籬。

【十二月】穿的是麻袍草履。怎能勾著綠穿緋。伴著的是山猿野鶴。更和這松竹寒梅。採的是不老長生藥劑。俺則待步步相隨。

【堯民歌】呀。我則待引著鹿騎著鶴逍遥散袒乘興過去赴瑶池。我則待靠著水偎著山道打箇子摑愚鼓無憂無慮。那便宜。争也波知。仙家造化機。我其實參透了玄中義。小小低低蓋一座茅廬索清奇。不强如亂紛紛急穰穰蜂衙蟻陣受驅馳。則不如跟著貧

【耍孩兒】翫白雲醉了重還醉。直睡到紅日三竿未起。覺來時耳聽野猿啼。悶來時笑出柴扉。尋幾個漁樵閑客知心友。共賞翫春光飲數盃。正遇著昇平世。遍乾坤民安國泰。齊祝讚聖壽天齊。

【二煞】鐵拐李顯神通口吐雲。韓湘子勝仙花手内提。藍彩和手執檀板空雲裏。吕洞賓白雲影裏懸真像。曹國舅紫霧叢中挑著笊篂。張四郎便把輪竿執。張果老四蹄蹇衛。有一個能修行辨道鍾離。

【尾聲】有一個遍東洋採靈芝珠頂鶴。有一個傍西湖靠灘頭金綫龜。老人星都赴在瑶池内。有德行純陽度脱你。（詞林摘艷）

複出

套數

悔悟

【北商調集賢賓】鶯花寨近來誰戰討。

詞林摘艷題作「悔悟」，注王子一撰。筆花集、北宮詞紀注湯菊莊作。茲已輯於湯式卷中，此不重録。

〔一〕「離亭宴帶歇指煞」，原僅書「離亭宴煞」，茲據譜改。

劉兑

劉兑，字東生，浙江紹興人。洪武時尚在世。善南曲，有雜劇月下老定世間配偶、金童玉女嬌紅記二種。太和正音譜評其曲「如海嶠雲霞」，於明初十六位曲家中「宜列高選」。

小令

【南商調七賢過關】

四時思情[一]

〔梧桐樹〕春風花草香。遲日江山麗。萬紫千紅。總是傷情處。〔黃鶯兒〕懨懨為伊。愁懷為伊。〔山坡羊〕只聽得管聲管聲喧天地。縱有笙歌不入愁人耳。〔香遍滿〕見鶯花憔悴。杜鵑語聲悲。〔金絡索〕梅子心酸柳皺眉。一春魚鴈無消息。閃得我似雨打梨花珠淚垂。〔皂羅袍〕空房獨守。此情為誰。〔桂枝香〕冷落閒庭院。暮雨瀟瀟郎未歸。（雍熙樂府）

炎天夏日長。漸覺熏風細。避暑涼亭。悶把闌干倚。游魚順水。鴛鴦戲水。鴛鴦本是本是飛禽性。養殺終須不到奴根底。好難消遣。悶下幾盤棋。强飲消愁酒數杯。一時飲得醺醺醉。尤恐燈昏郎未歸。瑶琴再理。知音有幾。欲撫相思調。荷滿池塘夏至時。（雍熙樂府）

金風暑漸消。不覺新秋至。掇起酒鍾兒。少箇人陪侍。君家命裏。奴家命裏。促織聒得聒得奴心碎。一迷埋怨到説奴不是。把情書來寫。寄與我郎知。休負橙黄橘緑時。一秋好景君須記。閃得似南來孤雁飛。閑愁閑悶。管他甚的。最苦傷情處。雨打梧桐葉落時。（雍熙樂府）

朔風早凛冽。欲把寒衣寄。寄與遠征郎。恐不到根底。君冷自知。奴冷自知。雪花下得下得紛紛細。凍損兒夫誰與奴為美。畫堂人静。數盡更移。撥盡寒爐一夜灰。冷清清不見郎回日。忽聽得門外輕敲駿馬嘶。多情來至。心歡意喜。欲把銀釭照。尤恐相逢是夢裏。（雍熙樂府）

【南南吕一江風】

咏女郎[三]

俏寃家。獨立在簷兒下。手攏着香羅帕。細端詳。亂挽着烏雲。斜軃着金釵。恰便

似活菩薩。若還他到俺家。燒香供養他。説幾句知心話。（南音三籟）

套數

閨情[三]

【南黄鍾畫眉序犯】鸚鵡報春晴。汗濕酥胸睡初醒。把簾鈎輕捲。散步閑行。留不住幾樹花香。踏不折一枝梅影。形孤另。可惜辜負新春。懶裁雙勝。

【錦堂月犯】心驚。荳蔻微生。丁香暗結。教人覩物傷情。懊恨東君。韶光已破三分。二分付流水浮萍。一分襯馬蹄芳徑。傷春病。因此上花鈿慵整。

【集賢賓犯】殷懃。把酒多至誠。勸東君須索長情。明歲重來期已定。倒不如就此留停。同歡同慶。免秋到碧梧金井。再叮嚀。留春不住。相送過洛陽城。

【黄鶯兒犯】回首問無憑。托香腮淚暗傾。見雕梁雙燕長相並。這燕兒幾聲。那燕兒數聲。他把春愁説盡難回應。冷清清。倚圍屏。交頸鴛鴦綉不成。

【一封書犯】紅光溜小亭。滿地胭脂春草青。欲待要尋芳穿曲徑。尤恐踏碎殘紅不敢行。惜春無計。誰來助情。惜花怨苦。誰來辨明。悄無言。立盡鞦韆影。

【皂羅袍犯】粉墻外趷的趷蹬。是誰家公子。策馬閑行。放金丸花下打流鶯。分明是偷香手段原端正。君無意。妾有情。隔墻空自眼睁睁。看不見。恨轉增。夕陽揮淚杜鵑聲。

【甘州歌犯】東方月又生。辦盟香金鼎。再拜虔誠。姮娥缺處。幾時許我圓成。清光照人孤另影。更覩牽牛織女星。驀然聽。是誰家庭院。銀甲彈箏。

【解三醒犯】夜深露濕春衫冷。手把瓊窗悄悄扃。丫環報東君昨夜成婚配。西女今朝已結盟。傷心跌碎菱花鏡。震滅瑶臺一盞燈。孤幃冷。翻來覆去眠不穩。淚濕羅衫一片冰。

【好姐姐犯】厭聽。長更短更。挨盡了銅壺寂静。心慵意懶。方纔好夢成。初上陽臺。喜雨歡雲猶未醒。他人行。春宵一刻。價值千金。自恨我無緣。把萬刻春宵一兩傾。

【僥僥令】惜花春有意。愛月夜無情。畢竟紅顔多薄命。只得避香閨守夜清。

【尾聲】梨花報與桃花杏。潔白妖紅兩鬬争。可惜春光去怎生。（群音類選）

按：第一至第九曲曲牌怡春錦分别作〔畫眉畫錦〕、〔畫錦賢賓〕、〔賢賓黄鶯〕、〔黄鶯一封〕、〔一封羅袍〕、〔羅袍甘州〕、〔甘州解醒〕、〔解醒姐姐〕、〔姐姐醉翁〕；〔僥僥令〕怡春錦作〔醉翁僥僥〕，即〔醉僥令〕，多出〔醉翁子〕「鬼病。到晚來比前越盛。他人行春宵一刻。價值千金。思省。恨只恨當初。花下相逢眼底情」七句。異文不校。

芭蕉夜雨〔四〕

【南商調集賢賓】芭蕉冷落秋氣幽。蕭蕭獨抱寒裯。欹枕俄驚窗雨驟。一聲聲惹起閒愁。珠拋玉溜。幾側耳幾添僝僽。空自守。這淒楚爲誰擔受。

【黄鶯兒】風颺繡簾鈎。和蕉聲帶雨浮。夢回幾陣殘更候。似蛩聲更啾。似砧聲更稠。淅零零苦把淒涼奏。思悠悠。都將別恨。收拾上眉頭。

【琥珀猫兒墜】芭蕉色褪。蔭緑減深秋。況復輕分彩鳳儔。那禁蕭瑟雨颼颼。〔合〕堪憂。最苦是殘夜如年。漏滴譙樓。

【前腔】短檠半減。應怯照人羞。空把明珠暗裏投。淋漓飛翠淚雙流。〔合前〕

【尾聲】西風吹雨紗窗透。魂斷處香消金獸。忽聽鷄聲報曉籌。（南音三籟）

別　情〔五〕

【南仙吕入雙調步步嬌】月夕花朝成虚度。把往事難憑據。東風舊院宇。塵滿瑶臺。悶扃朱户。六曲畫闌干。總是傷情處。

【孝南枝】〔孝順歌〕關山路。信也疎。鴛鴦繡衾香也無。蟬鬢爲誰枯。蛾眉爲誰蹙。只有天知我苦。也不揮毫。也不聯詩句。也不開樽。也不歌金縷。〔鎖南枝〕燈也孤。人也孤。枕也孤。月也恨長孤。

【香柳娘】嘆離愁幾許。嘆離愁幾許。勝似大江東去。將心比心如何辜負。想昔日共笑語。想昔日共笑語。情似水中魚。愛惜如掌中珠。我欲待要寄書。我欲待要寄書。寄與薄情。看取淚痕如雨。

【園林好】不記得彈絲品竹。不記得偎香倚玉。不記得臨行時囑咐。不記得醉模糊。不記得臥流蘇。

【江兒水】盼殺門前馬。陌上車。年年空把佳期誤。好似和番漢蘇武。終須有日還鄉故。忍把奴心辜負。鴈杳魚沉。不見傳來尺素。

【僥僥令】鸞凰錦帳圖。蝴蝶繡羅襦。惹恨牽愁無心緒。直待兩成雙心願足。

【尾聲】逢時遇景添淒楚。常思想鸞交鳳侶。至今在海角天涯。（昔昔鹽）

四時閨怨〔六〕

【南正宮刷子帶芙蓉】〔刷子序〕雲雨阻巫峽。傷情斷腸。人在天涯。柰錦字無憑。虛度荏苒韶華。嗟呀。春晝永朱扉低亞。東風静湘簾閑掛。〔玉芙蓉〕黛眉懶畫。艷宮鵶。鬢邊斜插小桃花。

【山漁燈犯】燕將雛。逢初夏。夢斷華胥。風弄簷馬。閑扃了刺綉窻紗。香消寶鴨。那人在何處貪歡耍。空辜負沉李浮瓜。寂寞。厭池塘鬧蛙。庭院日長偏憐我。枕簟上夜涼不見他。多嬌姹。愛風流俊雅。〔玉芙蓉〕倚闌干。猛思容貌勝荷花。

【普天帶芙蓉】〔普天樂〕景淒涼。人瀟灑。何日把雙鸞跨。怨薄情空寄魚箋。相思句盡續琵琶。彈粉淚濕香羅帕。暗數歸期在斜陽下。動離情征雁呀呀。無奈心事轉加。〔玉芙蓉〕對西風。病容消瘦似黄花。

【朱奴插芙蓉】〔朱奴兒〕漸迤逦寒侵綉榻。早頃刻雪迷了鴛瓦。自恨今生分緣寡。紅爐畔共誰閑話。詀啼罷。托香腮悶加。〔玉芙蓉〕膽瓶中。懶添雪水浸梅花。

【尾聲】重相見。兩意佳。憶昔傳杯弄斝。斷送了年時四季花。（吴騷合編）

月下老

劉東生正宫，與以前他套相頡頏，與本人三套相伯仲，但勢不能全收耳。虚字走韻。

【北正宫端正好】青藹藹柳陰濃。輕拂拂荷香蕩。小紅亭嫩緑池塘。水晶簾動波紋漾。高捲在金鈎上。

【滾繡毬】翠雲亭青鎖窗。紫藤蓆白象床。罩湘裀碧紗鴛帳。夢初回浴罷蘭湯。我這裡出繡房。過畫堂。扇輕羅晚風清爽。汗珠消玉骨生涼。將松濤細煮龍團茗。花露濃醺睡鴨香。另是個風光。

【倘秀才】蟬鬢鬅斜簪鳳凰。粉臉淡重勻海棠。翠點眉心半額黄。縷金香串餅。雲錦藕絲裳。添了些晚妝。

【滾繡毬】步盈盈羅襪涼。動珊珊環珮響。翠陰中倚欄凝望。浸樓臺雲影天光。小壺天風月塲。萬花叢鴛鴦鄉。彩霞收緑雲摇漾。顫巍巍羽蓋雲幢。蕊珠宫裏神仙墜。織錦機頭巧婦忙。淡抹濃妝。

【倘秀才】緑槐陰深深院牆。金井畔低低小房。葵萼傾心向日光。萱開黄鵠嘴。榴簇錦紗囊。正紅稠緑穰。

【塞鴻秋】露滋花花含露。珍珠輕綴霞綃上。絮沾苔苔鋪絮。粉綿碎剪紅氈上。柳藏鶯鶯穿柳。緑絲亂拂金梭上。藻遮魚魚驚藻。錦鱗雙捧銀盤上。晚露滴花稍。晴雪飛江上。竹吟風風篩竹。玉簫聲斷青鸞上。

【脱布衫】白蓮藕味美甘霜。銀絲鱠細縷新姜。玉碗調冰壺蔗漿。荷筒貯碧香清釀。

【小梁州】玳瑁筵前春晝長。錦片也似排場。鳳簫鼉鼓間笙簧。瑶筝上。玉柱雁成行。

【幺篇換頭】雪兒對舞雲娥唱。按梨園一派宫商。醉眼狂。歡情暢。餘音嘹喨。齊和採蓮腔。

【醉太平】倚雕欄艷粧。拂兩袖天香。猛然驚散錦鴛鴦。俊嬌娃蕩槳。清波小小蘭舟漾。空蒼隱隱銀蟾晃。夕陽渺渺綵雲長。堪宜玩賞。

【貨郎兒尾】扭結丁香。扣鎖鴛鴦。端的是占斷風流窈窕娘。（詞謔）

按：〔幺篇換頭〕原缺，曲文接【小梁州】「玉柱雁成行」後，兹正。

複出

套數

秋懷

【南仙吕入雙調步步嬌】簟展湘紋新凉透。

南宮詞紀題作「秋懷」，吴歈萃雅、詞林逸響、古今奏雅題作「閨怨」，俱注劉東生作。群音類選題「閨怨」，署楊德芳撰。吴國寶洞雲清響題作「題情」，惟曲文與各家選本出入較大。未知孰是，兹姑分輯於本書吴、楊兩家卷中，此不重録。

咏梅

【南仙吕入雙調黑蟆序】點檢梅花。

樂府珊珊集題「咏梅」，注劉東生撰，疑誤。此套見陳大聲樂府全集可雪齋稿等書，兹已輯於陳氏卷中，此不重出。

南北正宫合套

四時花怨

【梁州令南】芳草長亭露帶沙。

吴歈萃雅、詞林逸響題作「四時花怨」，吴騷合編題作「四時閨怨」，怡春錦作〔夜遊湖〕「花怨」，俱注劉東生撰。盛世新聲、新編南九宫詞，雍熙樂府、南北詞廣韻選，皆不注撰人。詞林摘艷、北宫詞紀、群音類選、詞林白雪俱注李子昌撰。未知孰是，兹姑輯於李氏卷中，此不重出。

咏艷

【南黄鍾畫眉序】花下見妖嬈。

萬錦清音題作「咏艷」，吴騷集無題，俱署劉東生撰。詞林逸響、古今奏雅注唐伯虎作，珊珊集屬梁辰魚，吴騷合編注虞竹西作。兹已輯於虞臣卷中，不重録。

〔一〕風月錦囊無題，雍熙樂府題爲「四時思情」，俱不注撰者。吴騷二集，吴騷合編録首曲，皆題作「春思」，分别注古詞、元詞。古今奏雅、萬錦清音題作「閨思」，吴歈萃雅、詞林逸響、南音三籟俱收第一首，題目同奏雅，俱署名劉東生作。南曲九宫正始引春夏二曲，注明人著。

〔二〕舊編南九宫譜無題，注散曲。吴歈萃雅題作「咏女郎」，注劉東生撰。南音三籟題同萃雅，目次題劉東生著，文内不署撰人。

〔三〕群音類選、吴騷合編題作「閨情」，吴歈萃雅、詞林逸響題作「春日閨情」，珊珊集、古今奏雅、怡春錦、南音三籟題爲「春閨」，俱注劉東生撰。昔昔鹽題同類選，樂府争奇無題，皆不署著者。樂府先春無題，注吴川樓作。

〔四〕吴歈萃雅、詞林逸響、古今奏雅、南音三籟題作「芭蕉夜雨」，注劉東生撰。吴騷合編題爲「秋閨」，署吴崑麓作。吴騷集、樂府先春無題，注古調。

〔五〕吴歈萃雅、詞林逸響、南音三籟題作「怨別」，吴騷合編題作「閨情」，俱注劉東生撰。昔昔鹽、南宫詞紀題爲「別情」，新編南九宫詞、南詞韻選無題，皆不署作者。

〔六〕新編南九宫詞無題，昔昔鹽題爲「四季花情」，南詞韻選題作「四季」，群音類選無題僅注云：「近入戲，有南北調者在後。」，皆不署名作者。吴騷集、樂府先春無題，吴歈萃雅、詞林逸響、珊珊集、古今奏雅、南音三籟題作「四時花怨」，吴騷合編題作「四時閨怨」，俱注劉東生撰。

王文昌

王文昌，遼東（今遼寧）遼陽人，官指揮使。太和正音譜所録國初十六人之一，曰其詞「如滄海明珠。詞源泛灩，凌長空而赴滄海；語音清麗，若玉撞而金舂，真樂府中之錚錚者也」。

套　數

南北越調合套

夏　景

【綉停鍼南】院落春餘。緑樹陰濃夏正初。落花滿地飄紅雨。遶畫簷鶯燕相呼。愛日永敲棋局打馬。池亭上柳嚲碧摠虚。篆香微裊隨風度。薔薇篩影入簾疎。不覺散盡微暑。

【小桃紅北】碧烟淡靄暗蘼蕪。洒幾點黄梅雨。菡萏初開燕將乳。見陌頭挽香車。載酒垂楊路。嬌鬟低唱處。絃管更舒徐。都説道行樂古來無。

【合笙道合南】皇都萬古。似閬苑蓬壺。遥望碧霄外錦綉鋪。雕甍瑣闥連禁衢。槐陰夾道蟬聲度。來往遊人。盡駐馬繁華處。傍花隨柳。玉驄嘶過樓前去。輕鞭慢控頻頻住。迤邐畫橋南浦。綉轂香車。喧闐樂舞。笑談勸酒歌金縷。翠鬟團扇掩羅襦。索賦多情緒。遠天芳草夕陽鋪。問回首處。遥指郵亭路。郵亭路。待明朝酒醒重歡娱。

【調笑令北】燕子。雨晴初。江上麥黄梅已熟。家家浴佛招提去。趁佳景遊賞歡娱。一任他踏殘芳草緑。一任他載酒攜壺。

【山馬客帶憶多嬌南】緑樹連堤。碧波蕩鑑湖。近樓臺掩映。十里紅蕖。乘畫舫載圖書。水色山光半有無。穩繫玉壺。更攜取鸞簫鳳竽。遇佳景良辰。樂事又俱。遊賞處劇笑語。壯懷逸興。風流雅度。歲歲年年。莫教辜負。盡道昇平。幸逢當今聖主。

【秃廝兒帶聖藥王金蕉葉北】慶佳節欣逢端午。還見榴花噴火争舒。荷葉滿池翠蓋鋪。畫閣外暑來初。嫩竹蕭疎。笙歌起徹九衢。駿馬驅。打毬翦柳較贏輸。綰壽絲。結綵縷。少年總佩赤靈符。芳醑泛菖蒲。簇華筵玉盤角黍。試羅衣釵懸艾虎。噀雪浪楚江競渡。棹龍舟齊撾畫鼓。

【豹子令帶梅花酒南】水沁涼亭風滿樹。晝景舒。六曲闌干晝簾疎。映紅蕖。閒來玩賞消炎暑。舞裙歌板趁香車。晃瓊簪珠佩集仙侶。瑶席細鋪。碧筒滿貯。調冰雪藕清涼處。須快飲倒金壺。太平時今喜遇。遊觀帝王都。沉醉酒壚。好光陰莫虛負。切莫踟躇。更將曲度。謾拈彩筆題佳句。記河朔舊曾賦。太平時今喜遇。遊觀帝王都。沉醉酒壚。好光陰莫虛負。好光陰莫虛負。

【餘音】良辰美景天付與。正四海太平時序。永樂繁華當今荷聖主。（北宮詞紀）

按：此曲北宮詞紀題作「夏景」，注王文昌撰。詞林摘艷、群音類選題同詞紀，雍熙樂府題作「大四景夏」，盛世詞林無題，俱不注作者。又：此套〔豹子令帶梅花酒〕「切莫踟躕」以下九句，爲又一隻〔梅花酒〕。這隻帶過曲的帶過形式是〔豹子令帶梅花酒〕〔梅花酒〕。

谷子敬

谷子敬，南直隸金陵（今江蘇南京）人。嘗官樞密院掾史。洪武初，戍源州。口才捷利，樂府、隱語盛行於世。太和正音譜稱其曲「如崑山片玉」。胡用和〔粉蝶兒〕「題金陵景」散套有「谷子敬慣控梨園新樂章」句。著有雜劇五種，今僅存呂洞賓三度城南柳。

套數

豪俠[一]

【北黄鍾醉花陰】殢酒簪花異鄉客。花酒内淹留數載。花悦眼酒忘懷。酒釅花穠。舉酒在花溪側。忽頓覺數年來。將我這悒怏的心腸忽地改。

【喜遷鶯】想當初狂態。醉鄉中放浪形骸。吾儕。盡都是五陵豪邁。都是些闊論高談。梁棟材。一箇箇安邦定策。一箇箇劍揮星斗。一箇箇胸捲江淮。

【出隊子】到春來東城南陌。信青驄踏緑苔。柳陰中打繞[二]逞狂乖。芳徑内粧幺衒意脈。粉墻上題詩思賦色。

【刮地風】到夏來繞定雕欄垂楊擺。綠陰庭槐。戧金船倚棹蘭舟外。信意忘懷。聽韻悠悠樂聲一派。搖紈扇玉體相捱。有翡翠軒。碧紗幮。避暑樓台。捧瑶觴莫減側。擺列着十二金釵。直喫的晚涼生日暮遥天外。共採蓮人歸去來。

【四門子】到秋來寫長空寒雁兒堪人愛。霽一天秋月色。綠葉兒殷。黄菊兒開。劾龍山落帽老秀才。直喫的臉暈紅。身子兒歪。嬌滴滴玉人兒扶策。

【古水仙子】我我我自鑒戒。似似似錦陣裏疎狂李太白。將將將寶劍共瑶琴。還還還花錢共酒債。我我我嫌天寬恨地窄。呀呀呀却原來冬景幽哉。看看看瀉長空[三]瑞雪風亂篩。見見見傲冰魂玉梅南軒外。馨馨馨時送將暗香來。

【尾聲】倚翠偎紅理當戒。樂琴書不出茅齋。似這般好光景我曾多見來。（詞林摘艷）

閨　情[四]

【北商調集賢賓】猛聽的透簾櫳賣花聲喚起。將好夢却驚回。更和那遷喬木鶯聲偏碎[五]。上紗窗日影重移。暗沉吟失魄消魂。悶懨懨似醉如癡。把重門緊緊深閉起。怕鶯花笑人憔悴。離愁何日滿。此恨有誰知。

【逍遥樂】則爲那無媒匹配。勾引起無倒斷相思。染下這不明白的病疾。眼睁睁的將我來抛離。潑喬才更狠似王魁。我這裡罵一聲却又悔。空没亂怎地支持。則落的長吁短嘆。倒枕垂牀。廢寢忘食。

【金菊香】這些時龍涎香爇冷了金猊。雁足慵安生了緑綺。羊羔懶斟閑了玉盃。覷了這一弄兒狼藉。不由人輾轉越傷悲。

【醋葫蘆】〔六〕詩吟出錦綉文。字粧成古様體。衣冠濟楚俊容儀。酒席間唱和音韻美。一團兒和氣。論聰明俊俏有誰及。

【梧葉兒】刀攪也似柔腸斷。爬推〔七〕也似淚點垂。似醉又如癡。筆硯上踈了工課。茶飯上減了飲食。針指上罷了心機。怎對人言説這就裡。

【後庭花】想着他身常愛紅翠偎。心偏將香玉惜。面勝似何郎粉。手能描京兆眉。閑時節咲相偎。恰便似鶼鶼比翼。翠裙腰掩過半尺。摟胸帶攢了一圍。骨捱捱削了玉肌。瘦懨懨寬了綉衣。亂鬅鬆雲髻堆。困騰騰秋水迷。命懸懸有幾日。軟怯怯無氣力。

【柳葉兒】我可甚千嬌百媚。全不似舊日容儀。閣不住兩眼恓惶淚。不能勾同歡會。則有分各東西。想人生最苦是别離。

【尾聲】常記得枕席間説的言。星月底設來誓。誰想這辜恩薄倖負心賊。自相别數年

無信息。比及你登科及第。我則索上青山化做望夫石。（詞林摘艷）

複出

套數

早朝

【北正宮端正好】一聲鶯報上林春。

詞林摘艷題作「早朝」，注谷子敬作。北宮詞紀題作「元日朝賀」，注湯菊莊撰。茲已輯於湯式卷中，不重録。

〔一〕詞林摘艷題作「豪俠」，注谷子敬撰，茲據以輯之。盛世新聲無題，雍熙樂府題作「花酒還魂」，俱不注撰人。

〔二〕「打繞」，摘艷作「打遠」，茲從雍熙。

〔三〕「瀉長空」，摘艷作「漫長空」，茲從雍熙。

〔四〕詞林摘艷題作「閨情」，注谷子敬撰，茲據以輯之。盛世新聲無題，雍熙樂府題作「春思」，群音類選題同摘艷，俱不注撰人。

〔五〕「偏碎」，摘艷作「偏翠」，兹從雍熙。
〔六〕「醋葫蘆」，摘艷作「浪來裹」，兹從雍熙。
〔七〕「爬推」，摘艷作「扒推」，兹從雍熙。

郝經

郝（一作朱）經，字仲誼，又字仲義，號玩齋，別號觀夢道士、西清道士，吴陵（今江蘇泰州）籍，隴右（今甘肅隴西）人。至正間進士。明洪武四年（一三七一）爲浙江省考試官。權衡允當，士林稱之。僑居吴山之下，因而家焉。爲文章未嘗停思。八分書極高，善琴操，能隱語。有觀夢集、玩齋集行于世，名重一時。著雜劇三種：死葬鴛鴦塚、西湖三塔記、胭脂女子鬼推門，除鴛鴦塚僅存曲詞二折，餘俱佚。

小令

【北雙調蟾宫曲】

題録鬼簿

可[一]人千古風騷。如意珊瑚。蒼[二]水鯨鰲。紙上功名。曲中情思[三]。話裏漁樵。嘆霧閣雲窗夢窈[四]。想風魂月魄誰招。裏驪珠淚冷鮫綃。續冰[五]絃指凍鸞膠。傳芳名玉兔

揮毫。譜遺音彩鳳銜簫。（録鬼簿）

〔一〕「可」，棟亭十二種本作「何」。

〔二〕「蒼」，棟亭十二種本作「弱」。

〔三〕「情思」，棟亭十二種本作「恩怨」。

〔四〕「窈」，棟亭十二種本作「杳」。

〔五〕「冰」，棟亭十二種本作「鵾」。

蘭楚芳

蘭（一作藍）楚芳，西域人。江西元帥。丰神英秀，才思敏捷，與劉廷信在武昌賡和樂章，人多以元白擬之。太和正音譜評其曲「如秋風桂子」。

小令

【北南吕四塊玉】

風情[一]

斤兩兒飄。家緣兒薄。積壘下些娘大小窩巢。苘麻稭蓋下一座祆神廟。你燒時容易燒。我着時容易着。他燎時容易燎。（樂府羣珠）

我[三]事事村。他般般醜。醜則醜村則村意相投。則爲他醜心兒真博得我村情兒厚。似這般醜眷屬。村配偶。只除天上有。（樂府羣珠）

意思兒真。心腸兒順。只争箇口角頭不囫圇。怕人知羞人説嗔人問。不見後又嗔。

得見後又忖。多敢死後肯。（樂府羣珠）雙漸貧。馮魁富。這兩箇爭風做姨夫。呆黄肇不把佳期誤。一箇有萬引茶。一箇是一塊酥。攬的來無是處。（樂府羣珠）

【北南吕罵玉郎過感皇恩採茶歌】

閨　情[三]

蘭堂失却風流伴。倦刺綉懶描鸞。金釵不整烏雲亂。情深似刀刃剜。愁來似亂箭攢。人去似風箏斷。口則説應舉求官。多因是買笑追歡。從今後鴛夢兒再休完。魚書兒都休寄。齷卦兒也休鑽。離愁萬般。心緒多端。芳草迷烟樹。落花催雨點。香絮滚風團。陽臺上路盤桓。藍橋下水瀰漫。傍樓一傍一心酸。空憶當時花爛熳。可憐今夜月團圞。（元明小令鈔）

【北雙調沉醉東風】[四]

金機響空聞玉梭。粉墻高似隔銀河。閑綉牀。紗窗下過。佯咳嗽噴絨香唾。頻唤梅

香爲甚麽。則要他認的那聲音兒是我。（元明小令鈔）

【北雙調折桂令】

相思〔五〕

可憐人病裏殘春。花又紛紛。雨又紛紛。羅帕啼痕。淚又新新。恨又新新。寶髻鬆風殘楚雲。玉肌消香褪湘裙。人又昏昏。天又昏昏。燈又昏昏。月又昏昏。（詞林摘艷）

【北雙調鴈兒落過得勝令】〔六〕

相思〔七〕

丹楓葉上詩。白鴈雲中字。黄昏多病身。黑海心間事。月影轉花枝。香篆裊金獅。翡翠衾寒處。鴛鴦夢覺時。嗟咨。悄悄人獨自。相思。沉沉一擔兒。（詞林摘艷）

套數

春思[八]

【北黄鍾願成雙】春初透。花正結。正愁紅慘緑時節。待鴛鴦塚上長連枝。做一段風流話説。

【么篇】融融日暖噴蘭麝。倩東風吹與胡蝶。安排心事設山盟。凖備着鮫綃揾血。

【出隊子】青春一捻。奈何羞嬌更怯。流不乾淚海幾時竭。打不破愁城何日缺。訴不盡相思今夜捨。

【么篇】挨不過如年長夜。好姻緣惡間諜。七條絃斷數十截。九曲腸拴千萬結。六幅裙攙三四摺。

【尾聲】三四摺裙攙且休藉。九迴腸解放些些。量這數截斷絃須要接。（詞林摘艷）

思情[九]

【北中吕粉蝶兒】他生的如月如花。蕩湘裙一鈎羅襪。寶釵横雲鬢堆鴉。翠眉彎。櫻唇小。堪描堪畫。閑近窗紗。倚幃屏綉簾直下。

【醉春風】香細裊紫金爐。酒頻斟白玉斝。銀釭影裏殢人嬌。他生的可喜殺。殺。他生的宜喜宜嗔。便有那閑愁閑悶。見了他且休且罷。

【迎仙客】傍芝蘭吸露花。遊宇宙步雲霞。我則見窄弓弓藕芽兒剛半扎。踐香塵。踏落花。淺印在輕沙。印一對相思卦。

【紅綉鞋】有他時一刻千金高價。有他時一世兒興旺人家。有他時村的不村殺。臨風三勸酒。對月一烹茶。說蓬萊都是假。

【普天樂】信步到海棠軒。閑行至荼蘼架。引的些蜂喧蝶嚷。來往交加。粉臉襯桃杏腮。雲髻把花枝抹。嬝嬝婷婷花陰下。他若是不言語那裏尋他。他比那名花解語。他比那黃金足色。他生的美玉無瑕。

【耍孩兒】透春情說幾句知心話。則被你迤逗殺我心猿意馬。寒窗寂寞廢琴書。苦思量曉夜因他。傲風霜分不開連枝樹。宜雨露栽培出並蒂花。見一日買幾遍龜兒卦。似這般短促促攜雲握雨。幾時得穩拍拍立計成家。

【二煞】捧金杯勸醁醑。按銀箏那玉馬。似展開幅吴道子觀音畫。他那裏倚欄翠袖凝秋水。映日紅裙襯曉霞。但行處人驚訝。端的是沉魚落雁。閉月羞花。

【一煞】笑一笑不覺的春自生。行一步看的人眼又花。十分愛常帶着三分怕。愛的是風流旖旎嬌千種。怕的是間阻飄零那半霎。天生下一虎口淩波襪。堪與那俏子弟寒時暖手。村郎君飽後挑牙。

【尾聲】若要咱稱了心。則除是娶到家。學知些柴米油鹽價。恁時節悶減愁消受用殺。（詞林摘艷）

贈　妓〔一〇〕

【北中呂粉蝶兒】驕馬金鞭。自悠悠未嘗心倦。正閑尋陌上花鈿。過章臺。臨洛浦。與可憎相見。他恰正芳年。誤沉埋舞裙歌扇。

【醉春風】螺髻紺雲偏。蛾眉新月偃。樽前席上意相投。無半星兒顯。顯。姿色兒嬌羞。語音兒輕俊。小名兒伶便。

【迎仙客】詩酒壇。綺羅筵。他舉瑶觴笑將紅袖卷。不由咱不留情。剛推的箇酒量淺。似這般嬌鳳雛鸞。争奈教不鎖黄金殿。

【石榴花】知他是怎生來天對付好姻緣。晝同坐夜同眠。搵桃腮攜素手並香肩。撒地殢腼腆。我索痛惜輕憐。常則是比翼鳥連理枝雙飛燕。蜜和酥分外相偏。一扎脚住定無移轉。他兜的拴意馬我索鎖心猿。

【鬭鵪鶉】他愛我那表正容端。我愛他那香嬌玉軟。你看他那雲髻金釵。英花翠鈿。羅襪凌波底樣兒淺。正少年。俺是那前世姻緣。非是今生偶然。

【上小樓】他衠一味温柔軟善。無半點輕狂寒賤。常則是眼兒盼盼。脚兒尖尖。越着他那意兒懸懸。若是天可憐。得兩全。成合姻眷。盡今生稱了心願。

【幺】寫情懷詩押便。閑嬉酬譚答禪。常記得那錦字機頭。金縷聲中。玉鏡臺前。日暖風和。柳媚花濃。深沉庭院。看時節小紅樓當家兒歡宴。

【滿庭芳】初來時争着與他錦纏。則爲他那歌謳宛轉。舞態翩躚。憐香心等閑間難窑變。着我怎不垂涎。你看他那穩穩重重那些兒體面。你看他那安安詳詳罪愆。似一箇謫降下的玉天仙。

【耍孩兒】浮花浪蕊我也多曾見。不似這風流的業冤。似别人冷定熱牙疼。從今後燒好香禱告青天。則願的有實誠口吐芝蘭氣。無虧缺心同碧月圓。我覷他似那張麗華潘妃面。雖不得朝朝玉樹。也能够步步金蓮。

【一煞】得成合好味况。乍離别怎過遣。有一日那扁舟水順帆如箭。我則索盼長途日窮剩水殘雲外。你則索宿旅店腸斷孤雲落照邊。我這般廝敬重偏心願。只除是無添和知音的子弟。能主張敬思的官員。

【二煞】有一日淚汪汪把我扶上馬。哭啼啼懶下船。我不學儒業你也休習針綫。我便有那孫思邈千金方也醫不可相思病。你便有那女媧氏五彩石也補不完離恨天。徹上下思量遍。你似一箇有實誠的離魂倩女。我似那數歸期泣血的啼鵑。

【三煞】到別州城不問二三。那謊勤兒敢有萬千。那廝每餓肚皮乾牛糞無分曉胡來纏。你也則索一杯悶酒樽前過。兩葉愁眉晧下展。稱不的平生願。你縱然有那千般巧計。也則索權結姻緣。

【尾聲】你若是不忘了舊日情。常思着往日的言。你不忘舊情魚鴈因風便。你是必休辭憚江鄉路兒遠。（詞林摘艷）

複　出

小　令

【北雙調折桂令】

被東風老盡天臺。

元明小令鈔無題，注蘭楚芳作。詞林摘艷列於蘭楚芳曲後，所示不明確。樂府羣珠屬盛從周。兹已輯於盛氏卷中，不重出。

可憐人病裏殘春。
近别離怎地捱波。
對粧奩倦拂香塵。
怕相思弄假成真。
芰荷香新雨池塘。
柳青娘多少尷尬。
想人生最苦離别。
斷魂屬殘夢拘鈐。

以上八首詞林摘艷列於蘭楚芳曲後，所示不明確。樂府羣珠注盛從周撰。兹已輯於盛氏卷中，此不重録。

套　數

【南正宫傾盃玉芙蓉】隔牆新月上梅花。

詞林白雪注蘭楚芳作。樂府先春、萬錦清音、吴騷集、吴歈萃雅、南音三籟、珊珊集、古今奏雅俱注楊升庵撰。兹已輯於楊慎卷中，此不重出。

【北南吕一枝花】輕柔縞淡粧。

詞林白雪無題，注蘭楚芳撰。筆花集、北宫詞紀、彩筆情辭俱署湯菊莊作。兹已輯於湯式卷中，不重録。

〔一〕盛世新聲無題，不注撰人。詞林摘艷僅於第一首下注蘭楚芳撰。樂府羣珠四首皆屬蘭作，兹從之。
〔二〕「我」，原作「你」，兹據第四句改。
〔三〕盛世新聲、詞林摘艷、樂府羣珠無題，俱不注撰人。元明小令鈔以爲蘭楚芳作，兹從之。
〔四〕盛世新聲、詞林摘艷俱不署名。兹姑據元明小令鈔輯之。
〔五〕盛世新聲無題，不注作者。詞林摘艷題作「相思」，署名蘭楚芳作。樂府羣珠題作「閨情」，注盛從周撰。未知孰是，兹姑以之屬蘭氏。
〔六〕曲牌名原誤作「雁兒落」，兹據譜正之。
〔七〕盛世新聲無題，不注撰人。兹據詞林摘艷輯之。
〔八〕盛世新聲、盛世詞林無題，俱不注撰人。詞林摘艷、北宫詞紀題作「春思」，俱署蘭楚芳作。
〔九〕盛世新聲無題，雍熙樂府題作「題美人脚小」，俱不注撰人。詞林摘艷題作「思情」，彩筆情辭題按：小說中〔減字木蘭花〕一般用詞調，四十四字，前後闋各四句，兩仄韻兩平韻。此曲句式與詞調大異，然與曲律亦不盡合，當爲作者爲表達内容所需而增加叠句和襯字。此調與前曲〔漁家傲〕爲八十一回中燕青所唱二曲。

套數

秋江送别 贈魯淵劉亮

【北雙調新水令】西窗一夜雨濛濛。把征人歸心打動。五年隨斷梗。千里逐飄蓬。海上孤鴻。飛倦了這黄雲隴。

【駐馬聽】落盡丹楓。莽莽長江烟水空。别情一種。江郎作賦賦難工。柳絲不爲繫萍蹤。茶鐺要煮生花夢。人懵懂。心窩醋味如潮涌。

【沉醉東風】經水驛三篙波緑。向山程一騎塵紅。恨磨穿玉洗魚。怕唱徹瓊簫鳳。盡抱殘茗碗詩筒。你向西來我向東。好倩個青山互送。

【折桂令】記當年邂逅相逢。玉樹蒹葭。金菊芙蓉。應也聲同。花間嘯月。竹裡吟風。夜聽經趨來鹿洞。朝學書換去鵝籠。笑煞雕龍。愧煞雕蟲。要論交白石三生。

要惜別碧海千重。

【沽美酒】到今日短檠前倒碧筒。長鋏裡掣青鋒。更如意敲殘王處仲。唾壺痕擊成縫。蠟燭淚滴來濃。

【太平令】便此後隔錢塘南北高峰。隔不斷別意離悰。長房縮地恐無功。精衛填波何有用。你到那山窮。水窮。應翹着首兒望儂。莽關河有月明相共。

【離亭宴帶歇指煞】説什麽草亭南面書城擁。桂堂東角琴弦弄。收拾起劍佩相從。撩亂他落日情。撩亂他浮雲意。撩亂他順風頌。這三千芥子多做了藏愁孔。便傾盡別筵酒百壺。猶嫌未痛。那堤上柳贈一枝。井邊梧題一葉。酒中梨傾一甕。低徊薜荔牆。惆悵薔薇櫳。待他鶴書傳奉。把兩字兒平安。抵黄金萬倍重。（曲苑）

按：此套曲輯自趙振宜、黄僦成「民間傳抄爲施耐庵作的一套散曲」一文（見曲苑一九八四年第一輯）。據該曲提供者周夢莊介紹，此曲係一九三六年他於白駒鎮施氏宗祠施逸琴處獲得，施逸琴抄自何處無考，僅稱傳自上代。白駒鎮屬江蘇興化縣，離鎮九公里有施家橋莊。魯淵，字道原，淳安人，元進士，張士誠起義，被聘爲博士。劉亮，字明甫，吴郡人，亦曾仕於張士誠。

陳克明

陳克明，江西臨川人。著有一笑集、環籟小稿。工曲，朱權太和正音譜稱其詞「如九畹芳蘭」。

套數

怨別〔一〕

【北中呂粉蝶兒】畫閣蕭疎。那裏也玉堂人物。間別來音信全無。拆鸞凰。分鶯燕。生離開比目。悶懨懨瘦損肌膚。粉慵施朱唇懶注。

【醉春風】這些時縷帶盡了三分。羅裙掩過半幅。臨行時曾説幾時回。我與你數。數。去時節正遇着春分。回來時必然夏至。到如今又過了秋暮。

【醉高歌】更闌香冷金爐。夜静燈殘畫燭。今宵有夢歸何處。那裏也吹簫伴侣。

【紅繡鞋】愁寂寞縈牽腸肚。病懨懨瘦損了身軀。則我這鬢雲鬆意懶甚時梳。茶飯上無些滋味。針指上減了些工夫。塵蒙了七弦琴冷了鴈足。

【普天樂】意徘徊。心憂慮。知他在科場應舉。翰院遷除。峥嶸在畫閣中。顯耀在蘭堂處。閃的人冷冷清清捱朝暮。想薄情負我何辜。撲簌簌兩行淚珠。悶懨懨九分病苦。氣絲絲一口長吁。

【上小樓】也是我今生分福。多管是前生合注。那裏也畫眉張敞。擲果潘安。傅粉平叔。不弱如待月張生。偷香韓壽。謁漿崔護。則我這孤辰運命該天數。

【幺篇】愁和悶眼倦開。悶和愁眉怎舒。愁的是情思昏昏。神魂飄蕩。鬼病揶揄。悶連着華嶽三峰。巫山十二。黄河九曲。則我這骨捱捱命歸泉路。

【十二月】四時景光陰迅速。更和這秋景蕭疎。疎剌剌風摇翠竹。淅零零雨灑蒼梧。畫簷間玎玎璫璫鐵馬。戍樓中滴滴點點銅壺。

【堯民歌】呀。我恰纔望夫山上問箇實虚。他可在竹林寺裏寄情書。多管在秦樓謝館笑歡娛。柳陌花街戀嬌姝。躊躇。薄情忒狠毒。因此上扯碎了姻緣簿。

【耍孩兒】趕蘇卿何處雙通叔。到做了三不歸離魂倩女。想當日碧桃花下鳳鸞雛。山和水阻隔着萬里程途。山隱隱繞天涯怎覓青鸞信。水茫茫滄海角難尋錦鯉書。兩般兒無歸路。桃源洞墨雲荏苒。武陵溪烟水模糊。

【一煞】身似水上萍。命如風内燭。月初圓又被陰雲布。藍橋下水波濤萬丈浸了海嶠。祆廟火烈焰千層接着太虛。兩椿〔二〕兒本是無情物。玉簪折何時再接。冰弦斷甚日重續。

【尾聲】漢相如有朝歸故鄉。卓文君多曾親見覩。一星星自把衷腸訴。將我這受過的凄涼慢慢的數。（詞林摘艷）

〔一〕詞林摘艷題作「怨别」，注皇明陳克明撰，兹據以輯之。盛世新聲無題，雍熙樂府題作「憶情」，俱不注撰人。北詞廣正譜引醉高歌一隻，署陳克明作。

〔二〕「椿」，摘艷作「裝」，兹改。

李唐賓

李唐賓，號玉壺道人，南直隸廣陵（今江蘇揚州）人。生當元末明初，與賈仲明交厚。文章樂府皆俊麗，太和正音譜稱其曲「如孤鶴鳴皐」。著雜劇李雲英風送梧桐葉、梨花夢二種。

小令

【北商調望遠行】〔二〕

悶拂銀箏。暫也那消停。響瑤階風韻清。忽驚起瀟湘外寒鴈兒叫破沙汀。支楞的淚濕絃初定。絃初定。銀河淡月明。相思調再整。驀感起花陰外那箇人聽。高力士訴與實情。金鑑兒謊的人孤另。（太和正音譜）

套數

【北雙調風入松】〔三〕落花輕惹暖絲香。飛燕過東墻。重重簾幕閑清晝。金篆小烟縷初長。羅衣乍經春瘦。蛾眉慵掃殘粧。

【幺】幾回寂寞怨東皇。獨自暗情傷。振衣忽憶當時話。空低首踏遍紅芳。看到荼蘼卸也。玉驄何處垂楊。

【夜行船】暮雨朝雲勞夢想。算却是幾般情況。海闊相思。山高恩愛。都撮在這心上。

【喬牌兒】韓香空妄想。何粉怎承望。怪靈鵲不離花枝上。又來没事謊。

【攪箏琶】恰撇下心兒忘。纔說着意兒謊。俺捱過惡詫風聲。搜索遍風流伎倆。驀忖量。猛參詳。空將順人情筆尖和淚染。怎訴衷腸。

【月上海棠】塵蒙金鎖閑朱幌。淚濕香絨冷綉牀。無語傍粧臺。全不似舊時格樣。慵遊賞。忍見鶯雙燕兩。

【幺】無端雲雨權收掌。誰說道陽臺路悽愴。着意會鸞凰。穩把佳期指望。成來往。一任閑人講。

【賺煞】挑燈織錦空勞攘。須跳出愁羅怨網。花壓東墻。潛等待櫳門兒月明下響。（雍熙樂府）

〔一〕太和正音譜，北詞廣正譜俱注李唐賓撰。九宫大成南北詞宫譜不注作者。

〔二〕此套雍熙樂府無題，不注撰人。太和正音譜引月上海棠一隻，注李唐賓作，兹據以輯之。九宫大成南北詞宫譜引同正音譜，不注撰人。

湯　式

湯式，字舜民，號菊莊，浙江象山（一作寧波）人。嘗補本縣吏。明成祖在燕邸時，曾爲其文學侍從，寵遇甚厚。永樂間恩賞常及。工曲，善滑稽。太和正音譜稱其詞「如錦屏春風」。所著嬌紅記、風月瑞仙亭雜劇兩種，均佚。散曲有筆花集傳世。

小　令

【北雙調湘妃引】

秋夕閨思[一]

木犀風淅淅噴雕檽。蘭麝香氳氳繞畫屏。梧桐月淡淡懸青鏡。漏初殘人乍醒。恨多才何處飄零。填不滿淒涼幽窨。捱不出悽惶夢境。打不開磊魄愁城。（筆花集）

解　嘲[二]

懷揣着訕臉入青樓。口帶頑涎飲玉甌[三]。手搦着冷汗偎紅袖[四]。人都道我中年也不害羞。對相知細説箇緣由。蠢咻的腦門病。村沙的骨肉醜[五]。風流的老也風流。（筆花集）

閨　贈[六]

四時裀褥錦重叠。八面幃屏花艷治。一牀衾[七]枕春羅列。鋪排得門面兒別。據風流更有[八]三絶。肉沾着書生麻木。手湯着郎君趔趄。眼梢着子弟乜斜。（筆花集）

贈美色[九]

海棠魂幻出個俊形骸。蘭蕊香結成箇軟性格。塵烟煤點畫着蛾眉黛。媚孜孜春滿腮。既相逢合問箇明白。何年間離了月殿。甚風兒吹下楚臺。是誰人賺出天台。（筆花集）

舞裙低窣翠絨紗。雲髻鬆盤青紺髮。玉纖賴護冰綃帕。芳年恰二八。罇樽前數種兒撐達。醉眼兒偷付些春信。甜口兒翻騰些嗑呀。熱心兒出落着歡恰。（筆花集）

贈　別〔一〇〕

碧茸茸芳草展青氈。白點點殘梅撒玉鈿。黄紺紺弱柳拖金綫。雨聲乾風力軟。去匆匆無計留連。唱陽關一聲聲哀怨。醉歧亭一杯杯繾綣。上河梁一步步俄延。（筆花集）

有所贈〔一一〕

鶯煎燕聒惹〔一二〕相思。雁去魚來傳恨詞。蜂喧蝶鬧關心事。俺風流的偏慣此。三般兒寄語嬌姿。昏迷着無明無夜。淒涼得半生半死。團圓是何日何時。（筆花集）

聞　嘲〔一三〕

陷人坑土窨似暗開掘。迷魂洞囚牢似巧砌疊〔一四〕。驗屍場屠鋪似明排列。死温存活打劫。招牌上大字兒書者。買笑金哥哥休儉。纏頭錦婆婆自接。賣花錢姐姐無賒。（筆花集）

代人送〔一五〕

乾相思心緒亂如絲〔一六〕。虚疼熱恩情薄似紙。死僝僽語話兒尖如刺。姆王魁信有之。

不由人提起當時。一間別一番害。一歡娱一箇死。你自尋思。（筆花集）

送友人南閩府倅〔一七〕

西湖詩酒舊風流。上國山川愜壯遊。中天雨露新除授。正青春正黑頭。判黄堂黼黻皇猷。豪氣雙龍劍。文章五鳳樓。名動南州。（筆花集）

送友還鄉〔一八〕

淡烟蒙草翠萋蕤。細雨沾花紅點滴。軟風着柳金摇曳。春光圖畫裏。想人生聚散誰知。昨日開畫船西湖歡笑。今日供祖帳東門嘆息。來日唱陽關南浦别離。（筆花集）

和陸進之韻

得峥嶸我怎不峥嶸。佯懵懂咱非真懵懂。要知重人越不知重。嘻嘻冷笑中。嘆紛紛眼底兒童。莫聽傷時話。休談蓋世功。愁對東風。（筆花集）

守書窗何日離書窗。瞻玉堂何時步玉堂。避風浪何處無風浪。浮生空自忙。賦登樓醉墨淋浪。怨花柳春三月。誤功名紙半張。愁對斜陽。（筆花集）

使聰明休使小聰明。學志誠休學假志誠。秉情性休喬真情性。江湖已半生。傷心一事無成。物換人非舊。時乖道不行。愁對書燈。（筆花集）守清貧隨分樂清貧。求薦人何方可薦人。説聰俊誰肯憐聰俊。儒冠多誤身。漫誇談子曰詩云。黑鬢三分雪。貂裘一寸塵。愁對芳樽。（筆花集）

送友人應聘〔二九〕

紫雲宫殿擁蓬萊。黄道星辰拱泰階。清時雨露沾蠻貊。乾坤春似海。拜龍顔一笑天開。官廚酒分銀甕。御筵花裊翠牌。帶天香兩袖歸來。（筆花集）

題　情

生香玉碾就美容儀。回文錦攢成巧見識。解語花簇出春嬌媚。佳人難再得。翠裘寒鴛侶分飛。花解語誰憐憔悴。錦迴文難傳信息。玉生香怎受狼籍。（筆花集）

送友歸家鄉

緋榴噴火照離筵。紫楝吹花撲畫船。緑莎帶雨迷荒甸。望鄉關歸路遠。惱人懷休怨

啼鵑。南陌笙歌地。西湖錦綉天。都不如松菊田園。（筆花集）

高燒銀蠟看鋸鋙。細煮金芽攬轆轤。滿斟玉斝傾醽醁。離懷開肺腑。赤緊的世途難況味全殊。麟脯行犀筯。駝峰出翠釜。都不如蓴菜鱸魚。（筆花集）

京口道中〔二〇〕

露浸浸芳杏洗朱顏。雲冉冉晴巒閃翠鬟。烟〔二一〕蒙蒙弱柳迷青盼。天然圖畫間。惱離人情〔二二〕緒艱難。乞留屈律歸鴻行斷。必彪不答蹇〔二三〕驢步懶。咿嚦嗚剌杜宇聲乾。（筆花集）

為東湖友賦〔二四〕

銀盆水浸牡丹芽。青瑣窗涵翡翠紗。絳臺〔二五〕燈燦胭脂蠟。東湖處士家。閑遥遥更有生涯。占斷滄波垂釣。鋤〔二六〕破白雲種瓜。拂開〔二七〕紅雨尋花。（筆花集）

道中值雪

拂寒生踉蹌步空□〔二八〕。踏凍雪趦趄度淺灣。撥荒榛屈曲盤深澗〔二九〕。抵多少廬山高蜀

道難。對梅花細説愁煩。誰家無錦衾毡帳。那答無銀箏象板。何處無玉轡雕鞍。（筆花集）

旅舍秋懷〔三〇〕

半窗風雨夜瀟颼。四壁啼螿秋鬧炒。一篝殘蠟人寂寥〔三一〕。海天長歸夢杳。最關情行李蕭蕭。豐城劍消磨了龍氣。中山筆乾枯了兔毫。嶧陽琴解脱了鸞膠。（筆花集）

山中樂四闋贈友人〔三二〕

山盤龍脊露巖崖。屋絡蜂房繞第宅。溪分燕尾通津瀨。可知道其中有俊才。乍相逢便見襟懷。對潮門時時開放。北海宴〔三三〕朝朝布擺。南州榻夜夜鋪排。（筆花集）

千章喬木播奇芳。九畹猗蘭靄素香。一庭幽草含佳況〔三四〕。勝陶家五柳莊。閑遥遥斷送流光。引赤脚山童劉藥。看〔三五〕白髮農夫擊壤。聽蒼髯漁父鳴榔。（筆花集）

龍洲低蘸亂雲隈。石筍高撑空翠裏。釣臺横刺滄浪内。築樓居深遁迹。展幽懷别有新奇。寶篆香燃寶獸。玉乳茶浮玉杯。金盤露滴〔三六〕金罍。（筆花集）

耕雲耨水治生涯。説雨談雲□笑耍。撩雲撥□□閑暇。勝山中宰相家。任樹頭啅鵲

啼鴉。實不望修身儒業。□準備應差縣衙。不思量獻策京華〔三七〕。（筆花集）

自　述〔三八〕

龍涎香噴紫銅爐。鳳髓茶温白玉壺。羊羔酒泛金杯緑。暖溶溶錦綉窟。也不問探花風雪何如。一步一箇走輪飛鞚。一日一箇繁絃脆〔三九〕竹。一夜一箇膩玉嬌酥。（筆花集）

【北雙調天香引】

西湖感舊〔四〇〕

問西湖昔日如何〔四一〕。朝也笙歌。暮也笙歌。問西湖今日如何。朝也干戈。暮也干戈。昔日也二十里沽酒樓香風〔四二〕綺羅。今日箇兩三箇打魚船落日滄波〔四三〕。光景蹉跎。人物消磨。昔日西湖。今日南柯。（筆花集）

題金山寺

成天。七寶塔斜倚着扶桑樹邊。三神山剛對着枯木堂前。兩般兒塵世難言。照殘經砥中流玉立如拳。鏡裏樓臺。畫裏林泉。虹連斷浦成橋。風送輕舟作浪。水吞平地

借得蛟蚌。爇清香分得龍涎。（筆花集）

留別友人[四四]

乍相逢同是雲萍[四五]。未盡平生。先訴飄零。淮甸迷渺渺離愁。淮水流滔滔離恨。淮山遠點點離情。玉薤杯拚今朝酩酊。錦囊詞將[四六]後會叮嚀。魚也難憑。雁也難憑。多在錢塘。少在金陵。（筆花集）

憶維揚[四七]

羨江都自古神州。天上人間。楚尾吳頭。十萬家畫棟朱簾。百數曲紅橋綠沼。三千里錦纜龍舟。柳招摇花掩映春風紫騮[四八]。玉玎璫珠絡索夜月香兜。歌舞都休。光景難留。富貴隨落日西沉。繁華逐逝水東流。（筆花集）

戲贈趙心心[四九]

記相逢楊柳樓心。仗托琴心。挑動芳心。咒誓銘心。疼熱關心。害死[五〇]甘心。他愛我被窩裏愛打罵耐禁持約[五一]的小心。我念他臥房中捨孤貧救苦難的慈心。但似鐵球

兒樣在波心。休學漏船兒撑到江心。恁若是轉關兒負我身心。我定是尖刀兒剜你虧心。（筆花集）

題舜江寺

亂雲堆出禪關。金碧交輝。松桂生寒。銀河倒掛觚稜。紅日低懸殿角。翠濤怒拍闌干。登上方接下土萬里花生醉眼。開東閣敞西樓四圍山擁青鬟。風蕩幢旛。烟散旃檀。地僻塵稀。天上人間。（筆花集）

中秋戲題〔五二〕

去年旅邸中秋。樽俎荒涼。罷却秦謳。今年旅邸中秋。囊篋蕭疎。典却吴鈎。嘆浮生動不動静不静似袁宏泛舟。算哀絃上不上下不下如庾亮登樓。飲興都休。樂事難酬。向君平問我行藏。任嫦娥笑我淹留。（筆花集）

送任先生歸隱〔五三〕

先生樂道閑居。半似歸山。半似歸湖。搗玄霜造化爲工。煮白石陰陽爲炭。煉黄金

天地爲爐。紫竹竿臨流釣魚。青藜杖燃火觀書。人世何如[五四]。冷暖何如。也效張良。也效陶朱。（筆花集）

贈友二篇

旅途中邂逅相知。謙讓雍容。慷慨魁奇。金環壓轡玲瓏。寶帶攢花蹀躞。華裾織翠葳蕤。門静肅霜明劍戟。柳陰森風颭旌旗。聖德巍巍。黄道熙熙[五五]。一寸丹心。萬代光輝。（筆花集）

正青春已遂功名。雨露鴻恩。霄漢鵬程。纛撒紅鼇。旗翻赤羽。劍吐蒼精。翠柳營金花帳重裀列鼎。玉鼻駒青絲轡走馬飛鷹。北塞塵清。南海浪平。紫宸殿聖德宣揚。丹書誥勳業分明。（筆花集）

贈友人崇彦名

葭灰動大地春風。千里而來。一笑相逢。陶然醽醁樽中。樂矣檀槽絃上。優哉臯雉盆中。韜其光遁其跡學半世懵憧。得於心應於手有千般剔透玲瓏。會也匆匆。别也匆匆。今宵燈火連牀。明朝烟水孤篷。（筆花集）

友人客寄南閩情緣㛹戀代書此適意云

望三山遠似蓬萊。一點真情。幾樣離懷。錦鯉沉書。青鸞泣鏡。玉燕分釵。長嘆吁短嘆吁舒心兒自解。有緣分無緣分啞謎兒難猜。花艷冶忽地風篩。月團圓淹地雲埋。漏船兒撑不過藍橋。碎磚兒壘不就陽臺。（筆花集）

望三山遠似瀛洲。有限情緣。無限憂愁。眼迷着日殘西沉。夢繞着行雲南去。情隨着逝水東流。往常時熱廝沾甜殢殢心如好酒。今日個乾相思苦懨懨悶似悲秋。盟誓難休。歡樂難酬。桃源洞烟水模糊。芙蓉城風雨颼颼。（筆花集）

望三山遠似蓬壺。捱到如今。提起當初〔五六〕。檳榔蜜涎吐胭脂。茉莉粉香浮醽醁。荔枝膏茶攪瓊酥。花掩映東墻外通些肺腑。月朦朧西廂下用盡功夫。好事成虛。親變成疎。生待何如。死待何如〔五七〕。（筆花集）

望三山遠似蓬瀛。病眼生花。骨瘦伶仃。填不滿愁坑。撇不下愁擔。打不破愁城。温太真玉鏡臺都成畫餅。郭元振紅絲幔落得虛名。静對書燈。悶靠幃屏。相思鬼纏得昏昏。睡魔神翻作惶惶。（筆花集）

望三山霧鎖雲屯。錦帳消香。寶劍生塵。好光景須臾。美姻緣倏忽。熱恩愛逡巡。

辜負我椰子漿春風緑樽。冷落他梨花院暮雨朱門。往事休論。舊物猶存。帕兒裏粉汗斕斑。鞋兒上針線殷勤。（筆花集）

望三山霧繞雲迷。兩字參商。千里別離。疼熱因他。悽惶爲我。消息憑誰。才問肯不住的燈花兒報喜。未成婚怎禁他靈鵲兒喳謫。越聰明[五八]越恁昏迷。越思量越恁猜疑。心蕩蕩似一縷遊絲。事朦朧如數着殘棋。（筆花集）

望三山霧鎖雲連。餓眼頻睁。饞口空涎。有離間的歡娱。不明白的姻眷。無破綻的嬋娟。裴少俊才上馬滴溜的[五九]颭了玉鞭。張君瑞恰調琴支楞的斷了冰絃。難訴難言。堪恨堪憐[六〇]。傷心淚濕透青衫。斷腸詞題滿雲箋。（筆花集）

望三山霧鎖雲埋。箏箕無憑。琴瑟難諧。轉頭人是人非。迅指花開花落。驚心春去春來。學不得秦蕭史跨彩鳳重登鳳臺。趕不上晉劉晨採雲芝再入天台。畫眉手慵擡。評花口羞開。但能够鸞鳳和鳴。儘教他鶯燕疑猜。（筆花集）

【北雙調湘妃遊月宫】

春閨情[六一]

海棠過雨錦狼藉。楊柳團烟青旖旎。梨花滴露珠零碎。春深也人未歸[六二]。對東風滿目傷悲。近緑窗蜂喧蝶鬧。臨寶鏡鸞愁鳳泣。隔珠簾燕語鶯啼。隔〔六三〕珠簾燕語鶯啼。鶯嚦嚦如訴淒涼。燕喃喃似説别離。香魂趁飛絮悠揚。薄命逐遊絲飄蕩。芳心隨落日昏迷。三分病積漸裏消磨了玉肌。一春愁積儹下壓損了蛾眉。愁和〔六四〕病最苦禁持。靠銀牀〔六五〕倦眼乜斜。濕金衣清淚淋漓。（筆花集）

夏閨情

冰盤貯果水晶涼。石髓和茶玉液香。碧筒注飲葡萄釀。傷心也誰共賞。對良宵無限淒涼。藕花風輕翻紗帳。楊柳月微籠綉窗。梧桐露響滴銀牀。梧桐露響〔六六〕滴銀牀。脚步兒未離南軒。魂靈兒已到東墻。屏閑也翡翠蒙塵〔六七〕。簟冷也琉璃失色。枕空也琥珀無光。誰承望生折了連枝樹上鳳凰。不隄防活刺了並頭花底鴛鴦。盡今生難捨難忘。甜膩膩兩字恩情。苦懨懨幾樣思量。（筆花集）

秋閨情

綉幃冷落綵絨毬。珠箔空閑碧玉鈎。羅衣寬褪泥金扣。懨懨〔六八〕不下樓。對西風總是離愁。孤鶩點白雲天際。新雁〔六九〕過黄蘆渡口。昏鴉啼紅樹墻頭。昏鴉啼紅樹墻頭。

透疎簾涼月纖纖[七〇]。走空階落葉颼颼。難支吾今夜寂寥。索準備經年憔悴。漫咨嗟往日風流。落下個玉鏡臺不成配偶。諒這箇紫香囊怎做遺留。細評跋着甚來由。遥受的鳳友鸞交。虚名兒[七一]燕侶鶯儔。（筆花集）

冬閨情

鬢從别後甚蓬鬆。心自愁添越懵懂。腸於斷處偏疼痛。更難捱寒夜永。對梅花歡笑誰同。黄串冷駝絨氈帳。緑酒乾羊脂玉鍾。青燈暗[七二]黿甲屏風。青燈暗黿甲屏風。癡着心[七三]拜月瞻星。擎着淚織錦[七四]題紅。共何人踏雪騎驢。知那答看[七五]花駐馬。落誰家攀桂乘龍。平安信阻藍橋風波洶洶。團圓夢隔巫山雲雨重重。問歸期兩下朦朧。卦錢兒許待新春。燈花兒報道殘冬。（筆花集）

春閨即事

病乜斜恰似醉乜斜。身瘦怯那堪影瘦怯。人薄劣何况情薄劣。好姻緣成棄捨。對鸞臺展轉傷嗟。鶴袖兒金鬆扣。鳳頭兒珠褪結。想人生最苦是離别。想人生最苦是離别。惡業緣難訴情詞。悶根苗[七六]怎下鍬撅。渰藍橋白馬波翻。燒祆廟金蛇火烈。暗巫山蒼狗雲遮。長吁氣短吁氣[七七]心胸哽噎。新啼痕舊啼痕衫袖[七八]重疊。兩般兒更是愁絶。敲窗雨驚覺鴛鴦。落花風[七九]吹散胡蝶。（筆花集）

【北中吕滿庭芳】

京口感懷[八〇]

殘花剩柳。摧垣廢屋。新塚荒坵。海門天塹還依舊。滚滚東流。鐵甕城横刺着虎口。金山[八一]寺高鎮着鰲頭。斜陽候[八二]。吟登舵樓。燈火望揚州。（筆花集）

除　夕[八三]

荒蕪舊隱。蕩田破屋。流水柴門。儒生甘捱黄虀運。何病何貧。楮先生管城子誰行證本。鄭當時孔文舉那裏尋人。年將盡。梅花笑哂。添一歲老三分。（筆花集）休懷故人[八四]。難尋東道。誰念斯文。南枝昨夜傳芳信。大地回春。雪兒飄風兒刮深深閉門。酒兒篘魚兒膾旋旋開[八五]樽。投至得黄昏近。黑嘍嘍便盹。則敢是睡魔神。（筆花集）

武林感舊二首[八六]

錢唐故址。東吴霸業。南渡京師。其間四百八十寺。不似當時。山空濛湖瀲灧隨處寫坡仙舊詩。水清淺月黄昏何人吊逋老荒祠。傷情思。西湖若此。何似比西施。（筆花集）

笙歌醉鄉。綺羅絢綵。粉黛吹香。業風人海波千丈。送盡春光。湖内外静悄悄六橋畫舫。浙東西冷清清一道長□[八七]。休悲愴。自今日往。何物不興亡。（筆花集）

代人寄書[八八]

端肅奉柬。拜違咫尺。似隔關山。少成歡會多離間。直恁艱難。又不是平地裏情疎意懶。止不過暫時間書廢琴閑[八九]。休凝盼。歸期早晚。先此報平安。（筆花集）

【北正宫小梁州】

別情代人作其人姓劉[九〇]

晚粧樓上醉離觴。月色蒼蒼。來時何暮去何忙。空惆悵。無計鎖鴛鴦。【幺】殘雲剩

雨陽臺上。空[九一]贏得兩袖餘香。則恐怕春夜長。東風壯。桃花飄蕩。何處覓劉郎。（筆花集）

九日渡江二首[九二]

秋風江上棹孤舟。烟水悠悠。傷心無句賦登樓。山容瘦。老樹替人愁。【幺】樽前醉把茱萸嗅。問相知[九三]幾箇白頭。樂可酬。人非舊。黃花時候。難比舊風流。（筆花集）

秋風江上棹孤航[九四]。烟水茫茫。白雲西去雁南翔。推篷望。清思滿滄浪。【幺】東籬載酒陶元亮。等閑間過了重陽。自感傷。何情況。黃花惆悵。空作去年香。（筆花集）

揚子江阻風

篷窗風急雨絲絲[九五]。悶撚吟髭。維揚西望渺何之[九六]。無一箇鱗鴻至。把酒問篙師。【幺】他迎頭兒便說干戈事。待[九七]風流再莫追思。塌了酒樓。焚了茶肆。柳營花市。更說甚呼燕子喚鶯兒。（筆花集）

代人寄情

花下清歌月下彈。意惹情關。顛鸞倒鳳數十番。從分散。情意便闌珊。【幺】我家私雖不比王十萬。論聲名索另眼兒相看。更做道姐姐奸。恁須是婆婆慣。少甚麽南來魚雁。直不得兩字問平安。（筆花集）

上巳日登姚江龍泉寺分韻得暗字

天風吹我上巉巖。正值春三。殘紅飛絮點松杉。輕搖撼。無數落青衫。【幺】登臨未了斜陽暗。借白雲半榻禪龕。發笑談。論經讖。老龍驚憚。拖雨過江南。（筆花集）

詠雪效蘇禁體作

天低風静日昏昏。一片同雲。穿簾透幕舞紛紛。寒成陣。則索閉柴門。【幺】陶學士滿口譽清俊。郵亭中凍得來傷神。顛倒説老党村。諸般□。羊羔美醞。金帳裏醉醺醺。（筆花集）

黄昏微雨浄塵沙。飛盡歸鴉。斜飄亂撒撲窗紗。迷鴛瓦。一色浄無瑕。【幺】稜稜衾

鐵蕭蕭榻。問羊羔那裏尋他。不由人狂興發。把扁舟駕。向山陰直下。認不得戴逵家。（筆花集）

太　真

開元天子好奢華。太真妃選作渾家。東風吹動禍根芽。娘牽掛。没亂煞胖娃娃。【幺】不隄防變却承平卦。鬧漁陽一片胡笳。辭鳳榻。遷鑾駕。馬嵬坡下。踏碎海棠花。（筆花集）

麗　華

臨風閣内俏人兒。天生得玉骨冰姿。承歡奉喜度芳時。多才思。舉筆便題詩。【幺】誰承望擒虎將軍至。擁貔貅百萬雄師。驚散了玉樹歌。推上雲陽市。黄天何事。流淚洒胭脂。（筆花集）

【北正宮脱布衫帶小梁州】

四景為儲公子賦鳳陽人

春

問春來何處忘機。小奚奴相趁相隨。傍柳行烏紗翠濕。踏花去馬蹄香細。翠幄銀屏錦綉圍。莫放春歸。人生七十古來稀。便做道一百歲。能幾度醉如泥。【幺】韶華迅速難拘繫。杜鵑聲只在樓西。北海樽。東山妓。春風天地。何日不寒衣。（筆花集）

夏

問夏來何處徜徉。閑遥遥傲煞羲皇。啜□碗清冰蔗漿。臥藤簟翠裀綃帳。細柳垂絲過粉牆。滿地清涼。金河流水玉蓮香。微風蕩。香滿看書窗。【幺】離騷[九八]讀罷空惆悵。嘆獨醒誰吊羅江。角黍盤。菖蒲釀。榴花亭上。來日慶端陽。（筆花集）

秋

問秋來何處盤遊。醉鄉中羅列珍羞。巨口鱸紅姜素藕。團臍蟹錦橙黄柚。丹桂開花滿樹頭。金粟嬌柔。玎璫簾幕不垂鈎。天香透。無地不風流。【幺】亭臺凈掃無纖垢。[九九]勝當年庾亮南樓。傳畫燭。焚金獸。碧天如畫。今夜賞中秋。（筆花集）

冬

問冬來何處從容。千金裘五綵蒙茸。魚遊錦重衾密擁。駝絨毡軟簾低控。攬碎銀河戰玉龍。鱗甲琮琮。樓臺上下水晶宫。堪題詠。人在畫圖中。【幺】昏昏一枕梅花夢。覺來囑咐山童。柏葉杯。椒花頌。管絃齊動。明日送殘冬。（筆花集）

【北雙調沉醉東風】

維揚懷古[一〇〇]

錦帆落天涯那答。玉簫屬江上誰家。空樓月慘悽。古殿風蕭颯。夢兒中一度繁華。滿耳濤聲起暮笳。再不見看花駐馬。（筆花集）

姑蘇懷古〔一〇一〕

長洲苑花明劍戟。館娃宮柳暗旌旗。顰眉不甚嬌。嘗膽何爲計。等閑間麋鹿奔馳。留得荒臺臥斷碑。再不見黄金范蠡。（筆花集）

錢唐懷古〔一〇二〕

錦燦爛六橋畫舟。玉娉婷十里紅樓。香浮〔一〇三〕瑪瑙塵。泉迸珍珠溜。記當年幾度追遊。一自蘇林葬土丘。再不見尋花問柳。（筆花集）

燕山懷古〔一〇四〕

阿監〔一〇五〕泣清冰玉碗。老臣思丹荔金盤。穹廬蝶夢殘。輦路鑾音斷。望中天五雲零亂。白草茫茫紫塞寬。再不見秦樓謝館。（筆花集）

書懷二首

金鵲鏡三分鬢改。玉兔毫十載塵埋。但將志節□。不怕舌頭壞。等黄金再築高臺。

博帶峨冠道士[一〇六]來。錯認我誰家劍客。（筆花集）鳳凰去蒼梧葉枯。蟪蛄啼紫荳花疎。風高渤澥秋。日落崦嵫暮。望長安不知何處。詩自吟哦酒自酤。則我是新豐逆旅。（筆花集）

和陸進之韻

畫閣深不聽啼鳥。緑窗幽只許春知。象牙牀蜀錦裀。鮫綃帳吴綾被。串烟微簾幕低垂。受用煞春風玉一[一〇七]圍。紅日上三竿未起。（筆花集）

江村即事二首

抱甕汲清泉灌圃。扶犂傍淺渚開渠。□□起辣風。緑橘流酸霧。好風光最宜秋暮。有客攜樽到隱居。活釣得鱸魚旋煮。（筆花集）

拳來大黃皮嫩雞。蜜般甜白水新醅。鳌烹玉髓肥。鱠切銀絲細。是江鄉幾般滋味。醉了也疎狂竟不知。睡倒在葫蘆架底。（筆花集）

適意

破陸續青衫旋補。亂鬔鬆白髮慵梳。心隨張翰歸。夢赴陶潛去。悄不知故園風物。

如此情懷懶看書。高枕着瑶琴聽雨。（筆花集）

遊龍泉寺

海眼靈泉滴瀝。山腰空翠萋迷。王荆公七字詩。虞秘書千年記。至於今草木光輝。昨夜神龍帶雨歸。清氣滿江南萬里。（筆花集）

悼伶女四首〔一〇八〕

訃音至傷心萬端。挽歌成離恨千般。蝶愁花事空。鳳泣簫聲斷。麗春園長夜漫漫。懊恨閻羅量不寛。偏怎教可意嫦娥命短。（筆花集）

鉛華樹〔一〇九〕春風甚早。蒺藜花暮雨難熬。樓空燕子飛。巷静〔一一〇〕雞兒叫。問香魂何處飄飄。恨殺閻羅不忖度。偏怎教可意人兒命夭〔一一一〕。（筆花集）

檀板歇聲沉鷓鴣。翠盤空香冷氍毹。嬌鶯唤不醒。杜宇催將去。錦排場等閒分付。多管是無常緊趁逐。都不由東君做主。（筆花集）

寶鏡〔一一二〕缺青鸞影孤。錦箏閑銀雁行疎。拜辭了白面郎。抛閃下黑心母。一靈兒帶將春去。從此陽臺夢也無。更想甚朝雲暮雨。（筆花集）

與友叙舊〔二三〕

三十年間故人。一千里外閑身〔二四〕。悠悠江海心。點點星霜鬢。對青燈片言難盡。君若攀龍上紫宸。容老夫丹山舊隱。（筆花集）

夢後書〔二五〕

七尺低低板牀。三椽窄窄書房。葦子簾。梅花帳。抵多少畫閣蘭堂。怪底西風一夜涼。醖釀出眠思夢想。（筆花集）

題元章折枝桃花

素質全勝艷姿。好春不在繁枝。疎花箇箇真。巧筆星星是。似瑶池折來無二。王冕人〔二六〕稱老畫師。千載後風流在此。（筆花集）

折枝梨花

淺淡粉勾施靚粧。玲瓏□〔二七〕巧綴奇芳。雲迷□□□〔二八〕。月慘東欄上。冷清清過了

韶光。爲愛吹來白雪香。漠一□□〔二九〕窗氍賞。（筆花集）

客　懷

霜信促寒蛩近牀。雁聲隨斜月穿窗。砧從耳畔敲。鐘向心頭撞。不還鄉有甚商量。我爲甚收拾琴書端的荒。我則怕薦雷今冬又響。（筆花集）

【北中呂普天樂】

維揚懷古〔三〇〕

問揚州。縈懷抱。城開錦綉。花弄瓊瑤。紅樓百寶粧。翠館千金笑。一自年來〔三一〕烟塵鬧。月明中聲斷鸞簫。絶了信音。疎了故舊。老了英豪。（筆花集）

金陵懷古

問鍾陵。紛紛事。衣冠似古。風物隨時。臺空江自流。鳳去人不至。晉闕吴宫梁王寺。費古今多少詩詞。山圍故國。歌殘玉樹。香冷胭脂。（筆花集）

姑蘇懷古

問姑蘇。繁華地。曾聞鹿走。謾説烏棲。黄金鎖〔一二二〕范蠡身。花露滴西施淚。一代英雄如昨日。卧麒麟高塚纍纍。長洲野〔一二三〕草。孤城流水。古殿殘碑〔一二四〕。（筆花集）

錢唐懷古

問錢唐。西湖路。幾番有夢。十載無書。柳邊蘇小家。花下逋仙墓。總是當年題詩處。料應來滿目〔一二五〕荒蕪。亭臺〔一二六〕拽塌。笙歌〔一二七〕静悄。風物蕭疎。（筆花集）

別友人往陝西〔一二八〕

有志在詩書。無計堪犁耙。十年作客。四海爲家〔一二九〕。休言許劭評。不買君平卦。望長安咫尺青雲下。路漫漫何處〔一三〇〕生涯。知他是東陵種瓜。知他是新豐殢酒。知他是韋曲尋花。（筆花集）

友人為人所誣赴杭〔一三一〕

袖拂庾公塵。人上楊朱路。襟懷磊塊。囊橐蕭疎。應門無三〔一三二〕尺童。倚閭有七旬

母。錦箋題到關情處。真乃是一般愁一樣嗟吁。去則去滄波中白鷗念侶。想則想瑤臺畔青鸞寄語。盼則盼碧天邊紫鳳銜書。（筆花集）

送友回陝〔一三三〕

書劍不求官。萍水常爲客。嫌的是騎驢灞橋。喜的是走馬章臺。生來解〔一三四〕佩心。捏盡看〔一三五〕花怪。短帽輕衫春風外。等閑間〔一三六〕袖得香來。青門綺陌。花營錦寨。誰不知宋玉多才。（筆花集）

送人遷居金陵〔一三七〕

昨日武林春。明日陽關晚。鯤鵬路遠。鷗鷺〔一三八〕盟寒。羞將魯醞斟。笑把吴鈎看。一札徵書休辭憚。赤緊的五雲深〔一三九〕咫尺天顔。頭顱未斑。功名莫懶。富貴何難。（筆花集）

眼落處是田園。脚到處爲〔一四〇〕鄉黨。須開笑口。休斷情腸。春風朱雀橋。夜月烏衣巷。恰便是離却人間居天上。更三般兒絶勝錢唐。瞻九重乾坤蕩蕩。看六市人烟穰穰。聽五更珂珮鏘鏘。（筆花集）

芳草短長亭。流水東西渡。滿懷悵怏。舉步趑趄。非酬擊楫歌。不獻凌雲賦。地闊[一四一]天高金陵路。有綸竿何處無魚。説甚麽光陰迅速。愁甚麽雲山間阻。問甚麽松菊荒蕪[一四二]。（筆花集）

送丁起東回陜斯人學煆煉[一四三]

玉立照青春。金匱消白日。調和内景。運化玄機。雖無膠漆情。還有醇醪味。執手河梁君須記。再相逢何處追隨。知他在丹山赤水。知他在玄圃瑶池。（樂府羣珠）

【北雙調對玉環帶清江引】

四景題詩[一四四]

郎上孤舟。片帆無計留。妾倚危樓。寸心無限愁。紅雨打船頭。蒼烟迷渡口。眼底陽關[一四五]。今宵何處宿。夢裏陽臺。此情何日休。這番相思[一四六]直恁陡。名利相迤逗。未够兩宵别。又早三分瘦。五花誥幾時得到手。（筆花集）

江雨淋淋。梅垂無數金。庭樹陰陰。蟬鳴不調琴。鸚鵡罷雙斟[一四七]。鴛鴦閑半枕。粉汗浸浸。碧筒羞自飲。神思沉沉。白頭愁自吟。青鸞曉來傳信音。昨夜燈花讖。且教寧耐些。別不叮嚀甚。剛寫道小生除翰林。（筆花集）

懶聽笙歌。酒空金叵羅。倦對粧盒。塵蒙[一四八]珠絡索。眉黛掃青蛾。髻雲鬆翠螺。人在鳴珂。功名都蹬脱。路阻關河。音書越間闊。西風小亭黄葉多。鎮日垂簾幕。鸞釵顛倒簪。鴛枕蹩跧臥。孤飛雁兒[一四九]應似我。（筆花集）

去歲觀梅。折花親贈君。今歲觀梅。對花不見人。別處戀新婚。抛離美眷姻[一五〇]。使得囊空。心兒不自忖。寄得書來。話兒不甚準。秀才每則理會虛調文。就裏没公論。不趁雨雲期。只待[一五一]風雷信。急回來土牛兒鞭罷春。（筆花集）

閨　怨

羅袖偷掩。淚珠凝粉腮。寶鏡羞看。鬢雲鬆玉釵。飛絮點香階。落紅鋪翠苔。去了青春。青春不再來。巴到黄昏。黄昏怎地捱。推開綠窗邀月色[一五二]。問月人何在。歡娱往日多。煩惱今番煞。將一片惜花心愁窨裏埋。（筆花集）

香透簾櫳。藕花風漸生。影上闌干。梧桐月正明。何處理銀箏。誰家調玉笙。空有佳音。佳音不待聽。料想歸期。歸期未有程。他賣詞章在柳營花陣裏逞。不管人孤

另。扯破紫香囊。摔碎青銅鏡。西廂下再不和月等。（筆花集）

滿泛霞杯。羞歌白苧詞。濃醮霜毫。倦題紅葉詩。心緒亂如絲〔一五三〕。人情薄似紙。待害相思。相思乾害死。投至別離。別離何似此。恨天涯寡情遊蕩子。墮却青雲志。烟花惹夢魂。風月關心事。便那裏步蟾宮折桂枝。（筆花集）

【北越調小桃紅】

孔雀屏開。半遮銀蠟光。翡翠衾寒。多薰寶篆香。枕剩綉鴛鴦。釵閑金鳳凰。恨殺飄蓬。飄蓬薄倖郎。瘦損風流。風流窈窕娘。梅花影兒纔上窗。越恁添愁况。砧聲耳畔來。月色簾前晃。問離人斷腸也不斷腸。（筆花集）

瓊花燈

誰將香雪製芳叢。表裏清輝瑩。照破揚州舊時夢。玉玲瓏。粉溶酥暖丹心重。堂深夜永。影搖枝動。吹滅一簾風。（筆花集）

春情〔一五四〕

嬌娥一捻粉團香。搭伏定牙牀上。雨魄雲魂恣飄蕩。喚才郎。攻書獨坐何情況。看

看的月臨綉窗。寒生羅帳。睡早些又何妨。（筆花集）

姚江夜泊

江風吹雨響颼飀。寒滲青衫透。花燭銀臺[一五五]玉蟲瘦。數更籌。客窗正是愁時候。十年浪遊。幾家觀□。□□□心頭。（筆花集）

姑蘇感懷二首[一五六]

孤城一帶鎖寒烟。芳草青青遍。閒煞誰家舊庭院。最悽然。飛飛總是南來燕。猶兀自垂楊路邊。斷橋前面。都纜着[一五七]送窮船。（筆花集）

姑蘇臺上望姑蘇。一片青無數[一五八]。小雨殘紅日將暮。接吾廬。白雲不斷愁來路。花間杜宇。天邊孤鶩。脱板的望鄉圖[一五九]。（筆花集）

吴興晚眺

夕陽樓閣蘸平湖。影浸粼粼[一六〇]緑。人在雕闌最高處。指城隅。淺山一簇浮寒玉。黄梅釀雨。白雲籠樹。一幅范寬圖。（筆花集）

【北越調柳營曲】

途中春暮〔一六一〕

岐路北。斷橋西。滴溜溜酒帘茅舍低。柳暗疎籬。水浸平隄〔一六二〕。彷彿舊山溪。車兒馬兒奔馳。鶯兒燕兒悲啼。帽沾飛絮雪。衣染落花泥。知。何處度寒食。（筆花集）

旅　次〔一六三〕

歸路杳。去程遥。誰不戀故鄉生處好。糲飯薄醪。野蔌山餚。隨分度昏朝〔一六四〕。隔籬度犬嗷嗷。投林倦鳥嘈嘈。烟霞雲黯淡。風雨夜蕭騷。紗窗〔一六五〕外有芭蕉。（筆花集）

春　思〔一六六〕

鴉髻鬆。鳳釵横。碧窗夢回春晝永。離緒蒙茸。倦眼朦朧。清淚滴香容。恨東君多雨多風。盼王孫無影無踪。柳添新樣緑。花減舊時紅。盡在不言中。（筆花集）

薛瓊瓊彈箏圖[一六七]

玉雪顔。翠雲鬟。昭陽殿[一六八]裏醉了幾番。金袖翩翩。銀甲珊珊。記天寶年間。鬨的兵散潼關。忽的塵暗長安。風雲都變改。日月自循環。閒寫作畫圖看。（筆花集）

聽　箏[一六九]

酒乍醒。月初明。誰家小樓調玉箏。指撥輕清。音律和平。一字字訴衷情。恰流鶯花底叮嚀。又孤鴻雲外悲鳴。滴碎金砌[一七〇]雨。敲碎玉壺冰。聽。盡是斷腸聲。（筆花集）

【北中呂謁金門】

聞　嘲

你鳴珂巷艷娃。我梁園内社家。兩下裏名相亞。你知音律我撐達。不在雙漸蘇卿下。你歌舞吹彈。我琴棋書畫。你放會頑我煞撒會耍。你恁般俊煞。我那般俏煞。也索向嬭嬭行陪些話。（筆花集）

客中戲示友人

不許愁人傲。巽二猖狂。滕六懶燥。透嚴威直到曉。剡溪無戴老。山陰無賀老。干惹得梅花笑。（筆花集）

落花二令[一七二]

落花。落花。紅雨似紛紛下。東風吹傍小窗紗。撒滿鞦韆架。忙喚梅香。休教踐踏。步蒼苔選瓣兒拿。愛他。愛他。擎托在鮫綃帕。（筆花集）

落紅。落紅。點點[一七三]胭脂重。不因啼鳥不因風。自是春搬弄。亂撒樓臺。低撲簾櫳。一片西一片東。雨雨。風風。怎發付孤栖鳳。（筆花集）

長亭道中[一七三]

起初。看書。只想學干祿。誤隨流水到天隅[一七四]。迷却長亭路。古竈蒼烟。荒村紅樹。問田文何處居。老夫[一七五]。滿腹。都是登樓賦。（筆花集）

納涼寓意[一七六]

翠林。綠陰。喜把紅塵禁。炎蒸從此去煩襟。毛骨如冰沁。七尺藤牀。一枚石枕。聽新蟬葉底吟。饑時節便飡。渴時節便飲。更待思量甚。（筆花集）

【北正宮醉太平】

重九無酒[一七七]

釀寒風似刮。催詩雨如麻。東籬寂寞舊栽花。上心來悶殺。孟參軍整烏紗低首頻嗟呀[一七八]。陶縣令掩柴扉緘口慵攀話。蘇司業檢奚囊彈指告消乏。白衣人在[一七九]那答。（筆花集）

約遊春友不至效張鳴善句裏用韻[一八〇]

芳塵滾滾。香霧氳氳。東風何地不精神。流鶯也喚人。柳屯雲護城闉兩岸黃金嫩。杏酣春映山村萬樹胭脂噴。草鋪茵繞湖濱一片綠絨新。不閑遊是蠢。（筆花集）

輪蹄冗雜。羅綺交加。東風何地不繁華。莊農也戲耍。倚谽[一八一]谺惡枒槎老樹臨溪

汉。鬧唧喳隔幽花好鳥鳴山凹。蕩光滑亂明霞流水繞天涯。不閑遊是傻[一八二]。（筆花集）

書所見[一八三]

二八年艷娃。五百載冤家。海棠庭院翫韶華。無褒彈的俊雅。臉慵搽倚窗紗翠袖冰綃帕。步輕踏涴塵沙錦鞦[一八四]凌波韈。笑生花喚烹茶檀口玉[一八五]粳牙。美人圖是假[一八六]。（筆花集）

閨　情[一八七]

惜花人那廂。吹簫伴誰行。好春光翻做了惡風光。三般愁怎當。入蘭房恰昏黃[一八八]畫角偏嘹喨。掩紗窗未思量杜宇先悲愴。上牙牀正恓惶鐵馬兒越叮噹。不傷心是謊。（筆花集）

嘲秀才上花臺

生居在孔門。供養甚花神。今年撞入翠紅裙。被虔婆每議論。星裏來月裏去又笑書生嫩。多則與少則許又罵酸丁吝。寢不言食不語又道秀才村。我可甚文章立身。（筆

花集）

風流士子

丟開了硯臺。撇下了書册。向花街柳陌把身挨。兀的不俊哉。將皂環絛拴一個合歡帶。白羅袍綉一道開山額。素瑶琴雕一面教坊牌。這的是頑頑秀才。（北宫詞紀外集）

【北雙調風入松】

寓意

杜鵑啼過落花多。天氣近清和。道人不管公家事。一樽酒撫掌而歌。吞海壯懷寂寞。看山老眼摩挲。六龍飛去迅如梭。誰挽魯陽戈。百年半逐雲飛盡。青山舊白髮婆娑。但得石田茅屋。休言金谷銅駝。（筆花集）

尋春不遇

洞房香冷辟寒犀。花壓翠簾低。弱紅嬌黛春無力。素鸞翾玉燕斜飛。鴛枕雨雲幽夢。

緑陰[一八九]滿青子鮫綃風月須題。一聲啼鴂畫樓西。屈指又春歸。等閑老却鉛華粉。纍纍。莫問劉晨去遠。可憐杜牧來遲。（筆花集）

錢塘即景

亂雲如葉雨如絲。梅子乍青時。小□□□□餘事。北窗下美酒盈巵。翠椀蔗溶蜜汁。鑾□藕□□□。□□當户碧參差。掩映萬年枝。江南舶棹隨風至。烏紗潤白苧滋滋。未擬蘭舟避暑。且將紈扇題詩。（筆花集）

題貨郎擔兒

杏花天氣日融融。香霧藹簾櫳。數聲何處蛇皮鼓。琅琅過金水橋東。閨閣喚回幽夢。街衢忙殺兒童。矍然一叟半龍鍾。知是甚家風。擔頭無限□□物。希奇樣簇簇叢叢。不見木公久矣。可憐多少形容。（筆花集）

【北商調望遠行】

四景題情

春[一九〇]

杏花風習習暖透窗紗。眼巴巴顒望他。不覺的月兒明鐘兒敲鼓兒撾。梅香。你與我點上銀臺蠟。將枕被鋪排下。他若是[一九一]來時節。那一會坐衙。玉纖手忙將這俏冤家耳朵兒掐。嗏。實實的那裏行踏。喬才。你須索吐一句兒真誠話。（筆花集）

夏

藕花風拂拂爽透書齋。静攙攙門半開。不覺的傷人心動人情感人懷。梅香。我多管少欠他相思債。我則索咬定着牙兒耐。他若是來時節。那一會罪責。玉纖手忙將這俏冤家面皮兒摑。嗏。實實的要個明白。喬才。你莫不也受了王魁戒。（筆花集）

秋

桂花風蕭蕭響透簾箔。滴溜溜明月高。不覺的鷄聲罷蛩聲悲雁聲高。梅香。□□着了□□□□。□□□□□。他若是來時節。那一會取招。玉纖手忙將這俏寃家□□□□。嗏。實實的犯法違條。喬才。你則索捨了命忙陪告。（筆花集）

冬

雪花風飄飄冷透屏幃。悶懨懨只自知。不覺的銅壺殘銀釭滅串烟微。梅香。他多管在柳陌花街内。每日家醺醺〔一九二〕醉。他若是來時節。那〔一九三〕一場省會。玉纖手忙將這俏寃家耳朶上鎚。嗏。實實的那裏着迷。喬才。你正是飽病難醫治。（筆花集）

【北中吕醉高歌帶紅繡鞋】

客中題壁

落花天紅雨紛紛。芳草墜蒼烟衮衮。杜鵑啼血清明近。單注着離人斷魂。深巷静凄涼成陣。小樓空寂寞爲鄰。吟對青燈幾黄昏。無家常在客。有酒不論文。更想甚江

東日暮雲。（筆花集）

琴意軒

碧梧窗户生涼。瓊珮簾櫳振響。卜居似得靈墟上。穩棲老朝陽鳳凰。醞釀出淵明情況。敷揚就叔度文章。蘭雪紛紛散幽香。水雲秋澹蕩。風雨夜淋浪。問知音誰共賞。（筆花集）

送大本之任

蕩悠悠萬里雲衢。明晃晃三秋月窟。攀蟾慣識攀蟾路。一鶚何勞薦舉。老母親臍滄天禄。新夫人穩坐香車。打疊了南陽舊草廬。宫袍金孔雀。書案玉蟾蜍。休忘了彈冠老貢禹。（筆花集）

【北中吕山坡羊】

書懷示友人[一九四]

田園荒廢。箕裘陵替。桃源有路難尋覓。典鶉衣。舉螺杯[一九五]。酕醄醉了囫圇睡。啼

鳥一聲驚覺起。悲。也未知。喜。也未知。（筆花集）

驅馳何甚。乖離忒恁。風波猶自連頭浸。自沉吟。莫追尋。田文近日多門禁。炎涼本來一寸心。親。也自恁。疎。也自恁。（筆花集）

長江東注。夕陽西没。流光容易拋人去。莫嗟吁。任揶揄。老天還有安排處。踽踽客窗無伴侶。酒。花外沽。琴。燈下撫。（筆花集）

羈懷縈掛。人情澆詐。相逢休説傷時話。路波蹅。事交雜。秋光何處堪消暇。昨夜夢魂歸到家。田。不種瓜。園。不灌花。（筆花集）

中秋對月無酒〔一九六〕

冰輪高駕〔一九七〕。銀河斜掛。廣寒宮闕堪圖畫。對光華。恣歡洽。故人一夜團圞話。多情素娥吟笑咱。詩。也懵撒。酒。也懵撒。（筆花集）

【北雙調慶東原】

京口夜泊

故園一千里。孤帆數日程。倚篷窗自嘆漂泊命。城頭鼓聲。江心浪聲。山頂鐘聲。

一夜夢難成。三處愁相併。（筆花集）

田家樂四首

黍稷秋收厚。桑麻春事好。婦隨夫唱兒孫孝。綫鷄長膘。綿羊下羔。絲繭成繰。人說仕途榮。我愛田家樂。（筆花集）

寒暑□□□。□□□□□。□□□□□□□。□□□□。□□醬燒。蘿蔔□燒。人說仕途榮。我愛田家樂〔一九八〕。（筆花集）

東疃沽新釀。西村邀故交。麥場上醉倒呵呵笑。爨都摔腰。王留上標。伴哥踏撬。人說仕途榮。我愛田家樂。（筆花集）

柳下三椽廈。門前獨木橋。客來款曲誰家樂。浮瓜浸桃。蒸梨釀棗。烙餅槌糕。人說仕途榮。我愛田家樂。（筆花集）

【北黄鍾出隊子】

酒色財氣四首

麴生堪愛。暈桃花上臉腮。百篇一斗恣開懷。誰承望捉月騎鯨再不來。酒。則被你

斷送了文章李太白。（筆花集）

憐香惜玉。醉臨春歡未足。開皇戈甲出江都。驚散金釵玉樹曲。色。則被你斷送了聰明陳後主。（筆花集）

錢神湧論。儹家私多誤身。東風吹墮畫樓人。一夜香消金谷春。財。則被你斷送了奢華石季倫。（筆花集）

圖王争帝。半乾坤心未已。鴻門會上失兵機。直殺得血濺陰陵後悔〔一九〕遲。氣。則爲你斷送了英雄楚項籍。（筆花集）

【北雙調壽陽曲】

題墨梅〔二〇〕

王冕風流在。林逋音問遠。嘆西湖幾翻更變。料得春光不似前。憔悴了粉容嬌面。（筆花集）

蹴踘〔二一〕

軟履香泥潤。輕衫香霧濕。幾追陪五陵豪貴。脚到處春風步步隨。占人間一團和

氣〔二〇二〕。（筆花集）

梅女吹簫圖〔二〇三〕

髻䩞青螺小。釵横玉燕低。背東風爲誰凝睇〔二〇四〕。閑拈鳳簫不待吹。恐梅花等閒飄墜。（筆花集）

【北越調天净沙】

小　景〔二〇五〕

翠岩嶢天近山椒。緑蒙茸雨漲溪毛。白靉靆雲埋樹腰。山翁一笑。勝桃源堪避征徭。（筆花集）

閒居雜興〔二〇六〕

近山近水人家。帶烟帶雨桑麻。當役當差縣衙。一犂兩耙。自耕自種生涯。（筆花集）

題畫上小景〔三〇七〕

綠楊枝底尋春。碧桃花下開樽。流水溪頭問津。閑評閑論。吾不是阮肇劉晨。（筆花集）

【北商調知秋令】

秋　夜

月晃銀河淡。庭空珠露濕。天闊玉繩低。鸘築城頭奏。螻蛄階下泣。絡緯井邊啼。一弄兒秋聲鬧起。（筆花集）

隱　居

户列青絲檜。庭栽玉枝蘭。爐養紫金丹。書玩東西漢。詩吟大小山。名占古今間。高邁如袁安謝安。（筆花集）

【北雙調蟾宮曲】

閨　怨〔二〇八〕

冷清清人在西廂。叫一聲張郎。罵一聲張郎。亂紛紛花落東牆。問一會紅娘。絮一會紅娘。枕兒餘。衾兒剩。温一半綉牀。閒一半綉牀。月兒斜。風兒細。開一扇紗窗。掩一扇紗窗。蕩悠悠夢繞高唐。縈一寸柔腸。斷一寸柔腸。（新刊奇妙全相注釋西廂記）

錦重重春滿樓臺。經一度花開。又一度花開。彩雲深夢斷陽臺。盼一紙書來。没一紙書來。染霜毫。題恨詞。濃一行墨色。淡一行墨色。攢錦字。砌迴文。思一段離懷。織一段離懷。倩東風寄語多才。留一股金釵。寄一股金釵。（新刊奇妙全相注釋西廂記）

碧桃香人在天台。高一簇花開。低一簇花開。翠陰陰竹護庭階。疾一陣風篩。慢一陣風篩。和夢也。憑畫闌。兜一隻綉鞋。靸一隻綉鞋。散心也。蕩芳塵。立一會蒼苔。步一會蒼苔。怕多情鶯燕疑猜。遮一半香腮。露一半香腮。（新刊奇妙全相注釋西廂記）

嘆青春何處飄零。有一段離情。訴一段離情。掩香閨無限淒涼。有一樣心疼。害一樣心疼。静巉巉。花影下。見一番月明。立一番月明。孤另另。枕兒上。聽一點殘更。捱一點殘更。喜今宵花報銀燈。數一日歸程。盼一日歸程。（新刊奇妙全相注釋西廂記）

套 數

春日閨思[二〇九]

【北雙調新水令】一簾飛絮滚風團。啓朱扉眼花撩亂。腕消金釧鬆。腰瘦翠裙[二一〇]寬。獨步盤桓。幽窗下畫欄畔。

【駐馬聽】粧點幽歡。鳳髓茶温白玉碗[二一一]。安排佳玩。龍涎香裊紫金盤。瓊[二一二]花露點滴水晶丸。荔枝漿蕩漾玻璃罐。日光酣。天氣暖。牡丹風吹不[二一三]到芙蓉幔。

【喬牌兒】嬌鶯時睍睆。杜宇自呼喚。故人一去音塵斷。這芳菲誰顧[二一四]管。

【鴻門凱歌】冷淡了聯珠翡翠冠。離披了合彩鴛鴦段。零落了回文[二一五]龜背錦。空閑了通寶鴉青幔。巫山廟雲壑翠巑岏。桃源洞烟水黑[二一六]瀰漫。望夫臺景物年年在。相思海風波日日滿。眉攢。屈纖指把歸〔二七〕期算。心酸。染霜毫將離恨纂。

【甜水令】空撇下綉幕房櫳。銀燭幃屏。珠簾樓觀。幾度月團圞。鬬草〔二八〕無心。待月無情。吹簫無伴。眼睁睁寡鳳孤鸞。

【天香引】將一箇瘦形骸青鏡羞觀。愁也多端。病也多端。柳影〔二九〕花陰。看別人珮玉鳴鸞。聽一篇長恨歌肝腸刃〔三〇〕剜。念幾句送春〔三一〕詞骨肉錐〔三二〕鑽。盟誓難瞞。疼熱難拚。生也同衾。死也同棺。

【隨煞】多應是在誰家〔三三〕風月閑亭館。陡恁的情慳義短。我恓惶事〔三四〕攢下萬千般。他風流罪攢來數十款。（筆花集）

送景賢回武林〔三五〕

【北雙調夜行船】花柳鄉中自在仙。惹春風兩袖翩翩。酒社詩壇。舞臺歌榭。百年裏幾番相見。

【新水令】君家家近六橋邊。占西湖洞天一片。柳陰藍翠靄。花氣麝蘭烟。錦纜銀鞭。一步步畫屏面。

【胡十八】醉舞筵。殢歌扇。偎柳坐。枕花眠。生來長費杖頭錢。酒中遇仙。詩中悟禪。有情燕子樓。無意翰林院。

【離亭宴帶歇指煞】珊瑚文采天機絢。珍珠咳唾冰花濺。霜毫錦箋。品藻杜司〔二六〕空。褒彈張殿元。出落雙知縣。一襟東魯書。兩肋西廂傳。相看〔二七〕黯然。朝雨渭城愁。夕陽南浦恨。芳草陽關怨。休言鷄黍期。謾結〔二八〕鶯花願。咱兩箇明年後年。湖上弔蘇林。花間覓劉阮。（筆花集）

贈玉蓮王氏〔二九〕

【北雙調夜行船】玉立亭亭太華仙。間別來〔三〇〕不記何年。雲隔瑶池。塵飛滄海。誰承望又還相見。

【沉醉東風】〔三一〕彷彿在耶溪岸邊。分明在太液池前。瓊簪墮〔三二〕地輕。羅襪凌波淺。勝華清賜浴温泉〔三三〕。微露浸浸濕翠鈿。越顯得香嬌玉軟。

【離亭宴帶歇指煞】韓昌黎甜句兒多稱羨〔三四〕。周濂溪美意兒常留〔三五〕戀。都則爲風流自然。馨香勝噴水龍涎。花瓣巧攢珠蚌殼。藕絲細吐冰蠶繭。欺風弄縞衣。妒月搏紈扇〔三六〕。三般兒可憐。葉老翠房空。波寒粧〔三七〕鏡慘。粉淡芳容變。休將玉漏催。且盡碧筩宴。多嬌自勉。恁若許惜花的攀〔三八〕。我先將並頭選。（筆花集）

賦鳳臺春[二三九]

【北雙調夜行船】[二四〇]嬴女吹簫引鳳凰。築高臺配會蕭郎。前度相別。今番相見[二四一]。還喜玉人無恙。

【風入松】[二四二]開奩顧影試新粧。光艷射朝陽。羽衣似得霓裳譜。東風軟舞態悠[二四三]揚。不似碧梧深院。全勝篆竹高崗。

【沉醉東風】也消得[二四四]李白吟成樂章。怎容他吕安題做門牆。九苞祥瑞姿。五彩風流樣。歷東園舊日風光。春日遲遲春夜長。可知道一刻千金玩賞。

【離亭宴帶歇指煞】想春容隨處相尋訪。檢春工所事堪褒獎。最關情是幾樁。春色染鶯花。春聲諧鳳管。春夢迷鴛帳。春透筵前緑蟻杯。春生被底紅桃浪。多管是東君主張。不容狂蝶亂追隨。不許遊蜂乾絮聒。不愁杜宇閑悲愴。憑凌燕子樓。彈壓雞兒巷。囑付您知音的莫忘。消春悶儘盤桓。散春心任來往。(筆花集)

友人愛姬為權豪所奪復有跨海征進之行故作此以書其懷[二四五]

【北商調集賢賓】鶯花寨近來誰戰討。這兒郎懸寶劍佩金貂。燕子樓屯合着鎧甲。雞兒巷簇擁着槍刀。麗春園萬馬蕭蕭。鳴珂巷衆口嗷嗷。將一座翫江樓等閑白占了。他道是特欽丹詔。穿花擒鳳鳥。跨海斬鯨鰲。拆散鳳友鸞交。

【逍遥樂】六韜三略。也則待制勝量敵。却做了幽期密約。陣馬咆哮。比販茶船煞是粗豪。將俺這軟弱蘇卿禁害倒。統領着鴉青神道。衝散蜂媒蝶使。烘散燕子鶯兒。

【梧葉兒】雖不是糟糠婦。休猜做花月妖。又不曾諳海島慣風濤。把舵春纖嫩。扶篙筋力小。恁待去征遼。没話説軍期誤却。

【金菊香】他將絳綃裙籠罩着錦征袍。銀鎧甲纓聯着珠絡〔二四六〕索。鐵兜鍪壓〔二四七〕損了金鳳翹。改盡了風標。全不似海棠嬌。

【醋葫蘆】槍攢呵玉臂擎。箭來呵羅襪挑。丁香舌吐似劍吹毛。連珠炮被窩兒裏聒破腦。知音的都道。我不信建頭功先奏你箇女妖嬈。

【幺】鉸青絲纏做弩絃。裁〔二四八〕香羅衲做戰襖。補旗旛絞〔二四九〕斷翠裙腰。金瘡藥細將脂粉調。都是些風流功效。他則想五花誥飛下紫宸朝。

【幺】叫喳喳錦纜移。鬧垓垓畫槳摇。那裏取明眸皓齒姆軍稍。更〔二五〇〕做道孫武子教得來武藝高。止不過提鈴喝號。抵多少碧桃〔二五一〕花下坐吹簫。

【幺】他戀着篷窗下風致佳。舵樓中景物饒。棹歌聲裏樂陶陶。辱没殺鋪紅苫緑翡翠巢。怕不道相偎相抱。那裏也芙蓉帳暖度春宵。

【幺】晚風涼觱篥鳴。曉星沉鼙鼓敲。熱[二五二]樂似銀箏象板紫檀槽。則學的君起早時臣起早。白鷗冷笑。倒惹的[二五三]黑漫漫殺氣蜃樓高。

【浪來裏煞】妳妳得了些賣陣錢。哥哥占了[二五四]些勞軍鈔。他向這海神廟多買好香燒。但只願[二五五]一年一度征海島[二五六]。休忘了將軍的旗纛。他是箇玉門關舊日的莾班超。

（筆花集）

新建构欄教坊求贊

【北般涉調哨遍】聖遍飛龍當日。火精焰焰光天德。三尺劍一戎衣。笑談間平吞了萬里華夷。二氣裏。八荒躋壽。四海涵春。□□出雍熙治。都會金陵佳麗。魯麟呈瑞。周鳳來儀。天香蕩颺酒旗風。甘露調和落花泥。拽塌了旌旗。打滅了烽塵。銷鎔了劍戟。

【耍孩兒】赤緊的教坊司獨佔了陽和地。越顯得鶯花艷美。真乃是紫微宫殿樂星集。另巍巍創[二五七]立箇根基。方位裏都按着郭景純經天緯地陰陽訣。規矩上不離了魯公輸邁古超今造化機。昏晝裏無休息。響玎玎斧斤電掣。鬧垓垓鋸鏟星飛。

【七煞】瓦礫披剗蕩的平。風火牆壘砌得疾。百年便作千年計。選良材砍盡了南山鐵幹霜皮木。搬巨磉撈遍了東海金星雪浪石。非容易。半空中〔三五八〕觚稜□聳。平地上輪奐光輝。

【六煞】上設着透風月玲瓏八向窗。下布着摘星辰嵯峨百尺梯。俯雕欄目窮天塹三千里。障風簷細粼粼簷牙高展文鴛翅。飛雲棟碜可可簷角高舒惡獸尾。多形勢。碧窗畔蕩悠悠暮雲朝雨。朱簾外滴溜溜北斗南箕。

【五煞】門對着李太白寫新詩鳳凰千尺臺。地繞着張麗華洗殘粧胭脂一派水。敞南軒看不盡白雲掩映鍾山翠。三尺臺包藏着屯鶯聚燕閑人窟。十字街控帶着踞虎盤龍舊帝基。柳影濃花陰密。過道兒緊欄着朱雀。招牌兒斜拂着烏衣。

【四煞】這壁廂酒肆裏笙歌聒耳來。那壁廂渲房中麝蘭撲鼻吹。隔離五雲宮闕無多地。鼓兒敲普鼕鼕響隨仙仗迎□□。板兒撒矻剌剌聲逐天風入鳳墀。八音備。土匏革木。絲竹金石。

【三煞】豁達似綵霞觀金碧粧。氣概似紫雲樓珠翠圍。光明似辟寒臺水晶宮裏秋無迹。虛敞似廣寒上界清虛府。廊□似〔三五九〕兜率西方極樂國。多華麗。瀟灑似蓬萊島琳宫紺宇。風流似崑崙山紫府瑶池。

【二煞】捷劇每善滑稽能戲設。引戲每叶宫商解禮儀。粧孤的貌堂堂雄糾糾口吐虹霓[二六〇]氣。付末色説前朝論後代演長篇歌短句江河口頬隨機變。付浄色腆囂龐張怪臉發喬科呫冷諢立木形骸與世違。要採每未東風先報花消息。粧[二六一]旦色舞態裊三眠楊柳。末泥色歌喉撒一串珍珠。

【一煞】王孫每意懸懸懷揣着賞金。郎君每眼巴巴安排着慶賞禮[二六二]。跳龍門題雁塔懸羊頭踏抱尾一箇箇皆隨喜。扎碑的亞着肩疊着脊傾着囊倒着産大拚白雪銀雙鎰。粧孤的争着頭鼓着腦舒着眉睁着眼細看春風玉一圍[二六三]。權當箇門山日。名揚北冀。聲播南陲。

【尾】托賴着九重雨露恩。兩輪日月輝。這构欄領鶯花獨鎮着乾坤内。便一萬座梁園也到不得。（筆花集）

送友人入全真道院[二六四]

【北仙吕賞花時】世路崎嶇鳥道分。人海蒼茫鯨浪奔。喧馬足閙車塵。麻姑笑[二六五]哂。落日又黄昏。

【么】金谷繁華夢裏身。銅柱陳芳紙上文。能黼黻會經[二六六]綸。先生議論。少不得高塚卧麒麟。

【賺煞】既悟死生機。便得清平分。真乃是羲皇上人。散誕似攜家傍鹿門。老生涯經卷爐薰。指乾坤。作幔爲裀。卧吸扶桑[二六七]五花暾。等待着黄粱飯滚。碧桃春近。笑吹簫管上崑崙。（筆花集）

送人應聘[二六八]

【北仙吕賞花時】五彩雲開丹鳳樓。萬雉城連白鷺洲。天塹望東流。天長地久。今古帝王州。

【么】虎豹關深肅劍矛。鵷鷺班趨拜冕旒。廊廟[二六九]總伊周。青雲趁逐。猶自卧林丘。

【賺煞】既奉[二七〇]紫泥宣。合拂斑衣袖。正桂子西風暮秋。整頓着千尺絲綸一寸鉤。笑談間釣出鰲頭。莫遲留。壯志應酬。不負平生經濟手。穩情取金花玉酒。銀章紫綬。教人道鳳凰臺上鳳凰遊。（筆花集）

送友人觀光其人姓劉[二七一]

【北仙吕賞花時】弄柳拈花手倦擡。説雨談雲口倦開。鬢髮已斑白。風流頓改。懶過汝陽齋。

【幺】我待要買斷了嚴陵一釣臺。請佃了陶潛五柳宅。日日訪吾儕。水邊山側。詩酒共開懷。

【賺煞】[二七二]争奈世情别。幸遇知音在。同是天涯倦客。爲愛皇都春正好。夢魂兒長繞[二七三]秦淮。何況近年來[二七四]。十二天街[二七五]。舞榭歌臺一字擺。嬌滴滴濃香艷色。花撲撲月宫仙界。真乃是勝[二七六]劉郎前度到天台。（筆花集）

戲賀友人新娶[二七七]

【北仙吕賞花時】昔日東華聽曉籌。今日西湖艤釣舟。書劍暫淹留。呼朋唤友。不減少年遊。

【幺】翠袖分香行處有。綵筆生花夢境熟。詩酒自優遊[二七八]。評花問柳。待選鳳鸞儔。

【賺煞】紅絲幔護嬋娟。玉鏡臺通姻媾。證果了乘龍配偶。霧帳雲屏籠畫燭。洞房深良夜悠悠。恁時節見嬌羞。弄一會温柔。半幅香羅春在手。是必將艱難的事由。推辭的機轂。揾香腮直問到五更頭。（筆花集）

春思[二七九]

【北南吕一枝花】嫩寒生花底風。清影弄簾間月。亂紅撲窗外雨。香絮滚樹頭雪[二八〇]。負東君一番艷冶。景物奇絶[二八一]。誰不道富貴千金夜。我翻做凄涼三月節。懷故人萬里離别[二八二]。

【梁州】相思鬼皮膚裏打劫。睡魔神眼睫上盤踅。可正是多情自作風流孽。錦鴛翎活扯。丹鳳頸[二八四]生撧。並頭花揉碎。合歡樹攀折。昇仙橋閃却車軏。武陵溪下了椿橛。聲沉珮玉玎璫。塵滿釵金蹀躞。香殘褥錦重疊。想者。覷者。冷清清空落下讀書舍。越間闊越情熱。你便是一寸肝腸一寸鐵。也害得癡呆。

【餘音】本待向楚王宫㛹半緘剩雨殘雲赦。怎下的[二八五]海神廟告一道追魂索命牒。不是我怪胆兒年來太薄劣。將枕邊廂[二八六]話兒説。把[二八七]被窩兒裏賺啜。都寫做慇懃問安帖。（筆花集）

夏閨怨[二八八]

【北南吕一枝花】燕泥沾白象牀。麝塵暗冰蠶褥。螢燈照青瑣窗。蛛網絡碧紗㡡。一弄[二八九]兒蕭踈。鏡裏人何處。樽前誰是主。凄涼煞錦水鴛鴦。寂寞了雕籠鸚鵡。

【梁州】下幾點梅子雨間一行情淚。蕩幾陣藕花風助一口長吁。幾般兒堪寫入傷心録。金步摇花殘蹀躞。玉搔頭綫脱珍珠。薔薇露羞和膩粉。蘭蕊膏倦攬瓊酥。上粧樓一步一箇趦趄。指長亭一望一箇糊突。紫香囊徒效殷勤。白紈扇空題詩句。錦迴文枉費工夫。嗜兩個曠夫。怨女。料應來錯配了姻緣簿。多間别少完聚。抵多少夫在蕭關妾在吴。鳳隻鸞孤。

【罵玉郎】也是我孜孜的攛斷他學干禄。嗟往事悔當初。多情却被無情誤。唤不應離恨天。填不滿憂怨海。趕不上[二九〇]相思路。

【感皇恩】這些時鬼病揶揄。更那堪睡魔追逐。軟兀剌弱身軀。顛不剌喬證候。乾支剌瘦肌膚。無半點歡娱分福。衠一味鰥寡孤獨。叮嚀話總虚詞。斷腸詩成故紙。平安信似休書。

【採茶歌】他指望八仙圖。我貪愛七香車。猶恐怕黄金窑變了漢相如[二九一]。蓍草占來爻反覆。卦錢兒磨得字模糊。

【尾聲】雖忘了並頭蓮空房獨守心常苦。也合想連理枝嫩緑[二九二]成陰葉未枯。手抵着牙兒自猶豫。幾時得恓惶業足。多管是凄涼限促[二九三]。不由人蘸緑亭前放聲兒哭。（筆

花集）

客中奇遇寄情代友人作〔二九四〕

【北南吕一枝花】風月長存一寸心。雨雲又作三春夢。青鳥不傳千里信。落花空恨五更風。想當日旅館相逢。取次間諧鸞鳳。實心兒擔怕恐。瞞不過紗窗〔二九五〕下半篝殘夜孤燈。喜的是羅帕上數點芳春嫩紅。

【梁州】磣可可言誓海深如渤澥。熱剌剌設盟山高似崆峒。經幾番柳驚花顫嬌團弄。金珮解麝蘭馥馥。寶釵横雅髻鬈鬈。粉汗濕耨聲悄悄。羅襪翹底樣弓弓。實承望效鴛鴦百歲和同。不隄防賦驪駒兩字西東。又不比卓王孫聽琴聲慕相如發忠。張延賞招贅時嘆〔二九六〕韋臯命窮。賈公閭偷香處知韓壽情濃。自非。懵懂。没來由信流鶯唤出桃源洞。越懊惱越疼痛。回首關河幾萬重。無計相從。

【尾聲】全不想上陽關登雲路紫騮蹀躞催絲鞚。長則待諧姻眷開玳宴翠袖殷勤捧玉鍾。寄與那閑打牙的〔二九七〕相知莫譏諷。少不的淒涼卷終。風流命通。恁時節花燭蘭房慢慢的寵。（筆花集）

贈教坊殊麗[二九八]

【北南呂一枝花】眼舒隨意花。髻插忘憂草。手拈紅塵尾。口理紫檀槽。一撮兒妖嬈。常記得陽臺夢曾奚落。武陵溪猶[二九九]撞着。人都道綺羅鄉再長箇卿卿。我猜做[三〇〇]風流地重生箇小小。

【梁州】說窈窕端然窈窕。待苗條不甚苗條。向樽前徹胆兒包藏着俏。肌雪瑩勻勻粉膩。臉霞酣淡淡紅潮。荳蔻小半含玉蕊。丁香嫩一點春嬌。舞衣輕燕體飄飄。歌喉細鶯語嘐嘐。縷金環嵌八顆蠙珠。交股釵梟雙頭鳳翹。凌波襪[三〇一]蕩六幅鮫綃。老陶。見了。少不得剖肝腸再寫段風光[三〇二]好。年紀兒正芳妙。縱捨千金度一宵。没福也難銷。

【尾聲】燭熒煌香霧鬔鬆鋪張箇夜月芙蓉幄。錦纏聯金絡索搭苫箇春風翡翠巢。我是鑒樂的酸丁最公道。遮莫將丹青畫描。詞章品藻。兀的般解語花生香玉世間少。（筆花集）

贈素雲[三〇三]

【北南呂一枝花】輕柔縞淡粧。縹渺瑤華動。分開山霧紫。衝破海霞[三〇四]紅。颸颸溶溶。聚散如春夢。飄零似轉蓬。離恨天幾弄兒昏迷。風流地一遭兒亂擁。

【梁州】可怎麽黄鶴樓頭不遇。常則是青山畫裏相逢。淡丰姿消得箇人知重。籠夜月梨花庭院。弄春陰楊柳簾櫳。謳清歌依依金屋。舞霓裳隊隊瑶空。又不肯化甘霖相趁游龍。常則待帶斜陽常背征鴻。没亂煞老梁公歸興凄凄。吸嗰煞𢤱謝安芳心冗冗。徯落煞悶[三〇五]襄王佳會匆匆。好風。怪風。繞天涯幾度相迎送。不落錦胡洞。多在巫山十二峰。無影無踪。

【尾聲】一任他漫天巧結銀河凍。半霎兒滿地平鋪素剪絨。則落得高卧先生恣搏弄。向瀛洲海東。入蓬萊洞中。煞强似太岳祠中受恩寵。（筆花集）

嘲素梅[三〇六]

【北南吕一枝花】休言白玉堂。怎知黄金鼎。難栽瑪瑙坡。宜插水晶瓶。索笑爲生。冷淡偎村徑。朝昏傍驛亭。常則是採薪夫覓覓尋尋。那裏取惜花客潛潛等等。

【梁州】琴譜内又不將宫商剔撥。角聲中常[三〇七]則是趁鐘鼓悲嗚。我將他根脚兒從頭省。大庾嶺多年的魑魅。羅浮山舊日的妖精。東閣外移來的異種。西湖上流出的殘英。虚擔着玉潔冰清。空落得雪虐霜陵[三〇八]。孟浩然見了呵颺了吟鞭[三〇九]。趙光普覷了呵罷了諫諍。楊補之畫了呵諕了魂靈。試聽。他本情。未成實先有酸心病。可知道楚大夫廝奚倖。萬古離騷不入名。枉自飄零。

【尾聲】打不動裁冰剪雪林和靖。衝不過擊玉敲金宋廣平。縱泄漏春光也不乾浄。趁風清〔三〇〕月明。恐天寒地冷。則不如收拾横斜水邊影。（筆花集）

贈明時秀〔三一〕

【北南吕一枝花】星靨靨花鈿簇翠圓。黑鬒鬒雲髻盤鴉小。金閃閃襪鈎舒鳳嘴。玉摇摇釵燕裊雞翹。一撮兒妖嬈。恰蓓蕾丁香蕚。又葳蕤登蔻梢。錦綉額贈新題走蚓驚蛇。丹青幀摸巧樣迴鸞舞鶴。

【梁州】惹嬌雲招嫩雨十二樓前競賞。唤春風呼夜月三千隊裏争高。向人前所事包藏着俏。迷下蔡惑陽城的嫵媚。赴高唐謫廣寒的風標。冠薛濤壓秋娘的聲價。傲馮魁憐雙漸的心苗。五陵兒没福也難消。三般兒巧筆也難描。袒春衫似梅花雪捏就酥胸。悩寶帶似藕花風吹來麝腦。沁香汗似梨花露濕透鮫綃。想着。他自度。更有那家傳口授的閑談笑。記不真詠不到。則除是再入桃源走一遭〔三二〕。恁時節不落分毫。

【尾聲】錦窩巢雲屏霧帳重圍遶。花胡洞翠檻朱欄巧結縛。况值着媚景明時〔三三〕暢歡

樂。我將他風流窨約。行藏品藻。集入青樓賣弄到老。（筆花集）

贈美人號展香綿楊鐵笛為著此號[三四]

【北南吕一枝花】芳姿膩膩嬌。素質娟娟[三五]浄。綢繆無限絮。斷續有餘情。天付娉婷。衠一味温柔性。縱丹青畫不成。軟耨耨堪宜梅雪同心。白靄靄不與梨花共影。

【梁州】價重如齊紈魯縞。名高似蜀錦吴綾。惜花人故把楊花並。纏聯月户。繚繞雲屏。昏迷客路。散漫郵亭。最關情眼底飄零。不由人掌上奇擎。飛曉日又不曾牽惹遊絲。隨暮雨又不曾沾粘落英。趁東風又不曾化作浮萍。幾回。自省。過青春誰與憐薄命。空落得舊名姓。人都道十二瑶臺夜不扃。逃下的飛瓊。

【尾聲】若能够半絲兒繫足爲媒聘。煞强似幾縷同心結志誠。常記得雪虐風陵夜初静[三六]。孤眠的慣經。知音的試聽。有他呵便凍死了梅花愁甚麽被窩兒冷。（筆花集）

贈　美　人[三七]

【北南吕一枝花】緣底事謫離方丈臺。是誰人賺出桃源洞。何日裏拜辭王母殿。甚風兒吹下廣寒宫。驀地相逢。眼眩亂魂飛動。方信道仙凡路可通。内家粧都猜是金屋嬋娟。前生業却做了青樓愛寵〔三八〕。

【梁州】蛸蠐頸浄匀粉膩。荳蔻梢軟褥春穠。更説甚海棠浥露胭脂重。綃袖薄腕籠温玉。酒顔酡腮暈輕紅。腰束素裙拖暖翠。眼涵秋水〔三九〕點星瞳。口脂薰蘭氣冲冲。胸酥漬香汗溶溶。登卧榻一團兒雪壓氍毹。對粧臺一朵兒花生鏡容。浴温泉一泓兒水浸芙蓉。自疑。自懂。只恐是沾雲殢雨陽臺夢。梨園内萬人衆。烟月排場錦綉叢。别樣春風。

【尾聲】賦佳人的宋玉堪題詠。圖仕女的崔徽枉費工。常記席上樽前那些陪奉。喜孜孜捧着玉鍾。嬌滴滴擎着笑容。端的是壓盡人間麗情種。（筆花集）

自　省〔三〇〕

【北南吕一枝花】黑漫漫離恨天。白漭漭迷魂海。鬧垓垓風月場。昏慘慘雨雲臺。天與安排。都變做鶯花界。單捱着聰明的〔三一〕撞入來。枕畔言糊突了胸襟。花下酒消磨了氣色。

【梁州】我待將翫江樓風流再整。誰敢把麗春園時價高擡。這幾般兒症侯年年害。並頭蓮忙折。連理樹勤栽。相思夢不覺。囫圇謎難猜。眼睛兒盼行雲不離書齋。魂靈兒趁東風先到花街。知自知虛脾枉自温存。笑自笑訕臉偏禁打摑。怪自怪癡心不服燒埋。待開。怎開。我則索皂紗巾護了天靈蓋。赤緊的做鴇兒不寬大。但有箇權勢的姨夫大塊子扻。便笑靨兒攢腮。

【尾聲】粧孤的已受王魁戒。贍表的休夸雙漸才。這兩件達時務的玄機〔三三〕恰參解。朱顏半衰。黑頭漸白。猶兀自無倒斷〔三三〕的着迷甚時改。（筆花集）

贈　人〔三四〕

【北南吕一枝花】麒麟閣上臣。虎豹關中將。名高金殿客。貴壓紫薇郎。玉立昂昂。捧日月光天象。保山河壯帝鄉。紫金梁穩架滄溟。白玉柱高擎廟堂。

【梁州】醉仙桃九重春色。拂御爐兩袖天香。風雲豪氣三千丈。咳唾落珠璣顆顆。珮環摇金璧鏘鏘。奇略飽陰陽經訣。壯懷吞星斗文章。擁貔貅銀鎖光芒。動龍蛇赤羽飛揚。叱咤間浄〔三五〕中原狐兔之塵。指顧裏蕩西戎犬羊之黨。笑談中定邊陲蠻貊之邦。遠方。近方〔三六〕。黄童白叟知名望。一人下萬人上。鐵券丹書姓字香。萬代輝光。

【尾聲】玉醍醐金叵羅肉臺盤氣氤氲香靄蓮花帳。錦罘罳珠珞索〔三七〕翠氍毹光燦爛春

生柿蒂堂。會受用風流黑頭相。對槐陰晝長。趁荷香晚涼。一派笙歌洞天裏響。（筆花集）

同前意[三八]

【北南呂一枝花】巍巍九鼎臣。落落三台位。飄飄七步才。密密五兵機。門第相輝。俯仰諧天意。經綸合聖規。書架插三萬舊日牙籤。武庫列十二清霜畫戟。

【梁州】翰墨奪人間錦綉。咳唾落天上珠璣。統雄藩肅鎮西南裔。紫泥詔符分[三九]銅虎。碧油幢纛散紅旄[三〇]。金麒麟綉蒙鎖甲。玉螭龍帶束宫衣。八卦營細柳深迷。五方旗鐵馬驕嘶。喜的是沙漠空狐兔塵清。江海静鯨鯢浪息[三一]。宫殿高燕雀風微。授之以德。用之以禮。因此上太平天子無爲治。咫[三二]尺間九重内。唤得春來草木知。萬物熙熙。

【尾聲】金甌應已藏名諱。麟閣終當繪像儀。寄語公明董狐筆。比及待論功賜邑。銘彝勒石。先築沙隄四十里。（筆花集）

子弟每心寄青樓愛人[三三]

【北南呂一枝花】芳卿細細聽。賤子明明道。雨雲雖[三四]念想。風月不堅牢。月夜花朝。兩地成眈〔三五〕閣。虛飄飄何日了。吐蛛絲鎖不住蝶使蜂媒。銜燕泥壘不就鸞窩鳳巢〔三六〕。

【梁州】怕不道甜膩膩恩情怎捨。瞞不過〔三七〕響璫璫禮法難饒。赤緊的一身萬事縈懷抱。椿萱衰邁。松菊蕭條。雲山縹緲。烟水迢遥。則落得鶯燕呼招。怎能够〔三八〕琴瑟和調。恰便似劉晨誤入天台。洛浦神遊漢臯。裴航夢斷藍橋。幾遭。窨約。既知休怕甚鶯花笑。便做道娶之後怎發落。少不得留與青樓做散樂。倒不眊眊。

【尾聲】從今後休將錦字傳青鳥。謾把綸竿釣巨鰲。不是我巧語花言廝推調。恁如今模樣正嬌。年紀兒又小。則不如覓個知心俊孤老。（筆花集）

勸妓女從良〔三九〕

【北南呂一枝花】麗春園有世情。鳴珂巷無公論。愛村沙欺軟弱。嫌文墨笑温純。別是箇家門。飽暖隨時運。詼諧教子孫。伴風姨陪月姊〔四〇〕甚日辭棚。覓花錢償酒債何年證本。

【梁州】粧鏡裏暗暗的添了白髮。酒席上飄飄的過了青春。急回頭已是三十盡。粉褪了杏腮桃臉。涎乾了〔四一〕瓠齒櫻唇。塵暗了〔四二〕錦箏銀甲。香消了綵扇羅裙。恁待要片時間拔類超羣。則除是三般兒〔三四三〕結果收因。招一箇莽莊家便是良人。嫁一箇窮書生便是孺人。苫一個俊孤答便是夫人。小生。暗忖。如今的這女娘每一箇箇口順心不順。多詭詐少誠信。直待紅鸞活現身。可不道好景因循。

【牧羊關】試點檢鶯花簿。細摩挲烟月文。真乃是有奇花便有東君。玉簫女結韋皐兩世絲蘿。蘇小卿配雙漸百年眷姻。謝天香遂却耆卿志。李亞仙疼煞鄭生貧。薛瓊英大享着奢華福。韓素梅深蒙雨露恩。

【尾聲】你畢罷了柳衢花市笙歌陣。我準備着鳳枕鴛幃錦綉裀。縱然道板障的娘娘有些生忿。明放着玉鏡臺主婚。金花誥保親。不願從良的也算得箇蠢。（筆花集）

同前意〔三四四〕

【北南吕一枝花】紅舒臉上桃。翠展眉間柳。粉溶〔三四五〕肌雪膩。緑嚲鬢雲稠。一撮兒風流。帶綰金雙扣。鞋彎〔三四六〕玉一鈎。紫綃裳紅錦腰圍。銀股釧珍珠臂〔三四七〕韝。

【梁州】據標格是有那畫閣蘭堂的分福。論嬌羞怎教他舞臺歌榭裏淹留。則落得閒茶浪酒相迤逗。昨日逢故友柳邊開宴。今日送行人花下停舟。這壁急攘攘〔三四八〕鶯招燕請。那廂鬧烘烘蝶趁蜂逐。恰則待熱心腸相和相酬。也合想業身軀無了無休。我勸你滑擦擦捨身崖想箇逃生。昏慘慘迷魂洞尋箇罷手。磣可可陷人坑覓箇回頭。一句。左右。他則想春花秋月常依舊。試與恁細窮究。我則索先蓋座春風燕子樓。省也麽葉落歸秋。

【尾聲】誰不知蘇卿已嫁雙通叔。王氏偏憐秦少游。咱兩箇没添貨的姻緣廝成就。天長地久。鸞交鳳友。再不教你〔三四九〕嗚珂巷路兒上走。（筆花集）

贈玉芝春〔三五〇〕

【北南吕一枝花】休言雨露恩。不假陽和力。自天能長養。無地可栽培。素質香肌。正遇承平世。比春花〔三五一〕别様奇。光膩膩出落着風流。清淡淡包含着旖旎。

【梁州】人都道秦弄玉生成標格。我猜是許飛瓊托化的容儀。誰承望天風吹落鶯花地。函德〔三五二〕搱無緣拜識。甘泉宫有句褒題。謝安石多曾稱譽。夏黄公聊得充飢。向花神試問個真實。檢春工自有箇高低。風韻似軟剌答石上猗蘭。雅淡似矮婆娑月中老桂。温柔似瘦伶仃雪裏寒梅。有誰。認得。九莖三秀真祥瑞。相遇是何日。但能够分得微香到〔三五三〕酒杯。不枉了翫賞忘歸。

【尾聲】既不能貯雕盤蒙錦帕擎將手掌輕憐惜。也消得依畫閣近蘭堂着箇欄干謹護

持。春日春風莫虛費。你道是浮花浪蕊。他須是靈根異卉。恰不道一夜瓊花落無迹。（筆花集）

贈玉馬杓〔三五四〕

【北南呂一枝花】堪嗟和氏寃。莫訝相如儹〔三五五〕。既酬雍伯志。何慮范增嫌。想像觀瞻。雀尾樣其實欠。鸊鷉名空自慊〔三五六〕。有十分資質温柔。無半點塵埃涴染。

【梁州】温石銚徒勞磨渲〔三五七〕。鑌鐵鈎枉費鎚鉗。似剜出一團酥更壓着瓊花艷。潑新醅分開緑蟻。掬清波蕩碎銀蟾。美聲譽高如金斗。秀名兒近似珠簾。富石崇猶兀自等等潛潛。窮雙漸也則索讓讓謙謙。舀得些拔禾〔三五八〕倈家計空空。兜得些偷花漢勞〔三五九〕心冉冉。敲得些販茶商睡思懨懨。莫言。咱媚諂。麗春園誰敢待争奢儉。漾不下抱不厭。縱然道夏鼎商彝休將做寶貝呫。也不似他情忺。

【尾聲】好向他萬花叢裏爲頭兒占。休教人百味廚中信手兒拈。恁時節添不上〔三六〇〕風流洗不了瑕玷。傾城的貌甜。連城的價添。穩情取甋瓢戲的西施望風兒閃。（筆花集）

蓮卿王氏者樓居瀟灑余顏之曰楚館凝眸其所寄意無乃對景興懷歡情離思而已因其請題遂書此以贈焉〔三六一〕

【北南吕一枝花】碧玲瓏透月窗。錦燦爛藏春帳。黑楷摸烏木几〔三六二〕。金嵌鏤紫檀牀。一片風光。勝〔三六三〕壓鶯花巷。名高烟月鄉。綉裀舒並宿鴛鴦。雕奩〔三六四〕鎖雙飛鳳凰。

【梁州】龍腦香生瑞靄。蝦鬚簾捲斜陽。動芳情多爲憑欄望。翠柳黃鸝箇箇。青天白鷺行行。錦纜牙檣簇簇。金沙流水茫茫。但凝眸漸覺傍徨。忽縈懷又索包藏。銷魂橋芳草地幾度離別〔三六五〕。折柳亭拂塵會幾場宴賞。落花天〔三六六〕殘燈夜幾樣思量。話長。意長。止不過弱紅嬌黛相偎傍。醞釀出〔三六七〕雨雲況。可知道宋玉當年爲發揚。賦作高唐。

【尾聲】彈金鸞橫玉燕都誇楚館風流樣。蟠龍髻掃翠蛾全勝巫山窈窕娘。常言道鑒柳評花不虛誑。似恁的蘭心蘊芳。蓮姿噴香。不由人濃蘸着霜毫細褒奬。（筆花集）

詠素蟾〔三六八〕

【北南吕一枝花】噪〔三六九〕晴蛙枉叫嚎。脱殼蟬〔三七〇〕徒悲泣。縮項鯿空跳躍。攢毛蝟甚稀奇。將山海經〔三七一〕窮推。出乎類拔乎萃。不在山不在水。美名兒滿天上人間。要性兒傍星前月底。

【梁州】剔禿圞駕綵雲恰離瀛海。明滴溜趁清風〔三七二〕又下峨嵋。搗玄霜仙藥的玉兔偏知契。楊柳樓心弄影。娑欏樹底揚輝。竹葉樽中蕩漾。梅花窗外徘徊。煞强似負靈蓍九尾神龜。更壓着叫扶桑三足天雞。活不剌大羅仙手掌上奇擎。矮婆娑翰林客硯池〔三七三〕邊侍立。滑出律廣寒嬌〔三七四〕寢帳裏追陪。我知。就裏。多管是玉之精魄金之氣。那雅淡那清〔三七五〕致。可知道天寶三郎愛羽衣。險送了華夷。

【尾聲】嬋娟不假鉛華力。瑩潔應奪造化機。相思病的郎君若醫治。也不索評診〔三七六〕脈息。更不須調和藥石。但能够半點兒瓊酥救了你。（筆花集）

嘲妓名佛奴〔三七七〕

【北南吕一枝花】不參懵懂禪。先受荒淫戒。纔離水〔三七八〕月窟。又上雨雲〔三七九〕臺。東去西來。還不了衆生債。竟説甚空是空色是色。苫倈呵四十八願叮嚀兇誓〔三八〇〕。巴鏝呵五十三參〔三八一〕容顏變改。

【梁州】恰殢着老達摩泛蘆葉浪遊海國。又沾上阿羅漢覓桃花〔三八二〕遠訪天台。那裏問當年摩頂人何在。超度了千家子弟。坐化[三八三]了萬種嬰孩。則落得拈香剪髮。早難道滅罪消災。雖然道村馮魁布施些錢財。須不曾俏雙生供養在書齋。臥房兒伽藍殿般[三八四]收拾。客院兒旃檀林般布擺。門面兒龍華會般鋪排。左猜。右猜。這渥洼水不曾曹溪派。那庵門甚寬大。但有龐居士般人兒莽注子抧。便慧[三八五]眼睜開。

【尾聲】張無盡[三八六]氣衝衝待打折了鶯花寨。韓退之嗔忿忿敢掀翻烟月牌。贏得虛名滿沙界。風月所狀責[三八七]。教坊司斷革。迭配與金山寺江中販茶客。（筆花集）

言　志[三八八]

【北南呂一枝花】自憐王粲狂。莫怪陳登傲。不彈貢禹冠。誰贈呂虔刀。十載青袍。況值烟塵鬧。事無成人半老。黄金臺將喪斯文。白玉堂空懷故交。

【梁州】看鞍馬上諸公袞袞。聽刀戈下[三八九]衆口嗷嗷。因此上五雲迷却長安道。曳裾休嘆。投筆空焦。題橋謾逞。擊楫徒勞。直鈎兒怎釣鯨鰲。悶弓兒難射鵰鶚。喜的是硯池内通流着千丈滄溟。詩卷裏包藏着九重宣詔。書樓上接連着萬里雲霄。雖道[三九〇]是淺識。寡學。這幾篇齊魯論也不下於黄公略。撚吟髭自含笑。矯首中天日正高。豪氣飄飄。

【尾聲】閒拈斑管學張草。靜對黄花誦楚騷。等待新雁兒來時問箇音耗。若説道董仲舒入朝。公孫弘見招。看平地風雷奮頭角。（筆花集）

贈　人[三九一]

【北南吕一枝花】雍容黄閣姿。卓犖青雲態。彷徨憂國志。慷慨濟時才。奉詔西來。衝瘴霧[三九二]臨邊界。駕天風下鳳臺。正正旗堂堂陣蛇鳥争輝。轔轔車蕭蕭馬風雲動色。

【梁州】展其韜施其略孫吴是法。依於仁行於義周孔爲懷。經綸迥出諸藩外。八陣旗春營[三九三]柳暗。七重圍夜帳蓮開[三九四]。六鈞弓曉星迸激。雙龍劍秋水磨揩。轉儲胥[三九五]周饋餉掌上裁劃。撫疲羸知勞逸閫外驅差。玉兔毫揮翰墨學足三冬。紫鸞誥叙勳舊恩封三代。丹墀陛列班資步近三台。偉哉。盛哉。况賴着巍巍聖德乾坤大。露布馳玉關外。倒挽銀河下九垓。净洗氛埃。

【尾聲】録豐功褒盛績班班擬見銘鐘鼒。著芳聲垂後代歷歷終期絢竹帛。若報道東閣門前不妨礙。借尺地寸階。進一言半策。那時節吐氣揚眉拜丰采。（筆花集）

同前〔三九六〕

【北南呂一枝花】心懷雨露恩。氣稟乾坤秀。讀書尊孔孟。許國重伊周。得志之秋。文共武皆窮究。正青春正黑頭。孫吴略切切於心。齊魯論孜孜在口。

【梁州】瞻日月擡頭是鳳闕。會風雲閑步是龍樓。真乃是祖生鞭不落劉琨後。千金買劍。五彩攢裘。七重圍帳。半萬戈矛。跨錦韉絲轡驊騮。擁鐵闕金鎖貔貅。論文時芸窗下摘句尋章。論武時柳營内調絲弄竹。消閑時花陰外打馬藏鬮。五行。本有。功名二字俱成就。能燮護會消受。一寸丹心答冕旒。愁甚麽建節封侯。

【尾聲】烟消青海城邊堠。兵洗黄河天上流。慶祝皇圖萬年壽。蠻夷殄收。戎狄遁走。恁時節描入麒麟畫工手。（筆花集）

同前意〔三九七〕

【北南呂一枝花】汪汪江海心。落落雲霄志。昂昂經濟才。矯矯廊廟姿。閫外行司。暫把牛刀試。播芳聲雷貫耳。匣中劍冰涵秋水芙蓉。腰間帶銀鈒盤花荔枝。

【梁州】烽烟息朝廷有道。簿書閑公館無私。笑談間唤得春風至。昆季雍雍穆穆。友朋切切偲偲。禮法兢兢業業。規模念念孜孜。了公家無甚縈思。追歡樂有甚推辭。獵西山金僕姑錦袋琱弓。宴東閣銀鑿落瓊筝寶瑟。遊南陌紫叱撥玉轡青絲。丈夫。似此。多管是胸中寸地平如砥。嘉瑞已天賜。庭下蘭孫與桂子。雨露滋滋。

【尾聲】於親已足平生志。許國應當少壯時。顯孝揚忠但如是。抱金曳紫。承恩奉旨。穩情取動業班班照青史。（筆花集）

雲山圖為儲公子賦〔三九八〕

【北南呂一枝花】長歌陟岵詩。飽玩閑居賦。倦聽花底鶯。羞見樹頭烏。日月居諸。又覺春光暮。對雲山強自娱。白雲邊盼不見白雁來賓。青山外等不至青鸞寄語。

【梁州】雲去也山容妥帖。雲來也山色模糊。真乃是一聲杜宇不知處。青隱隱渾疑太華。白漫漫錯認蓬壺。黑黯黯難分吴越〔三九九〕。綠迢迢不辨衡廬。雲連山遠近相逐。山連雲上下相續。可知道陸士衡醖釀做文章。王摩詰收拾在肺腑。狄仁傑迱逗出嗟吁。老夫。道歟。既思親便索尋親去。愁險峻憚勞苦。却把雲山寫作圖。於理何如。

【尾聲】心頭菽水何時足。眼底雲山甚處無。寸草春暉自今古。但能够青山共居。白雲共鋤。纔與雲山做得主。（筆花集）

黄鶴樓〔四〇〇〕

【北南吕一枝花】崢嶸倚上流。突兀當雄鎮。高明臨大道。迢遞接通津。從去了鶴山仙人。千載無音信。丹青再創新。架飛楹聯走拱不下班倕。敞天窗攢藻井堪攀翼軫。

【梁州】龜背織朱簾閃閃。鴛翎甃碧瓦鱗鱗。雕闌一目天之盡。洞庭半掬。雲夢平吞〔四〇一〕。荆襄俯瞰。漢沔中分。長空遠水沄沄。光風霽月紛紛。吕巖笛夜夜聞音。陶令柳年年報春。崔顥詩句句絶倫。後人。議論。都道是物華勝壓東南郡。况與洞天近。絳節琅璈度綵雲。萬象騰文。

【尾聲】汀花岸草春成陣。沙鳥風帆暮作羣。我待要閑躡金梯散孤悶。仰之北辰。俯之大坤。氣勢高寒立不穩〔四〇二〕。（筆花集）

夢遊江山為友人賦〔四〇三〕

【北南吕一枝花】蜀道難長懷李太白。廬山高每羨歐陽叔。江曲折多詢郭景純。海遒遭曾問木玄虛。大剛來混一皇輿。萬里神遊去。何須覓坦途。脚到時選勝尋幽。眼落處興〔四〇四〕今慨古。

【梁州】圖得些風月情長沾肺腑。贏得些是非塵不到襟裾。分明記得經行處。躡蒼梧衝飛綵鳳。扣扶桑撼動金烏。登雁宕驚潛木客。涉龍門嘯起天吴[四〇五]。又不比悠悠泛一葉黄蘆。飄飄跨兩足青鳧。散誕似李元貞松陰内干禄求名。逍遥似趙師雄梅花下開樽按舞。廓落似淳于棼槐柯上架室安居。遮莫五湖。四瀆。釣竿直拂珊瑚樹。天地闊渺無路。撞入仙翁白玉壺。知他是紫府也那清都。

【尾聲】濕淋浸滿身香露侵毛骨。吉玎璫過耳清飀響珮琚。驀然[四〇六]地睁破雙眸颯然悟。尚兀自爐烟馥郁。燈花恍惚。月在梧桐畫闌曲。（筆花集）

題心遠軒[四〇七]

【北南吕一枝花】不從方外[四〇八]遊。且向寰中住。但能通大道。何必厭亨衢。吾愛吾廬。選得陶詩句。楣間[四〇九]籀字書。黄庭静玩之無窮。靈源溢探之不足。

【梁州】七竅達八荒廣漠。一簾隔萬里空虚。誰不知方寸[四一〇]地無多物。玄參黄老。易論程朱。詩敲險怪。棋較贏輸。不聞滿耳喧呼。只宜竟日跏趺。恰枕肱悠悠夢繞華胥。不動脚默默神遊洛浦。纔合眼飄飄身在蓬壺。本無。間阻。山林城市俱同路[四一一]。解到此中[四一二]趣。便覺平生百慮疎。遐邇何如。

【尾聲】光風轉蕙春[四一三]生户。幽草生香月到除。不離蒲團三二步。休道星躔[四一四]月窟。遮莫天關地軸。垂拱之間在環堵。（筆花集）

贈儒醫任先生歸隱先生善寫竹[四一五]

【北南吕一枝花】江湖老姓名。風月閑人物。文章新制作。禮樂舊規模。暮景桑榆。杏林好春無數。橘泉甘樂有餘。一絲風曾釣鯨鰲。九轉丹恰成龍虎。

【梁州】覈老聃千言[四一六]道德。問安期萬刼榮枯。常則怕白雲引入青山去。包含丹篆。簸弄明珠。逍遥巾幘。懶散[四一七]襟裾。雖不曾指南陽賣却茅廬。少不得傍東湖苫箇庵廬。菊花枕滿頭香霧氤氲。梅花帳滿鼻香風馥郁。蘆花被滿身香雪模糊。淡然。自足。可知道黄金不賣長門賦。將千畝渭川竹。寫作江南烟雨圖。暢不塵俗。

【尾聲】清溪道士爲賓主。東里先生問起居。謝却紅塵是非路。清茶自煮。濁醪旋沽。日日高歌紫芝曲。（筆花集）

卓文君花月瑞仙亭[四一八]

【北南吕一枝花】青裊裊垂楊近畫樓。響濺濺暗水流花徑。輕颩颩香風翻翠幌。光輝輝銀蠟射雕楹。悄悄冥冥。出綉户瑶階静。步蒼苔羅襪冷。翠袖薄玉臂生寒。金翹彈烏雲墮[四一九]影。

【梁州】横斗柄珠星燦燦。界勾陳銀漢澄澄。恰行到梧桐金井潛身兒聽。晃緑窗十分月色。隔幽花一片琴聲。明出落求鸞覓鳳。暗包藏弄燕調鶯。一字字冰雪之清。一句句雲雨之情。賣弄他窮書生酸溜溜調美才高。迤逗的俊女流急穰穰宵奔夜行。辱没煞老丈人[四二〇]羞答答户閉門扃。那生。可稱。一崢嶸便到文園令。富貴乃天命。長門賦黄金價不輕。可知道顯姓揚名。

【尾聲】恰待要班[四二一]趨北闕身初定。誰承望夢入南柯唤不醒。且休將史記裏源流細參訂。傳奇無準繩。關目是捏[四二二]成。請監[四二三]樂的先生自思省。（筆花集）

素蘭[四二四]

【北南吕一枝花】春含九畹芳。香得三湘瑞。名高萼緑華[四二五]。夢入鄭燕姞。雖然道滿目芳菲。不與羣芳[四二六]比。羣芳自不及。有十分雅態幽姿。無半絲浮花浪蕊。

【梁州】包啞謎栽排了陶穀。寄情詩奚落煞張碩。誰承望天風吹落鶯花地。紫芽荏苒。丹穎葳蕤。檀心馥郁。翠帶離披。也不弱月桂寒梅。便休題杜若江籬。日烘烘有緑艷醺酣。風颺颺似翠裙摇曳。露浸浸如香汗淋漓。若非。異卉。楚大夫怎肯紉爲佩。更一般甚清致。緯天經地魯仲尼。也將他演入金徽。

【尾聲】既不着珠簾翠幕深遮閉。也消得綉檻雕欄謹護持。試與知音細論議。恁待要筆尖上品題。眼皮上愛惜。則除是[四二七]描入明窗畫圖裏。（筆花集）

贈草聖[四二八]

【北南吕一枝花】括造化攢成赤兔毫。挽滄溟磨徹烏龍墨。燦日月光摇玉版箋。吐烟雲香徹紫英石。四寶清奇。瀟灑芸窗内。風流蓮帳底。念孜孜八法八訣。意懸懸六書六體。

【梁州】指其掌畫其腹雲崩露垂。得之心應乎手電走風飛。天然一筆無窮意。秋蛇春蚓。野鶩家雞。跳龍卧虎。渴驥猙猊。有陰陽偃仰精微。無偏枯向背支離。樂毅論太史箴敷揚出忠烈之風。逍遥篇孤雁賦醖釀出神仙之氣。曹娥碑告誓文摸臨出孝弟之規。遮莫醒兮。醉兮。一揮一灑非遊戲。干喜怒係明晦。可知道筆塜纍纍墨作池。名重京畿。

【尾聲】誰不道十年草聖通三昧。我則知一日偷閑測萬機。常聞得青瑣高賢自評議。

比着那顔真卿健筆。王右軍妙跡。真乃是一色長天共秋水。（筆花集）

題友田老窩[四二九]

【北南吕一枝花】檜當軒作翠屏。月到簾爲銀燭。柳綿鋪白罽氈。苔線展紫絨毯。四壁蕭疎。若得琅玕護。何須藤蔓補。聽了些雨打窗下芭蕉。看了些日照盤中苜蓿。

【梁州】破陸續欹兩肘疲童灑掃。煙剌答漏雙肩老嫗供廚。主人自得其中趣。隔牆貰酒。鑿壁觀書。拾薪煮茗。賃圃栽蔬。雀堪羅忙煞蜘蛛。鼠無踪閑煞狸狐。寂寞似萊蕪縣范史雲琴堂。虚敞似臨邛市馬相如酒壚。瀟灑似浣花溪杜子美茅廬。坦然。自足。剗地裏撥灰吟出驚人句。想石崇在金谷。止不過錦障春深醉緑珠。今日何如。

【尾聲】送將窮鬼出門户。描取錢神[四三〇]入畫圖。但能够半點陽和到喬木。管城子進取。孔方兄做主。翻蓋做十二瑶臺列歌舞。（筆花集）

贈教坊張韶舞善吹簫[四三一]

【北南吕一枝花】露瀼瀼萬籟沉。風淡淡三更静。天空空千里水。月朗朗一壺冰。驀聞得何處簫聲。一曲中和令。其音協[四三二]九成。嗚嗚然赤水龍吟。嚦嚦兮丹山鳳鳴。

【梁州】動蜿蜒幽壑潛蛟舞躍。感嬋娟孤〔四三三〕舟嫠婦魂驚。多管是秦臺簫史曾參訂。低韻吐遊絲颺颺。柔〔四三四〕腔度細縷縈縈。顛狂非落梅之趣。悠揚有折柳之情。七數明指法輕〔四三五〕清。六律諧音呂和平。從今後柯亭館桓叔夏再莫横笛。昭陽殿薛壽寧何勞按箏。緱山嶺王子晉不索吹笙。兀的〔四三六〕般老成。藝能〔四三七〕。不枉〔四三八〕了天風吹散人間聽。消鬱悶發清興。占斷梨園第一名。非譽非矜。

【尾聲】仰龍樓瞻鳳闕孜孜念念欽皇命。趁鵷班隨鷺序落落疎疎見樂星。更那堪一點丹誠抱忠敬。常言道有麝自〔四三九〕馨。無藍不青。穩情取大寵着恩光耀鄉井。（筆花集）

送王姬往錢塘〔四四〇〕

【北雙調新水令】十年無夢到京師。卧書窗坦然如是。幾償沽酒債。填不滿買花資。近柳題詩。又感起少年事。

【駐馬聽】槁木般容姿。對花月羞斟鸚鵡卮。浮雲般神思。扭宫商强作鷓鴣詞。我吟到碧梧棲老鳳凰枝。他道是雕籠鎖定鴛鴦翅。急煎煎撚斷吟髭。則被你紫雲娘傒落殺白衣士。

【沉醉東風】講禮數虚心兒拜辭。説艱難滿口兒嗟咨。蛾眉淺黛顰。花靨啼紅漬。嚮罇前留下些相思。我本是當年杜牧之。休認做蘇州刺史。

【慶東原】雨歇陽關至。草生南浦時。好山一路相隨侍。沉點點鶯花擔兒。穩拍拍的花藤轎兒。嗑刺刺鹿頂車兒。�過若耶溪。趕上錢塘市。

【離亭宴帶歇指煞】我不嚮風流選内求咨示。誰承望别離卷上題名字。關心爲此。慢教蜂做問花媒。不勞鶯唤尋芳友。何須蝶做追香使。春殘小洞房。門掩閑构肆。不是我愁紅怨紫。青樓赢的姓名留。彩雲漸逐簫聲去。錦鱗擬待音書至。明牽雙漸情。暗隱江淹志。多嬌鑒兹。搜錦綉九回腸。掃雲烟半張紙。（北宮詞紀）

秋夜夢回有感[四二]

【北雙調新水令】鳳臺空無伴品鸞簫。俊瓊姬不知消耗。魚沉尺素稀。雁斷錦箋遥。無語魂消。心間事對誰道。

【駐馬聽】林外蕭條。一夜霜侵紅葉老。庭前寂寞。幾朝風撼的碧梧彫。病兒多偏怯被兒薄。影兒孤最怕燈兒照。睡不着。淅零零細雨窗兒哨。

【喬牌兒】業眼恰待交。丫鬟早來報。攬衣推枕掀簾幕。共多情廝撞着。

【沉醉東風】則見他烏雲髻斜簪翠翹。芙蓉額狹勒鮫綃。有萬種標。千般俏。麝蘭風仙袂飄颻。今日得你個多情女艷嬌。把受過淒涼忘了。

【風入松】爲你呵相思一擔我都挑。任壓損沈郎腰。刀條般瘦盡潘安貌。茶和飯誰待嘗着。幾遍待覓雲英尋下梢。奈洪水渰藍橋。

【滴滴金】我這裏款解羅衫。輕分羅袂。低垂羅幕。搏弄一會粉香嬌。半擁鴛衾。同敧珊枕。共諧歡樂。枕凝酥手腕相交。

【雁兒落】被翻紅浪高。髻妥烏雲落。強如海上方。勝似靈丹藥。

【得勝令】粉汗透鮫綃。似帶露海棠嬌。一霎兒雨歇陽臺静。雲還楚岫遥。欲再整鸞交。奈行斷邯鄲道。懊恨女妖嬈。可怎麼夢兒裏没下梢。

【川撥棹】我這裏下庭皐。雨初收月影高。銀漢迢迢。落葉蕭蕭。萬籟息閑庭静悄。原來是幾般兒將夢攪。

【七弟兄】畫簷間鐵敲。紗窗外竹摇。聒得人越難熬。寒蛩寂寂臨階鬧。疎螢點點帶風飄。征鴻嚦嚦穿雲叫。

【梅花酒】自窨約。三鼓頻敲。四更將交。兩意徒勞。料應他心兒裏想着。我夢兒裏故尋着。意轉焦。尋歸路上庭皐。書帷裏受寂寞。我心下自評跋。

【收江南】幾遍待接絲絃無處覓鸞膠。弔銀瓶無計嚮井中撈。轉南柯螻蟻早移巢。却教我怎了。眼睜睜那得過今宵。

【離亭宴帶歇指煞】西風兒煞是能聒噪。助秋聲不管離人惱。鬼病今番越着。不能共枕席。謾使傳書簡。空自服湯藥。近燈檠將香篆燒。靠窗櫺把靈神告。若依得我呵將羊兒便燒。怎麽再使我那可憎魂。則教團圓睡到曉。（北宮詞紀）

秋　懷[四二]

【北雙調新水令】碧天風露怯青衫。客窗寒月斜燈暗。濁醪和淚飲。黄菊帶愁簪。地北天南。佳期被利名賺。

【駐馬聽】沈約羞慚。都道年來腰瘦減。潘安驚慘。自憐老去鬢髟鬖。鴛鴦被錯配了玉清庵。鳳鸞交乾閃下藍橋站。不知音休笑俺。吟肩慣壓相思擔。

【喬牌兒】汝陽齋曾笑談。風月所試評鑑。賈充宅不許儒生探。冷清清誰顧覽。

【雁兒落】誤人書方知性理擔。評花稿纔覺文章淡。碧雲箋慵將鳥篆臨。紫霜毫倦把龍香蘸。

【得勝令】風流謎謹包含。烟緣簿煞尷尬。緑綺琴冰絃斷。紅葉詩御水渰。何堪。青樓集喬科範。難甘。白頭吟冷句劖。

【滴滴金】自從他暗與香囊。痛剪青絲。平分寶鑑。直恁的絶雁帖斷魚緘。都做了落葉隨風。斷梗逐波。輕舟脱纜。急回頭秋已過三。

【折桂令】將一片志誠心迤逗的人憨。悲切切似泣露寒蛩。氣絲絲如做繭春蠶。抹淚揉眵。看别人花底停驂。可不道多病身愁懷易感。猶兀自讀書人餓眼偏饞。憔悴難耽。寂寞多諳。空望想楚廟娉婷。枉祈求普救伽藍。

【尾聲】我則見跳龍門撞碎了偷香膽。權寧耐紅消緑減。成就了我紫羅襴犀角帶虎頭牌。受用你翡翠衾象牙牀鳳毛毯。（北宫詞紀）

題馬氏吴山景卷

【北雙調風入松】十年踪迹走塵霾。踏破幾青鞋。自憐未了看山債。先贏得兩鬢斑白。登山屐時時旋整。買山錢日日牢揣。

【幺篇】吴山佳麗壓江淮。形勝小蓬萊。堆藍聳翠天然態。纔落眼便上心懷。但得儀容淡冶。何妨骨格巖厓。

【沉醉東風】朝雲過蛾眉展開。暮雲閑螺髻偏歪。玲瓏碧玉簪。縹緲青羅帶。抵多少翠袖金釵。饞眼的夫差若見來。將館娃移居左側。

【離亭宴帶歇指煞】李營丘曾寫風流格。蘇東坡也捏疎狂怪。韶光蕩來。探春人車傍柳邊行。販茶客船從湖上艤。偷香漢馬嚮花前驀。笙歌步步隨。羅綺叢叢隘。三般兒異哉。胭脂嶺高若捨身臺。瑪瑙坡寬如人鮓甕。珍珠池險似迷魂海。休言金谷園。漫説銅駝陌。知音的自裁。待消身外十分愁。來看山頭四時色。（北宮詞紀）

咏荆南佳麗〔四三〕

【北正宫端正好】曉珊珊琪樹蕩靈風。晚濛濛輦道迷香霧。花撲撲錦乾坤望眼模糊。曲盤盤五城十二樓前步。遠騰騰似入蓬萊路。

【滚綉毬】紅冉冉緑依依花籠陰映玉除。清淺淺響濺濺水流香出翠渠。明朗朗墨浸浸八龍篆太霞深處。寬綽綽静巉巉繞雕欄依翠檻展轉盤紆。滑擦擦細粼粼布金沙雲階甃珷玞。輕颩颩廝琅琅隔琳窗霞綃響珮琚。薄設設浄匀匀蒙畫欄護銀屏水涵雲母。齊臻臻滴溜溜掛珠箔捲綉簾鈎搭珊瑚。香靄靄暖溶溶玉樹縹緲迷青瑣。氣森森光閃閃金屋稜層絢碧虚。真乃是人間天上全殊。

【倘秀才】蕭爽似瀛海東扶桑奥區。廓落似閬苑西蟠桃聖圃。一片天光浸玉壺。閣門珠麗歘。複道錦氍毹。上青華洞府。

【脱布衫】丹青繪絳闕清都。奎星燦寶檢靈書。龍虎衛飛天象符。風霆護太玄瓊籙。

【醉太平】以琴書自娛。與道德爲徒。孔情周思乃菑畬。擺列着牙籤玉軸。上青冥借嫦娥八窾月中兔。採神芝倩麻姑七寶山前鹿。訪丹丘賃張公千歲杖頭驢。樂逍遥分福。

【尾聲】近北軒竹摇烟毵毵鳳展衝霄羽。對南樓松掛月矯矯龍銜照乘珠。綽約仙君蒞廣居。玄默無爲道味腴。一寸心存太古初。萬里神遊廣漠墟。蓴緑飛瓊時寄語。赤鯉青鸞頻報覆。報覆道滄海碧雲拱望舒。恁時節鶴馭雲軿降王母。（詞謔）

元日朝賀〔四四〕

【北正宫端正好】一聲鶯報上林春。五更雞唱扶桑曉。賀三陽萬國來朝。踐天街車馬知多少。端的便塞滿東華道。

【滚繡毬】赤羽旗踈剌剌風尚高。丹墀陛濕浸浸雪未消。金鑾殿淡氤氲瑞烟繚繞。玉獅爐香馥馥蘭麝風飄。銀酥蠟明燦燦金蓮護絳綃。綵鸞扇微影影青鸞纛翠翹。氍毹錦軟茸茸平鋪着寶街複道。珊瑚鈎滴溜溜高簇起綉幕珠箔。九龍車霞光閃閃明芝蓋。五鳳樓日色曈曈映赭袍。隱隱鳴鞘。

【倘秀才】鵷鷺班文僚武僚。熊虎隊龍韜豹韜。八府三司共六曹。象牙牌犀角帶。軀背鎧雁翎刀。有丹青怎描。

【脱布衫】椒花頌萬代歌謡。柏葉杯九醞葡萄。茵陳簇雕盤翠縷。金花插玳筵宫帽。

【小梁州】一派仙音奏九韶。端的是錦瑟鸞簫。紅牙象板紫檀槽。中和調。天上樂逍遥。

【幺篇】瑶池青鳥傳音耗。説神仙飛下丹霄。一箇箇跨紫鸞。一箇箇騎黄鶴。齊歌齊笑。共王母宴蟠桃。

【尾聲】麒麟鸑鷟來三島。蠻貊貔貅静四郊。刁斗無驚夜不敲。露布無文送青鳥。弼輔移承盡所學。虹氣夔龍不憚勞。端拱無爲記舜堯。祝壽年年拜天表。（北宫詞紀）

題梧月堂[四四五]

【北正宫端正好】嚮朝陽春長鳳枝新。拂青霄根托龍門盛。覆高堂蒼玉亭亭。素華朱户相輝映。占人間一片清虚境。

【滚綉毬】青藹藹參差繞翠楹。光朗朗玲瓏透碧櫺。密匝匝護濃陰玉池金井。輕拂拂蕩微風幽韻繁聲。高聳聳蔚藍天畫不成。寬綽綽廣寒宫夜不扃。滴溜溜掛雕簷一輪寶鏡。明閃閃映珠箔萬葉光晶。舞翩翩九苞鸞鷟迷青瑣。嬌滴滴半夜嫦娥下紫清。萬種幽情。

【倘秀才】銀牀浄繽紛落英。碧天朗扶疎弄晴。夜色秋光一樣明。繞枝烏不定。搗藥兔長生。塵居的自省。

【脱布衫】肅金莖白露泠泠。爇金爐香霧冥冥。近雕甍珠星淺淡。揭朱簾玉河澄映。

【小梁州】虚敞似瑶臺十二層。滿目空清。金精光射玉壺冰。軒窗静。何用九枝燈。

【幺篇】一襟瀟灑多情興。久已後蜕骨超形。漏漸殘。人初静。雕欄獨憑。揮手唤長庚。

【隨煞尾】休言五柳誇幽勝。未羨三槐播令名。自是高人樂意縈。衿帶仙家白玉京。無竹無絲亂視聽。逸典奇書自幽詠。料得無因駐清景。栖息盤桓不暫停。不由人踏破瓊瑶半階影。（北宫詞紀）

離　思〔四四六〕

【北黄鍾醉花陰】銀甲挑燈玉荷小。黄篆冷香沉綉閣。清耿耿夜迢迢。寒透朱箔。攲枕和衣倒。紗窗外雨瀟瀟。我則見葉落閑庭風自掃。

【喜遷鶯】聽風聲雨哨。小簾櫳分外寂寥。難熬。更深夜迢。則聽的簷馬玎璫不住敲。幾般兒廝鬬炒。一會家腸荒腹熱。一會家心痒難揉。

【出隊子】想才郎容貌。另一樣丰韻標。他生的恬恬浄浄不輕喬。更那堪老老成成不做作。灑灑瀟瀟比別人不溷濁。

【幺篇】論聰明俊俏。作詩賦用盡巧。編揑成裁冰剪雪字低高。言談處噀玉噴珠舌上挑。嘸作處換氣偷聲使褙巧。

【刮地風犯】則爲你骨浄容恬引的人魂離殼。兩情濃似漆如膠。行坐處似美玉連環套。幾時曾離了分毫。每日家夢斷魂勞。他與我緑窗歡笑。他與我鏡臺同照。我掠鬢。他畫眉。並肩緊靠。似青�間碧桃。一對兒鳳友鸞交。

【四門子】步花陰幾度臨池沼。他和俺似鴛鴦比並嬌。撒地殢百般人行要。半撒嗔半撒嚚。他生的動静兒別。才貌兒標。論宮商井井皆有條。他生的動静兒別。才貌兒標。善將那琵琶按六幺。

【古水仙子】我我我自忖度。是是是曾記得歡娛那一宵。俺娘鐵石心腸更狠如虎豹。將將將好姻緣成架閣。他他他一密裏鏟快鋼鍬。焰騰騰烈火燒祆廟。翻滾滾水渰桃源道。呀呀呀生拆散鳳鸞交。（雍熙樂府）

客窗值雪〔四四七〕

【北商調集賢賓】倚龍泉數聲長嘆息。遊子去何期。添一歲長一分白髮。治一經飽一世黃虀。風凜凜歲晚江空。雪漫漫天闊雲低。對梅花嘆人猶未歸。觀不足嚴凝景致。玉壺春灩灩。銀海夜淒淒。

【逍遥樂】客窗深閉。止不過香炷龍涎。茶烹鳳髓。紙帳低垂。早難道翠倚紅偎。冷暖年來只自知。捱不徹淒涼滋味。鴛鴦無夢。鴻雁無音。靈鵲無依。

【金菊香】看別人吹簫跨鳳上瑶池。乘興扁舟訪剡溪。真乃是平地白雲三萬里。堪畫堪題。水晶宫翻做素玻璃。

【浪來裏煞】調琴演楚騷。研硃點周易。風流似黨進。終日醉如泥。磨龍香拂花箋呵凍筆。揮寫就乾坤清氣。着人道老袁安猶自説兵機。（北宫詞紀）

送人回鎮淮安

【北仙吕賞花時】鐵甕金墉壯九關。銅柱樓船控百蠻。江漢静波瀾。邊庭事簡。烽燧報平安。

【幺篇】細柳藏鶯春色闌。秋水涵龍劍氣寒。含笑上雕鞍。峨峨將壇。只在五雲間。

【賺煞尾】金珮虎𩐈香。寶帶驪珠燦。西望陽關意懶。堪愛江花如送征鞍。趁東風亂撲旗旛。寸心丹。緑鬢朱顔。他日麒麟作畫看。向瓜洲上灘。近石城西岸。賦詩橫槊度龍灣。（北宫詞紀）

送車文卿歸隱〔四八〕

【北南吕一枝花】輕帆灔澦堆。瘦馬峨嵋棧。顛風洋子浪。落日太行山。地窄天慳。長恨歸田晚。徒悲行路難。平地間寵辱關心。故紙上興亡在眼。

【梁州】愁甚麽負郭田無二頃。喜的是依山屋有三間。一回頭萬事都疎懶。緑蟻樽澆平磊塊。紫鸞簫吹散愁煩。黄虀菜養成脾胃。青精飯駐定容顔。岸天風烏帽翻翻。拂埃塵布袖斑斑。比鶴上人不馭飆輪。比山中相不登仕版。比壺内翁不煉金丹。得閑。且閑。多管是鹿門龐老爲師範。擺脱了是非患。恰便似高枕着崑崙頂上看。人海波瀾。

【尾聲】落紅階砌胭脂爛。新緑門牆翡翠寒。安樂窩隨緣度旦。伴幾箇知交撒頑。尋一會漁樵調侃。終日家龍鳳團香兔毫醮。（北宫詞紀）

贈會稽呂周臣[四四九]

【北南呂一枝花】三千丈蕭蕭白髮生。七十歲楚楚青衫舊。抱經綸無官朝北闕。買犂鋤有子事西疇。氣稟清修。玉聳雙肩瘦。胸涵一鏡秋。躡天根探地脈秘訣深微。步詩壇入酒社精神抖擻。

【梁州】瞻勝跡蓬萊山不離眼底。避危途太行路長在心頭。將古今吏隱都窮究。慕謝安高邁。羨陶令歸休。愛戴逵瀟灑落。學賀老風流。文房藝苑偏遊。藥欄花徑清幽。披覽著禹陵書半窗星斗光芒。張玩着輞川圖四壁烟雲馳驟。撥刺着嶧陽琴一簾風雨颼飀。淡然。自守。全勝他歸山拂破麻袍袖。能變護會消受。高臥元龍百尺樓。萬事悠悠。

【尾聲】恰能够天涯萍水同攜手。誰承望江上蓴鱸又買舟。少不的再叙離懷那時候。連牀秉燭。隔籬喚酒。夜雨呼童剪春韮。（北宮詞紀）

贈錢塘鑷者

【北南呂一枝花】三萬六千日有限期。一百二十行無休息。但識破毫釐千里謬。纔知道四十九年非。這歸去來兮。明是箇安身計。人都道陶潛有見識。誰戀他花撲撲雲路功名。他偏愛清淡淡仙家道理。

【梁州】打蕩着臨鬧市數椽屋小。滴溜着皺微波八尺簾低。自古道善其事者先其器。雪錠刀揩磨得銛利。花鑌鑷摶弄得輕疾。烏犀篦雕鎪得纖密。白象梳出落得新奇。雖然道事清修一藝相隨。却也曾播芳名四遠相知。剃得些小沙彌三花頂翠翠青青。摘得些俊女流兩葉眉嬌嬌媚媚。鑷得些恍郎君一字額整整齊齊。近日。有誰。閑遥遥寄傲在紅塵内。雖小道莫輕易。也藏着桑柘連村雨一犂。到大便宜。

【尾聲】從今後畢罷了半窗夜月樗蒲戲。洗渲了兩袖春風蹴踘泥。兀的般自在生涯煞是伶俐。你覷那蠅頭利微。也須是雞肋味美。不承望陳七子門徒剛剛的快活了你。

（北宫詞紀）

旅中自遣〔四五〇〕

【北南吕一枝花】錦囊寬閑鳳琴。寶匣冷藏龍劍。篆香消閑翠鼎。書卷廣亂牙籤。鬱悶懨懨。青瑣論無心念。紫霜毫不待拈。恁羸似老文園病渴的相如。寂寞如居海島傷懷的子瞻。

【梁州】看白雲閑出岫頻移浄几。愛青山正當窗不捲疎簾。客房兒冷落似邯鄲店。心滴碎銅壺青漏。耳愁聞鐵馬虚簷。腸欲斷階前夜雨。夢初回屋角秋蟾。一片心遠功名無甚沾粘。兩隻脚信行藏有甚拘鈐。經了些摧舟楫走蛟鼉鯨窟波翻。行了些壞車輪被虎豹羊腸路險。過了些連雲梯絶猿猴鳥道峰尖。静中。自檢。事無成志不遂人情欠。休施逞且粧儉。但得箇小小生涯足養廉。甘分鱗潛。

【尾聲】能文章會談論才高反被時人厭。守清貧樂清閑運拙頻遭俗子嫌。有一日際會風雲得憑驗。那時節威儀可瞻。經綸得兼。正笏垂紳遠佞諂。（北宫詞紀）

題白梅深處〔四五二〕

【北南吕一枝花】羅浮山接渺茫。大庾嶺横冥窅。凌風臺迷汗漫。却月觀阻迢遥。意會神交。想得到行得到。一逢春一遇着。蕊疎疎花密密蓓蕾葳蕤。幹盤盤枝挺挺槎枒夭矯。

【梁州】品藻着世上色無瑕疵的雅淡。評論着天下花無褒貶的孤高。長記得看花時有幾樣兒堪稱道。露點滴珠融膩粉。烟朦朧翠護輕綃。風摇曳香飄麝腦。雪模糊玉壓瓊瑶。厭桃杏灼灼夭夭。伴松篁灑灑瀟瀟。何水曹一生心愛得綢繆。林和靖兩句詩聯得妙巧。宋廣平八韻賦撰得風騷。想度。暗約。我猜似梨雲一片連溟漠。指顧間自吟嘯。但則覺花氣氤氲襲毿袍。白茫茫萬樹千條。

【尾聲】全不似夢遊東海尋三島。真乃是身在西湖過六橋。囑付那羌管嗚嗚莫吹落。等待着籟聲悄悄。月華皎皎。看一會疎影横斜到清曉。（北宫詞紀）

題崇明顧彦昇洲上居[四五二]

【北南吕一枝花】潮生玉馬來。沙湧金鰲動。水天涵上下。浦溆控西東。四望無窮。一片玻璃瑩。梯航萬里通。蕩炎蒸青蘋風六月淒淒。翻渤澥紅桃浪三春洶洶。

【梁州】近覩着扶桑野陽烏閃爍。遥認着蓬萊山烟靄冥濛。天然幽勝堪題詠。柔桑藹藹。秀麥芃芃。丹椒簇簇。碧葦叢叢。鬧人烟生意從容。舊家風禮節謙恭。譙斯堂何時不饌雞豚。居是洲何代不生麟鳳。觀於海何年不化魚龍。歲豐。廩充。喜的是年年布穀催春種。知用舍厭迎送。睡徹東窗日已紅。樂在其中。

【尾聲】幽尋不索桃源洞。高卧何須太華峰。但得箇留心誦周孔。研硃墨訓蒙。買犂鋤務農。則消得贍老良田二三頃。（北宫詞紀）

檜軒爲越中沙子正賦[四五三]

【北南吕一枝花】得指教三遷好住居。便栽培十丈深根蒂。能借取四時春造化。似生成一片翠屏帷。大剛是即景成規。直幹攢楹密。横柯壓棟齊。但將翰墨褒題。不假丹青繪飾。

【梁州】青鬱鬱柏葉松姿備體。濃馥馥芝香朮氣沾衣。更幾般天然景趣諧人意。風過處絲篁嘹喨。月來時金碧光輝。簷露灑珠璣點滴。篆烟生紫黛霏微。雖無華麗芳菲。端實蕭爽清奇。奢可効七松家綺幕圍風。清未讓五柳莊黄花繞籬。貴不慕三槐堂畫戟當扉。料伊。所爲。單指着歲寒眼底爲交契。况值太平世。一樣肝腸似鐵石。愁甚麽雪虐霜欺。

【尾聲】映疎簾籠曲檻盤旋着夭矯蛟龍勢。傍危欄依短砌踞聳著猙獰虎豹威。我試將過眼的風光自評議。十萬户會稽。八百里鑑水。縱有些亭臺則是栽桃李。（北宫詞紀）

題 雲 巢[四五四]

【北南吕一枝花】攬將天上雲。占却山頭樹。樹頭雲靉靆。雲底樹扶疎。從此歸歟。

混沌安心素。微茫隔世途。既然以天地爲家。甘分與林泉做主。【梁州】門徑窄何須榫楔。棟梁低不用欂櫨。道人自有安排處。慢慢搆結。巧巧支吾。寬如舴艋。小若廜廡。但知變化須臾。還看聚散何如。雲生也四壁模糊。雲定也一團蓊鬱。雲收也萬象空虛。羡乎。笑乎。方信道白雲本是無心物。誰把此中趣。淡淡濃濃寫作圖。暢不塵俗。

【尾聲】聽琴鶴至分牀宿。送果猿來借榻居。絶勝當年老巢父。怡然自娛。恬然自足。再不從龍化甘雨。（北宮詞紀）

贈王觀音奴〔四五〕

【北南吕一枝花】出西方自在天。受南海無邊願。宮粧宜水月。香步繞金蓮。體態嬋娟。緑楊柳腰肢軟。白鸚哥聲調圓。結百千萬種良因。示五十三參化顯。

【梁州】苦海闊色空未脱。愛河深情慾相牽。今生不了前生願。慈悲厚德。救苦真言。枝頭甘露。瓶裏香泉。旃檀林夜月娟娟。雨花臺苦恨綿綿。宰官身進寶歸依。善男子齎金募緣。老門徒統鏝參禪。上天。下天。龍華會裏曾相見。叩庵門覓方便。指點其中意已穿。心緒懸懸。

【尾聲】擬將纓絡千金串。結就珍珠七寶鈿。世世生生作姻眷。脱空心告免。指山盟是謊。則不如剪髮燃香意兒遠。（北宮詞紀）

贈王善才〔四五六〕

【北南吕一枝花】手曾將千眼佛緑柳瓶。身曾侍七寶巖紅蓮座。目曾瞻普陀〔四五七〕山金孔雀。心曾記南海岸玉鸚哥。爲一念差譌。離水月觀音閣。墮風塵錦綉窩。金剛刀怎割愁腸。甘露水難消業火。

【梁州】記五十三參坎坷。愛四十八願奔波。捨身崖一片聲名大。風魔了智廣。病愁煞維摩。癡迷了六祖。調笑煞彌陀。則爲你送行雲兩點秋波。舞香風六幅春羅。至誠人但焚香有願須酬。慈悲友既剪髮隨緣較可。薄情郎縱齎金没福難合。俺呵。敢麽。多持七寶香瓔珞。既相承怎空過。指點其中自忖度。於意云何。

【尾聲】衣垂舞鳳珍珠顆。髻挽蟠龍翡翠螺。粉臉生香襯蓮萼。龍華會見他。香音國有他。誓結今生善因果。（北宮詞紀）

贈妓宋湘雲〔四五八〕

【北南吕一枝花】送飛瓊下九天。駕弄玉遊三島。伴巫娥臨楚臺。偕裴子赴藍橋。景物飄飄。翻覆手誰能料。去來心怎忖度。舞香風暮暮朝朝。酣殢雨花花草草。

【梁州】飛南浦新愁冉冉。度東牆舊恨迢迢。鎖朱樓不放春光曉。記崔生密約。感蘇子寂寥。任酸齋笑謔。怪杜牧麄豪。果無心不趁輕薄。若隨風一任低高。雲呵您休得蔽蟾宮妒嫦娥夜色娟娟。雲呵您休得橫秦嶺使退之憂心〔四五九〕悄悄。雲呵您自合下巫山感襄王魂夢飄飄。想着。念着。梨花枕上閑情繞。既徘徊莫蕭索。一曲清歌駐碧霄。巧筆難描。

【尾聲】雲呵您片時聚散情雖少。幾處飛來恨怎消。日暮江東信音到。休低迷畫橋。休深籠翠閣。則不如爲雨爲霖潤枯槁。（北宮詞紀）

贈李素蘭〔四六〇〕

【北南呂一枝花】散清芬烟月中。逞素質風塵内。染一枝春色淡。攢兩葉翠痕低。束貝含犀。另一種風流意。比羣芳分外奇。俏如蓀名重秦樓。嬌似芷聲揚楚國。

【梁州】天謫下仙葩聖卉。世修來雪骨冰肌。等閑誰許問容易。玉盤兒生長。錦窨兒栽培。影雙雙連理。葉小小菩提。幽齋結珮相宜。賞蘭亭修禊閑題。胭脂瓣洗渲凈天香。金花粉調和成玉蕊。素檀心抽揀出柔荑。巧移。俏植。舞蹲一捻腰肢細。解人意。笑殺春風不敢吹。種種相宜。

【尾聲】並頭蓮合歡草多清致。如意朵珊瑚枝有價值。瘦影清香足風味。海棠嬌莫比。芙蓉色怎及。雪窗下玲瓏鏡兒裏。（雍熙樂府）

冬景題情[四六二]

【北南吕一枝花】一輪寒日沉。四野彤雲布。九天飛碎玉。萬里迸明珠。無語嗟吁。却早年華莫。那堪歲又徂。縱然有機杼千張。織不就離愁萬縷。

【梁州第七】愁一陣一陣陣癡呆了心目。恨一番一番番瘦損了肌膚。大會垓煩惱在眉尖上聚。錦幃罷設。綉榻慵鋪。翠衾閑剩。鴛枕空虛。怪不得活計蕭疎。可知道音信全無。這雪藍橋路一霎兒迷漫。這風武陵溪一時兒凍住。這雲楚陽臺一會兒埋没。全不想曠夫。怨女。閑吟柳絮因風句。你便有一千樹梅花香透骨。也夢不到羅浮。

【罵玉郎】孤眠展轉傷情緒。捱玉漏滴銅壺。花開不管流年度。共誰人擁紅爐。斟緑醑。歌白苧。

【感皇恩】冷落了金屋嬌姝。寂寞了玉堂人物。這其間老了潘安。瘦了沈約。病了相如。怕不待勉强須臾。將惜身軀。磕不破玉馬杓。解不開愁布袋。摔不碎悶葫蘆。

【採茶歌】幾時得笑喧呼。醉模糊。只喫的滿身花影倩人扶。風月淹留成間阻。碧梧栖老鳳凰雛。

【尾聲】長吁短嘆三千度。舊恨新愁幾萬斛。不證果相思對誰訴。他有那錦心綉腹。我有那冰肌玉骨。但能够殢雨尤雲那些兒福。（北宮詞紀）

南北正宮合套

題　情[四六二]

【塞鴻秋北】一會家想多情越教我傷懷抱。記當時向名園遊賞同歡樂。端的他語言和容貌美心聰俏。天生的來知音解呂明宮調。課賦與吟詩。善經史通三教。你看他彈絃品竹般般妙。

【普天樂南】記當時同歡笑。攜手向花間道。賞心時同飲香醪。踏青處共尋芳草。見遊蜂粉蝶都來繞。兩點春山蛾眉掃。舞裙低楊柳纖腰。鬢雲堆金鳳斜挑。把[四六三]琵琶細撥。檀板輕敲。

【脱布衫帶過小梁州北】琵琶撥檀板輕敲。錦箏搊指法偏高。撫冰絃分輕清重濁。和新詞美音奇巧。你看他體態輕盈舞細腰。端的是丰韻妖嬈。遏雲聲美透青霄。端的是多奇妙。真箇是芙蓉面海棠嬌。

【幺篇】你看他金蓮款步蒼苔道。髻雲堆金鳳斜挑。常言道風流的遇着俊英。浪子的逢着俏倬。便有那馮魁黃肇。便有那千金買也難消。

【雁過聲南】多嬌。丹青怎描。更天然花容小巧。風流的不似他容貌。有萬般嬌。有萬般標。更萬般丰韻千種妖嬈。歌聲。縹緲。畫堂試聽畫梁塵繞。只教那行雲飛過畫欄橋。

【醉太平北】一會家被春光相惱。越着我展轉的添憔。你看他往來雙燕共泥巢。沙暖處鴛鴦並在池沼。你看那蜂媒蝶使穿花鬧。不覺的微微細雨將紗窗哨。更那堪和風淅淅將竹枝敲。這淒涼何時節是了。

【傾杯序南】連宵。雨暗飄。水漸高。一向無消耗。舊約難期。舊情難捨。舊愁重集。雲水迢迢。房櫳靜悄。水沉烟冷。寶鴨香消。只教人逢花遇酒興無聊。

【轉調貨郎兒北】這些時相思病有誰人將我醫療。即漸里把身軀瘦了。將我這朱顏緑鬢看看的盡枯憔。廢了經史。棄了霜毫。每日家悶懨懨如癡似醉魂暗消。額似錐剜。心如刀攪。無語寂寥。遇不着醫鬼病靈丹藥。

【么篇】焰騰騰烈火焚燒了祅廟。白茫茫浪淘天水渰了藍橋。霧濛濛桃源洞阻隔的來路迢遥。賈充宅添人巡捕。崔相府閉的堅牢。最苦是將他那楚館和這陽臺崩壞倒。

【小桃紅南】等閑間韶華老。辜負了春多少。則聽的鐵馬簷間響玎璫將人惱。音書欲寄無青鳥。心腸朝夕傷懷抱。幾時能够再整鸞膠。

【伴讀書北】這愁煩我命所招。辦誠心把蒼天告。則願的馬上墻頭共一處同歡樂。有一日夫妻美滿身榮耀。常言道青霄有路終須到。纔稱了心苗。

【笑和尚北】再將楚陽臺砌壘的牢。重蓋一座祅神廟。磚甃了桃源道。賈充宅人静悄。藍橋下水歸漕。選良宵鳳鸞交。飲香醪樂醄醄。將崔相府洞房春把花燭照。

【尾聲南】天還許福分招。帶綰箇同心到老。辦炷明香每夜燒。（詞林摘艷）

〔一〕雍熙樂府題作「秋日思」，不注撰人。
〔二〕雍熙題作「老風流」，不注撰人。
〔三〕「玉甌」，原作「玉瓶」，兹從雍熙。
〔四〕此句後六字蟲蝕，據雍熙補。
〔五〕「醜」，原作「魂」，兹從雍熙。
〔六〕雍熙題作「梨園女」，不注作者。

〔七〕「一牀衾」三字及第六句「書生」二字俱蟲蝕，據雍熙補。
〔八〕「更有」，原作「更看」，兹從雍熙。
〔九〕雍熙題作「閨秋憶」，不注作者。彩筆情辭題作「遇美」，注張雲莊作，疑誤。
〔一〇〕雍熙題作「餞別」，不注撰者。
〔一一〕雍熙題作「憶舊美」，不注撰者。陶情樂府續集無題，彩筆題作「寄情」，俱注楊用修作。
〔一二〕「惹」，原作「撘」，兹從雍熙。
〔一三〕雍熙題作「嘲子弟」，不注撰人。北宫詞紀外集題作「嘲風月」，注張雲莊撰，疑誤。
〔一四〕此句原作「迷魂陣洞囚牢般攻破堞」，兹從雍熙。
〔一五〕雍熙題作「寄知書」，不注撰人。
〔一六〕「如絲」，原作「於絲」，兹從雍熙。
〔一七〕雍熙題作「友赴閩」，不注撰人。
〔一八〕雍熙題作「送友人」，不注撰人。
〔一九〕雍熙題作「送聘士」，不注撰人。
〔二〇〕雍熙題作「京口道」，不注撰人。
〔二一〕「烟」字原脱，兹從雍熙。
〔二二〕「情」字原脱，兹從雍熙。
〔二三〕「蹇」，原作「寒」，兹從雍熙。

〔二四〕雍熙題作「東湖友」，不注撰人。

〔二五〕「臺」字原蟲蝕，據雍熙補。

〔二六〕「鋤」字原蟲蝕，據雍熙補。

〔二七〕「開」，原作「闓」，兹從雍熙。

〔二八〕筆花集「空」下原脱一字。

〔二九〕「澗」，原作「間」，兹改。

〔三〇〕雍熙題作「旅舍秋」，不注撰人。

〔三一〕「寥」，原作「寞」，兹從雍熙。

〔三二〕雍熙題作「贈上虞友人」，不注撰人。

〔三三〕「宴」，原作「門」，兹從雍熙。

〔三四〕此句原作「一簾幽草含桂况」，兹從雍熙。

〔三五〕「看」下原脱「白」字，據雍熙補。

〔三六〕「滴」字原脱，據雍熙補。

〔三七〕雍熙第四首與此全異，曲云：「一村桑柘一村烟。萬里江波萬里田。漁翁樵子初相見。飲香醪不用錢。一任教烏兔循環。樵子登不的山嶺。漁翁上不的釣舡。都醉倒老瓦盆邊。」

〔三八〕雍熙題作「願常歡」，不注撰人。彩筆情辭題作「常歡」，注張雲莊作，疑誤。

〔三九〕「脆」，原作「翠」，兹從雍熙。

〔四〇〕雍熙題作「遊西湖」，不注撰人。
〔四一〕「如何」，原作「何如」，兹從雍熙。下同。
〔四二〕「風」，原作「酒」，兹從雍熙。
〔四三〕此句原脱「兩三箇」三字；「落日」，原作「落日西」，兹俱從雍熙。
〔四四〕雍熙題作「淮安話别」，不注撰人。
〔四五〕「雲萍」，原作「雲屏」，兹從雍熙。
〔四六〕「將」字原無，兹從雍熙。
〔四七〕雍熙題作「江都偶詠」，不注撰人。
〔四八〕此句「招摇」，原作「招邀」；「掩映」二字蟲蝕，兹俱從雍熙。
〔四九〕雍熙題作「題情」，不注撰人。
〔五〇〕「害死」，原作「客死」，兹從雍熙。
〔五一〕「約」字疑衍。
〔五二〕雍熙題作「自述」，不注撰人。
〔五三〕雍熙題同筆花集，不注撰人。
〔五四〕「人世」，原作「人間」，下句「冷暖何如」原無，兹俱從雍熙。
〔五五〕「熙」字原不叠，兹據上句補一字。
〔五六〕「當初」，原作「當時」，失韻，兹改。

〔五七〕「如」字原脱，兹補。
〔五八〕「聰明」上原衍一「聽」字。兹删。
〔五九〕「滴溜的」，原作「滴溜指」，兹改。
〔六〇〕「堪恨堪憐」，原作「勘恨勘憐」，兹改。
〔六一〕雍熙連下三首總題「四景」，不注撰人。
〔六二〕「未歸」，原作「來歸」，兹從雍熙。
〔六三〕「隔」字原脱，據雍熙補。
〔六四〕「和」，原作「如」，兹從雍熙。
〔六五〕「牀」字原缺，據雍熙補。
〔六六〕「響」字原脱，兹據上句補。
〔六七〕「蒙塵」，原作「濛塵」，兹改。
〔六八〕「懨懨」，蟲蝕一字，原脱一字，兹從雍熙。
〔六九〕「新雁」二字蟲蝕，兹從雍熙。
〔七〇〕「涼月」二字蟲蝕；「纖纖」，原作「紛紛」，兹俱從雍熙。
〔七一〕「兒」字原脱，兹據雍熙補。
〔七二〕「暗」字原脱，兹從雍熙。
〔七三〕「心」字原脱，兹從雍熙。

〔七四〕「錦」，原作「金」，兹從雍熙。
〔七五〕「看」，原作「着」，兹從雍熙；下衍一「駐」字，删。
〔七六〕「根苗」，原作「恨苗」，兹從雍熙。
〔七七〕「短吁氣」三字原脱，兹從雍熙。
〔七八〕「衫袖」，原作「彩袖」，兹從雍熙。
〔七九〕「風」字原脱，兹從雍熙。
〔八〇〕「感懷」，原作「道懷」，兹從雍熙樂府；雍熙不注撰人。
〔八一〕「金山」，原作「金峨」，兹從雍熙。
〔八二〕「陽候。吟」三字蟲蝕，兹從雍熙。
〔八三〕雍熙題作「嘲薦非才」，不注撰人。
〔八四〕此曲雍熙題作「嘲人義蹇」，不注撰人；北宫詞紀外集題作「自述」，注元人作。
〔八五〕「開」字蟲蝕，兹補。
〔八六〕雍熙此首題作「武林感舊」，次首題作「西湖感興」，俱不注撰人。
〔八七〕原蟲蝕一字。
〔八八〕雍熙題作「寄何齋長」，不注撰人。
〔八九〕原脱「書廢琴閑」四字，兹從雍熙。
〔九〇〕雍熙無題，屬酸齋，疑誤。

〔九一〕「空」字原脱，據雍熙補。

〔九二〕雍熙此首及以下二曲皆屬小山，疑誤。鈔本陽春白雪後集亦以次首爲張小山作，未知孰是。

〔九三〕「相知」，原作「相如」，兹從雍熙。

〔九四〕「孤航」，原作「孤帆」，兹從陽春白雪及雍熙。

〔九五〕原脱一「絲」字，兹從雍熙。

〔九六〕「何之」，原作「之何」，兹從雍熙。

〔九七〕「待」字蟲蝕，兹據雍熙補。

〔九八〕「騷」，原作「賞」，兹改。

〔九九〕「垢」字蟲蝕，兹姑補之。

〔一〇〇〕雍熙題同，不注撰人。

〔一〇一〕雍熙題同，不注撰人。

〔一〇二〕雍熙題同，不注撰人。

〔一〇三〕「香浮」二字蟲蝕，兹據雍熙補。

〔一〇四〕雍熙題同，不注撰人。

〔一〇五〕「監」，原作「嚂」，兹從雍熙。

〔一〇六〕「士」，原作「上」，兹改。

〔一〇七〕「玉一」二字蟲蝕，兹補。

〔一〇八〕雍熙題作「挽妓」，不注撰人。北宮詞紀外集僅收首尾二曲，題作「悼妓」，署名湯菊莊。彩筆情辭注元人辭。

〔一〇九〕「樹」，原作「謝」，兹從雍熙。

〔一一〇〕「静」，原作「井」，兹從雍熙。

〔一一一〕「夭」，原作「短」，兹從雍熙。

〔一一二〕「鏡」，原作「劍」，兹從雍熙。

〔一一三〕雍熙題作「夜酌話舊」，不注撰人。

〔一一四〕「身」，原作「心」，兹從雍熙。

〔一一五〕雍熙題作「夢後戲題」，不注撰人。

〔一一六〕「人」，原作「仁」，兹從雍熙。

〔一一七〕「玲瓏」下原脱一字。

〔一一八〕「雲迷」下三字蟲蝕。

〔一一九〕「漠一」下二字蟲蝕。

〔一二〇〕樂府羣珠連下三首總題「懷古」，不注撰人。

〔一二一〕「一自年來」，原作「百年來」，兹從羣珠。

〔一二二〕「金銷」，原作「今消」，兹從羣珠。

〔一二三〕「野」，原作「楚」，兹從羣珠。

〔一二四〕末句原脱，兹據羣珠補。

〔一二五〕「滿目」，原作「論落」，兹從羣珠。

〔一二六〕「亭臺」，原作「高臺」，兹從羣珠。

〔一二七〕原脱「笙歌」二字，兹據羣珠補。

〔一二八〕羣珠題作「别友人陳孟顒往陜西」，注湯舜民撰。雍熙題作「别友赴陜」，不注撰人。

〔一二九〕「爲家」二字蟲蝕，兹據雍熙補。

〔一三〇〕「何處」二字蟲蝕，兹據羣珠補。

〔一三一〕羣珠題作「送友人爲人所誣赴杭」，注湯舜民。雍熙題作「送韓伯莊被赴杭」，不注撰人。

〔一三二〕「三」字原脱，兹據羣珠、雍熙補。

〔一三三〕羣珠題作「送宋桓回陜」，雍熙題作「友人回陜」，俱不注撰人。

〔一三四〕「來解」，原作「奉帷」，兹從羣珠。

〔一三五〕「看」，原作「有」，兹從羣珠、雍熙。

〔一三六〕「間」，原作「常」，兹從羣珠、雍熙。

〔一三七〕羣珠題同，注湯舜民。雍熙第一首題作「徐仲傑徙居」，第二首題作「述圖」，第三首題作「送友歸隱」，俱不注撰人。

〔一三八〕「鷺」字原脱，兹從羣珠、雍熙。

〔一三九〕原脱「五雲深」三字，兹從羣珠、雍熙。

〔一四〇〕「爲」，原作「有」，兹從羣珠、雍熙。
〔一四一〕「地闊」，原作「地遠」，兹從羣珠、雍熙。
〔一四二〕原脱末句，兹據羣珠、雍熙補。
〔一四三〕此曲不見筆花集。惟列於「書劍不求官」、「昨日武林春」兩首之間，兹姑輯之。
〔一四四〕雍熙連下七首總題作「閨思」，不注撰人。
〔一四五〕「陽關」，原作「陽臺」，兹從雍熙。
〔一四六〕「這番相思」，原作「相思這番」，兹從雍熙。
〔一四七〕「雙斟」，原作「雙歌」，失韻，兹從雍熙。
〔一四八〕「塵蒙」，原作「塵濛」，兹從雍熙。
〔一四九〕「雁兒」，原作「燕兒」，兹從雍熙。
〔一五〇〕「眷姻」，原作「姻眷」，兹從雍熙。
〔一五一〕「只待」，原作「直待」，兹從雍熙。
〔一五二〕「月色」，原作「明月」，兹從雍熙。
〔一五三〕「如絲」，原作「於絲」，兹從雍熙。
〔一五四〕雍熙題作「詠美」，共四首，此爲末曲，不注撰人。北宫詞紀外集題同筆花集，署名湯菊莊。
〔一五五〕「銀臺」下原衍一「月」字，兹删。
〔一五六〕雍熙題作「悲世」，共四首，此曲及次曲爲後二首，不注撰人。

〔一五七〕「着」，原作「看」，兹改。
〔一五八〕「無數」，原作「蕪數」，兹從雍熙。
〔一五九〕「鄉圖」，原作「卿國」，兹從雍熙。
〔一六〇〕「粼」字原不叠，兹補一字。
〔一六一〕雍熙題作「句容道中」，不注撰人。
〔一六二〕此句原作「將浸水隄」，兹從雍熙。
〔一六三〕雍熙題作「丹陽道中」，不注撰人。
〔一六四〕「昏朝」，原作「花朝」，兹從雍熙。
〔一六五〕「紗窗」，原作「焦窗」，兹從雍熙。
〔一六六〕雍熙題作「春女思圖」，不注撰人。
〔一六七〕雍熙題作「薛姬彈箏」，不注撰人。
〔一六八〕「殿」，原作「夜」，兹從雍熙。
〔一六九〕雍熙題作「隔壁聞箏」，不注撰人。
〔一七〇〕「砌」字蟲蝕，兹據雍熙補。
〔一七一〕雍熙題作「詠景」，共四首，此首及次首爲後二首，俱不注撰人。
〔一七二〕「點點」，原作「默默」，兹從雍熙。
〔一七三〕雍熙題作「謫官圖」，不注撰人。

〔一七四〕「天隅」二字蟲蝕，兹據雍熙補。
〔一七五〕原脱「老夫」二字，兹從雍熙。
〔一七六〕雍熙題作「村樂」，不注撰人。
〔一七七〕雍熙題作「重陽無酒」，不注撰人。北宮詞紀外集題作「重陽無酒自嘲」，注元人作。
〔一七八〕「嗟呀」，原作「嗟吁」，兹從雍熙、詞紀。
〔一七九〕末句原無「人在」二字，兹從雍熙、詞紀。
〔一八〇〕雍熙題作「遊春友不至」，不注撰人。北宮詞紀外集題作「嘲友人遊春不至」，注元人作。
〔一八一〕「谽」字蟲蝕，兹從雍熙。
〔一八二〕「儍」，原作「假」，兹從雍熙。
〔一八三〕雍熙題同，不注撰人。
〔一八四〕「沙錦鞦」三字蟲蝕，兹據雍熙補。
〔一八五〕原無「玉」字，兹從雍熙。
〔一八六〕「假」字蟲蝕，兹據雍熙補。
〔一八七〕雍熙題同，不注撰人。
〔一八八〕「昏黃」，原作「黃昏」，兹從雍熙。
〔一八九〕「緑陰」上原有「樹」字，疑衍，兹删。
〔一九〇〕「春」字原無，兹補。

〔一九一〕「他若是」，原作「他若」，兹從北詞廣正譜、元明小令鈔。

〔一九二〕「醺」字原不叠，兹補。

〔一九三〕「那」字原無，兹補。

〔一九四〕羣珠題同，注湯舜民。雍熙無題，不注撰人。下四首同。

〔一九五〕以上五句蟲蝕，僅餘「田園荒、箕裘、桃源、杯」八字，兹據羣珠補。

〔一九六〕羣珠題同，注湯舜民。雍熙無題，不注撰人。

〔一九七〕「駕」，原作「架」，兹從羣珠、雍熙。

〔一九八〕末二句原僅存「人説榮」三字，兹據前後三首句式補。

〔一九九〕「後悔」，原作「悔後」，兹改。

〔二〇〇〕雍熙題作「墨梅」，不注撰人。

〔二〇一〕雍熙題作「邵處中蹴踘圖」，不注撰人。

〔二〇二〕末句原脱，兹據雍熙補。

〔二〇三〕筆花集題目僅存一「簫」字，餘全爲蟲蝕。雍熙題作「梅女吹簫圖」，不注撰人。兹題從雍熙。

〔二〇四〕「爲誰凝睇」，原作「有誰凝盼」，兹從雍熙。

〔二〇五〕雍熙題作「桃源」，不注撰人。

〔二〇六〕雍熙題作「閒居」，不注撰人。

〔二〇七〕雍熙題作「野興」，不注撰人。

〔二〇八〕此曲不見筆花集，兹據北詞廣正譜、元明小令鈔輯録。新刊奇妙全相注釋西廂記、元本題評音釋西廂記等書附有「閨怨蟾宫四首」，不注撰人，此其第三首。以下三首就風格觀之，似應出一人之手，兹姑録之。

〔二〇九〕盛世新聲無題，雍熙樂府題作「離悶」，俱不注撰人。詞林摘艷題作「閨情」，注李文蔚作，疑誤。

〔二一〇〕「瘦翠裙」三字原缺，兹從雍熙。

〔二一一〕「碗」，原作「腕」，兹從盛世、摘艷、雍熙。

〔二一二〕「金盤瓊」三字原殘，兹據盛世、摘艷、雍熙補。

〔二一三〕「丹風吹不」四字原殘，兹據盛世、摘艷、雍熙補。

〔二一四〕「誰顧」二字原殘，兹據盛世、摘艷、雍熙補。

〔二一五〕「了回文」三字原殘，兹據盛世、摘艷、雍熙補。

〔二一六〕「烟水黑」三字原殘，兹據盛世、摘艷、雍熙補。

〔二一七〕「指把歸」三字原殘，兹據雍熙補。

〔二一八〕「鬭草」二字原殘，兹據盛世、摘艷、雍熙補。

〔二一九〕「影」字原殘，兹據盛世、摘艷、雍熙補。

〔二二〇〕「刃」，原作「兩」，兹從盛世、摘艷、雍熙。

〔二二一〕「春」字原殘，茲據雍熙補。

〔二二二〕「錐」，原作「難」，茲從盛世、摘艷、雍熙。

〔二二三〕「在誰家」，原作「誰落家」，茲從盛世、摘艷、雍熙。

〔二二四〕「恓惶事」三字原殘，茲據雍熙補。

〔二二五〕盛世新聲、盛世詞林無題，雍熙題作「送景賢回武林」，俱不注撰人。摘艷題作「西湖」，注陳大聲作，惟不見陳大聲樂府，疑誤。北宮詞紀題作「送楊景言回杭州」，注湯菊莊撰。北詞廣正譜引胡十八一曲，注明湯舜民撰。

〔二二六〕「藻杜司」三字原殘，茲據雍熙補。

〔二二七〕「相看」二字原殘，茲據雍熙補。

〔二二八〕「期謾結」三字原殘，茲據雍熙補。

〔二二九〕雍熙題作「送司素蓮」，不注撰人。北宮詞紀題作「贈妓王玉蓮」。彩筆情辭題作「贈王姬玉蓮」，俱屬湯氏。

〔二三〇〕「來」字蟲蝕，茲據雍熙等書補。

〔二三一〕曲牌原殘，茲補。

〔二三二〕「墮」，原作「隨」，茲從詞紀。

〔二三三〕「泉」字蟲蝕，茲據詞紀等書補。

〔二三四〕「羨」，原作「美」，茲從雍熙等書。

〔二三五〕「常留」，原作「長留」，兹從雍熙等書。

〔二三六〕「搏」，原作「學」；「紈」字蟲蝕。兹從雍熙等書改補。

〔二三七〕「粧」字原殘，兹據雍熙等書補。

〔二三八〕「若」字原作「惹」，「許」字原殘，兹據雍熙等書改補。

〔二三九〕筆花集此曲沉醉東風「九苞」二字以下爲闕頁，兹據北宫詞紀補。詞紀題作「贈鳳臺春王姬」。彩筆情辭題作「贈王姬鳳臺春」。

〔二四〇〕曲牌名原殘，兹據詞紀補。

〔二四一〕「相見」二字原殘，兹據詞紀補。

〔二四二〕曲牌名原殘，兹據詞紀補。

〔二四三〕「風軟舞態悠」五字原殘，兹據詞紀補。

〔二四四〕曲牌名及「也消得」三字原殘，兹據詞紀補。

〔二四五〕筆花集此套梧葉兒「風濤」二字以上全闕，兹據北宫詞紀補。盛世新聲、雍熙無題，俱不注撰人。摘艷題作「悔悟」，注王子一作，疑誤。

〔二四六〕「絡」字原脱，據補。

〔二四七〕「壓」字原脱，據補。

〔二四八〕「裁」字蟲蝕，據補。

〔二四九〕「絞」，原作「釵」，兹從詞紀。

〔二五〇〕「眸齒姆軍稍更」六字蟲蝕，據補。

〔二五一〕「抵多少碧桃」五字蟲蝕，據補。

〔二五二〕「熱」，原作「孰」，茲從詞紀。

〔二五三〕「的」字原無，茲從詞紀。

〔二五四〕「占了」，原作「苫了」，茲從詞紀。

〔二五五〕「只願」，原作「能願」，茲從詞紀。

〔二五六〕「海島」，原作「海道」，茲從詞紀。

〔二五七〕「創」，原作「荆」，疑「荆」乃「刱」之訛，茲改。

〔二五八〕「中」，原作「半」，茲改。

〔二五九〕「似」字蟲蝕，據上下句式補。末字「國」，原作「園」，失韻，茲改。

〔二六〇〕「霓」，原作「電」，茲改。

〔二六一〕「粧」，原作「粒」，茲改。

〔二六二〕「禮」字蟲蝕，茲補。

〔二六三〕「圍」，原作「團」，茲改。

〔二六四〕雍熙題作「全真道院」，不注撰人。北宫詞紀題作「送人入全真道」，屬湯式。

〔二六五〕「笑」，原作「唤」，茲從雍熙、詞紀。

〔二六六〕「會經」二字蟲蝕，茲據雍熙、詞紀補。

〔二六七〕「扶桑」二字蟲蝕，茲據雍熙、詞紀補。
〔二六八〕雍熙題作「應詔聘賢」，不注撰人。北宮詞紀題作「送友人應聘」，署湯式。
〔二六九〕「廊廟」，原作「廟廓」，茲從雍熙、詞紀。
〔二七〇〕「既奉」二字原脱，茲從雍熙、詞紀。
〔二七一〕北宮詞紀題下無「其人姓劉」四字。
〔二七二〕「賺煞」原作「煞」，茲從詞紀。
〔二七三〕「魂兒長繞」，原作「兒魂常繞」，茲從詞紀。
〔二七四〕「年來」，原作「來年」，茲從詞紀。
〔二七五〕「天街」，原作「街頭」，茲從詞紀。
〔二七六〕「勝」字原無，茲從詞紀。
〔二七七〕北宮詞紀題作「賀人新娶」，注湯菊莊作。
〔二七八〕「優遊」二字蟲蝕，茲據詞紀補。
〔二七九〕雍熙題同，不注撰人。詞紀題同，注湯菊莊。曲藻謂此套元人作。南北詞廣韻選注元無名氏。
陶情樂府續集屬楊升庵，誤。
〔二八〇〕「絮滚樹頭雪」五字蟲蝕，茲據雍熙補。
〔二八一〕「絶」字蟲蝕，茲據雍熙補。
〔二八二〕「離別」，原作「別離」，茲從雍熙。

〔二八三〕「鴛」字原脱，兹從雍熙。

〔二八四〕「頸」，原作「頭」，兹從雍熙。

〔二八五〕「怎下的」，原作「怎得下」，兹從雍熙。

〔二八六〕「枕邊兩」，原作「枕兩」，兹從雍熙。

〔二八七〕「把」字原無，兹從雍熙。

〔二八八〕雍熙題作「相思」，不注撰人。北宫詞紀題作「和劉庭信夏景題情」，注湯菊莊。詞林白雪無題，屬湯式。

〔二八九〕「一弄」，原作「弄一」，兹從雍熙等。

〔二九〇〕「不上」，原作「不止」，兹從雍熙等。

〔二九一〕「漢相如」，原作「濫相如」，兹從雍熙等。

〔二九二〕「嫩緑」，原作「嫩添」，兹從雍熙等。

〔二九三〕「限促」，原作「恨促」，兹從雍熙等。

〔二九四〕雍熙無題，不注撰人。詞紀題作「客中奇偶」，詞林白雪無題，俱屬湯式。

〔二九五〕「紗窗」，原作「紗幗」，兹從雍熙等。

〔二九六〕「嘆」，原作「笑」，兹從雍熙等。

〔二九七〕「的」字原無，兹從雍熙等。

〔二九八〕筆花集題目蟲蝕，僅餘末字「人」。雍熙不注撰人，彩筆情辭屬湯氏，詞林白雪注睢玄明作，俱無題。北宮詞紀題作「贈教坊殊麗」，兹從之。

〔二九九〕「溪猶」，原作「花尤」，兹從詞林白雪。

〔三〇〇〕「做」字原脱，兹據雍熙等補。

〔三〇一〕「襪」，原作「裙」，兹從雍熙等。

〔三〇二〕「光」，原作「流」，兹從雍熙等。

〔三〇三〕雍熙題作「素雲」。不注撰人。詞林白雪無題，注蘭楚芳作，疑誤。詞紀、彩筆題作「贈妓素雲」，俱屬湯菊莊。

〔三〇四〕「霞」，原作「棠」，兹從雍熙等。

〔三〇五〕「悶」，原作「舊」，兹從雍熙等。

〔三〇六〕雍熙題作「梅」，不注撰人。

〔三〇七〕「常」，原作「長」，兹改。

〔三〇八〕「陵」，原作「凌」，兹改。

〔三〇九〕「吟鞭」，原作「金鞭」，兹從雍熙。

〔三一〇〕「風清」，原作「清風」，兹從雍熙。

〔三一一〕雍熙無題，不注撰人。北宮詞紀題作「贈妓明時秀」，詞林白雪無題，俱屬湯菊莊。楊升庵夫婦散曲、彩筆題同詞紀，注楊用修作，疑誤。

〔三一二〕「則除是」，原作「除則是」；「走一遭」，原作「這一遭」，俱從雍熙、詞紀。

〔三一三〕「明時」，原作「明物」，茲從雍熙、詞紀。

〔三一四〕雍熙無題，不注撰人。詞紀題作「展姬甚美楊鐵崖命號香綿因贈」，彩筆情辭題同詞紀，皆注湯氏作。詞林白雪無題，注高文秀撰，疑誤。

〔三一五〕「娟娟」，原作「涓涓」，茲從雍熙。

〔三一六〕「初静」，原作「和靖」，茲從雍熙。

〔三一七〕北宮詞紀題作「贈妓張潤卿」，彩筆情辭題作「贈張姬潤卿」，俱屬湯氏。

〔三一八〕「愛寵」，原作「愛龍」，茲從詞紀、彩筆。

〔三一九〕「水」，原作「添」，茲改。

〔三二〇〕雍熙題同，不注撰人。詞紀、彩筆題同，俱屬湯式。

〔三二一〕「的」字原脱，茲從雍熙、詞紀、彩筆。

〔三二二〕「玄機」，原作「知機」，茲從雍熙、詞紀、彩筆。

〔三二三〕「倒斷」，原作「斷倒」，茲從雍熙、詞紀、彩筆。

〔三二四〕盛世新聲無題，雍熙題作「贈英國」，皆不注撰人。詞林摘艷、北曲拾遺題作「武功大臣」，注無名氏作。北宮詞紀題作「上動臣」，注湯菊莊作。

〔三二五〕「浄」，原作「静」，茲從詞紀。

〔三二六〕「近方」，原作「近來」，茲從摘艷、雍熙。

〔三二七〕「珞索」，原作「琭簌」，茲從摘艷、雍熙。

〔三二八〕雍熙題作「荆南作」，不注撰人。詞紀題作「上藩臣」，注湯菊莊作。
〔三二九〕「符分」，原作「分符」，兹從雍熙、詞紀。
〔三三〇〕「散紅氊」，原作「撒江韡」，兹從雍熙、詞紀。
〔三三一〕「浪息」，原作「息浪」，兹從雍熙、詞紀。
〔三三二〕「咫」，原作「只」，兹改。
〔三三三〕雍熙題作「梅香勸妓從良」，不注撰人。
〔三三四〕「雖」字蟲蝕左半，兹補。
〔三三五〕「耽」，原作「擔」，兹從雍熙。
〔三三六〕「巢」，原作「窠」，兹從雍熙。
〔三三七〕「不過」，原作「不道」，兹從雍熙。
〔三三八〕「怎能够」，原作「怎能」，兹從雍熙。
〔三三九〕雍熙無題，不注撰人。彩筆情辭題作「囑嫁」，注元人辭。
〔三四〇〕「月姊」，原作「月妹」，兹從雍熙。
〔三四一〕「了」字原無，兹從雍熙。
〔三四二〕「了」字原無，兹從雍熙。
〔三四三〕「則除是三般兒」，原作「除則是三般」，兹從雍熙。
〔三四四〕雍熙無題，不注撰人。北宫詞紀題作「贈妓」，彩筆情辭題作「勸妓」，俱屬湯式。

〔三四五〕「溶」，原作「容」，兹從雍熙。

〔三四六〕「彎」，原作「弓」，兹從詞紀。

〔三四七〕「臂」，原作「皆」，兹從雍熙、詞紀。

〔三四八〕「攘攘」，原作「穰穰」，兹從雍熙、詞紀。

〔三四九〕「你」字原無，兹從雍熙、詞紀。

〔三五〇〕雍熙題作「玉芝春」，不注撰人。北宫詞紀題作「贈妓玉芝春」，注湯菊莊作。

〔三五一〕「花」字原脱，兹從雍熙、詞紀。

〔三五二〕「函德」，原作「亟德」，兹從詞紀。

〔三五三〕「到」，原作「引」，兹從雍熙、詞紀。

〔三五四〕「杓」，原誤作「初」。雍熙題作「玉馬杓」，不注撰人。

〔三五五〕「儹」，原作「僣」，兹從雍熙。

〔三五六〕「名空自慊」，原作「真自慊」，兹從雍熙。

〔三五七〕「渲」，原作「愃」，兹從雍熙。

〔三五八〕「禾」，原作「木」，兹從雍熙。

〔三五九〕「勞」，原作「芳」，兹從雍熙。

〔三六〇〕「上」，原作「止」，兹從雍熙。

〔三六一〕雍熙無題，不注撰人。北宫詞紀題作「題蓮卿王氏樓居」，彩筆情辭題作「題蓮卿王姬樓居」，俱屬湯式。

〔三六二〕「摸」，原作「磨」，兹從雍熙。「木几」二字蝕，兹從詞紀、彩筆。

〔三六三〕「勝」，原作「剩」，兹從雍熙、詞紀、彩筆。

〔三六四〕「雕奩」，原作「雕籠」，兹從雍熙、詞紀、彩筆。

〔三六五〕「離别」，原作「别離」，兹從雍熙、詞紀、彩筆。

〔三六六〕「花天」，原作「花風」，兹從雍熙、詞紀、彩筆。

〔三六七〕「出」字原無，兹從雍熙、詞紀、彩筆。

〔三六八〕雍熙題作「蟾」，不注撰人。北宫詞紀題作「贈素蟾」，彩筆情辭題作「贈妓素蟾」，俱屬湯式。詞林白雪無題，注秦復庵，疑誤。

〔三六九〕「噪」，原作「滲」，兹從詞紀、彩筆。

〔三七〇〕「蟬」，原作「蟾」，兹從雍熙、詞紀、彩筆。

〔三七一〕「經」字原脱，兹從雍熙、詞紀、彩筆。

〔三七二〕「風」字原脱，兹從雍熙、詞紀、彩筆。

〔三七三〕「翰林」，原作「翰花」；「池」字原無，兹俱從雍熙、詞紀、彩筆。

〔三七四〕「嬌」，原作「娥」，兹從雍熙、詞紀、彩筆。

〔三七五〕「清」，原作「精」，兹從雍熙、詞紀、彩筆。

〔三七六〕「評診」，原作「評論」，兹從詞紀、彩筆。

〔三七七〕雍熙題作「題蘇卿」，不注撰人。北宫詞紀題作「嘲佛奴」，彩筆情辭題作「嘲妓佛奴」，皆屬湯式。

〔三七八〕「水」，原作「冰」，兹從雍熙、詞紀、彩筆。

〔三七九〕「雲」，原作「花」，兹從雍熙、詞紀、彩筆。

〔三八〇〕「徠」，原作「來」，「叮嚀咒誓」，原作「咒叮嚀」，兹俱從雍熙、詞紀、彩筆。

〔三八一〕「參」，原作「度」，兹從雍熙、詞紀、彩筆。

〔三八二〕「桃花」二字原脱，兹據雍熙、詞紀、彩筆補。

〔三八三〕「坐化」，原作「生化」，兹從雍熙、詞紀、彩筆。

〔三八四〕「伽藍殿般」，原作「藍伽殿盤」，兹從詞紀、彩筆。

〔三八五〕「慧」，原作「惡」，兹從雍熙、詞紀、彩筆。

〔三八六〕「盡」，原作「畫」，兹從雍熙、詞紀、彩筆。

〔三八七〕「狀責」，原作「責狀」，兹從雍熙、詞紀、彩筆。

〔三八八〕北宫詞紀題同，注湯菊莊作。

〔三八九〕「下」字原脱，兹據詞紀補。

〔三九〇〕「雖道」，原作「然道」，兹從詞紀。

〔三九一〕雍熙題作「武昌作」，不注撰人。

〔三九二〕「瘴霧」，原作「瘴」，兹從雍熙。

〔三九三〕「春營」，原作「春宮」，兹從雍熙。

〔三九四〕「蓮開」，原作「連開」，兹從雍熙。

〔三九五〕「儲胥」，原作「儲蓄」，兹從雍熙。

〔三九六〕盛世新聲、盛世詞林無題，雍熙樂府題作「武臣」，俱不注撰人。詞林摘艷題作「將相」，注誠齋散套，惟今存誠齋樂府無此曲。北宫詞紀題作「上藩臣」，亦屬湯菊莊。

〔三九七〕雍熙題作「武臣」，不注撰人。

〔三九八〕雍熙題作「雲山圖」，南北詞廣韻選無題，皆不注撰人。北宫詞紀題作「雲山圖爲儲公子題」，注湯菊莊撰。

〔三九九〕「吴越」，原作「吴粤」，兹從雍熙、詞紀。

〔四〇〇〕雍熙題作「隱居」，不注撰人。北宫詞紀題作「題黄鶴樓」，署湯菊莊。

〔四〇一〕「平吞」，原作「半吞」，兹從雍熙、詞紀。

〔四〇二〕「立不穩」三字蟲蝕，兹據雍熙、詞紀補。

〔四〇三〕雍熙題作「方外娱」，不注撰人。南北詞廣韻選題作「方外觀」，注元人。詞紀題同筆花集，注湯菊莊撰。

〔四〇四〕「興」字蟲蝕，兹據雍熙補。

〔四〇五〕「天吴」，原作「吞吴」，兹從雍熙、詞紀等。

〔四〇六〕「驀然」，原作「驀忽」，兹從雍熙、詞紀等。

〔四〇七〕雍熙題作「心遠軒」，不注撰人。南北詞廣韻選皆同雍熙。

〔四〇八〕「方外」，原作「芳外」，兹從雍熙。

〔四〇九〕「楣間」，原作「楣開」，兹從雍熙。

〔四一〇〕「方寸」，原作「方方才」，兹從雍熙。

〔四一一〕「同路」二字蟲蝕，兹據雍熙補。

〔四一二〕「到此中」三字蟲蝕，兹據雍熙補。

〔四一三〕「春」，原作「眷」，兹從雍熙。

〔四一四〕「纏」，原作「纒」，兹從雍熙。

〔四一五〕雍熙題作「自娱」，詞林白雪無題，俱不注撰人。北宫詞紀題作「贈任醫歸隱」，注湯菊莊作。

〔四一六〕「千言」，原作「千年」，兹從雍熙等。

〔四一七〕「散」字蟲蝕，兹據雍熙等補。

〔四一八〕雍熙無題，不注撰人。北宫詞紀題作「題卓文君花月瑞仙亭傳奇」，詞林白雪無題，俱屬湯式。

〔四一九〕「墮」，原作「隨」，兹從雍熙。

〔四二〇〕「丈人」，原作「夫人」，兹從雍熙等。

〔四二一〕「班」字蟲蝕，兹據雍熙等補。

〔四二二〕「捏」，原作「捻」，兹從雍熙等。

〔四二三〕「監」，原作「鑿」，兹從雍熙等。
〔四二四〕雍熙題同，不注撰人。
〔四二五〕「葶緑華」，原作「華葶緑」，兹從雍熙。
〔四二六〕「羣芳」，原作「羣花」，兹從雍熙。
〔四二七〕「則除是」，原作「除則是」，兹從雍熙。
〔四二八〕雍熙題同，不注撰人。
〔四二九〕雍熙題作「田老齋」，不注撰人。南北詞廣韻選注元無名氏，北宮詞紀屬湯菊莊，俱題作「題田老齋」。
〔四三〇〕「神」字原脱，兹據雍熙等補。
〔四三一〕北宮詞紀題作「贈張韶舞善吹簫」。詞林白雪無題，皆屬湯式。
〔四三二〕「協」，原作「惋」，兹從詞紀等。
〔四三三〕「孤」字蟲蝕，兹據詞紀等補。
〔四三四〕「颼柔」二字蟲蝕，兹據詞紀等補。
〔四三五〕「輕」字蟲蝕，兹據詞紀等補。
〔四三六〕「兀的」，原作「何的」，兹從詞紀等。
〔四三七〕「能」字原脱，兹從詞紀等。
〔四三八〕「不枉」，原作「不往」，兹從詞紀等。

〔四三九〕「自」，原作「有」，兹從詞紀等。

〔四四〇〕此曲不見筆花集。北宫詞紀題作「送王姬往錢塘」，注湯菊莊作，彩筆情辭皆同詞紀，兹據以輯之。盛世新聲、雍熙樂府無題，俱不注撰人。詞林摘艷題作「悔悟」，注王伯成作。

〔四四一〕盛世新聲無題，雍熙題作「幽夢」，俱不注作者。詞林摘艷題作「紀夢」，注王子一撰，北詞廣正譜引喜江南一隻，亦署王子一。北宫詞紀題作「秋夜夢回有感」，注湯菊莊作。未知孰是，兹姑輯之，互見湯、王兩家曲中。「離亭宴帶歇指煞」，原作「離亭宴煞尾」，兹據譜改。

〔四四二〕北宫詞紀、彩筆情辭題作「秋懷」，俱注湯菊莊作，兹據以輯之。雍熙題作「秋思」，不注撰人。

〔四四三〕此曲不見筆花集。據一笑散舊校，知此套原在湯舜民筆花集中，題作「詠荆南佳麗」，兹據以輯之。盛世新聲、雍熙樂府無題，皆不注撰人。詞林摘艷題作「宫詞」，注鄭德輝作。詞謔題作「題道觀贈道士」，云不知名氏作。北宫詞紀題作「題道觀贈羽士」，注睢玄明撰。

〔四四四〕北宫詞紀題作「元日朝賀」，注湯菊莊撰，兹據以輯之。盛世新聲無題，雍熙題同詞紀，俱不注撰人。摘艷題作「早朝」，注谷子敬作，疑誤。

〔四四五〕北宫詞紀題作「題梧月堂」，注湯菊莊作，兹據以輯之。雍熙題作「詠丹桂」，不注作者。

〔四四六〕雍熙題作「離思」，不注撰人。北詞廣正譜引刮地風犯、四門子兩隻，注明湯舜民作。兹據以輯之。

〔四四七〕北宫詞紀題作「客窗值雪」，注湯菊莊作，兹據以輯之。詞林摘艷題作「高隱」，注無名氏。

盛世新聲無題，雍熙題作「雪」，俱不注撰人。

〔四四八〕北宫詞紀題作「送車文卿歸隱」，注湯菊莊作，兹據以輯之。雍熙題作「歸隱」，不注撰人。

〔四四九〕北宫詞紀題作「贈會稽吕周臣」，注湯菊莊撰，兹據以輯之。雍熙樂府題作「自述」，不注撰人。

〔四五〇〕北宫詞紀題作「旅中自遣」，注湯菊莊撰，兹據以輯之，而曲文從雍熙。雍熙題作「自述」，不注撰人。

〔四五一〕雍熙題作「梅花深處」，不注撰人。北宫詞紀題作「題白梅深處」，注湯菊莊作。楊慎升庵長短句題作「賞梅」，未知孰是，兹互見湯、楊兩家曲中。此套據詞紀輯之，異文不校。

〔四五二〕北宫詞紀題作「題崇明顧彦昇洲上居」，注湯菊莊作。雍熙題作「隱居」，不注撰者。兹據詞紀輯之。

〔四五三〕北宫詞紀題作「檜軒爲越中沙子正賦」，注湯菊莊撰，兹據以輯之。雍熙題作「題檜」，不注撰人。

〔四五四〕北宫詞紀題作「題雲巢」，注湯菊莊作，兹據以輯之。雍熙樂府、南北詞廣韻選題作「雲巢」，雍熙不注作者，廣韻選注元無名氏。

〔四五五〕北宫詞紀題作「贈王觀音奴」，詞林白雪無題，彩筆情辭題作「贈王姬觀音奴」，俱注湯氏作，兹據詞紀輯之。

〔四五六〕北宫詞紀題作「贈王善才」，詞林白雪無題，彩筆情辭題作「贈妓王善才」，俱屬湯氏。兹據詞紀輯之。

〔四五七〕「普陀」，詞紀作「浦陀」，兹改。

〔四五八〕北宫詞紀題作「贈妓宋湘雲」，彩筆情辭題作「贈宋姬湘雲」，俱屬湯菊莊。詞林白雪無題，注顧均澤作，疑誤。兹據詞紀輯之。

〔四五九〕「憂心」，詞紀作「憂憂」，兹改。

〔四六〇〕雍熙題作「贈李素蘭」，不注撰人。詞紀、彩筆情辭題作「贈妓素蘭」，俱注湯菊莊作，惟梁州、尾聲兩曲與此套全異，而與筆花集一枝花「春含九畹芳」套之梁州、尾聲相同，似譌誤。兹據雍熙輯之，並依詞紀以之屬菊莊。

〔四六一〕北宫詞紀題作「冬景題情」，詞林白雪無題，俱注湯菊莊作。兹據詞紀輯之。

〔四六二〕詞林摘艷題作「題情」，彩筆情辭題作「憶美」，俱注皇明湯舜民作。盛世新聲、新編南九宫詞無題，雍熙題作「憶情間阻」，皆不注撰人。兹據摘艷輯之。

〔四六三〕「把」，摘艷作「俊」，兹從雍熙。

王藻

王藻，字子章，號中中子，浙江金華人。爲宋儒學名家王淮之元孫。曾官杭州路海寧州判。與當世名流劉基、鄭真等交遊。

套數

春怨

【北正宫端正好】醉墨寫烏絲。寶串焚金獸。畫堂深簾控金鈎。瀟瀟紅雨迷晴晝。冉冉香風透。

【滚綉毬】柳凝烟翠黛愁。花過雨玉貌羞。幾般兒感人憔瘦。空教人對景添愁。燕和鶯相趁逐。蜂共蝶廝配偶。怎當那戲清波錦鴛前後。倚雕闌終日凝眸。他那裏春風馬上扶殘醉。都做了落日蟬聲送客愁。霎時間擔憂。

【倘秀才】常則是淚揾濕青衫袖口。愁變做虚勞症候。抵多少野草閒花滿地愁。人何在。水空流。無言低首。

【滚綉毬】他説的不應口。我害的忒慌陡。半年來水洩不漏。常則是立斜陽目斷粧樓。青鸞信不來。紅葉詩怎酧。這樁事不能成就。送的人潘鬢成秋。我將這相思傳字字參詳透。斷腸集篇篇講論熟。都記在心頭。

【叨叨令】想着他月明人約黄昏後。想着他春生錦帳來時候。烏雲亂擁金釵溜。丁香細吐眉兒皺。兀的不想殺人也麽哥。想殺人也麽哥。㈡想着他燈前鞋底尖兒瘦。

【脱布衫帶過小梁州】想着他玉生香一捻温柔。花解語萬種風流。舞春風腰如嫩柳。歌夜月鳳吟清晝。俺也曾閒並香肩月下遊。那其間兩意綢繆。想着他臨行甜話兒廝逗留。我這裏寧心候。到如今一日勝三秋。磣磕磕曾説下神前呪。指望喒永團圓相守到白頭。應答的意思投。啜賺的機關透。到如今撇人在腦後。再誰信你那巧舌頭。

【上小樓】又不曾停眠整宿。到引的人無昏無晝。常則是似醉如癡。不明不暗。無了無休。兩地憂。一樣愁。憑誰醫救。我甘心兒爲他消瘦。

【幺篇】揾鮫綃淚暗流。塞離懷病不瘳。一會家攘攘勞勞。䰟在心頭。又上眉頭。夢裏憂。醒後愁。忘了還又。都則爲美甘甘那些兒情厚。

【滿庭芳】指望到天長地久。星前月下。燕侶鶯儔。美姻緣甜受用無昏晝。無了無休。誰承望美容顔如長病酒。青衫淚鎮日悲秋。再會面何時又。不堪回首。風雨替花愁。

【耍孩兒】你可便既無情休把人拖逗。早共晚空教人等候。月明纔上柳梢頭。幾番家來又還休。想殺我也彩雲聲斷鸞簫夜。盼殺我也青鳥書沉隴樹秋。空把眉兒皺。則爲些巫雲楚雨。翻做了緑慘紅愁。

【二煞】恰梨花暮雨收。早芙蓉野水流。恰清明又早重陽後。昨宵錦帳春如海。明日黄花蝶也愁。世事如翻手。青春有限。愁悶無休。

【一煞】把花牋用意修。想韓香甚日偷。黑糢糊雲暗了巫山岫。半生恩愛三生夢。一種情懷萬種愁。難禁受。怕的是燈昏酒冷。雨散雲收。

【尾聲】留戀着竊玉心。包藏着折桂手。若是這好姻緣早晚能成就。言過的誓海盟山應不的口。（北宮詞紀）

按：此套詞林摘艷題作「題情」，群音類選題作「相思」，詞林白雪無題，北宮詞紀題作「春怨」，俱注王子章撰。盛世新聲、盛世詞林無題，雍熙樂府題爲「迤逗」，皆不注著者。

〔一〕此句開頭疑奪「兀的不」三字。

賈仲明

賈仲明，一作仲名，號雲水散人、雲水翁，山東淄川（今淄博）人，後徙居蘭陵。善吟咏，尤精樂章、隱語。太和正音譜稱其詞「如錦帷瓊筵」。明成祖於燕邸時，與湯式、楊訥皆受寵遇。所作雜劇十六種，今存山神廟裴度還帶、李素蘭風月玉壺春、呂洞賓桃柳昇仙夢、荆楚臣重對玉梳記、蕭淑蘭情寄菩薩蠻、鐵拐李度金童玉女（別作金安壽）六種。尚著有雲水遺音等集，可惜不傳。相傳録鬼簿續編亦爲他所作。生於元至正三年（一三四三），卒於明永樂二十年（一四二二）以後。

小令

【北雙調凌波仙】

挽關漢卿

珠璣語唾自然流。金玉詞源即便有。玲瓏肺腑天生就。風月情忒慣熟。姓名香四大

神洲。驅梨園領袖。總編修師首。捻雜劇班頭。（録鬼簿）

挽高文秀

花營錦陣統干戈。謝管秦樓列舞歌。詩壇酒社閒談嗑。編敷演劉耍咊。早年卒不得登科。除漢卿一個。將前賢疎駁。比諸公幺末極多。（録鬼簿）

挽鄭廷玉

金鳳釵打李煥後庭花。忍字記欒城驛雙教化。鳳凰兒料到底偷閒暇。因禍致福關目冷。貶揚州債主寃家。漁父辭劍才情壯。孫恪遇猿節佳。疎者下船安頓精華。（録鬼簿）

挽白仁甫

峨冠博帶太常卿。嬌馬輕衫館閣情。拈花摘葉風詩性。得青樓薄倖名。洗襟懷剪雪裁冰。閒中趣。物外景。蘭谷先生。（録鬼簿）

挽庚吉甫

語言脱洒不麄疎。翰墨清新果自如。胸懷倜儻多清楚。戰文場一大儒。上紅筆没半

點塵俗。尋章摘句。騰今換古。噀玉噴珠。（録鬼簿）

挽馬致遠

萬花叢裏馬神僊。百世集中說致遠。四方海内皆談羨。戰文場曲狀元。姓名香貫滿梨園。漢宫秋青衫淚。戚夫人孟浩然。共庾白關老齊肩。（録鬼簿）

挽李文蔚

石州慢醉寫蔡蕭閒。芭蕉雨秋宵周素蘭。澆花旦才並推車旦。破苻堅淝水間。晉謝安高卧東山。瑞昌縣爲新令。真定府是故關。月落花殘。（録鬼簿）

按：首句「慢」原誤作「情」；第五句「謝」下面原衍一「得」字。

挽李直夫

蒲察李五大金族。鄧伯道夕陽樓勸丈夫。虎頭牌錯立身怕媳婦。諫莊公潁考叔。俏郎君謊郎君各自乘除。渰藍橋尾生子。教天樂黄念奴。是德興秀氣直夫。（録鬼簿）

挽吴昌齡

西京出屯俊英傑。名姓題將鬼簿寫。走昭君東坡夢辰勾月。探狐洞賞黃花色目佳。西天取經行用全别。眼睛記狄青撲馬。抱石投江貨郎末泥。十段錦段段和協。（録鬼簿）

挽王實甫

風月營密匝匝列旌旗。鶯花寨明飈飈排劍戟。翠紅鄉雄糾糾施謀智。作詞章風韻美。士林中等輩伏低。新雜劇。舊傳奇。西廂記天下奪魁。（録鬼簿）

挽武漢臣

先生清秀濟南人。風調才情武漢臣。登壇拜將窮韓信。老生兒關目真。新傳奇十段皆聞。聽泉水。看暮雲。如此黃昏。（録鬼簿）

挽王仲文

仲文踪跡住金華。才思相兼關鄭馬。出羣是三教王孫賈。不認屍關目嘉。韓信遇漂

母曲調清滑。五丈原董宣彊項。錦香亭王祥到家。伴夕陽白草黄沙。（録鬼簿）

按：首句「金華」或應作「京華」。

挽李壽卿

南華莊老歎骷髏。舩子秋蓮夢裏遊。月明三度臨岐舞。播閻浮四百州。姓名香贏得青樓。黄沙漫。塞草秋。白骨荒丘。（録鬼簿）

挽尚仲賢

棄官歸去捻淵明。工巧王魁負桂英。四務提舉江淛省。與戴善夫相輔行。較論功諸葛闓成。三奪槊謁漿崔護。秉燭旦越娘背燈。洞庭湖柳毅傳情。（録鬼簿）

挽石君寶

紫雲亭秋香怨曲江池。醢彭越哭周瑜佳句美。斷歲寒三友紅綃驛。雪香亭秋胡戲妻。共吴昌齡幺末相齊。柳眉兒金錢記。石君寶□黑跡。禾黍離離。（録鬼簿）

按：「斷」原作「新」；「香雪亭」之「亭」字原脱，兹據録鬼簿曲目改補。

挽楊顯之

顯之前輩老先生。莫逆之交關漢卿。幺末中補缺加新令。皆號爲楊補丁。有傳奇樂府新聲。王元鼎師叔敬。順時秀伯父稱。寰宇知名。（録鬼簿）

按：第三句「公末」，疑爲「幺末」之誤。

挽紀君祥〔一〕

壽卿廷玉在同時。三度藍關韓退之。松陰夢裏三生事。驢皮記情意資。冤報冤趙氏孤兒。編成〔三〕傳。寫上紙。表表於斯。（録鬼簿）

挽于伯淵

集成鬼簿老鍾仙。録上名公列衆賢。先生邊無花寫上文華選。是平陽于伯淵。翠紅鄉風月無邊。花前醉。柳下眠。命掩黄泉。（録鬼簿）

按：第三句「邊無花」三字疑衍。

挽戴善夫〔三〕

江淛提舉任皇宣。同里同僚尚仲賢。伯瑜泣杖皆稱善。翫江樓周月仙。風光好一夜姻緣。三捉紅衣怪。善夫用意堅。湖海流傳。（録鬼簿）

挽王廷秀

淘金千户甚風流。寳馬金鞍稱俊遊。益都人物王廷秀。將坑儒焚典修。草庵歌和尚石頭。馳花陣。奪錦籌。百世芳留。（録鬼簿）

挽張時起

霸王垓下別虞姬。出塞昭君胡馬嘶。牡丹事花月秋千記。與高文秀同閈里。同齋同筆抄冠。新雜劇。舊傳奇。都一般風慘烟迷。（録鬼簿）

挽費唐臣

霎歌鶯韻配鴛鴦。一曲鸞簫品鳳凰。醉鞭誤入平康巷。在佳人錦瑟傍。漢韋賢闢目

輝光。斬鄧通文詞亮。貶黄州肥普香。父是君祥。（録鬼簿）

挽趙子祥

一時人物出元貞。擊壤謳歌賀太平。傳奇樂府時新令。錦排場起玉京。害夫人崔和檜生。白仁甫關漢卿。麗情集。天下流行。（録鬼簿）

挽姚守中

掛冠解印漢逢萌。掃筆成章姚守中。布關串目高唫詠。牛訴冤巧用工。扯詔扶立中宗。麒麟閣。狐兔塚。怨風雨愁。（録鬼簿）

挽李好古

芳名紙上百年圖。錦繡胸中萬卷書。標題塵外三生簿。鎮凶宅趙太祖。劈華山用功夫。煮全海張生故。撰文李好古。暮景桑榆。（録鬼簿）

挽趙文殷〔四〕

教坊色長有學規。文敬超羣衆所推。樂星謫降來彰德。編萊檜兒仙傳奇。撰武王伐

紂精微。秀華夷。風物美。樂章興南北東西。（録鬼簿）

按：「華夷」原作「華治」，茲改。

挽張國賓〔五〕

教坊總管喜時豐。斗米三錢大德中。飽〔六〕食終日心無用。捻漢高歌大風。薛仁貴衣錦崢嶸。七里灘臣辭主。汗衫記孫認公。朝埜興隆。（録鬼簿）

按：「臣」原作「頭」，茲改。

挽紅字李二

梁山泊壯士病楊雄。板達兒搯搜黑旋風。打虎的英俊天生勇。窄袖兒猛武松。是京兆紅字李二文風。才難盡。興未窮。再編一段全火兒張弘。（録鬼簿）

挽李郎〔七〕

鄭孔目欒子酷寒亭。相府院曹公勘吉平。判官懒慄釘一釘。劉耍咊贅爲壻卿。花李郎風月才純。樂府詞章性。傳奇幺末情。考興在大德元貞。（録鬼簿）

挽趙天錫

曹〔八〕公湯餅試何郎。天德名公家汴梁。金釵剪燭音清亮。爲府判任鎮江。出臺閣官樣文章。顯新句。貯錦囊。金玉鏗鏘。（録鬼簿）

挽梁進之〔九〕

警巡院職轉知州。闘叟相親爲故友。行文高古尊韓柳。詩宗李杜流。填詞似蘇柳秦周〔一〇〕。翠羣紅裏。搊羊糯酒。肥馬輕裘。（録鬼簿）

挽王伯成

伯成涿鹿俊丰標。幺末文詞善解嘲。天寶遺事諸宮調。世間無天上少。貶夜郎闘目風騷。馬致遠忘年友。張仁卿莫逆交。超羣類一代英豪。（録鬼簿）

按：「幺末」原作「公末」。

挽孫仲章〔一一〕

只聞鬼簿姓名香。不識前賢李仲章。白頭吟諠滿嗚珂巷。詠詩文勝漢唐。詞林老筆

軒昂。江湖量。錦繡腸。也有無常。（録鬼簿）

挽趙明道

鍾公鬼簿應清朝。范蠡歸湖手段高。元貞年裏昇平樂。章歌汝曹。喜豐登雨順風調。茶坊中嗑。勾肆裏嘲。明明德道泰歌謡。（録鬼簿）

按：第四句疑脱二字。

挽趙公輔

儒學提舉任平陽。公輔先生天水郎。元貞大德乾元象。宏文開寰世廣。闈玉京燕趙壇場。尋新句。摘舊章。按譜依腔。（録鬼簿）

挽李子中

先除知事顯其才。後轉郎官爲縣宰。鍾君鬼簿清名載。播文風流四海。承盛時洗蕩吟懷。三場藝。七步才。音律和諧。（録鬼簿）

挽李進取〔三〕

難經素問不相干。表裏陰陽實意懶。叔和仲景無心翰。捻鑾巴破雨傘。稱涼風不顧傷寒。鍾父留芳簿。老夫詞弔挽。著大名散滿人間。（録鬼簿）

挽岳伯川

老父共汝不相知。鬼簿鍾公編上伊。度鐵拐李岳新雜劇。更夢斷楊貴妃。玉京燕趙名馳。言詞俊。曲調美。衰草煙迷。（録鬼簿）

挽康進之

編集鬼簿治安時。收得賢人康進之。偕朋攜友鶯花市。編老收心李黑廝。負荆是小斧頭兒。行于世。寫上紙。費騷人和曲填詞。（録鬼簿）

挽顧仲清

唐虞之世慶元貞。高士東平顧仲清。泉場掌印爲司令。見傳奇舉世行。向雨牕托興

怡情。撰陵母伏劍。編紀信火蒸。府州縣按[三]試流名。（録鬼簿）

挽石子章

子章横槊戰詞林。尊酒論文喜賞音。踈狂放浪無拘禁。展腹施錦心。竹窗雨竹塢聽琴。高山遠。水流深。戛玉鏘金。（録鬼簿）

挽侯正卿

史侯心友艮先生。詩酒相酬老正卿。挽絲韁和袖雕鞍凴。隨王孫並馬行。燕子樓幺末全贏。黄鍾令。商調情。千載標名。（録鬼簿）

按：「和袖」原誤作「味裹」。

挽史九散人[四]

武昌萬户散仙公。闓國元勛廕祖宗。雙虎符三顆明珠重。受金吾元帥封。碧油幢和氣春風。編胡蝶莊周夢。上麒麟圖畫中。千古英雄。（録鬼簿）

挽孟漢卿〔二五〕

已齋老叟播聲名。表字相同亦漢卿。魔合羅一段題張鼎。運節意脈精。有黄鍾商調新聲。諠燕趙。響玉京。廣做多行。（録鬼簿）

按：「黄鍾」原作「黄金」；「玉京」，原作「玉音」。

挽李寬甫

西煮令史合肥官。局量胸襟懷抱寬。銀鞭紫馬驛蜚纚。宴秦樓宿謝館。肉〔二六〕屏風錦簇花攢。金叵一醉醉斟瓊釀。青定甌茶烹鳳團。紅燒羊碼碯犀盤。（録鬼簿）

按：「西煮」疑爲「西臺」之誤。

挽李行甫

絳州高隱李公濳。養素讀書門鎮掩。青山緑水白雲占。浄紅塵無半點。纖小書樓插牙籤。研架珠露周易點。括淡虀鹽。（録鬼簿）

挽費君祥

君祥前輩倣圖南。關已相從看老耽。將楚雲湘雨親把勘。愛女論語句嚴。菊花會大石調監咸。珊瑚檐。翡翠檻。風月輕擔。（録鬼簿）

挽江澤民[一七]

江公德潤字澤民。趙燕北南真定人。盛時人物多才俊。編糊粽包正臣。上鬼簿可羡鍾君。生前姓。死後身。名不沉淪。（録鬼簿）

挽陳寧甫

先生寧甫老前賢。名著將來二百年。兩無功錦綉風流傳。關目奇曲調鮮。自按鬮天下皆傳。嗟衰骨。嘆埜園。故塚高原。（録鬼簿）

挽陸顯之

河南獨步汴梁城。隱語詞源闡姓名。編好兒趙正鑽空。應使多人敬。宋上皇有碎冬

凌。滑稽性。敏捷情。再出世的精靈。（録鬼簿）

按：「梁」字原缺，「碎」原誤作「醉」，兹補改。

挽狄君厚

元貞大德秀華夷。至大皇慶錦社稷。延祐至治承平世。養人才編傳奇。一時氣候雲集。有平陽〔一八〕狄君厚。捻火燒介子推。只落得三尺孤堆。（録鬼簿）

按：「孤堆」，原作「何堆」。

挽孔文卿

先生準擬聖門孫。析住平陽〔一九〕一葉分。好學不恥高人問。以子稱得謚文。論綱常有道弘仁。捻東窗事犯。是西湖舊本。明善惡勸化濁民。（録鬼簿）

挽張壽卿

漸江省掾祖東平。蘊藉風流張壽卿。紅梨花一段文筆盛。花三婆獨自勝。論才情壓倒羣英。敲金句。擊玉聲。振動神京。（録鬼簿）

挽劉唐卿

劉卿唐老太原公。生在承平大德中。王左丞席上相陪奉。有歌兒舞女宗。詠博山細裊香風。鶯花隊。羅綺叢。倚翠偎紅。（録鬼簿）

按：「大德」，原作「志德」。

挽彭伯成〔三〇〕

筵前酒海紫金罍。席上籌行白玉簪。碧螺七寶玲瓏嵌。惜花心。做恠膽。絲柳陰府地潭潭。（録鬼簿）

按：此曲疑有脱文。

挽李時中

元貞書會李時中。馬致遠花李郎紅字公。四高賢合捻黄粱夢。東籬翁頭折宽。第二折商調相從。第三折大石調。第四折是正宫。都一般愁霧悲風。（録鬼簿）

挽喬夢符

天風環珮玉敲金。撫掌文集花應錦[二]。太平歌吹珠璨滲。金錢記揚州夢振士林。荆公遺妾文意特深。認玉釵珊瑚沁。黄金臺翡翠林。兩世姻緣賞音協音。（録鬼簿）

挽劉宣子

鍾君昭叔昔同居。□後分離各自處。筆端多有香奩句。填詞章作樂府。登仕途吏部遷除。熬年月。聽選補。淮東吏身卒[三]。（録鬼簿）

挽李齋賢蘇彦文王思順張以仁李用之顧廷玉俞純夫屈英夫

李齋賢樂府詠包巾。編地冷天寒蘇彦文[三]。作鏡兒樓帶王思順。捻靈怪湖州張以仁。李用之戲劇多聞。顧廷玉雲[二四]間出類。俞純夫錢塘越羣。屈英夫編一百二十行。看錢奴院本絶倫。（録鬼簿）

挽黄公望

浙西憲吏性廉直。經理錢糧獲罪歸。號一峰卜術將人間棄。易姓名爲浄堅號大癡。

天下事無不周知。學問深不加文飾。一家丹青妙筆。與人爲宗主時習。（録鬼簿）

挽吴仁卿

克齋弘道老仁卿。衣紫腰金府判升。銀鞍紫馬敲金鐙。錦鄉中過一生。老來也致仕心寧。手卷記子房貨劍。錦樂府天下盛行。曲海叢珠。金縷新聲。（録鬼簿）

挽秦簡夫

文章官樣有繩規。樂府中和成墨蹟。燈窗捻出新雜劇。玉溪館煞整齊。晋陶母剪髮筵席。破家子弟。趙禮讓肥。壯麗無敵。（録鬼簿）

挽趙文寶〔二五〕

姜肱共被弟兄情。糜竺收資貨幣盈。褚良北詔忠直性。居饒州住樂平。爲陰陽教授經營。驪山七德舞。孫武教女兵。德在明明。（録鬼簿）

挽張可久〔二六〕

水光山色愛西湖。照耀乾坤今樂府。蘇堤漁唱文相助。又吴鹽餘意續。新樂府驚動

林蘇。荆山玉。合浦珠。壓倒羣儒。（録鬼簿）

挽錢霖[三七]

棄俗中路戴黄冠。草履麻絛袖袍寛。江湖清思三千段。屢清風明月當。集醉邊餘興多端。白雪黄茅煆。坎離頻倒般。素庵中穩坐蒲團。（録鬼簿）

按：「邊」字缺，據傳文補。

挽徐再思[三八]

甘飴良好咂甜時。自號甜齋名再思。交游高上文章士。習經書看鑑史。青出藍善長文詞。名下無虚士。高門出貴子。根基牢發旺宗枝。（録鬼簿）

挽顧德潤[三九]

君澤德潤住雲間。路吏杭州稱九仙。遷平江當領驅公案。樂府共詩集開板刊。售文籍市肆停安。情恬淡。心懶坦。九仙在塵寰。（録鬼簿）

挽曹明善

公曹路吏任衢州。奪立文章第一籌。神京獨賦長門柳。士林中逞俊流。萬人内佔了鰲頭。風連月。花伴酒。肥馬輕裘。（録鬼簿）

挽汪勉之

名雖傳道職學官。風韻清標貌勝潘。胸中星斗文章焕。心貫通體廣胖。尊瞻視楚楚衣冠。歷帥府浙東令史。補曹娥泣江兩端。伴黄沙白草漫漫。（録鬼簿）

挽屈子敬

學官子敬屈恭之。本路新除教授資。樂章洒落通街市。便小山何到此。宋上皇三恨師師〔三〇〕。漢司馬題橋柱。齊田單復舊時。各辨妍媸。（録鬼簿）

挽高克禮〔三一〕

碧桃紅杏説高蟾。黄閣風流誇士廉。銓衡權準宗行儉。文章習子瞻。任縣宰才勝江

淹。生子學雙漸。娶妻如蔡琰。秋泉公歸去陶潛。（録鬼簿）

挽王庸〔三二〕

庭前盛茂種三槐。紙上芳名播九垓。畫中詩詩中畫傳宗派。蘆花場司令該。有玄微妙趣吴才。通街市。知稼穡。趓不了深土培埋。（録鬼簿）

挽蕭德祥

武林書會展雄才。醫業傳家號復齋。戲文南曲衠方脈。共傳奇樂府諧。治安時何地無才。人間著。鬼簿栽。共弄玉同上春臺。（録鬼簿）

挽陸登善〔三三〕

貞元始祖謚宜公。嗜著茶經桑苧翁。父維揚典掾清名重。改淮南江浙同。住杭城家道鬆□。詞詩歌唱。詩禪貫通。一代文風。（録鬼簿）

挽朱凱〔三四〕

梨園樂府永昇平。沉默敦篤念信誠。包羅天地曹娥鏡。詩禪隱語精。振江淮獨步杭

城。王彥中弓身侍。陳元贊拱手聽。包賢持拜先生。（録鬼簿）

挽王曄[三五]

詩詞華藻語言佳。獨有西湖處士家。滑稽性格身肥大。金斗遺事廝問答。與朱士凱來往登達。珠璣梨繡。日精月華。免不得命掩黄沙。（録鬼簿）

挽王仲元

于公爲陰德起高門。袁盎因夫人卻漢文。歷像演史全忠信。將賢愚善惡分。戲臺上考試人倫[三六]。大都來一時事。搬弄出千載因。辨是非好歹清渾。（録鬼簿）

按：「漢文」，原誤作「漢父」。

挽吴朴[三七]

行兵遠祖習韜書。掛劍徐君信矣夫。文章光耀天之賦。生而知爲上乎。杜衡門養志姑蘇。有學問多人貶妬。通性理甘貧晏居。天天其道如何。（録鬼簿）

題録鬼簿

乘除加減有盈虧。用舍行藏有道理。賢愚善惡合天地。四名公行上紙筆。將高賢文學出處標題。鬼簿上分開名姓。繼先翁定了事蹟。老夫將頭尾挽弔收拾。（録鬼簿）

已上諸公卿大夫高賢逸士鴻儒總括一篇

鍾君鬼簿集英才。聲價雲雷震九垓。衣襟金玉名仍在。著千年遺萬載。勾肆中般演詼諧。彈壓著鶯花寨。憑凌着烟月牌。留芳名紙上難揩。（録鬼簿）

【北正宮醉太平】

雪　夜〔三八〕

茶烹鳳爪。酒泛羊羔。銷金帳裏玉人嬌。俗則俗到好。韓退之淚灑藍關道。王子猷興盡山陰棹。孟浩然詩困灞陵橋。清則清怎熬。（北宮詞紀）

套數

南北黃鍾合套

元宵賞燈[三九]

【醉花陰北】國祚風和太平了。是處産靈芝瑞草。聖天子美臣僚。法正官清。百姓每都安樂。喜佳節值元宵。點萬盞花燈直到曉。

【畫眉序南】花燈兒巧粧描。萬朶金蓮綻池沼。任銅壺絶漏。禁鼓停敲。庭内外香靄齊焚。樓上下燈光相照。楚腰。羅綺叢中俏。人在洞天蓬島。

【喜遷鶯北】似神仙般歡樂。聽梨園一派笙簫。青霄。月離了海嶠。恰便似寶鑑高懸銀漢遥。明皎皎。月色和燈光相射。燈光和月色相交。

【畫眉序南】街市上喜通宵。仕女遊人鬭施巧。翦春娥雲髩。寶釵斜挑。紅袖底雙握春纖。華燈下相看花貌。楚腰。羅綺叢中俏。人在洞天蓬島。

【出隊子北】仙境内雖然難到。便怎生强如俺那塵世好。水晶簾低簌畫堂標。玳瑁筵寬鋪庭院小。琉璃盞齊燒燈焰高。

【神仗兒南】元宵景好。喜慶皇朝。遊人閙炒。轉燈兒鞋燈兒齊挑。綉毬燈團團皎。綵繩高弔。錦帶似綵雲飄。絳蠟似曉霞燒。

【刮地風北】習習習天風香霧繞。則聽的社火鑊鐸。街衢上迓鼓偏聒噪。動地聲高。喬三教喜動清樂。醉八仙快躧高橇。這壁廂。那壁廂。同飲香醪。笙和笛間紫簫。篡和箏合着檀槽。繡簾下美女多奇妙。他每唱陽春按六幺。

【耍鮑老南】一派歌聲動天表。唱的是直恁好。孔雀屏開映徹鮫綃。玉斝金尊鬬相招。儘教他天漸曉。

【四門子北】彩雲間斗柄斜横了。霽一天星月皎。酒令兒行。籌筯兒交。絳綃樓痛飲添快樂。鳳髓又烹。獸炭又燒。把肥羊來旋燎。

【鬧樊樓南】兩行金釵。最宜素縞。麝蘭風香縹緲。微露着金蓮小。憑闌凝眺。看街前舞回鮑老。

【古水仙子北】我我我自暗約。是是是曾見説當年元夜好。因漢武帝朝中召。東方朔言道。海中央有巨鰲。他他他現時節五穀豐饒。鱗甲内有光沖碧霄。若天官喜悦民安樂。後來因此上賞元宵。

【尾聲】人生百歲須還老。切莫恡追歡求笑。但願年年慶此宵。（北宫詞紀）

贈美姬[四〇]

【北雙調風入松】鳳臺人醉鳳樓春。詩思惱吟魂。玉娥何處鸞簫韻。月明酒醒堪聞。幾度清香馥郁。一團和氣氤氳。

【喬牌兒】燕子樓情莫在。鵶兒巷意休順。玄都觀裡宜親近。上瑶臺心較穩。

【新水令】誰安題目更清新。喜香名可憎淹潤。身雖居羅綺。志本遠風塵。駕瑞靄祥雲。野鶴輩怎隨趁。

【天仙子】説長短。梧桐論。争知有春色鳳城人。也消得李白在臺上留題。曾引得越娘向坡前背燈。漢司馬操南薰調。動王孫鳳求凰數聲絃内隱。感起文君。

【豆葉黄】弄玉能達律知音。蕭史會殢雨尤雲。他須是宿世前姻。天緣仙分。尋個鳳友鸞交兩對門。那更皓齒朱唇。翠袖紅裙。占斷舞榭歌臺。柳營花陣。

【離亭宴煞】天台傳到東皇信。鳳鸞吟百花開噴。錦鶯唱韶華過半。子規啼媚景三分。富貴鄉。風流運。前程未準。知他是鳳凰池巧畫品宫眉。知他是烟月街輕搽少年粉。（雍熙樂府）

複出

套數

閨怨

【南中呂瓦盆兒】教人對景無言終日減芳容。

群音類選題作「閨怨」，注賈仲名作。吴歈萃雅、詞林逸響、南音三籟、古今奏雅皆署名鄭虚舟。樂府先春屬李集虚。兹已輯於李氏卷中，不重出。

書録鬼簿後

余因雨窗逸興，觀其前代故元夷門高士醜齋繼先鍾君所編録鬼簿，載其前輩玉京書會、燕趙才人、四方名公士夫，編撰當代時行傳奇、樂章、隱語、比詞源〔四二〕諸公卿大夫士，自金之解元董先生，并元初漢卿關己齋叟已下，前後凡百五十一人，編集于簿。前有董解元等，皆省院、臺部、翰苑、路府要路公卿大夫者四十四人，未紀挽詞爲弔。又編集傳奇名公，自關先生等五十六人，惟紀其所編傳奇，亦未弔之。與鍾君相知者，自宫大用已下一十八人，皆作其傳，各各以凌波僊曲弔挽。已後才人與先生不相識者，王思順等三十三人，止列其姓名，書其學問，俱無詞弔之。余雖才淺名輕，不捨先生盛文高韻，美乎前輩諸賢大夫名公士出處文學列於簿，凡宮大用等已弔之，餘者皆無文焉。余今暮年衰耄，首先公卿大夫四十四人，未敢相挽。自關先生至高安道八十九人〔四三〕，各各勉强次前曲以綴之。嗚呼！未敢於前輩中馳騁，未免拾其遺而補其缺；以此言之，正所謂附驥續貂云也，愧哉！

永樂二十年壬寅中秋，淄川八十雲水翁賈仲明書于怡和養素軒。

〔一〕「紀君祥」，楝亭本作「紀天祥」。
〔二〕「成」字上衍一「成」字。
〔三〕「戴善夫」，楝亭本作「戴善甫」。
〔四〕「趙文殷」，天一閣本作「趙敬夫」，太和正音譜作「趙文敬」。
〔五〕「張國賓」，楝亭本作「張國寶」。
〔六〕「飽」字上衍一「鲍」字。
〔七〕「李郎」，天一閣等本作「花李郎」。
〔八〕「曹」，原作「暫」。
〔九〕「梁進之」，天一閣本作「梁退之」。
〔一〇〕「似」、「柳」，原作「休」、「舞」。

〔一一〕「孫仲章」，天一閣本作「李仲章」。
〔一二〕「李進取」，天一閣本作「李取進」。
〔一三〕「按」字下衍一「詃」字。
〔一四〕「史九散人」，天一閣本作「史九散僊」。
〔一五〕「孟漢卿」，天一閣本誤作「益漢卿」。
〔一六〕「肉」，原誤作「內」。
〔一七〕「江澤民」，天一閣本誤作「汪澤民」。
〔一八〕「陽」，原誤作「昜」。
〔一九〕「陽」，原誤作「昜」。
〔二〇〕「彭伯成」，楝亭本作「彭伯威」。
〔二一〕「撫」字原脱；「文」，原誤作「父」。第五句「文」字亦誤作「父」。
〔二二〕「卒」，原誤作「六十」。
〔二三〕「地」字下原脱「冷」字；「文」，原作「父」。
〔二四〕「雲」，原誤作「靈」。
〔二五〕「趙文賓」，楝亭本作「趙善慶」。「糜竺」，原誤作「縻笠」。
〔二六〕「張可久」，天一閣等本作「張小山」。
〔二七〕「錢霖」，天一閣等本作「錢子雲」。

〔二八〕「徐再思」，天一閣等本作「徐德可」。
〔二九〕「顧德潤」，天一閣等本作「顧君澤」。
〔三〇〕「師師」，原誤作「時時」。
〔三一〕「高克禮」，天一閣等本作「高敬臣」。
〔三二〕「王庸」，天一閣等本作「王守中」。
〔三三〕「陸登善」，天一閣本作「陸仲良」。
〔三四〕「朱凱」，天一閣等本作「朱士凱」。
〔三五〕「王曄」，天一閣本作「王日新」。
〔三六〕倫，原誤作「論」。
〔三七〕「吴朴」，天一閣本作「吴純卿」。
〔三八〕盛世新聲、詞林摘艷無題，不注撰人。北宫詞紀題作「雪夜」，注賈仲名作。
〔三九〕盛世新聲、盛世詞林無題，雍熙樂府題作「燈詞」，群音類選題作「元宵」，俱不注作者。詞林摘艷題作「元夜」，北宫詞紀題作「元宵賞燈」，皆署賈仲名作。
〔四〇〕雍熙樂府無題，不署撰者。彩筆情辭題作「贈美姬」，注賈仲名撰。兹據雍熙輯之，題目從彩筆情辭。
〔四一〕「比詞」疑爲「北詞」，「源」字疑衍。
〔四二〕「八十九人」原作「八十二人」，據正文實有人數改，相加後正與「百五十一人」合。

楊　訥

楊訥，原名暹，字景賢，一作景言，號汝齋。蒙古族人，家於錢塘（今浙江杭州）。因從姐夫楊鎮撫，人以楊姓稱之。與賈仲明相交五十年。善琵琶，好戲謔。永樂間，與湯式並遇寵，後卒於金陵。樂府出人頭地，太和正音譜評其詞「如雨中之花」。著有雜劇十八種，存疑二種，僅存西遊記一種，餘皆不傳。

小　令

【北中呂紅繡鞋】

詠蚝蚤

小則小偏能走跳。咬一口似針挑。領兒上走到褲兒腰。眼睁睁拿不住。身材兒怎生撈。翻箇觔斗不見了。（樂府羣珠）

【北中吕普天樂】

嘲湯舜民戲妓

寧可效陶潛。休要學雙漸。覰了你腰駝背曲。說甚麽撇正龐甜。你拳如斬馬刀。舌似吹毛劍。你將節風月須知權休念。三般兒惹得人嫌。間花頭髮。燒葱醮鼻。和粉髭髯。（樂府羣珠）

【北雙調水仙子】[二]

誚黑奴

鶯花寨打起一面皂鵰旗。盟誓海翻成就了洗硯池。托香腮難辨烏雲髻。喜黄昏月低。唱陽春白雪休提[三]。宜住在烏衣巷。休擎着白玉杯。却便似畫圖上水墨楊妃。（山樵暇語）

【北中吕普天樂】

聽命

結鶉衣。修丹事。安排我處。正在何時。酒掃愁。詩言志。仰問天公三椿事。腆着臉也索尋思。爲甚麽夷齊飢死。顔回短命。伯道無兒。（樂府羣珠）

【北中吕朱履曲】

松江道中

金燦爛高低僧刹。翠模糊遠近人家。數聲啼鳥喚韶華。麥風翻翠浪。桃木散紅霞。遊人馳駿馬。（樂府羣珠）

題五件昭氏凝翠樓

水雲鄉天開圖畫。海珠寺地擁金沙。緑陰深處有人家。牕間凝翠靄。檻外落紅霞。說蓬萊都是假。（樂府羣珠）

慨古

李太白能文繕寫。蒯文通騗口張舌。有一個姜呂望古今絕。氣昂昂唐十宰。雄赳赳漢三傑。似這等英雄漢何處也。（樂府羣珠）

嘆世

誰不待金章紫綬。誰不待拜將封侯。誰不待身榮要出鳳凰樓。誰不待執象簡。誰不待頂幞頭。誰不待插金花飲御酒。（樂府羣珠）

套數

怨別〔三〕

【北商調二郎神】景蕭索。迤逦秋光漸老。隱隱殘霞如黛掃。暮天闊烟水迢迢。數簇黃花開爛熳。敗葉兒淅零零亂飄。無聊。綠依依翠柳。滿目荒蕪衰草。

【梧葉兒】淒淒涼涼慽漸病。悠悠蕩蕩魂魄消。失溜疎刺金風送竹頻搖。漸漸的黃花瘦。看看的紅葉老。題起來好心焦。恨則恨離多會少。

【二郎神幺篇】記伊家幸短。枉着人煩煩惱惱。怏怏〔四〕歸來入綉幕。想薄情鎮日魂消。乍離別難棄捨。索惹的懨懨瘦却。

【金菊香】多應他意重我情薄。既不是可怎生雁帖魚緘音信杳。相別時〔五〕話兒不甚好。恨鎖眉梢。越思量越思想越添焦〔六〕。

【浪來裏煞】情懷默默越焦躁。冷冷清清更漏迢。盈盈業眼不暫交。畫燭熒熒他也學人那淚珠兒般落。暢道有幾箇鐵馬兒鐸琅琅的空聒噪。響珊珊梆梆的寒砧搗。呀呀的塞雁南飛。更和着那促織兒絮叨叨更無了。（詞林摘艷）

〔一〕曲牌原缺，據律補之。
〔二〕此句按律七字，「陽」下原衍「關」字。
〔三〕詞林摘艷題作「怨別」，注楊景言撰，北詞廣正譜引二郎神、二郎神幺篇、浪來裏煞，注明楊景言撰，兹據以輯之。盛世新聲無題，雍熙樂府題作「秋恨」，皆不注作者。九宫大成南北詞宫譜引二郎神、梧葉兒、二郎神幺篇、浪來裏煞，注散曲。
〔四〕「怏怏」，摘艷作「漾漾」，兹從雍熙等。
〔五〕「相別時」，摘艷作「相別是」，兹從雍熙。
〔六〕「添焦」，摘艷作「添憔」，兹從雍熙。

楊　賁

楊賁，字彥華，號景言。别號春風道人，南直隸滁陽（今安徽合肥）人。八歲能屬文，甫弱冠，明五經，酷好吟詠。洪武間，以明經薦授大名知縣。永樂初，改除周府紀善。然終不遂所志，怏怏成疾而逝。嘗訪桂潭和尚，一茶之頃，賡和百篇。太和正音譜評其詞「如春風飛花」。

套　數

春　遊〔一〕

【北正宮端正好】柳輕柔。花嬌媚。春雲淡日色輝輝。曉來枝上鶯聲細。似喚起。遊春意。

【滚綉毬】柳陰中驕馬嘶。花陰外好鳥啼。看蜂蝶採花成對。巧丹青粧點屏幃。這壁廂令鼓催。那壁廂妙舞宜。採花枝玉纖相遞。戲鞦韆畫板沾泥。高張翠蓋嬌紅粉。慣走青驄俊緑衣。堪賞堪題。

【倘秀才】牡丹亭嬌容膩粉。芍藥圃濃香豔葩。玉葩山茶間紫薇。素珍珠明含笑。紅錦被映酴醾。海棠花似烟霞照水。

【脱布衫】一處處仕女遊嬉。一攢攢醉客尊罍。一簇簇笙歌韻美。一步步管絃聲沸。

【小梁州】沽酒樓前人聚集。掩映疎籬。桃花似錦柳依依。燕和氣。賽閬苑。勝瑶池。

【么】江南自古繁華地。勝追遊盡醉方歸。波動處緑鴨浮。沙煖處紅鴛睡。風流佳致。省可裡杜鵑啼。

【尾聲】遊春不覺金烏墜。乘興還隨玉兔回。倒玉頹山醉似泥。相賞休違。莫負芳菲。看了這萬紫千紅。端的是畫圖裡。（北宫詞紀）

怨　别〔三〕

【北中吕粉蝶兒】一點情牽。濕春衫淚痕湮遍。倚危樓望眼將穿。則我這柳眉攢。花黛恨。花共柳替人懷怨。無限春愁。我愁時有誰曾見。

【醉春風】瞞不過月暗紙窗前。燈昏羅帳邊。似這般燈昏月暗影兒孤。着小生心兒裏轉。轉。一會家思量。數番家没亂。幾遭兒驚戰。

【叫聲】間阻又經年。偶然。偶然。重相見。未得鸞膠接絲絃。

【剔銀燈】望夫石恰待要會面。祆廟火騰騰也似飛電。將一塊望夫石恰便似石灰般煉。望夕陽一道兒清烟。玷玎的掂拆玉。撲鼕的瓶墜了泉。俺知他是一年也那半年。

【蔓菁菜】若稱了平生願。結末了好姻緣。我這裏告天。赤緊的吐不出嚥不下口中涎。怎能勾兩口兒尋常便。

【快活三】當初我生的來忒腼腆。他醜的不堪憐。若是我村他醜兩無緣。到省的相留戀。

【鮑老兒】俊俏的蘇卿逢着箇雙解元。炒鬧了臨川縣。標致的元和逢着箇李亞仙。他兩個風月了悲天院。若是他心我心。同心相愛。同氣相連。他情我情。如膠之固。似漆之堅。

【尾聲】若是他死在我先。我亡在他前。想人生難保長康健。則我這寸心不戀。將我這俏魂靈相引入黃泉。（詞林摘艷）

按：此套曲牌原有誤，【剔銀燈】誤作【鮑老兒】；「玷玎的掂拆玉」三句及【蔓菁菜】五句誤作【剔銀燈】；【鮑老兒】又誤爲【蔓菁菜】，兹正。

怨　別〔三〕

【北雙調夜行舡】和氣春風滿面郎。釀胷懷錦綉文章。花柳鄉中。綺羅叢裏。纔見使人心漾。

【新水令】俏紅娘調弄出蘭堂。聽瑶琴幾聲嘹喨。聲聲鶯喚友。句句鳳求凰。纔得成雙。陽關曲因均唱。

【胡十八】倍感傷。越惆悵。情易捨。意難忘。天台仙景賺劉郎。月明漢陽。舟停在武昌。留戀建康城。寂寞楚江上。

【離亭宴帶歇指煞】愁情慘淡心悲愴。離魂抑鬱神飄蕩。多情的沈郎。瘦減小腰圍。情牽寸眼惱。意惹閑情况。一天今古愁。萬里雲遮障。漢陽緲茫。三疊渭城詩。一篇知機賦。七處東門帳。霜冷梧葉秋。水泛桃花浪。你若是不忘。想起舊恩情。何時再歡賞。（詞林摘艷）

按：曲牌【離亭宴帶歇指煞】原作【離亭宴煞】，兹正。下同逕改，不另出按語。

四時閨怨〔四〕

【南商調字字錦】羣芳綻錦鮮。香逐東風軟。鶯簧奏巧聲。提起傷春怨。覩名園。只見杏障桃屏。桃屏上真果柳擁翠烟。難言。桃花相映。怕不强似去年。緣何去年。去年人不見。〔合〕空蹙破兩眉尖。奈山遥水遠。他在那裡。和誰兩個。瀟瀟洒洒。咱這裡思思想想。心心念念。欲待要見他一面。

【前腔】梅黄雨霽天。漸覺南薰轉。聲聲噪柳蟬。對對飛梁燕。盼庭前。只見照眼榴花。榴花上真果紅顔似染。堪觀。鴛鴦並頭。怎不教人可憐。綉房中有誰。有誰同歡宴。〔合前〕

【賺】離緒懨懨。奈少個人兒在眼前。空嗟怨。何年何日再團圓。淚漣漣。極目關山人去遠。寫下花牋誰與傳。心事無靠托。那冤家直恁誤人方便。好難消遣。好難消遣。

【滿園春】南樓外。鴈翩翩。悄没箇音書傳。聽長空敗葉飄飄舞。金風動。鐵馬兒聲喧。紗窻外透銀蟾。〔合〕想殺人也天。盼殺人也天。短命冤家。音稀信杳。莫不是負却盟言。

【前腔】彤雲布。朔風凛。遍長空柳絮飄綿。見幾樹早梅初綻蕋。銷金帳。無人來伴。獨坐在獸爐邊。〔合前〕

【尾聲】終須有日重相見。對月臨風自消遣。辦炷名香祝告天。（群音類選）

按：【滿園春】一隻亦見吳梅「南北詞簡譜」，「金風動」句疊，「短命寃家」作「行短寃家」，并有倒句「短行寃家」。

〔一〕盛世新聲、雍熙樂府、盛世詞林無題，詞林摘艷題作「春游」，群音類選題作「游春」，俱不注撰人。北宮詞紀題同摘艷，注楊彦華著，兹據以輯之。

〔二〕詞林摘艷題作「怨別」，注楊彦華撰。盛世新聲、盛世詞林無題，雍熙樂府題作「憶情」，俱不注作者。案：梨雲寄傲、北宮詞紀卷六有陳大聲【中吕粉蝶兒】「冷雨梧桐」套，題目爲「效楊景言一點情牽體」；北詞廣正譜收〔中吕叫聲〕、【大石浄瓶兒煞】二曲，注明楊景言撰〔一點情牽〕套數。

〔三〕盛世新聲、盛世詞林無題，不注撰者。詞林摘艷題作「怨別」，注楊彦華作。

〔四〕盛世新聲、盛世詞林無題，詞林摘艷題作「四季閨情」，雍熙樂府題作「誤約」，俱不注作者。群音類選題作「四時閨怨」，吴騷合編題作「閨思」，皆注楊彦華撰。樂府先春、吴騷集無題，俱歸沈青門。吴歈萃雅、詞林逸響、古今奏雅題目同類選，樂府珊珊集、南音三籟題作「閨怨」，皆作高東嘉著。南九宫十三調曲譜、舊編南九宫譜引字字錦、滿園春，注散曲。新編南九宫詞注樂府。南曲九宫正始引字字錦、賺，注明人。

楊文奎

楊文奎，朱有燉香囊怨雜劇稱其爲書會老先生。約洪武中（一三八五）前後在世。太和正音譜評其詞「如匡廬疊翠」。所作雜劇有王魁不負心、封陟遇上元、吕雲英風月玉盒記、兩團圓四種。

小令

【北雙調河西水仙子】

好花羞上老人頭。年老簪花不自羞。賞花不趁春光秀。到花殘蝶也愁。（元明小令鈔）

【北雙調華嚴讚】

花迎劍佩。柳拂旌旗。扇開雉尾五雲飛。香散染朝衣。仰光輝。願皇帝萬萬歲。（元明小令鈔）

套數

四時景[二]

【北仙吕點絳唇】三月韶光。萬花争向。春開放。紅紫芬芳。膏雨過堪遊賞。

【混江龍】東風飄蕩。麗人天氣景非常。戲清波鴛紅鴨緑。採名園蝶粉蜂黄。香馥馥梨花白雪嫩。緑依依楊柳翠絲長。看了這山明水秀。李白桃紅。端的是堪寫在畫屏上。聲嚦嚦鶯遷喬木。語喃喃燕遶雕梁。

【油葫蘆】寶馬香車人鬧攘。把花籃春盛將。正值着艷陽天。明媚景。好風光。一處處會佳賓玳瑁筵寬廣。一步步動仙音絃管聲嘹喨。歌謳着金縷詞。酒斟着白玉觴。笑吟吟且開懷展放江湖量。赤緊的春歸去太疾忙。

【天下樂】因此上拚了醄醄入醉鄉。見芳草池塘。夭桃間緑楊。端的是花簇簇賽過錦繡鄉。蹴踘聲吹到綺筵。鞦韆影送過粉墻。回首早散荼蘼滿院香。

【那吒令】過清和氣爽。葵花開豔芳。起薰風淡蕩。藕花吹異香。正炎天晝長。榴花綻錦囊。遶方池圓沼中。向水閣涼亭上。摇紈扇浴罷蘭湯。

【鵲踏枝】碧荷筒飲瓊漿。白蓮藕雪冰霜。正好宜沉李浮瓜。避暑乘涼。人和着采蓮腔。載蘭舟畫舫。須臾間又早重陽。

【寄生草】玉露養芙蓉豔。金風飄桂子香。墜銀牀梧葉蕭蕭響。過南樓塞雁呀呀唱。噴清香黄菊叢叢放。這的是酒中得趣孟參軍。喜的是窗前寄傲陶元亮。

【幺篇】一任教西風墜烏紗帽。且喜得東籬下菊正黄。趁着這凝霜紫蟹偏肥壯。旋將這新篘緑蟻頻釃盪。更和那知心故友同歡暢。恰纔見丹楓滿樹舞林間。却又早彤雲四野垂天上。

【六幺序】呀。冷颼颼寒成陣。疎刺刺風力狂。翦冰花應瑞呈祥。恰便似蝶翅飛揚。鶴羽翱翔。敲竹葉風透幽窗。採樵人迷路難行往。便有那打魚翁怎向寒江。亂紛紛撏綿扯絮空中降。這雪見了呵消災壓瘴。更那堪宿麥移蝗。

【幺篇】這雪偏宜向高堂。蘭房。氈幙低張。翠袖成行。錦褥牙牀。繡被鴛鴦。深把那重門閉上。呀。梅花開送暗香。韻悠悠歌着奇腔。按着宫商。炭火上燒着肥羊。便醺醺醉後何妨。受用那紅爐煖閣銷金帳。慶的是豐年稔歲。樂的是地久天長。

【尾聲】翫景物悦心神。伴詩酒添情況。席上生風慣常。見了些高髻雲鬟新樣粧。幸遇着日吉辰良。莫輕將歲月行唐。赤緊的風雨憂愁一半妨。一夜一個花燭洞房。一

珠）

【北中吕朱履曲】

湖上踏青　吴巨生四曲

香風暖鶯啼晴晝。錦屏開花細凝眸。紫絲鞭輕拂紫驊騮。兩堤金線柳。千里彩雲樓。玉人兒嬌殢酒。（樂府羣珠）

按：「凝」原作「吟」。

霜籬對菊

秋霜冷金英開綻。曉風高玉宇生寒。悠然終日見南山。陶詩傳古意。杜酒暈陶顔。繁華不掛眼。（樂府羣珠）

花陰避暑

九里青林如障。一團翠影生涼。雲根宴坐興偏長。簟鋪湘水冷。酒注碧筒香。風清琴韻響。（樂府羣珠）

雪路尋梅

一夜溪橋粉布。孤山樵徑瓊鋪。蹇驢乘興訪林逋。隴頭春信早。水影暗香浮。琴童爲伴侶。（樂府羣珠）

【北中吕普天樂】

徐都相書堂

伯牙琴。王維畫。文章公子。宰相人家。聯一篇感興詩。説幾句知音話。高捲珠簾金鈎掛。看窗前開綻梅花。春生座榻。香焚睡鴨。酒泛流霞。（樂府羣珠）

【北雙調凌波仙】

春　遊〔二〕

東村飲罷復西村。杏塢桃溪粲錦雲。花間醉倒無人問。任從他落酒巾。聽山禽野鳥啼春。巨富從它富。清貧自我貧。脚踪兒不踐紅塵。（詞林摘艷）

葡萄溪水緑波連。菡萏湖天銀浪遠。芙蓉秋岸金波轉。早江梅春信傳。四時中酒友詩仙。去去去鸕鷀灘畔。行行行鴛鴦浦前。來來來鸂鶒洲邊。（詞林摘艷）

藍橋驛一步步鬼門關。陽臺路一層層刀劍山。桃源洞一處處連雲棧。有情人難上難。姻緣簿扯做了魂幡。波浪起尾生心碎。雲雨散情人夢殘。桃花謝劉阮情慳。（詞林摘艷）

並頭蓮寂寞九秋香。連理樹凋零十月霜。無情物難入新時樣。教俺這有情人怎不斷腸。惡姻緣禱告空蒼。想前生前世相隨鶼蚌。教今生今世拆開鳳凰。願來生來世作對鴛鴦。（詞林摘艷）

【北雙調蟾宫曲】

淮陰十詠

長堤烟柳[三]

曲龍腰烟柳長堤。映翠岫微茫。蘸碧水漣漪。曖旭日曈曨。舞東風嬝娜。掛皓月光輝。越帆來吴檣往。篙師便艤畫船停。蘭舟泊詩客留題。蓼岸漁磯。鷺宿鷗飛。秋霽蟬鳴。春晝鶯啼。（詞林摘艷）

西湖網舡

碧澄澄萬頃滄波。勢控揚州。脈接黄河。漾彩縷紅霞。潛金鱗赤鯉。泛雪羽白鵝。青蓮浦採菱人悠揚唱歌。緑陽灣打魚舡來往攛梭。日織金羅。檣櫓偏多。響西風一派蟬鳴。背斜陽萬點鴉過。平聲（詞林摘艷）

樵樓鼓角

冠淮城一雉高飛。辨晝夜陰晴。走烏兔東西。邀月須登。籌邊堪比。迎節偏宜。浮銀箭二十五點銅壺漏滴。撞金鐘一百八下蕭寺遲疾。昏曉相隨。鼓角聲催。擂犀皮鼓響鼕鼕。品梅花角韻淒淒。（詞林摘艷）

滿浦月華〔三〕

夜將闌樵鼓初更。蟾兔光茫。星斗昭明。靈籟簫簫。僊飈細細。沆瀣澄澄。瑶臺上懸玉鑑山河有影。瓊樓前滉金波風露無聲。鶴唳空溟。仙子吹笙。影娥池舞困霓裳。廣寒宫丹桂香清。（詞林摘艷）

劉伶仙臺

飲中仙晝夜昏昏。天地爲居。屋室爲褌。物外光陰。壺中日月。醉裏乾坤。窺狗竇忘形飲千年話本。乘鹿車荷插埋百世名存。道行無聞。壺酒爲親。只落的三尺荒臺。常鎖着一片閑雲。（詞林摘艷）

范張古廟

古祠堂淮楚城連。風雨凋零。松柏依然。百世流芳。五倫擇善。二子稱賢。鷄黍會訂深期驅馳道遠。金石交復前盟誠懇情堅。簡册留傳。陳迹千年。逝光陰流水滔滔。照英靈明月涓涓。（詞林摘艷）

韓信荒城

釣淮陰計拙無爲。漂母能憐。惡少年平欺。拜將登壇。興劉滅楚。躡足封齊。高鳥盡良弓藏空勞嘆息。牝鷄鳴詐謀成甘受誅夷。功業成非。青史標題。落得座冷清清敗壘荒城。白茫茫衰草斜暉。（詞林摘艷）

徐積書院

拂晴雲松柏蒼蒼。翠竹籠陰。瑶草生香。棟宇森嚴。門牆瀟洒。几案輝光。振儒宗崇典禮千年孔彰。明人倫敦孝行萬古流芳。司訓賢良。表正綱常。淳風光楚國淮陰。文光絢節孝書堂。（詞林摘艷）

淮水潮聲[四]

海門秋日上生潮。一線初來。衆竅齊號。鯨吼陰風。鰌歸滄穴。蛟擁銀濤。傾瀑布雷車響千山動摇。翻灧滪雪崖崩萬馬咆哮。水勢滔滔。天宇寥寥。粲金光蜃吐樓臺。載瑶笙鶴唳雲霄。（詞林摘艷）

鉢池山境

碧桃花開遍春山。翠竹珊珊。苔徑班班。鶴唳長空。鶯啼清晝。鹿卧晴灘。鉢池浄水穿霞鮫綃影翻。碧天高松擎月寶鏡光寒。雲繞仙壇。隔斷塵寰。老農夫開闢園林。大羅仙曾煉金丹。（詞林摘艷）

【北越調小桃紅】

詠　鞋　印〔五〕

一鈎香踐落花塵。步步金蓮印。瘦寄東風情誰認。月芽新。陽臺有意朝雲襯。纖纖半痕。剛剛三寸。踏損斷腸人。（詞林摘艷）

聞　簫〔六〕

一聲吹下彩雲輕。夢裏秦娥另。被冷龍吟碧潭静。韵淒清。闌干十二和誰憑。梅花月明。竹稍風定。都是斷腸聲。（詞林摘艷）

詠　雪〔七〕

六丁拔劍舞天風。吹破梅花夢。峭壁飛泉水簾凍。映玲瓏。樓臺十二清光瑩。銀蛟玉龍。素鸞白鳳。茇定水晶宫。（詞林摘艷）

薔薇院對酒

水晶簾簌玉鈎垂。陣陣香風細。恍若雙成下塵世。錦葳蕤。笙歌酣賞花前醉。頻斟綠醅。輕摇環珮。燒銀燭照薔薇。（詞林摘艷）

套　數

贈歌者潤卿〔八〕

【北南吕一枝花】月明滄海珠。烟暖藍田玉。清冰涵瑪瑙。綠水映珊瑚。天賦清姝。旖旎嬌人物。風流女艷姝。人都道配蕭史弄玉精神。我猜做隨王母飛瓊伴侣。

【梁州第七】歌喉響雲飛碧落。舞腰纖雪墜青廬。端的是樽前有箇人如玉。宫腰束素。檀口塗朱。眸凝秋水。色瑩方諸。質胚腪孕秀坤輿。體貞堅名振花衢。白如練謾説瓊瑶。光似雪休誇珷玞。潤如酥莫論璠璵。韜光。韞匵。温柔豈怕蒼蠅玷。最玲瓏更淳素。皴皵瑕玼半點無。磨碭工夫。

【尾聲】天然不受纖塵污。金璧當求善價沽。詞苑文林不虚譽。本是箇青樓仕女。感

動了奎章巨儒。便有萬管霜毫詠不足。（詞林摘艶）

閨 怨〔九〕

【北中呂粉蝶兒】花落春愁。燕飛忙綠陰清晝。綉簾垂門控金鉤。折鸞箋。攲鳳枕。把香羅濕透。想雕鞍何處追遊。夢兒中幾番拖逗。

【醉春風】忽的眼前無。依然心上有。鬢雲不整玉騷頭。瘦的來陡。陡。眉淡春山。眼横秋水。帶鬆羅扣。

【迎仙客】非病酒。爲花愁。舞腰肢瘦如風外柳。燕尋朋。鶯喚友。對對相逐。因此上懶把鞋兒綉。

【紅綉鞋】怕則怕黄昏時候。想則想錦帳綢繆。愛則愛情意兩相投。去則去終須去。留則留怎生留。說則說心腸兒不應口。

【滿庭芳】簾垂玉鈎。香消寶鼎。酒注金甌。空留下錦帳誰情受。知他在那裏閑遊。空目不斷雲山偶。陡。我則怕大江流不盡離愁。這兩日因他憔瘦。想起那知心故友。何處繫蘭舟。

【耍孩兒】自從他去後添憔瘦。不似我今番害的病久。才郎去時節正逢春。急回來又過中秋。你那裏偎紅倚翠銷金帳。我這裏獨守香閨淚暗流。記的你說來的咒。負心的隨燈兒便滅。海神廟曾有你緣由。

【尾聲】虧負咱。虧負咱。難罷手。難罷手。等來時扯住羅衫袖。再不放你去鶯花路兒上走。（詞林摘艷）

美　麗〔一〇〕

【北仙吕點絳唇】漏盡銅龍。香消金鳳。花梢弄。斜月簾櫳。唤醒相思夢。

【混江龍】綉幃春重。趁東風培養出牡丹叢。流蘇斗帳。龜甲屏風。七寶粧奩明彩鈿。一簾香霧裊薰籠。慢捲起金花孔雀。錦屏開緑水芙蓉。鴉翅袒金蟬半妥。翠雲偏朱鳳斜鬆。眉兒掃楊柳雙彎淺碧。口兒點櫻桃一顆嬌紅。眼如珠光摇秋水。臉如蓮花笑春風。鸞釵插花枝蹀躞。鳳翅懸珠翠玲瓏。胭脂蠟紅膩錦犀盒。薔薇露滴注玻璃瓮。端詳了艷質。出落着春工。

【油葫蘆】鸞鏡光函百煉銅。端詳了這玉容。似嫦娥出現廣寒宫。襯桃腮巧注鉛華瑩。啓朱唇呵煖蘭膏凍。着粉呵則太白。施朱呵則太紅。髩蟬低嬌怯香雲重。端的是占斷綺羅叢。

【天下樂】半點兒花鈿笑靨中。嬌紅。酒暈濃。天生下没褒彈的可意種。翰林才詠不成。丹青筆畫不同。可知道漢宮盡愛寵。

【那吒令】露春纖玉葱。掃眉尖翠峰。清香含玉容。整花枝翠叢。插金釵玉蟲。裩羅衣翠絨。縷金粧七寶環。玉簪挑雙珠鳳。比西施宜淡宜濃。

【鵲踏枝】你是看翠玲瓏。玉玎瑓。一步一金蓮。一笑一春風。梳洗罷風流有萬種。殢人嬌玉軟香融。

【寄生草】他生的傾城貌。絕代容。弄春情漏泄的秋波送。秋波送搬鬬的春山縱。春山縱勾引的芳心動。髩花腮粉可人憐。翠衾鴛枕和誰共。

【幺篇】情尤重。意轉濃。恰相逢似晉劉晨誤入桃源洞。乍相逢似楚巫娥暫赴陽臺夢。害相思似庾蘭成愁賦香奩詠。你這般玉精神花模樣賽過玉天仙。我待要錦纏頭珠絡索蓋下一座花衚衕。

【金盞兒】臉霞紅。眼波橫。見人羞推整雙頭鳳。柳情花意媚東風。鈿窩兒裡粘曉翠。腮斗兒上暈春紅。包藏着風月約。出落着雨雲踪。

【後庭花】綉床鋪緑剪絨。花房深紅守宮。荳蔻蕋稍頭嫩。絳紗香臂上封。恨匆匆。尋些兒閑空。美甘甘兩意通。喜孜孜一笑中。

【六幺序】幾時得鴛幃裡。錦帳中。願心兒折桂乘龍。怎能勾魚水相逢。琴瑟和同。五百年姻眷交通。順毛兒撲撒上丹山鳳。點春羅一點香嬌。鶯雛燕乳歡寵。鶯花爛熳。雲雨溟濛。

【幺篇】雲髻鬅鬆。星眼朦朧。錦被重重。羅襪弓弓。粉汗溶溶。那些兒風流受用。兀的不兩意濃。言行功容。四德三從。孟光合配梁鴻。怎教他齊眉舉案勞尊重。俏書生別有家風。金荷燒盡良宵永。憐香惜玉。倚翠偎紅。

【賺煞】花月巧梳粧。脂粉嬌調弄。沒亂殺看花的眼睛。更那堪心有靈犀一點通。惱春光爛熳嬌慵。莫不是蕋珠宮。天上飛瓊。走向瑶臺月下逢。比及他彩燈照夢。且看咱隔牆兒窺宋。俏龐兒嬌怯海棠風。（詞林摘艶）

南北黄鍾合套

閨　情〔二〕

【醉花陰北】鴛鴦浦蓮開並蒂長。桃源洞春光豔陽。花解語玉生香。月户雲窗。忽被風飄蕩。分鶯燕拆鸞凰。總是離人苦斷腸。

【畫眉序南】虚度了好時光。枕剩衾餘怎不淒涼。腸拴萬結。淚滴千行。愁戚戚恨在眉尖。意懸懸人來心上。暗傷。何日同鴛帳。難捱地久天長。

【喜遷鶯北】自別來模樣。瘦懨懨病在膏肓。難當。越添惆悵。恰便似柳絮隨風上下狂。心勞意攘。一會家情牽恨惹。一會家腹熱腸荒。

【畫眉序南】欲待要不思量。若不思量都是謊。要相逢除是。夢裏成雙。冰上人不許歡娱。月下老難爲主張。暗傷。何日同鴛帳。難捱地久天長。

【出隊子北】心懷悒怏。無一時不盼望。塵蒙了錦瑟助淒涼。香盡了金爐空念想。絃斷了瑶琴魂蕩漾。

【神仗兒南】人離畫堂。人離畫堂。枕剩鴛鴦。釵分鳳凰。想當初樽前席上共雙雙。偎紅倚翠。淺斟低唱。歌金縷韻悠揚。依腔調按宫商。

【刮地風北】當初啜賺我的言詞都是謊。害的人倒枕垂床。鸞臺上塵鎖無心傍。有似風狂。寂寞了緑窗朱幌。空閑了綉榻蘭房。行時思。坐時想。甚時撇樣。你比那題橋的少一行。閃的我獨自孤孀。望禹門三汲桃花浪。你爲功名紙半張。

【耍鮑老南】手抵着牙兒自思想。意躊躇魂蕩漾。玉減香銷怎不悲傷。幾番欲待不思量。醫相思無藥方。

【四門子北】玉容寂寞嬌模樣。飯不拈茶不湯。一會家思。一會家想。你莫不流落在帝京旅店上。一會家思。一會家想。你莫不名標在虎榜。

【鬧樊樓南】錦被堆堆空閑了半床。怎揉我心上痒。越越添惆悵。共誰人相傍。最難捱苦夜長。

【古水仙子北】我我我自忖量。他他他儀表非俗真棟梁。傅粉勝何郎。畫眉欺張敞。他他他風流處有萬椿。端的是世上無雙。論聰明俊俏人讚揚。更温柔典雅多謙讓。他他他銜一片俏心腸。

【尾聲南】攀蟾折桂爲卿相。成就了風流情况。永遠團圓晝錦堂。（詞林摘艷）

〔一〕元明小令鈔録首曲，無題。
〔二〕元明小令鈔無題。
〔三〕元明小令鈔無題。
〔四〕元明小令鈔無題。
〔五〕元明小令鈔無題。
〔六〕元明小令鈔無題。
〔七〕元明小令鈔無題。

〔八〕彩筆情辭題作「贈歌姬」。盛世詞林無題，不注撰人。兹從詞林摘艷。

〔九〕盛世新聲、盛世詞林無題，雍熙樂府題作「春思」，俱不署著者。兹從詞林摘艷。

〔一〇〕北宫詞紀題作「憶美人」，詞林白雪無題，皆注于伯淵作。詞謔、南北詞廣韻選無題，注元人。群音類選題作「佳人」，盛世新聲、雍熙樂府、盛世詞林無題，俱不注作者。兹從詞林摘艷。

〔一一〕詞林摘艷題作「閨情」，北詞廣正譜引醉花陰、喜遷鶯兩隻，俱注唐以初撰。北宫詞紀題作「春怨」，詞林白雪無題，皆署名荆幹臣。群音類選題爲「女相思」，雍熙樂府題爲「盼郎貴顯」，盛世新聲、盛世詞林無題，俱不注撰者。兹據摘艷輯之。

張全一

張全一，一名君寶，字玄素，號三丰，以其不飾邊幅，又號張邋遢，遼東懿州（今遼寧阜新）人。寒暑惟一衲一蓑，所啖升斗輒盡，書經目不忘，遊處無恒。太祖、成祖求之，皆不得。英宗時贈通微顯化真人。

小令

【北雙調雁兒落帶得勝令】五首

俺則待剖開混沌包。劈破鴻濛竅。俺則待覓滴續命漿。尋粒延年藥。我只見虎嘯氣來潮。癸動藥生苗。會黃婆將琴鼓教。見金公把竹敲。不覺的丹田熱燒。原來是命寶歸黃道。把神息均調。靜觀水火交。

俺將那没底籃仗人挑。俺把那没弦琴懷中抱。俺輕輕調直赤鳳頭。嘿嘿鑽入烏龜竅。俺這裡擒真炁過鵲橋。運陰符急相色。忽然覺泥丸如湯沸。丹田似火燒。設屯蒙昏曉。達四肢薰蒸到。有魔境相招。我這裡如如不動摇。

煉已將五賊平。換景把七情併。制伏的六欲寧。掃蕩的三田浄。性定自通靈。心虚則照明。配剛柔行方應。會陰陽顛倒行。既濟功成。萬神悉聽命。聞詔飛昇。丹台已注名。

俺只待隱市廛默進功。俺只待擇善地方作用。俺只待仗慧劍將白雪培。憑匠手把黄芽種。俺只待搬火煉真空。尋光剖鴻濛。俺只待攝二氣歸離户。採一陽入震宫。學旋陽行踪。衝舉乘丹鳳。做軒轅神通。飛昇跨火龍。

採鉛精配汞苗。立爐鼎修玄要。奪乾坤造化機。會日月盈虧妙。合水火左右燒。使魂魄徃來交。按四時不失序。順八節應卦爻。辨昏朝。明消長。觀天道。須教周天十二遭。

【北雙調折桂令】五首

一更初獨牧青牛。勿縱狂行。不放閒游。我這裡換景移情。摘花折柳。密煉潛修。閉三寳無爲而守。擒五賊有法拘囚。配剛柔。奈得春秋。烝勝神全。採藥何愁。

二更裡匹配調和。逐散諸陰。趕退羣魔。招鳳來巢。唤龜還窟。引虎歸窩。初發動知謹守看。一陽生認得真麽。下手莫錯。望遠時過。赤水含珠。造化無那。

三更[二]中一陽纔萌。赤縣門開。其真方升。微露鉛華。和含玉蕊。半吐金精。鎖心猿使龍吟雲應。拴意馬等虎嘯風生。採顆芝英。送入黄庭。封固無虞。百日功靈。

四更殘飲罷醍醐。乘槎張騫。笑殺麻姑。貫榮衛身。通血脈形。潤達肌膚。周流遍牢關土釜。升降畢謹守如初。念慮皆無。聲色忘乎。温養胎仙。十月功夫。

五更終添汞抽鉛。換胎脱鼎。移上丹田。陽長陰消。性成命住。體固身堅。静調神時習而演。温養火面壁巍然。八百功圓。行滿三千。與道合真。便是神仙。

【北南吕一枝花】四首

行持造化功。下手調元氣。自從師傅後。獨自守無爲。玉液長提。元氣歸真位，透三關。過尾閭。推河車運上泥丸。撞崑崙發震如雷。甘泉香生甜如蜜。入玉池化作金液。逍遥飲甘露自降。下重樓十二階梯。牢封固護守堅持。原來是精氣神。三般兒歸根復命。原來是金木水火土。五行攢簇。玄中玄。有不死的還丹。妙中妙。有接命的根基。誰不行誰不會誰不做。都只在採取先天竅路上迷。怎肯胡爲。俺也向花叢中。敲竹鼓琴心似水。從今參透真消息。忘物忘形。子前午後可爲持。卯酉之中沐浴時。講什麽生死輪迴。説甚麽姹女嬰兒。總只要採取鴻濛未判。一粒黍珠。

心如出水蓮。意似雲中電。昨宵因小事。誤入麗春院。時時降意馬。刻刻鎖心猿。晝夜不眠。煉己功無間。閉三寶内守黄房。擒五賊外觀上院。令彼我如如穩穩。使陰陽倒倒顛顛。退羣魔怒提起鋒鋩劍。取採他出牆花兒朶朶新鮮。掛起我娘生鐵面。我教他也無些兒動。嬌妖體態。十指纖纖。引不動我意馬心猿。俺是個試金石兒高低便見。俺是個鐵饅頭下口難飡。俺是個清浄海一塵不染。俺是個夜月珠空裏長懸。道堅志遠。幼年間常把身心錬。絶名利不去貪。捉三尸鼎内煎。我的心堅。我學的造化無人見。愁則愁功不成名不就。空把時光轉。愁則愁日月如梭躦少年。有一口撥轉天關騰空在半天。那時節纔把冷淡家風道教闡。

先明天地機。次把陰陽配。有天先有母。無母亦無天。此是道教根源。把周天從頭數。將乾坤顛倒安。月之圓存乎口訣。時之子妙在心傳。提起我身中無刃鋒鋩劍。怕則怕急水灘頭難住船。感則感黄婆勾引。候只候少女開運。此事難言。五千日近堅心算。三十時辰暗裏蟠。我將龍頭直竪。他把月窟空懸。顯神通向猛火裏栽蓮。施匠手在逆水上撑船。不羡他美麗嬌花。只待他甘露生泉。攻神州。破赤縣。捉住金精仔細牽。送入丹田。防危慮險除雜念。沐浴自然。面壁九年。纔做閬苑蓬萊物外仙。

因求大道玄。走盡天涯遍。別父母妻兒。棄家産田園。萬般辛苦。衣破鞋穿師難面。愁則愁六七十年光陰短。入終南感得火龍親口傳。命玄出山。覓侶求鉛。遍訪名賢。盡是詭計設奸竊盜貪。我要求個出世姻緣。幸遇着仗義疎財沈萬山。又奈他力薄難全。我只得把爐火烹煎九轉完。向麗春院採藥行符經五載。入武當山面壁出神又九年。猛可的朝命宣。欲待要不覩君王面。又恐怕胡尚書性命難全。駕雲直上朝陽殿。官家見喜悅龍顏。我本要與你口口相傳。恐違了玉皇命言。我只得駕鶴騰空上九天。

套數

【南仙呂鵲橋仙】因尋地内天。爲覓雲中電。時時降意馬。刻刻除心猿。晝夜不眠。鍊己功夫間。持心志愈堅。閉三寶内守深淵。擒五賊外觀上苑。

【玉女摇仙佩】令彼我如如穩穩。使陰陽倒倒顛顛。退羣魔鋒鋩慧劍。採烏黿始氣。取白虎初弦。將天根直竪。把月窟空懸。顯神通向猛火裏栽蓮。施匠手在弱水裏撐船。掃蕩的心清意静。保養的精盈氣全。不羡他美麗嬌花。只待他甘泉露焉。使無精放下娘生面。攻神州。破赤縣。捉住金精仔細牽。送入丹田。

【尾聲】防危慮險除雜念。定息安神絶妄緣。沐浴洗心罷争戰。聖胎脱然。面壁九年。煉氣還虛是咱功行滿。

【南仙呂鵲橋仙】看歸根復命篇。觀養性修真卷。方知金裡水。纔識地中天。微妙元元。原來生殺隔一線。龍虎隱二弦。講元牝道德仙經。窮戊巳悟真聖典。

【玉女摇仙佩】論庚方生金處。說兑位産藥川源。分明直指於赤縣。如露如電。如霧如烟。只等的烏龜吐氣。白虎噴涎。斬三尸境滅魔潛。擒五賊馬卧猿眠。追神水入歸元海。運真炁周流湧泉。採金精納入丹田。自然貫穿。渾身百節周流遍。心似火。意如電。育養還丹汞漸添。閉兑忘言。

【尾聲】九年面壁功無間。八極神遊遍大千。七返嬰兒自出現。六賊遁焉。五行數全。四海人知歸閬苑。

【南仙呂鵲橋仙】先調呼吸均。後把金木併。鉛精藏牝户。汞液隱玄門。造化之根。杳冥中有信。恍惚無見聞。養藥苗常令爐全。取黄芽不教鼎損。

【玉女摇仙佩】使元神不離方寸。覔金水灌入崑崙。伏慧劍追逼羣魔。閉三寶持心意謹。擒五賊煉己功勤。斷貪嗔祛除萬慮。遇時景不染一塵。我只待曲江上月吐庚申。俺向形山雪裏尋春。採金精方離赤水。和真息周流一身。運巳汞包裹陽精。朝昏火温。時時刻刻加精進。如愚蠢。似癡鈍。默坐忘言且守貧。保養全真。

【尾聲】俺向那深山面壁無人問。静室灰心惟俺親。調神息憑咱訓。不論十月妊娠。只言九年苦辛。今日行足功圓方證本。

【南仙吕鵲橋仙】閒看龍虎經。静玩入藥鏡。本來鉛一味。假作許多名。他在水底潛形。暗寄希夷頂。端居造化坑。赤洒洒隱在甘泉。密匝匝藏於丹井。

【玉女摇仙佩】我只待冬至令一陽初動。秋分時二炁方升。華池有信系珠迸。當仁施德。立義設刑。防其詐引誘歡情。觀神州炁勝陽騰。見赤縣癸動鉛生。赤條條龍頭直竪。紅拂拂龜眼圓睜。黑洞洞虎口出聲。相争顯能。使陰陽顛倒。把金水交併。捉牝方玄武龜精。鎖在黄庭。

【尾聲】沐浴常掃三田浄。温養須教九轉靈。積滿陰功八百行。名書上清。神登玉京。宴賞罷蟠桃酩酊。

【南仙吕鵲橋仙】不容意馬狂。豈把心猿放。三尸無擾攘。六賊盡歸降。魔境俱忘。保養的精神壯。調和的氣血强。諸慮忘離却貪嗔。萬緣浄不生妄想。

【玉女摇仙佩】遣神女侍爐鑄劍。藉金水配對柔剛。憑匠手生擒活捉如翻掌。開刀圭鎖鑰。解龍虎之韁。飲延年仙酒。吃續命瓊漿。丹入腹遍體生香。情歸性换骨回陽。休心景牢拴土釜。滅意春深閉洞房。遠聲色固守真常。隄防損傷。如遇使納休輕喪。十月後嬰兒降。調理的通靈會神。獨步仙鄉。

【尾聲】誰將静裏乾坤大。我愛壺中日月長。任你人間是非謗。披雲衣鶴氅。捧丹書玉章。紫府神仙齊慶賞。

〔一〕「三更」誤作「三曳」，兹改。

胡用和

胡用和，元末明初河南天門山（修武）人。生平不詳。

套數

隱居

【北南吕一枝花】左右依兩壁山。横竪蓋三間屋。高低田五六畝。周圍柳數十株[一]。活計蕭疎。偏容俺閑人物。兩般兒親自取。不用買江上風生。誰要請天邊月出。

【梁州第七】興到也吟詩數首。懶來時静坐觀書。消閑幾個知心侶。負薪樵子。執釣漁夫。烹茶石鼎。沽酒葫蘆。崎嶇山幾里平途。蕭疎景無半點塵俗。染秋光紅葉黄花。鋪月色清風翠竹。起風聲老樹蒼梧。有如。畫圖。閑中自有閑中趣。看烏兔自來去。百歲光陰迅指無。甲子須臾。

【尾聲】矮窗低屋隨緣度。土炕蒲團樂有餘。散誕逍遥少榮辱。嗟吁嘆吁。心足意足。伴着這松竹梅花做賓主。（詞林摘艷）

題金陵景

【北中吕粉蝶兒】萬里翱翔。太平年四方歸向。定乾坤萬國來降。穀豐登。民安樂。鼓腹謳唱。讀書人幸遇堯唐。五雲樓九重天上。

【醉春風】宫殿紫雲浮。江上清氣爽。把京都佳致略而間講。講。景物稀奇。鳳城圍繞。士民高尚。

【朱履曲】論富貴京都爲上。數繁華海内無雙。風流人物貌堂堂。雲山迷遠樹。雪浪湧長江。暮追歡朝玩賞。

【魔合羅】東南佳麗山河壯。助千古京都氣象。人稠物穰景非常。真乃是魚龍變化之鄉。山形盤踞藏龍虎。臺榭崔巍落鳳凰。堪崇尚。載編簡累朝盛士。撼乾坤萬代傳揚。

【十一煞】景陽臺名尚存。周處臺姓且香。拜郊臺古跡鍾山上。烏龍潭雨至風雷起。白鷺洲潮回烟水茫。雨花臺曾有天花降。躍馬澗烟籠曙色。釣魚臺月漾波光。

【十煞】南北乾道橋。東西錦綉鄉。四時歌管長春巷。峥嶸高閣侵雲表。奇觀層樓接上蒼。清溪閣烟波蕩。忠勤樓風雲福地。尊經閣詩禮文場。

【九煞】朝天宮道友多。天界寺僧衆廣。天禧寺古塔霞光放。三山香火年年盛。十廟英靈世世昌。寶寧寺一境多幽况。鷄鳴山烟籠佛寺。神樂觀雲擁仙鄉。

【八煞】香消脂井痕。歌殘玉樹腔。長干橋畔烏衣巷。高堂燕至思王謝。古甃〔三〕蛩吟嘆孔張。無一節添悲愴。若無酒興。惱亂詩腸。

【七煞】山圍龍虎國。城連錦綉鄉。四時美景宜歡賞。春風桃李參差吐。夏日榴花取次芳。秋天菊綻冬梅放。歌歲稔風調雨順。慶豐年國泰民康。

【六煞】到春來觀音寺賞牡丹。擁翠園玩海棠。逍遥西圃名園廣。怕花殘朝朝攜妓歌金縷。恐春去日日邀朋飲玉漿。有百千處堪遊賞。泛輕舟桃葉渡觀山玩水。跨蹇驢杏花莊拾翠尋芳。

【五煞】到夏來清涼寺暑氣無。賞心亭夏日長。石頭城烟雨風生浪。秦淮河急水龍舟渡。馬公洞薰風菡萏香。翠微亭緑陰深處炎威爽。儀鳳樓滿窗江月。建龍關四壁山光。

【四煞】到秋來玄武湖碧水澄。青龍山翠色蒼。攜壺策杖登高賞。崇因寺内芙蓉綻。普照庵中桂子香。家家庭院秋砧響。水波濤江横白露。雁初飛菊吐新黄。

【三煞】到冬來助江天雪正飛。撼樓臺風力狂。喜的是紅爐畫閣羊羔釀。霎時間銀砌就錢婆嶺。頃刻處玉粧成石子崗。動絃管聲嘹喨。慶太平有象。賀豐稔時光。

【二煞】遺圖古迹多。今朝事業昌。太平風景真佳況。詩人有意題難足。勝境無窮詠未詳。曾到處閑中想。鶯花世界。詩酒排場。

【一煞】陳鈞佐才俊高。臧彦弘筆力強。繆唐臣慢調偏宜唱。章浩德能吟翰苑清詩句。谷子敬慣捏梨園新樂章。陳清簡善畫真容像。盧仲敬品玉簫寰中第一。冷起敬操瑶琴世上無雙。

【尾聲】歌樓對酒樓。山光映水光。倩良工寫在幃屏上。留與詩人慢慢賞。（詞林摘艷）

〔一〕「株」，原作「行」，兹改。
〔二〕「樂」，原作「業」，兹改。
〔三〕「毿」，原作「毰」，兹改。

詹時雨

詹時雨，署名晚進王生。隨父宦遊福建，因而家焉。爲人沉静寡言，才思敏捷。樂府極多。有雜劇補西廂弈棋（又名圍棋闖局）。

套數

秋思

【北南吕一枝花】銀杏葉彫零鴨脚黄。玉樹花冷淡鷄冠紫。紅荳蔻啄殘鸚鵡粒。碧梧桐秋老鳳凰枝。對景傷時。楚江風霜剪鴛鴦翅。渭城柳烟彫翡翠絲。綴黄金菊露瀼瀼。鋪緑錦荷盤瑟瑟。

【梁州】笑樂樂情懷不已。恨匆匆歲月何之。摊併也似一天愁攛斷出傷心事。往常時花前寫恨。葉上題詩。都做了風中飛絮。水上浮萍。痛殺殺玉連環掂的瑕疵。磣磕磕錦迴紋到得參差。這些時瘦廉纖對粧奩金粉慵施。愁荏苒綉帖内金線慵使。病懨懨錦箏上金柱慵支。念茲。在茲。匆匆歲月三之二。恰初三早初四。嚦嚦風前聽鴈兒。感起我一弄嗟咨。

【尾聲】雁兒你那裏寫西風拙似蒼頡字。叫南浦愁如宋玉詞。恰春歸早秋至。多寒濕少傳示。惱人腸聒人耳。碎人心墮人志。雁兒也則被這幾般兒攛掇出無限相思。偏不寄俺有情人書半紙。（雍熙樂府）

按：盛世新聲無題，雍熙樂府題爲「秋思」，俱不注撰人。詞林摘艷題作「麗情」，注貫酸齋作。詞謔、南北詞廣韻選引尾聲，皆屬劉庭信。未知孰是，兹姑依録鬼簿續編以之屬詹時雨。曲文據雍熙録之。

盛從周

盛從周，生平不詳。

小令

【北雙調折桂令】

閨情(二)

近別離怎地捱波。纔到黄昏。覓死求活。繡幃列四面愁城。繡屏圍四方愁陣。繡衾擁四幅愁窩。他那裏書兒信兒裏捎將來問我。我這裏魂兒夢兒中帶將去尋他。書和夢兩件如何。碧雲箋寄與東風。紫鸞簫吹覺南柯。(樂府羣珠)

没來由拜月東牆。怕見檀郎。猛見檀郎。縈損柔腸。茶裏思量。飯裏思量。捱曉粧到晚粧朝朝倦粧。許天香賽神香夜夜燒香。百事荒唐。心在誰行。魂在誰行。(樂府羣珠)

燈兒昏懶動金針。挑也無心。繡也無心。粧鏡羞臨。珠也休簪。翠也休簪。春漸深花正深離愁更深。月將沉漏初沉鬼病偏沉。盼到如今。想到如今。魚又絶音。雁也絶音。（樂府羣珠）

風　情

拚千金價值千金。説道知音。果是知音。我未留心。他早留心。待夜深何曾夜深。約花陰先在花陰。香汗浸浸。甜唾浸浸。香到如今。甜到如今。（樂府羣珠）

離　情〔三〕

怕相思弄假成真。又被相思。傒落愁人。瘦苦簪折。病傷絃斷。死後釵分。透錦囊蘭香已陳。搵青衫血淚猶新。影兒裏斷夢勞魂。鏡兒裏缺月殘花。夢兒裏剩雨殘雲。（樂府羣珠）

私　情〔三〕

柳青娘多少尷尬。言也來饞。語也來甜。言語相兼。心兒未敢。眼兒先饞。娘意裏

姻緣在俺。我心裏恩愛由咱。你也多貪。我也多婪。左也不堪。右也不甘。（樂府羣珠）

閨　情〔四〕

對粧奩倦拂香塵。行也消魂。坐也消魂。浪臉羞勻。左也啼痕。右也啼痕。生染下相思萬分。死擔着離恨千斤。病也因君。害也因君。身也輸君。命也輸君。（樂府羣珠）

風　情〔五〕

斷魂屬殘夢拘鈐。花下藏藏。月底潛潛。羅帶飄飄。羅裙颭颭。羅襪纖纖。半路裏行雲冉冉。二十年鬼病懨懨。舊恨新添。又到眉尖。香唾猶甜。尚在舌尖。（樂府羣珠）

憶　別〔六〕

想人生最苦離別。別離處雖是匆匆。匆匆殺寧耐些些。酒盞兒俄延。心肝兒痛切。手脚兒荒者。剛道聲真箇去也。險些兒哽咽如呆。既是離別。無計攔遮。我一片心纏繞定雕鞍。他滿懷愁回付上香車。（樂府羣珠）

夏　景〔七〕

芰荷香新雨池塘。滿座薰風。吹散炎光。鱠縷銀絲。瓜開金子。酒泛瓊漿。紘謾理鸞箏雁行。火重温獸鼎龍香。歸興休忙。沉醉何妨。笑語雲娘。今夜新涼。（樂府羣珠）

閨　情〔八〕

被東風老盡天台。雨過園林。霧鎖樓臺。兩葉愁眉。兩行愁淚。兩地愁懷。劉郎去也來也那不來。桃花謝也開時節還開。早是難捱。恨殺無情。杜宇聲哀。（樂府羣珠）

複　出

小　令

【北雙調折桂令】

可憐人病裏殘春。

樂府羣珠題作「閨情」，注盛從周著。詞林摘艷署名蘭楚芳。茲已輯於蘭氏卷中，此不重録。

〔一〕首曲盛世新聲無題，不注撰人。詞林摘艷題作「相思」，排於蘭楚芳曲後，所示不明確。茲從樂府羣珠。

〔二〕盛世新聲無題，不注著者。詞林摘艷題作「相思」，排於蘭楚芳曲後。

〔三〕盛世新聲無題，不署作者。詞林摘艷題作「相思」，排於蘭楚芳曲後。

〔四〕盛世新聲無題，不注撰人。詞林摘艷題作「相思」，排於蘭楚芳曲後。

〔五〕盛世新聲無題，不注撰人。詞林摘艷題作「相思」，排於蘭楚芳曲後。

〔六〕盛世新聲無題，不注作者。詞林摘艷題作「相思」，排於蘭楚芳曲後。

〔七〕盛世新聲無題，不注作者。詞林摘艷題作「相思」，排於蘭楚芳曲後。

〔八〕盛世新聲、元明小令鈔無題，新聲不注撰人，小令鈔署名蘭楚芳。詞林摘艷題爲「相思」，排於蘭楚芳曲後。

瞿佑

瞿佑（一作祐），字宗吉，號存齋，浙江錢塘（今杭州）人。少時，以和凌雲翰梅雪争春詞知名。洪武中爲臨安教諭。永樂間官周王府長史，以詩禍貶官保安。洪熙初釋歸，三年後官復原職，内閣辦事。工詩，善爲傳奇小説。著有存齋詩集、樂府遺音、香臺集、歸田詩話、剪燈新話等。元至正七年（一三四七）生，明宣德八年（一四三三）卒，年八十七。

小令

【北雙調殿前歡】

題趙太祖蹴毬圖

宋君臣。戲場中龍虎會風雲。拍肩把臂衣衫褪。氣合情親。衝開戰馬群。喝破迷魂陣。踢轉昇平運。消磨日月。整頓乾坤。

【北雙調折桂令】

送宣府前衛經歷王政滿帳

宦山城十載劬勞。向幕府東偏。小試牛刀。無限心機。籌邊任重。贊政才高。算拜闕恰逢三考。赴離筵遍別群曹。滿飲香醪。再整朝冠。重換宮袍。

【北正宮小梁州】

同　前

風吹行色馬蹄輕。重去朝京。綵旗前導出嚴城。停鞭鐙。別酒要頻傾。〔么〕陽關唱起持盃聽。一聲聲總是離情。早寄將。鱗鴻信。加官轉職。拜舞受恩榮。

【北雙調殿前歡】

賀李晟指揮壽

壽筵開。畫堂中酌酒飲金盃。群仙競赴蟠桃會。笑語聲諧。天生俊傑才。時遇乾坤泰。身在榮華界。今生受用。前世修來。

【北雙調清江引】

聚　扇

雙環結成連理枝。舒捲隨人意。半輪秋月明。一片春雲膩。到手時清風陣陣起。

【北雙調水仙子】

贈雍凱二首

五年相守在邊城。雪案螢窗獨有情。新來陡覺書帷静。選揀去經堂唱佛名。叫長街韻正聲清。緑柳院涼風動。碧紗幮夜月明。倚繩床爲汝傾聽。

五年相守在山齋。冒雨乘風獨往來。如今唱佛懸經袋。即便是前時小秀才。按新腔音韻和諧。再把起香茶盞。重燒將盡燭臺。向良宵爲汝開懷。

雍生凱從學五年，最爲親密，今被選唱佛名歌曲，每乘夜來過，輒爲予歌數首，或留宿不去。嘉其情義之篤，爲製水仙子二首，俾度腔歌之，因以爲贈。

【北雙調清江引】

對月獨坐

嫦娥笑人雙鬢絲。獨坐成何事。有詩誰共吟。有酒誰同醉。不如閉門兒早去睡。

【北南吕金字經】

夜景

碧梧棲雙鳳。紫薇啼亂鴉。明月團圓照幾家。咱。悶來因甚麼。書窗下。敲棊子落燈花。

【北正宫醉太平】

妓館

風爐煑茶。霜刀剖瓜。暗香吹透窗紗。是池中藕花。高梳髻鴉。濃粧臉霞。玉纖彈起琵琶。問香醪飲麽。

【北仙吕青歌兒】

席上戲贈

將座上花氊舖展。把珠簾一齊高捲。沽美酒開張玳筵。擁出神仙。鳳髻微偏。翠袖輕揎。慢整花鈿。欵踏金蓮。開一點朱唇索吟篇。題歌扇。

【北正宫小梁州】

秋夜偶成

閒雲收彩暮天青。河漢分明。月鉤斜映兩三星。華堂静。燭影射銀屏。〔幺〕小樓誰唱新行令。響琤琤玉手調筝。睡起來。推窗聽。夜香燒罷。午酒未全醒。

【北雙調折桂令】

憶舊遊

記當時遊賞仙鄉。共社友吟朋。柳下花傍。幾許歡蹤。春衫殢酒。羅帕薰香。準備下游湖畫舫。笑攜將可意名娼。恣意疎狂。戲採芙蕖。驚散鴛鴦。

【北中呂普天樂】

離情(二)

剔銀釭。燒金獸。山盟海誓。兩下綢繆。羅帶縫。香囊繡。玉指親將衫兒扣。滿勸金甌。一聲好去。一聲將息。粉淚交流。

【北商調梧葉兒】

別意

古道東西路。荒郊長短亭。夕陽流水聲。酒盞頻頻勸。車輪慢慢行。說不盡離情。

唱一曲陽關渭城。

【北雙調雁兒落】

新　秋

看青山暮藹高。聽緑樹秋聲早。喚村童採蕨薇。約隣友嘗瓜棗。

【北雙調得勝令】

會　飲

瓦盎貯香醪。味勝似紫葡萄。顛倒烏紗帽。淋漓白苧袍。陶陶。盡醉後和衣倒。滔滔。笑傍人枉自勞。

右北樂府十七〔三〕首，己亥歲夏頒降佛曲，從學諸生多被拘集在官歌唱，其於音律，素所未習，不免有扞格之患。爲製北曲十七〔三〕首授之，俾度腔按譜，依聲依永以歌焉，庶或得其梗概，而音律克諧，抑亦指引之一助也。是歲七月在保安城南寓舍。

按：〔雁兒落〕與〔得勝令〕如作爲小令一般以「帶過」的形式連用，右二曲内容及用韻一致，當爲一首。

〔一〕此首樂府羣珠題同。

〔二〕「十七」，原作「十」，兹正。

〔三〕「十七」，原作「十」，兹正。

陳　完

陳完，字仲完，號簡齋，福建長樂人。洪武十七年（一三八四）舉人。歷延平、寧國教諭。永樂時擢翰林編修，陞左春坊左贊善。元至正十九年（一三五九）生，明永樂二十年（一四二二）卒，年六十四。

套　數

閨　怨

【南商調鶯啼序】寃家你好虧心。頓忘了誓盟。遇花朝月夕良辰。好教我虛度青春。悶懨懨把闌干憑倚。凝望他全無音信。幾回自忖。多應是我命薄緣輕。

【黄鶯兒】誰想這一程。減香肌憔悴損。鏡鸞塵鎖無心整。脂粉懶勻。花枝懶簪。空教我黛眉蹙破春山恨。最難禁。譙樓上畫角。吹徹斷腸聲。

【集賢賓】幽窻静悄月又明。恁獨倚圍屏。驀聽孤鴻樓外鳴。把離愁又還提醒。更長漏永。早不覺燈昏香燼。眠未成。他那裡睡得安穩。

【鬭雙鷄】思量起。思量起。怎不上心。無人處。無人處。淚珠暗傾。我怨他說他不盡。誰想道這裡。先走滚。自恨我當初。不合認真。

【簇林鶯】人都道他志誠。却元來厮調引。眼睁睁心口不相應。山誓海盟説假道真。險些兒爲他錯害了相思病。負心人。看伊家做作。如何教你有前程。

【琥珀猫兒墜】日疎日遠。無計再相親。枉了癡心寧耐等。想巫山雲雨夢難成。薄情。拚却今生。和你鳳拆鸞分。

【尚遶梁煞】冤家一去無踪影。割捨得將人孤另。那日裡恩情翻成做畫餅。（群音類選）

黄　淮

黄淮，字宗豫，浙江永嘉人。洪武三十年丁丑（一三九七）進士，仕太祖及宣宗五帝。永樂十二年爲漢王高煦所譖，繫詔獄十年。洪熙初復官，終户部尚書，兼武英殿大學士。性明果，善讞疑獄。有省愆集、黄介庵集，奉敕與解縉撰古今列女傳。生於元至正二十七年（一三六七），卒於明正統十四年（一四四九），年八十三。

小　令

【北正宫鸚鵡曲】

偶記北樂府詠漁父〔鸚鵡曲〕又名黑漆弩，晁無咎賡和甚多，惜未及樵耕牧，因次韻足成四首。

次韻詠樵耕牧三首

儂家少室山中住。是個半觿突樵父。躡蒼苔穿遍疎林。擔上横挑風雨。［幺］倦來時

藉草觀棋。柯爛不知回去。有幽人要覓行蹤。試聽我歌聲起處。（省愆集）

儂家五柳莊前住。是個没牽掛耕父。趁春忙短笠輕蓑。耕破一犁春雨。［幺］到閒時濁酒頻篘。一任鄰翁來去。醉魔陀攜個青藜。剛走到雲山深處。（省愆集）

儂家笠澤磯頭住。是個快活煞村父。幾回將牧笛横吹。聲斷楚天秋雨。［幺］晚來時牛背如舟。穩載斜陽歸去。掩柴扉醉飲三杯。這的是浮生美處。（省愆集）

【北中吕喜春來】

七夕二首

涼飈輕約銀河浪。靈鵲新成織女橋。兩旗開處瑞香飄。歡未了。休遣漏聲高。（省愆集）

誰言七夕佳期遠。争似人間别意多。秋風衰鬢漸雙皤。何日可。歸臥白雲窩。（省愆集）

【北正宫醉太平】

秋思

西風暮鐘。夜雨疎桐。一聲聲透入夢魂中。正鴛衾半空。心猿恨鎖愁誰共。神龜兆

協占頻中。賓鴻聲杳信難通。何時再逢。（省愆集）

【北雙調水仙子】

擬中秋賞月

月奩初揭鏡光寒。雲幙高褰桂影團。風簾微動金波亂。遍乾坤清氣滿。倚南樓心眼俱寬。酒量傾湖海。簫聲叶鳳鸞。且盡清歡。（省愆集）

【北中吕普天樂】

中秋自述

晚風清。浮雲浄。一輪初上。千里同明。坡仙俊麗詞。庾亮疏狂興。老我淒涼應難并。對嬋娟且訴平生。三年倦客。幾番歸夢。萬斛離情。（省愆集）

【北正宮疊字醉太平】

中秋遇雨

亂紛紛癡雲驟擁。淡濛濛薄霧輕籠。淅泠泠蟾宮深鎖雨聲中。悶懨懨嫦娥玉容。急煎煎登樓庾亮情難縱。意懸懸開樽李白詩難詠。路漫漫吹簫弄玉去難從。恨悠悠更長漏永。（省愆集）

【北雙調水仙子過折桂令】

九日思親

翠絲風剪緑楊稀。纈錦霜凋紅葉飛。金錢露染黄花綴。正龍山佳會集。望庭闈無限傷悲。任淚雨緣腮落。將愁山着意推。盼佳期何日南歸。盼佳期何日南歸。水遠山遥。目斷神馳。嚙指情深。趨庭訓切。戲彩心違。寄信息難憑錦鯉。對茱萸慵泛金杯。暮景休催。壯志難摧。仰望皇恩。趨拜天墀。（省愆集）

【北中吕朝天曲】

立　冬

曉風。嘯空。的報道冬初動。蕭蕭敗葉響寒叢。鴛瓦霜華凍。獸炭爐圍。羊羔酒共。醉笙歌錦帳中。病翁。固窮。冷落了梅花夢。（省愆集）

【北雙調落梅風】

冬至二闋

玄冥令。廣漠風。將大地一陽催動。喜雲物書祥奏九重。慶豐年萬民歌頌。（省愆集）

愁千種。別幾年。想故園梅花開遍。欲待報平安頻將錦字傳。空望斷碧天邊數行飛雁。（省愆集）

解縉

解縉，字大紳，又字縉紳，江西吉水人。洪武二十一年（一三八八）進士，授庶吉士，改御史。後謫河州衛吏。旋以薦召爲翰林待詔。永樂初，擢侍讀，命與黄淮、楊士奇等入直文淵閣，預機務。累進翰林學士，兼右春坊大學士，主持纂修永樂大典。以贊立太子，爲漢王高煦所惡，數構讒言，逮下詔獄死。有宋書、文毅集、春雨雜述等。又與黄淮等奉敕撰古今列女傳。洪武二年（一三六九）生，永樂十三年（一四一五）卒，年四十七。

小令

【北雙調落梅風】

中秋不見月

嫦娥面。今夜圓。下雲簾不着臣見。拚今宵倚闌不去眠。看誰過廣寒宫殿。（堅瓠二集）

李昌祺

李昌祺，名禎，以字行，號僑庵，江西廬陵（今吉安）人。永樂二年（一四〇四）進士，選庶吉士。預修永樂大典。官至河南布政使。致仕二十餘年，屏跡不入公府，故廬僅蔽風雨，伏臘不充。有運甓漫稿、剪燈餘話、僑庵樂府等。洪武九年（一三七六）生，景泰三年（一四五二）卒，年七十七。

小令

【北越調天净沙】

幽居喜絶纖塵。閒身幸不求人。小室(一)蒲團坐穩。有誰相問。野僧月下敲門。
澄江冷浸餘霞。疏林暝(二)宿歸鴉。一派秋聲淅颯。竹籬高下。兀的知是誰(三)家。
尋幽爲看山來。綸巾布襪芒鞋。踏破莓苔(四)翠色。松雲長在。密遮僧寺樓臺。
藥竈時燒榾柮。松庖日饌伊蒲。寧用雕盤鏤俎。天寒歲暮。村村風雪黄蘆(五)。
枯松倒掛懸崖。寒梅正對空齋。慣見山光水色。不求身外。黄金任築高臺。

【北中吕满庭芳】

自述

年衰病攻。句宣任重。仕進心慵。縱令勉强成何用。齒豁頭童。急退步離他鬧虆。便隨意學做莊農。辭官俸。勤耕苦種。歲計不愁空。

僑庵野夫。文章本少。事業全無。半生苦被虚名誤。早乞微軀。納印綬辭歸里閭。買田園教繞村居。忘形處。麻衣草屨〔六〕。放浪狎樵漁。

閒中自憐。人心不足。世事難全。算惟引退真長便。過活隨緣。嘆老矣非徒此日。賦歸歟且待明年。思量遍。心闌意倦。極品也徒然。

榮枯吉凶。都由自己。不屬天公。得時莽把聰明弄。逞盡英雄。怎知道禍由惡積。錯埋冤命與災逢。牀頭甕。香濃味重。引到醉鄉中。

江南故鄉。山青水緑。竹翠松蒼。年來旋把幽居創。菜圃禾場。看花訪黄家四娘。插秧倩許宅二郎。忘官況。狂吟醉唱。退老白雲莊。

追思舊游。芳年豈再。勝事都休。幾回暗數當時友。半在荒丘。將馬上風霜敝裘。

換鷗邊野水[七]輕舟。天成就。忘懷宇宙。無喜亦無憂。
天涯自傷。叨恩厚禄。永感心長。故園遥在西江上。幾度斜陽。好弟妹相抛殞亡。
老情懷只抱悽惶。那堪望。雲山煙浪。真是斷人腸。
歸田興饒。官登二品。世閱三朝。粉闈畫省皆清要。誤玷元僚。愛隱逸煙霞海嶠。
戀恩榮雨露雲霄。量才調。休閒最妙。偃息伴鷦鷯。
蹣跚病軀。人憐顯宦。我咲貧儒。烏飛兔走何曾駐。白盡髭鬚。有斷簡殘編可娱。
無贏金剩帛堪儲。清幽趣。爐香一炷。坐愛小窗虚。
光陰易遒[八]。諸般勘破。萬事宜休。抗塵走俗乾生受。著甚來由。賣了帶安排買牛。
綴成蓑準備划舟。招朋舊。晴窗永晝。濁酒且淹留。[九]
盈虚往來。亡身爲色。喪命因財。乖的罷了愚的在。莫笑癡獃。種地畝勤薅草萊。
啓軒窗浄掃塵埃。心無累。逍遥物外。且放好懷開。

【北南吕金字經】

喜舍弟昌明至

雨意班鳩唤。春光杜宇催。剛得相逢怎便回[一〇]。旋。篘新醅。同歡會。飲乾休厮推。

門掩斜陽暝。簷垂靜夜長。兒女燈前笑捧觴。嘗。滿盃清更香。懷宜放。醉呵能幾場。

瓦釜芹羹美。磁甌茗飲清。垂老天倫喜合并。聽。兩三歸鴈聲。鳴相應。感咱同氣情。

白下留跡少。紅甲迸畦稠。淡泊相看不强求。休。老身今自由。心無疚。隨意度春秋。

【北仙吕一半兒】

風高飛鴈斷還連。野逈宿雲舒復卷。箇箇綠楊堪繫船。水連天。一半兒原深一半兒淺。

長河新漲漫平沙。古塚斷碑横曠野。日晚牧童争望家。笑喧嘩。一半兒騎牛一半兒馬。

臨流農圃蔓瓜苗。拍岸客船倚葦篠。月落五更風露饒。櫓雙摇。一半兒猶昏一半兒曉。

案：僑庵樂府一卷，南京圖書館藏，明鈔本。半葉十行，行十八字，與何夢藏舊鈔本不同。

何本十行，行二十字。〔滿庭芳〕第十首以下缺，其中第三、四兩首，〔金字經〕末首，及〔一半兒〕三首，見所著運甓漫稿第七卷。

〔一〕「室」，何本作「窗」，非。
〔二〕「暝」，明鈔本原作「鳴」，今正。
〔三〕「誰」，原譌作「訛」，今正。
〔四〕「苔」，明鈔本作「臺」，此從何本。
〔五〕「蘆」，明鈔本作「廬」。
〔六〕「屨」，何本作「履」。
〔七〕「野水」，明鈔本作「水野」。
〔八〕「遒」，明鈔本作「道」，誤。
〔九〕何本以下缺。
〔一〇〕「回」字下有缺字。

朱權

朱權，明太祖朱元璋第十七子，初封大寧（今遼寧寧城），卒謚獻，世稱寧獻王。少負氣好奇，自稱大明奇士，晚慕翀舉，號臞仙，别號涵虚子、丹丘先生。因事見疑於成祖，築精廬以韜晦，乃寄情於戲曲、釋道、游娱以自保。著有雜劇十二種，今存沖漠子獨步大羅天、卓文君私奔相如二種。所著尚有：通鑑博論三卷，漢唐祕史二卷，史斷一卷，文譜八卷，詩譜一卷，異域志一卷，采芝吟四卷，尤以戲劇論著太和正音譜二卷對後世影響較大，爲藝林所珍。生於洪武十一年（一三七八），卒於正統十三年（一四四八），年七十一。

小令

【南中吕駐馬聽】

琴

隱士清閑。一曲瑶琴席上彈。琴有金徽玉軫。鳳沼龍池。流水高山。仙翁環珮响潺

潺。清泉滴滴鳴寒澗。操動其間。操動其間。陽春白雪情無限。（風月錦囊）

棋

幽客閑時。鎮日松陰下象棋。只見雙車奔走。二馬驅馳。兵卒相隨。連珠砲响走如飛。四圍士象都遮護。各逞關機。各逞關機。終分勝敗多情趣。（風月錦囊）

書

賢聖明圖。勤向窗前讀古書。旦夕尋章覓句。温故知新。着力工夫。時來一旦步雲衢。凌煙閣上標名譽。彩色光輝。彩色光輝。那時方表男兒志。（風月錦囊）

畫

巧畫丹青。萬里江山筆下生。只見花開滿樹。春水連天。魚躍鳶飛。騎驢人在雪中停。梅稍月上横疎影。人物分明。人物分明。樓臺殿閣多風景。（風月錦囊）

【南商調黄鶯兒】

風

無影又無踪。捲楊花西復東。過園林亂擺花枝動。飄黄葉舞空。推浮雲出峰。江湖上常把孤舟送。吼青松。穿簾入户。銀燭影摇紅。（風月錦囊）

花

落盡又還開。逞嬌姿粧嫩色。千紅萬紫人堪愛。嬌滴滴滿臺。翠巍巍滿階。佳人笑倚闌干外。解秋懷。王孫公子。壓得帽簷歪。（風月錦囊）

雪

遍地聚瓊瑶。滿空中蝶翅飄。白漫漫占斷藍關道。銀鋪着野橋。玉粧着小樓。佳人團坐圍爐笑。飲羊羔。山童來報。壓折臘梅梢。（風月錦囊）

月

疎影蕩銀河。展清光漾碧波。玉鈎翻作冰輪舵。到黄昏盼他。遇中秋賞他。江湖上常伴漁翁坐。問嫦娥。分明是鏡。誰下得苦功磨。（風月錦囊）

春

春日百花香。覩園林錦繡粧。千紅萬紫人争賞。只見粉蝶成雙。紫燕飛忙。遊春士女頻來往。細思量。良人遠别。甚日得成雙。（風月錦囊）

夏

夏日熱難當。獨坐孤房日又長。困騰騰縱步涼亭上。只見荷芰生香。交頸鴛鴦。雙雙並立蓮池畔。細思量。飛禽成偶。奴命薄不成雙。（風月錦囊）

秋

梧葉乍飄黄。暑退涼生夜正長。愁聞鐵馬叮噹响。蘭房寂寞。更漏又長。孤燈獨坐

誰爲伴。細思量。相思兩地。一樣受淒涼。（風月錦囊）

冬

冬日朔風狂。想夫君愁斷腸。孤身旅邸多淒況。他鄉故國。天各一方。遠迢迢何日同鴛帳。告穹蒼。惟願得名成利遂。及早得還鄉。（風月錦囊）

【北黄鍾出隊子】

林泉深邃。景清幽人跡稀。遶林玉氣趁雲飛。出户丹光掩月輝。半夜鶴鳴松徑裏。（元明小令鈔）

【北小石調天上謡】

日月走東西。烏兔搬昏晝。把光陰攛斷的疾。轉回頭物换星移。嘆人生何苦驅馳。算來名利。窮通得失。有甚希奇。只不如拂却是非心。收拾園中計。（元明小令抄）

套數

樂道[二]

【南北雙調合套西湖兩六橋】〔步步嬌南〕緑水青山松陰下將瑶琴一操。見山嶺凹凸道。看向溪澗邊採藥苗。都則待要養性修真。笑引黄鶴。〔水仙子北〕我這裡見白雲風自掃。看岩前脩竹瀟瀟。〔江兒水南〕峰頭鶴背高。若參透了玄妙。自在逍遥。一任他韶光易老。〔折桂令北〕閑來時翫水游山。伴着的是松柏週遭。一會家悶來時看閑花野草。管甚麽今日明朝。〔柳摇金南〕驀聽得猿啼鶴唳。無事訪漁樵。端的是嶺顛峰。靈芝瑞草。〔掛玉鈎北〕遠望着溪澗潺湲。搭一橋看野鹿山獐豹。〔川撥棹南〕喫的是仙酒仙桃。有時節將靈丹煉燒。趂西風雲縹緲。〔太平令北〕一任他塵寰中喧閙。怎如俺閬苑逍遥。則不如納被蒙頭一覺。每日家啖柏飡松守道。〔錦衣香南〕遠觀着山色景堪描。金光紫霧。遍灑青霄。向天台會上。有金童玉女鸞鶴。都赴蓬島。共同歡樂。〔梅花酒北〕見旛影飄飖。將寶蓋齊挑。赴王母蟠桃。〔漿水令南〕有七真八洞仙。齊慶壽樂醄醄。寶爐中煙靄篆香燒。神仙聚會。玉磬齊敲。都歡宴。都獻朝。〔轉調北〕衆群仙舞着。一齊的和着。感謝王母瑶池宴。端的是天上與人間都快樂。（詞林摘豔）

按：該套曲牌【西湖兩六橋】原無，同名曲牌使用亦見張栩「丙辰元夜序甫弟招飲座中贈郭姬步摇」套；第四曲【折桂令】或作【得勝令】。

〔一〕盛世新聲、盛世詞林無題，不注撰人。詞林摘艷題作「樂道」，注涵虚子撰。

朱有燉

朱有燉，太祖第五子橚之長子。襲封周王，謚憲，世稱周憲王。號誠齋，別號全陽子、老狂生、全陽道人、全陽老人、錦窠老人。明初王室互相殘殺，誠齋亦屢遭攻訐。故深自韜晦，寄情聲色。精音律，著有誠齋録、誠齋新録、誠齋詞、誠齋樂府；所作雜劇三十二種至今尚傳於世：十美人慶賞牡丹園、小天香半夜朝元、文殊菩薩降獅子、天香圃牡丹品、四時花月賽嬌容、李妙清花裏悟真如、李亞仙花酒曲江池、吕洞賓花月神仙會、河嵩神靈芝慶壽、東華仙三度十長生、宣平巷劉金兒復落娼、洛陽風月牡丹仙、孟浩然踏雪尋梅、美姻緣風月桃源景、南極星度脱海棠仙、神后山秋獮得騶虞、豹子和尚自還俗、清河縣繼母大賢、黑旋風仗義疏財、福禄壽仙官慶會、惠禪師三度小桃紅、張天師明斷辰鈎月、紫陽仙三度常椿壽、瑶池會八仙慶壽、搊搜判官喬斷鬼、甄月娥春風慶朔堂、羣仙慶壽蟠桃會、漢相如獻賦題橋、趙貞姬身後團圓夢、劉盼春守志香囊怨、關雲長義勇辭金、蘭紅葉從良煙花夢等，總名誠齋傳奇。洪武十二年（一三七九）生，正統四年（一四三九）卒，年六十一。

小令

【北雙調快活年】

賞梅花[一]

傳滿清香玉梅枝。恰早春到時。到時暢飲開懷碧霞卮。象管泥金字。寫出風流思。堪詠此。（誠齋樂府）

瘦影清香散春晴。開遍了玉英。玉英蝶静蜂閒翠禽鳴。鐵幹霜枝並。玉骨冰肌映。寫一篇詩句清。（誠齋樂府）

【北雙調沽美酒帶過快活年】

賞梅花[二]

傍芳叢玉雪清。香馥郁晚風輕。花下攜觴酒滿傾。直喫到梅梢上月明。撒象板撥銀箏。○一曲清歌遏雲聲。不覺地二更。二更素質盈盈地對着娉婷。夜色相[三]輝映。

醉裏添佳興。喚愛卿。（誠齋樂府）

【北越調憑闌人】

秋懷十韻[四]

露冷池塘秋水澄。夜静松風音韻清。一天凉雨晴。半彎斜月明。（誠齋樂府）

門外高槐垂嫩黄。池内秋蓮凝淡妝。西風吹紙窗。小樓今夜凉。（誠齋樂府）

點破蒼苔牆角螢。戰退西風簷外鈴。畫樓秋露清。玉闌梧葉零。（誠齋樂府）

寶鼎香殘秋夜深。玉漏聲遲凉氣侵。月明三弄琴。誰能知此音。（誠齋樂府）

戲撥琵琶窗下聽。换羽移宫無限聲。不知琴調清。誰能寄古情。（誠齋樂府）

月照珠簾垂玉鉤。風透紗窗凉翠樓。凄凄蛩韻幽。盈盈花露秋。（誠齋樂府）

小殿昨宵天氣凉。玉箭初傳更漏長。荷花消晚香。芙蓉添曉妝。（誠齋樂府）

酒力禁持頭嬾擡。詩思縈紆情滿懷。好香天上來。木犀花正開。（誠齋樂府）

着罷殘碁茶一甌。寫就新詞花滿樓。碧天銀漢秋。新蟾玉一鉤。（誠齋樂府）

獨上高臺凝望中。紫翠模糊山萬重。秋波連遠空。晴霞飛塞鴻。（誠齋樂府）

【北雙調清江引】

癸丑歲春時汴中風沙極大偶於小園中戲作此曲〔五〕

舞香塵小園風亂飄。滿地胭脂落。金疏楊柳枝。玉減梨花萼。把春光等閒辜負了。（誠齋樂府）

宿雕梁一雙巢燕慵。立翠柳鶯眠重。蜂閒報曉衙。蝶倦遊春夢。小園中幾般兒都恨風。（誠齋樂府）

狂風一春十占九。摇撼的花枝瘦。沙催杏臉愁。土蝕桃腮皺。闌珊了一株金綫柳。（誠齋樂府）

薄情的封家十八姨。太逞狂心力。揪撏萬片紅。摔碎千條翠。斷送了好光陰都是你。（誠齋樂府）

【北中吕普天樂】

園中春景〔六〕

柳飛縣。棃飄雪。歡騰鶯燕。戲舞蜂蝶。晚風輕寒食天。香霧捲清明月。一刻千金

三春夜。正輕寒輕暖時節。山杏蕊没揣謝也。海棠萼恰纔放也。牡丹花廝搆開耶。（誠齋樂府）

【北雙調清江引】

題隱居〔七〕

軟兀刺窄藤牀甘菊枕。桃竹簟清涼甚。白石榴花朵新。紅海納枝柯蔭。小書窗晚來獨自寢。（誠齋樂府）

些兒利名争甚的。枉了着筋力。清風荷葉杯。明月蘆花被。乾坤静中心似水。（誠齋樂府）

靠蒲團坐觀今古書。賡和新詩句。濃煎鳳髓茶。細割羊頭肉。與江湖做些風月主。（誠齋樂府）

【北雙調蟾宮令】

得子嵩中秋樂府予正值令醫者調治内人之疾悤悤聊答蟾宮曲一闋以發一笑〔八〕

小窗前風雪兼加。瘦損梅花。凍損梅花。消疏了玉蕊奇葩。行也嗟呀。坐也嗟呀。美姻緣惡姻緣誰知是假。好時節歹時節儘自從他。醫人每言語喧譁。老夫的心緒交雜。看了你樂府清新。越着我病眼麻華。（誠齋樂府）

【北雙調落梅風】

甲寅歲春三月望日，予病嗽尚未全愈，其日天氣清朗，予至園中有興遊玩，口占小詩三首，復自笑自慰。又戲小曲落梅風二闋，以自嘲云。〔九〕

荼蘼徑。芍藥亭。强尋芳病中打挣。儘腔腔嗽得來不住聲。嗽不損惜花情興。（誠齋樂府）

龍蛇字。鸞鳳紙。病麻花眼睛熟視。任腔腔嗽得來不住止。嗽不減滿懷詩思。（誠齋樂府）

府）

【北越調天净沙】

予自病嗽以來有一月，苦手顫不能執筆，又苦無興於詩詞，不能措一語。何則？蓋因痰盛迷此心竅，心不清靈，故不能置一語耳。今□使人執荼蘼花進，予驚春事又到荼蘼也，爲之感慨。稍覺今日病減，遂有興執筆書樂府三章，乃知予病漸可也。録與爾等，觀此曲乃戲進花者爲之道亦偶成耳。〔一〇〕

海棠開褪嬌姿。牡丹又謝芳枝。架上荼蘼若此。可憐春事。癡呆了燕子鶯兒。（誠齋樂府）

滿懷病勢愁煩。數番花信風殘。幾遍尋芳意嬾。荼蘼開綻。一年春事闌珊。（誠齋樂府）

荼蘼白雪攢攢。薔薇紅粉團團。分付華亭翠館。好留春玩。明年花下重歡。（誠齋樂府）

詠山水小景九篇〔一一〕

青山一抹殘霞。丹楓幾樹寒鴉。古澗松風颯颯。夕陽西下。小橋流水人家。（誠齋樂府）

山林迥隔紅塵。清閒曠世高人。日午幽齋睡穩。客來驚問。旋呼童子開門。（誠齋樂府）

山中採藥歸來。山嵐溼透芒鞋。寂寂寒窗月色。山童何在。白雲封了丹臺。（誠齋樂府）

莎裀十里初芳。柳絲千尺纔黄。白酒新篘味香。杏花深巷。柴門犬吠汪汪。（誠齋樂府）

斜陽數曲漁歌。長江萬頃滄波。稚子山妻過活。扁舟一箇。生涯雨笠煙蓑。（誠齋樂府）

房前檜柏屯門。牆頭麋鹿成羣。樵逕歸來日曛。藥苗春嫩。山中斸破雲根。（誠齋樂府）

小船新酒活魚。蓬窗漢史秦書。更着圍碁數局。恁般高趣。淵明怎不歸歟。（誠齋樂府）

土炕柴煨榾柮。山田水長菰蒲。鄰里排樽列俎。歸來日暮。杖頭斜挑葫蘆。（誠齋樂府）

同雲布滿高崖。嚴風冷透茅齋。一夜青山失色。曉來門外。珠宫貝闕瑶臺。（誠齋樂府）

【北雙調十棒鼓】

秋日席上賦〔三〕

恰西風到了。梧葉初凋。列華筵綺席。檀板輕敲。聽銀筝象管象管按六幺。樽前歡笑。散天香滿座滿座金蕤落。木犀花飄。不憂愁便是便是長生藥。散袒逍遥。得清閒自在自在直到老。一世兒樂陶陶。（誠齋樂府）

【北中呂山坡裏羊】

夏夜避暑醉中戲作〔一三〕

長天炎熱。水心亭榭。乘涼避暑更深夜。漏未絶。月半斜。筵前樽俎重羅列。放疏狂喫得金甕竭。爺。沈醉也。歇。且慢者。（誠齋樂府）

省　悟〔一四〕八闋

膏粱供奉。寰區知重。浮生自覺皆無用。德尊崇。禄盈豐。渾如一枕黄粱夢。迷到老來纔自懂。功。也是空。名。也是空。（誠齋樂府）

功名爲務。勞心焦慮。半生已被人情誤。古詩讀。法書摹。少年惟恐清名污。算到老來乾受苦。賢。也是土。愚。也是土。（誠齋樂府）

朱軒兩厦。牙籤滿架。儘蠹魚穿透書和畫。喜恰恰。笑呷呷。近來無有閒牽掛。一任雪霜添鬢髮。閒。也好耍。忙。也好耍。（誠齋樂府）

水亭閒眺。藤牀倚靠。曲闌干外游魚躍。午風飄。晚雲消。一番過雨纔晴了。數朶

芙蓉開翠沼。花。依舊好。人。年越老。（誠齋樂府）

人活百歲。疏狂一世。謝安攜出東山妓。管絃催。酒盈盃。花前醉了重還醉。休使心機圖甚的。花。也笑你。人。也笑你。（誠齋樂府）

困來高卧。客來閒嗑。無憂無慮隨緣過。飲金波。唱高歌。山聲野調誰能和。喚童僕莫將閒事聒。醉。也任我。醒。也任我。（誠齋樂府）

黄蜂報曉。蝴蝶戀蕚。簷前看弄蜘蛛巧。恰春朝。又秋宵。寒喧不管疏狂老。美惡總教隨順了。高。也道好。低。也道好。（誠齋樂府）

常無饑餓。不曾折挫。覷浮名薄利些娘大。眼親睃。脚奔波。紅塵世事都參破。得失從天不在我。行。也快活。坐。也快活。（誠齋樂府）

【北雙調十棒鼓】

夏夜席上歡飲〔一五〕

鼕鼕的鼓兒攛斷他。堪賞堪誇。銀箏象板把玉纖拿。笑語喧嘩。直喫的花梢上月兒行厨演撒。冰酒茶瓜。池亭那答。聽撥琵琶。向曲闌干闌干外閒戲耍。實然幽雅。

西沈下。醉了呵方纔罷。（誠齋樂府）

海老夢撒。紅兒喚咱。絮絮答答。再休撚巴。卻不道老人家老人家莫揹他。任吸流霞。雖然是醉得醉得臚老花。所事通達。將鸞箋象管安排下。樂府熟滑。幾篇詞嗓得嗓得猱兒怕。不海噥您知麽。（誠齋樂府）

笑咱老的。不知回避。若說回避。連您不識。卻不道老人家老人家有鑒知。好酒貪杯。一任他醉了重還醉。百般精細。俺無星的等兒曾慣提。不曾着迷。遮莫得頂真續麻續麻道黑鬼。不似您不伶俐。（誠齋樂府）

【北雙調折桂令】

秋初席上有贈擬黑劉五體〔一六〕

曉風輕露滴銀牀。風也凄涼。露也凄涼。蘭蕙芬芳。蘭也生香。蕙也生香。荷葉黃柳葉黃梧桐葉黃。檜梢長柏梢長笋竹梢長。如此時光。醒也何妨。醉也何妨。（誠齋樂府）

醉時眠醒後何之。醒也吟詩。醉也吟詩。行坐如斯。行也紅兒。坐也紅兒。金鳳卮

玉鳳巵酒斟鳳巵。折花枝撚花枝鬢插花枝。品竹調絲。絲也宜時。竹也宜時。（誠齋樂府）

【北雙調水仙子帶過折桂令】

題　情[一七]

並頭蓮池上錦鴛行。連理木枝間彩鳳鳴。合歡花樹底青鸞寧。永團圓伉儷情。爲知音所事皆能。可意的逢着可意。志誠的遇着志誠。聰明的伴着聰明。○聰明的伴着聰明。各辦堅心。共結芳盟。爲你性格温柔。言談俊雅。體態娉婷。我子道風流地重生箇小卿。誰承望綺羅叢再長箇鶯鶯。儘自今生久遠看承。愛惜你花朵般身。已受用那錦片似前程。（誠齋樂府）

【北雙調月上海棠】

詠秋日海棠月夜盛開[一八]

玉樓花影清秋夜。金屋香殘午漏徹。深院海棠開。全似那仲春二月。盈盈頰。似向

霜華乍怯。（誠齋樂府）

青娥銀燭高燒者。睡足嬌容怕凋謝。着意護花些。正值西風惡劣。紅芳纈。妝點園林富也。（誠齋樂府）

似嫌黄菊千枝放。如妒芙蓉半面妝。秋日逞妖嬈。還與那早春一樣。金風蕩。此際霜清月朗。（誠齋樂府）

瑶光乍轉芳枝上。翠袖驚寒苦悽愴。垂首斂嬌姿。獨倚闌干佇望。開朱幌。酌酒花前共賞。（誠齋樂府）

【北南吕金字經】

詠水仙花[一九]

黄蕊呈金盞。素英展玉臺。一種奇香冒雪開。猜只疑天上來。遊仙界。嫦娥下寶階。（誠齋樂府）

霜壓瑶花瘦。雪侵翠葉殘。似聽仙娥玉珮環。珊凌波羅襪寒。香風散。月明人倚闌。（誠齋樂府）

【北越調梅花引】

詠早梅〔一〇〕

春意枝頭即漸回。春色園林氣候催。傳芳信占春魁。披香霧靄春暉。盈盈蓓蕾。休着那嚴凝臘雪摧。（誠齋樂府）

玉骨冰肌倚畫闌。鐵幹虬枝在遠山。都一樣待春還。託根地有炎寒。尋春較嬾。因此上接來内苑看。（誠齋樂府）

【北正宫白鶴子】

詠秋景有引〔一一〕

予觀古詩，若「呦呦鹿鳴」等篇，皆古人之佐樽歌曲，但以聲依永，所以無分長短句，皆可以爲歌曲。自漢魏以來，古風猶存，漸以字句短長，分而爲二。詩自詩，樂府自樂府，其句法尚同，而序事體製，頗有分別。及李唐猶如此，若白樂天之「永豐西角荒園裏，盡日無人屬阿誰」。樂工歌此曲，宣宗聞之，問誰作者，永豐在何處，左右具以對，遂令中使取二株植於苑中。可見唐時尚以詩可歌唱也。其時，已有李太白之憶秦娥、菩薩蠻等詞，漸流入腔調律吕，漸違於聲依永之傳，後遂全革古體，專以律吕音調，格定聲句之長短緩急，反以吟詠情性，求之於音聲詞句耳。要之爲樂府歌曲，古不若今之清越精妙也。故唐末宋初以來，歌曲則全以詞體爲主，今世則呼爲南曲者是也。自金、元以胡俗行乎中國，乃有女真體之作，又有董解元、關漢卿輩知音之士，體南曲而更以北腔，然後歌曲出自北方，中原盛行之，今呼爲北曲者是也。因此分而爲二，南人歌南曲，北人唱北曲。若其吟詠情性，宣暢湮鬱，和樂賓友，與古之詩又何異焉。或曰：「古詩爲正音，今曲乃鄭衛之聲，何可同日而語耶？」予曰：「不然。鄭衛之聲，乃其立意不正，聲句淫泆，非其體格音響，比之雅、頌有不同也。今時但見詞曲中有西厢記、黑旋風等戲謔之編爲褻狎，遂一概以鄭衛之聲目之，豈不冤哉！國朝集雅頌正音，中以曲子天浄沙數闋編入名公詩列，可謂達理之見矣。體格雖與古之不同，其若可興，可觀，可羣，可怨，其言志之述，未嘗不同也。」予秋初有「詠秋景」詩一首，自吟自和，客有哂余者曰：「非詩也，此乃曲中白鶴子也。」予令人以白鶴子腔歌之，而音調正與之協，予遂續成四首，共前五首焉。乃歎古詩亦曲也，今曲亦詩也，但不流入於穠麗淫傷之義，又何損於詩曲之道哉！因援筆識於秋香樓之右廡。

金風殘暑退。玉殿早涼生。夷則動商音。蓐收傳秋令。（誠齋樂府）

荷衰青蓋偃。柳敗翠絲疏。露溼響蛩蛩。雨冷眠鷗鷺。（誠齋樂府）

碧雲催晚意。黃葉點秋容。一片雨聲來。幾陣涼颸送。（誠齋樂府）

玉簪香滿徑。金鳳色輝簾。紅黍恰嘗新。白酒初篘釃。（誠齋樂府）

書齋涼氣爽。觚翰可相親。燈下閱詞篇。月底賡詩韻。（誠齋樂府）

八篇道情詠鉛汞〔三〕

寂心無象染。實腹有丹藏。丹實汞難飛。象寂鉛偏旺。（誠齋樂府）

欲修千歲壽。須在片時間。點得汞成銀。便覺神光燦。（誠齋樂府）

黃婆心不順。鉛汞莫相親。縱有鍊丹爐。那得天仙分。（誠齋樂府）

先天真一氣。莫向後天尋。若向後天尋。此理差之甚。（誠齋樂府）

欲知鉛汞體。父母未生前。赤肉上真人。即是神仙眷。（誠齋樂府）

紅鉛與白汞。和合入丹爐。成得此摩尼。始覺吾家富。（誠齋樂府）

方知三教理。總是這些兒。若向異中求。不是修丹士。（誠齋樂府）

達得玄機了。休輕說與人。爲甚莫輕言。只恐人難信。（誠齋樂府）

【南仙呂入雙調四朝元】

紀善余先生致仕而歸也，予既作送別圖，復系之詩，子弟諸郡王及藩憲名公、府中僚屬，咸有歌詩文字，以贈其行。長篇富詠，光耀盈軸，可謂人生爲宦，出處始終之榮也矣。及臨祖帳，酌香醪，敘別意，重念分攜，當舉杯之際，驪駒之歌去古既遠，莫能發也，因綴南詞四闋，付之歌喉，以侑一觴之樂。雖曲調近鄙，而詞則未敢失於麗則之音云耳。〔三〕

春光明媚。正是榮歸故里期。羨還鄉衣錦。送別千里。把驪歌暫止。且開筵列席。無奈離思縈懷去。意徘徊欲綰垂楊。長條難繫。寫不盡慇懃意。嗏。歎別後漫相思。正是渭北江東。雲暮春天樹。〔合唱〕公歸樂有餘。親朋共欣喜。公還念予。忠言正論也須頻寄。（誠齋樂府）

衣冠奕世。王門久曳裾。秉忠肝義膽。正直無比。又精通性理。文章第一。無奈松柏年高。暮景相催。欲苦留公但欽蒙恩例。因此上榮歸去。嗏。指日到家時。正是衣綵堂前。笑引兒童戲。〔合唱〕公歸樂有餘。親朋共欣喜。公還念予。忠言正論也須頻寄。（誠齋樂府）

功成名遂。投簪自古稀。歎二疏前迹。賜金難比。況君臣重義。久如魚似水。爭忍見春雨輕帆。曉日安車。都只爲故里桑榆。家山桃李。似緑野裴公墅。嗏。看祖道大河湄。總是藩憲名公。珍重情相契。〔合唱〕公歸樂有餘。親朋共欣喜。公還念予。忠言正論也須頻寄。（誠齋樂府）

清和天氣。關河道路迤。願年高動止。善加將理。喜舟行順水。聽良言告啟。是必清曉加餐。薄暮添衣。補藥頻調。風寒須忌。到晚重衾寐。嗏。早起索遲遲。怕有些薄浪輕風。也索相回避。〔合唱〕公歸樂有餘。親朋共欣喜。公還念予。忠言正論也須頻寄。（誠齋樂府）

【北越調寨兒令】〔二四〕

席上酒酣，因人以「乾風月使閒錢」相議，予因直述解嘲之詞四篇，以發座中之一笑。

風月乾。雨雲慳。好花枝莫教虛過眼。日月循還。風雨摧殘。我子怕埋没了豔嬌顔。爲甚麽知音的怕見春闌。赤緊地惜花人不放春閒。因此上栽培在深院落。移入這玉闌干。趉。休把做等閒看。（誠齋樂府）

拽大拳。使閒錢。爲知音不教空過遣。席上樽前。品竹調絃。乾風月斯相纏。怕的

是送青春兔走烏旋。催白髮今日明年。受用了有見識。快活了是神仙。天。我直教買斷了麗春園。（誠齋樂府）

忽剌八。遇着咱。俏風情委實難按捺。歡喜冤家。即世菩薩。乾風月儘猶他。小心兒百事撑達。實情兒兩意無差。他爲俺至誠心眷戀。俺爲他音律忒熟滑。嗏。堪作箇連理樹並頭花。（誠齋樂府）

難動止。苦相思。悶懨懨只爲他嬌豔姿。鬒彈烏絲。臉襯臙脂。乾風月使金資。我子怕屈沈了鳳牡鸞雌。辜負了美景良時。酒席中但得他。服侍着唱新詞。思。誰敢想那些兒。（誠齋樂府）

【北雙調重疊字雁兒落過得勝令】

詠美色[二五]

我誇這二八芳容一捏年紀可可喜喜真真至至的女孩兒年正嬌。他生得風風韻韻即即世世不長不短不肥不瘦的有萬種天然俏。他又會頂真續麻拆白道字打的雙陸下的象碁知音的所件能。他又會彈的琵琶吹的簫管搊的箏纂做的雜劇本事兒諸般妙。他更有性兒聰明心兒靈辯情兒美好龐兒端正難畫更難描。怎教不心肝般愛性命般看手兒裏擎懷兒中抱美滿鳳鸞交。又不是路柳牆花殘雲剩雨糴風糶月巴鏝求食。雖長在鳴珂巷到勝如深宅大院蘭堂華屋繡幕花裀呼奴使婢如常居深院閣。看了他星眸皓齒緑鬢朱唇纖腰似柳玉指如葱的一撮兒妖嬈。常在這樽前席上花間月底藏鬮打令閒談散嗽會耍笑同歡樂。只願得壽比南山福如東海花顔不改好事多成千歲來。常教兩意相投兩心相愛百年相守一世和諧的永團圓直到老。（誠齋樂府）

【北雙調折桂令】

題情戲漂蕩子弟[二六]

可人心年少嬌娃。百件風流。所事撐達。眉蹙春山。眼横秋水。鬢綰雙鴉。乾相思撇不下一時半霎。咫尺間如隔着海角天涯。瘦也因他。病也因他。誰與俺成就了姻緣。便是那救苦難菩薩。（誠齋樂府）

可人心二八嬌娥。有一箇板障婆婆。又遇着好色哥哥。廢寢忘餐。眠思夢想。總是因他。有人處假意兒丟丟抹抹。無人處偷睛兒暗送秋波。不得成合。仔細評跋。阻

隔人姻緣。當甚麽嘍囉。（誠齋樂府）

【北中呂滿庭芳】

青金丹樂府贈吴光明〔二七〕

神仙以肺爲皓華目之，白睛主於肺，故謂之皓華童子。且其源出自於金母，若以木公相遇，震兑和合，陰陽順理，故得光耀於悠久也。吴生治目，名其丹曰「青金」，其有旨哉。因書樂府一章，假黄庭數語，以酬其功效耳。

黄庭合成。青龍制伏。白虎馴寧。金丹養就還元性。日月分明。傳妙用神仙盛境。積陰功海宇聲名。真靈應。勝似那菊潭橘井。久視樂長生。（誠齋樂府）

【北雙調水仙子】

春園夜景〔二八〕

雲低彩檻鳳凰樓。風約珠簾翡翠鉤。煙消寶篆狻猊獸。報初更第一籌。淡星河夜色清幽。玩明月海棠軒畔。惹香風桃花渡口。泄春光紅杏牆頭。（誠齋樂府）

【北雙調沈醉東風】

詠合歡牡丹[二九]

呈國色雕欄露清。散天香畫閣風輕。一枝翠蓋擎。兩朵紅芳並。永合歡同意同情。感應妃賢福壽增。樂百歲繁華勝景。（誠齋樂府）

【北中呂喜春來】

傷　春[三〇]

海棠零落空遺恨。芍藥芳菲欲斷魂。一年春事又成塵。憔悴損。消得幾黄昏。（誠齋樂府）

可憐沈約腰肢瘦。堪歎潘郎鬢髮秋。沈腰潘鬢爲花羞。凝思久。綠慘更紅愁。（誠齋樂府）

【南南吕楚江情】

予居於中土，不習南方音調，詩餘亦多製北曲，以寄傲於情興，遊戲於音律耳。邇者，聞人有歌南曲羅江怨者，予愛其音韻抑揚，有一唱三歎之妙。乃令其歌之十餘度，予始能記其音調，遂製四時詞四篇，更其名曰楚江情。〔三〕

春

東風綻海棠。三春豔陽。嬌紅嫩緑百媚妝。珠樓寶殿奏笙簧也。金樽瓊釀。銀壺玉漿。花前笑語成醉狂。花底歡娱。須把情懷放。悠悠唱慢腔。悠悠唱慢腔。纖纖斜月朗。賞玩在花亭上。（誠齋樂府）

夏

雕闌簷蔔香。樓臺晝長。披襟避暑風漸涼。坐來新月掛垂楊也。淺斟低唱。簫吹鳳凰。紗厨夢醒傾玉觴。翠袖慇懃。滿捧葡萄釀。榴花綻錦囊。榴花綻錦囊。荷花弄晚妝。賞玩在池亭上。（誠齋樂府）

秋

金風送晚涼。梧桐葉黄。呀呀塞雁三兩行。菊花綻蕊吐芬芳也。草蟲悽愴。流螢耀

光。冷清清露兒將降。霜明朗朗。中秋月似銀盤樣。筵前泛玉觴。筵前泛玉觴。花前舞翠裳。賞玩在南樓上。（誠齋樂府）

冬

梅花滿樹芳。飄來暗香。長空瑞雪風力揚。漁翁罷釣在寒江也。溪橋銀滉。山林粉妝。華筵綺席開畫堂。檀板輕敲。白雪雙歌唱。龍團茶味長。龍團茶味長。羊羔酒興狂。賞玩在銷金帳。（誠齋樂府）

【北雙調快活年】

題漁樵耕牧圖樂府四篇有序[三]

士子有漁樵耕牧圖四幅，求予之詩。予觀圖久之，詩懷未就而詞興早呈，遂執筆寫快活年四篇以與之。所謂畫中有詩，詩中有畫，政此詞語之可見也。其詞皆擬漁樵耕牧之樂云。

漁

小小船兒棹滄波。其實的快活快活。打得魚來笑呵呵。醉了和衣卧。醒後推蓬坐。誰似我。（誠齋樂府）

樵

挑月穿雲入煙蘿。其實的快活快活。山徑歸來唱樵歌。困拂蒼苔卧。閒對清泉坐。誰似我。（誠齋樂府）

耕

納了官糧少差科。其實的快活快活。雨順風調好田禾。布被彎跧卧。土炕團圞坐。誰似我。（誠齋樂府）

牧

牛背斜陽短笛歌。其實的快活快活。北隴驅犢下南坡。枕着簑衣卧。靠着垂陽坐。

誰似我。（誠齋樂府）

【北中吕山坡羊】

甲寅歲初夏，麥熟在隴，時及收刈而陰雨連日，收麥者，嗟歎以雨妨農；而鋤禾耘秧者，甚足其願。予笑造物者尚難爲如此，何況於人耶！遂擬民言詞一章，復擬答詞一章，樂府詞云。[三]

雲埋山麓。雨傾如注。水田歡笑乾田怒。穀纔鋤。麥新熟。兩般兒總是妨農務。做莊家看來没分福。晴。也是苦。陰。也是苦。（誠齋樂府）

禾田耘遍。麥畦黄遍。麥禾水旱難方便。這村喧。那村喧。祈晴禱雨心無倦。是蒼空謗言猶未免。晴。也怨天。陰。也怨天。（誠齋樂府）

【北雙調折桂令】

詠　茶[四]

問仙翁何嗜先春。只因其滌穢除煩。解愠清神。玉液輕浮。緑雲靉靆。香霧氤氳。供蘭雪靈芽味純。倚松風沆瀣凝真。腦麝臍薰。龍鳳團珍。宜在仙家。堪伴詩人。

（誠齋樂府）

【南仙吕西河柳】

詠酒色財氣[三五]

酒

瀲灩觴。滑辣香。三盃五斗入醉鄉。性亂神昏没主張。謫仙捫月光。劉伶太放狂。

看來不管身飄蕩。倒巷拖街父母何曾養。將這酒再休嚐。酒誤了高人智量。（誠齋樂府）

色

紅粉肌。白玉體。美孜孜年紀恰二十。剔透玲瓏心性喜。驪山歡笑期。後庭歌舞時。

看來不管芳名墜。費盡心機落得身憔悴。將這色再休迷。色誤了高人志氣。（誠齋樂府）

財

寶貨盈。錢物亨。青蚨堆到北斗平。尚自愁窮心不寧。董公郿塢城。石崇金谷亭。

看來不管身和命。捨死亡生攢下金銀錠。將這財再休珍。財誤了高人令名。（誠齋樂府）

氣

膽志矜。勇力憑。虹霓氣吐貫月星。不肯絲毫心讓人。漢陵芳草生。楚江空月明。看來總是閒奔競。勝負如何枉使剛强性。將這氣再休争。氣誤了高人性命。（誠齋樂府）

【北雙調快活年】

詠酒色財氣[三六]

酒

醉後神昏眼睛花。我其實怕他怕他。休道忘憂飲流霞。酒膽天來大。失禮傷風化。不是耍。（誠齋樂府）

色

好色荒淫不成家。我其實怕他怕他。休道紅妝美如花。色膽天來大。傾國傾城價。

不是耍。（誠齋樂府）

財

百萬青蚨怨根芽。我其實怕他怕他。休道通神作生涯。財膽天來大。少把心牽掛。不是耍。（誠齋樂府）

氣

志氣昂昂逞豪家。我其實怕他怕他。休道剛强敢矜誇。膽氣天來大。禮法難容納。不是耍。（誠齋樂府）

慶壽樂府五章與伎樂歌唱宫壺祝壽詞

【北黄鍾賀聖朝】〔三七〕

九月之初。吉日良天。玉葉金枝千萬年。共會蓬萊福禄神仙。寶殿前香浮篆煙。滿捧金樽。慶壽華筵。（誠齋樂府）

【北正宮小梁州】〔三八〕

喜慶筵前福禄臻。滿捧金尊。紅顔不老似仙真。承佳運。安享太平人。○仙音溜亮仙娥俊。捧仙桃仙樂和勻。仙酒香。仙花嫩。神仙有分。千歲壽長春。（誠齋樂府）

【北雙調水仙子】〔三九〕

珠簾曉日上銀鉤。寶鼎名香滿畫樓。金風玉露涼時候。近重陽九月九。玳筵開滿捧金甌。南極星祥光祝壽。西王母蟠桃獻酒。衆神仙慶賀千秋。（誠齋樂府）

【北正宮醉太平】〔四〇〕

列華筵玉臺。賞佳會金階。壽星光現綵雲開。衆神仙到來。三千年福禄增高大。五百年恩寵春常在。一萬年歡會永和諧。飲芳樽樂哉。（誠齋樂府）

【北雙調沽美酒過太平令】〔四一〕

寶妝成鸞鵲牖。翠鏤就鳳凰樓。十二珠簾捲玉鉤。爇名香篆浮。正清秋好時候。○

聽内院仙音清溜。看蟠桃仙果初熟。福禄星相隨前後。利市仙齊擺左右。稽首。頓首。向筵前拜首。共慶賀千年永壽。（誠齋樂府）

【南仙吕入雙調柳摇金】

四時詞[四二]

春

東風輕颺。名花早芳。園苑日初長。柳嫩鶯聲巧。簾低燕翅忙。閒看會池塘春水。沙暖浴鴛鴦。向牡丹叢裏。開筵泛觴。天香滿座。座滿天香。座滿天香。歡聽素娥彈唱。（誠齋樂府）

夏

晨光偏重。炎天火烘。暑雨乍晴空。梅子枝頭熟。荷花波面紅。拂綽了紗厨簾簟。高卧水亭中。旋浮瓜沈李。冰盤自供。薰風半榻。榻畔薰風。榻畔薰風。睡足緑槐芳夢。（誠齋樂府）

秋

涼飈初到。蒼梧葉飄。清露滴花梢。菊蕊香猶淺。芙蓉秋正嬌。陡覺得園林蕭索。疏柳咽鳴蜩。賞千金良夜。中秋月高。鸞簫罷品。品罷鸞簫。品罷鸞簫。醉捧玉杯歡笑。（誠齋樂府）

冬

嚴凝天氣。紛紛雪飛。正是暮冬時。松葉飄寒粉。梅花開凍枝。不見了丹崖青嶂。都做玉屏幃。向銷金帳裏。雙斟酒巵。閒題景物。物景閒題。物景閒題。詩暢滿懷清致。（誠齋樂府）

擬子弟漂蕩風情就擬戒漂蕩子弟

敍風情[四三]

章臺庭院。巫山洞天。風月散神仙。夢裏乘鸞鳳。樽前聽管絃。受用了春花秋月。歌扇舞裙邊。拚千金一笑。歡娛盛年。心堅爲我。我爲心堅。我爲心堅。相伴玉人

嬌面。（誠齋樂府）

戒漂蕩〔四四〕

風情休話。風流莫誇。打鼓弄琵琶。意薄似風中絮。情空如眼内花。都是些虚脾煙月。擔閣了好生涯。想湯瓶是紙。如何煮茶。煨他莫再。再莫煨他。再莫煨他。休等叫街時罷。（誠齋樂府）

風情答〔四五〕

青春時候。芳年意投。騎鶴上揚州。不枉使三千貫。空人間一遍遊。陪伴着巫娥湘女。兩意效綢繆。向鶯花陣裏。偏能奪籌。風流占我。我占風流。我占風流。怎落衆人之後。（誠齋樂府）

再戒漂蕩〔四六〕

誠心相勸。衷腸盡言。休戀惡姻緣。笑裏藏鋒刃。緜中安套圈。一覺地青蚨虧欠。薄嬷苦熬煎。道調猱釀狚。須憑是錢。嬋娟怨你。你怨嬋娟。你怨嬋娟。慚愧怎重

相見。（誠齋樂府）

歎農夫收麥時遇連陰雨[四七]

濃雲陰重。長河瀉空。霖雨遍寰中。地濕生朝霧。天低挂晚紅。擔閣了莊家收麥。農事苦無功。待天晴日朗。何時是逢。西風待雨。雨待西風。雨待西風。先把滿天雲送。（誠齋樂府）

霖雨初霽農家喜晴[四八]

浮雲風送。朝陽影紅。晴色靄空濛。十里明芳樹。千山開翠峰。歡笑煞村中場圃。白叟共黄童。道須勤刈麥。休遲誤功。年豐歲稔。歲稔年豐。歲稔年豐。都唱太平歌頌。（誠齋樂府）

【北雙調掃晴娘】

掃晴娘曲，乃予審音定律新製。此調與雙調殿前歡略同，此亦雙調曲也。原其因實苦久雨，偶見人製紙妝婦女名曰「掃晴娘」，臂懸灰土，手持掃帚，其意以土剋水，欲掃盡

陰雲，乃兒女子戲劇之具耳。予遂以掃晴娘名曲，如曲中柳青娘、絡絲娘之比也。其詞四章云。〔四九〕

掃晴娘。高盤雲髻鬬紅妝。手持竹帚三千丈。舞袖翩揚。掃陰雲見太陽。曙色光。晴霞晃。彩鸞回馭到仙鄉。相酬進玉觴。（誠齋樂府）

掃晴娘。輕移蓮步下回廊。飛空直到青霄上。掃浄晨光。將濃雲濕霧揚。山色蒼。清波漾。歸來金鼎爇名香。相酬奠酒漿。（誠齋樂府）

掃晴娘。臂懸灰土絳紗囊。化成萬斛空中颺。堰住銀潢。看晴空日月光。日月光。羅星象。歸來相勸酒殽香。人間喜氣揚。（誠齋樂府）

掃晴娘。腰身可喜好衣裳。便將雲霧先除蕩。盡力掀揚掃。晴天萬里長。打麥場。農夫望。歸來相謝救民荒。佳名百世芳。（誠齋樂府）

【北正宫醉太平】

老病初痊戲作〔五〇〕

戰篤速手脚。軟兀剌軀勞。强支吾扶不起沈郎腰。乜斜着𥈷老。熱不熱冷不冷空懺

懆。眠不成睡不穩干黑㤄。頭不梳臉不洗忒鏖糟。把老先生病倒。（誠齋樂府）
春容回面頰。喜色上眉睫。聽吹者舞者更彈者。喚紅兒在那些。病形骸打挣得身子擠。悶情懷抖擻的心腸熱。小丫鬟簇擁定叫爺爺。老先生好也。（誠齋樂府）
稀粥湯半合。軟羊肉新割。不付能自覺的好也囉。早絮叨叨念聒。也不用撚汗貨把銚兒向爐中坐。被那火桃皮每一謎哩胡商和我和。今有精神再不怕造化的小兒魔。老先生較可。（誠齋樂府）
瘦身軀不嬾。劣病證纔安。等閒歡笑便開顏。舊風情早嘶。入排場調音律嗓的猱兒憚。倚花門説聲嗽嗑的書生訕。會席中攧八叉且是手兒慳。老先生撒頑。（誠齋樂府）
藥須治理。病要將息。人生災疹只憑醫。本不當求神告鬼。禮識的鼓兒鼕鼕地。看經的鑼兒當當地。一任他小的每亂胡爲。老先生笑你。（誠齋樂府）

牡丹樂府係筵宴賞花樂章

【北黄鍾賀聖朝】

慶賞寶樓臺之曲即賀聖朝

寶樓臺牡丹，千葉高樓子紅花，舊名「粉梢牡丹」，開至大，花瓣邊白内紅，古名魏紅者，即此花也。

紫霧紅雲。七寶樓臺。麗質芳容迎日開。翠擁紅遮。掩映瑶階。粉襯着腮。嬌姿豔色。常向樽前。賞玩開懷。（誠齋樂府）

【北正宫小梁州】

慶賞慶天香之曲即小梁州

慶天香牡丹，千葉粉紅花，舊名「壽安紅」，開至大，色嬌紅，比諸花尤香。

春滿瑶臺錦繡芳。國色天香。黄金蕊間緑羅裳。和風蕩。嬌態出新妝。【幺】曉來千朶紅雲放。賽朝霞麗色增光。玳瑁筵。葡萄釀。淺斟低唱。共歡樂萬年長。

（誠齋樂府）

【北雙調水仙子】

慶賞紫雲芳之曲即水仙子

紫雲芳牡丹，千葉深紫花枝弱，花大色鮮而甚香，可喜。

一枝穠豔露凝香。數朵妖嬈靚曉妝。幾叢麗色輝屏障。倚朝霞絢日光。靄深紅千葉芬芳。收暖霧輕綃帳。舞春風異錦裳。紫雲堆十里仙鄉。（誠齋樂府）

【北雙調折桂令】

慶賞海天霞之曲即折桂令

海天霞牡丹，千葉大紫花，盛開者可徑一尺而平面，舊名「真紫」，一朵盛者，可七百餘葉，古名「平頭紫」者，即此也。

海天晴一帶朝霞。日照紅蕤。露浥丹砂。蕊散香雲。花攢寶蓋。葉簇輕紗。瑪瑙盎重重玉斝。玻璃盤朵朵金花。堪賞堪誇。滿飲香醪。富貴榮華。（誠齋樂府）

【北雙調沽美酒過太平令】

慶賞素鸞嬌之曲即沽美酒過太平令

素鸞嬌牡丹，千葉樓子白花，花中微淡紅，古名「鶴翎紅」者，即此也。

看瑶池舞素鸞。皎潔似玉杯盤。翠幄輕籠雪月團。粉腮融笑攢。素質把豔妝換。○

如美女酥胸玉腕。似嫦娥寶髻金冠。看了他月下精神一段。端的是閬苑神仙侶伴。我這裏盤桓。細觀。列筵宴共歡。願千載常教珍玩。（誠齋樂府）

【北中吕滿庭芳】

慶賞錦袍紅之曲即滿庭芳

錦袍紅牡丹，千葉樓子鮮紅花，比「寶樓臺」微小，色深枝弱。但顏色甚鮮明可觀，古名「潛溪緋」者，此也。

紅如錦袍。一團風韻。萬種妖嬈。向春光開滿芳菲萼。百斛香飄。羨珍重鸞臺鳳沼。愛清奇霧縠霞綃。同歡樂。高人品藻。常是占春嬌。（誠齋樂府）

【北正宫醉太平】

慶賞玉天仙之曲即醉太平

玉天仙牡丹，單葉檀心白花，色如白玉，鮮潔可愛，雖無千葉而風韻特勝之，花瓣既白而深紫檀心，舊名「玉燈籠」，即古所謂「玉板白」也。

綻羣芳滿園。賞三月春天。名花只數玉天仙。風流不淺。玳筵前恰似新妝面。月宮中疑是嫦娥現。寶闌邊堪比玉盤圓。樂昇平萬年。（誠齋樂府）

【北中呂普天樂】

慶賞舞青猊之曲即普天樂〔五二〕

舞青猊牡丹，千葉淡紅花，花中心出二緑葉，捲如獅子樣，此即古名「睡露蟬」，乃浙花之種，舊名「獅子衮繡毬」，今改爲「舞青猊」。

暖雲晴。韶光媚。紅芳深處。戲舞狻猊。絳英攢錦繡團。緑葉捲猙獰勢。金粉飄香春風細。倚新妝淺淡偏宜。論高品園中第一。賞豔治樽前可喜。玩丰標花裏奪魁。（誠齋樂府）

【北南呂金字經】

慶賞鞓紅之曲即金字經〔五三〕

鞓紅牡丹，多葉殷紅，色如猩血，即古之「鞓紅」也。

穀雨晴時候。豔陽三月天。千朵鞓紅綻滿園。日色暄。花前奏管絃。排佳宴。瑶臺列衆仙。（誠齋樂府）

【北雙調慶東原】

慶賞粉娥嬌之曲即慶東原

粉娥嬌牡丹，千葉樓子，一色淡紅花，舊名「膩粉白」，開較晚，香甚清馥。

膩粉新妝態。嬌紅淺暈腮。占芳菲豔質堪憐愛。斜簪在玉釵。高擎在鳳臺。低覆在瑶階。賞春景列芳樽。延麗色張青蓋。（誠齋樂府）

【北中吕紅繡鞋】

慶賞錦團絲之曲即紅繡鞋〔五三〕

錦團絲牡丹，千葉密瓣，捲簇如絲，色深紅，舊名「波斯頭」，言其捲瓣若波斯之髮也，亦爲異品。

春睡穩低垂錦幔。曉妝慵亂綰雲鬟。細簇輕攢繡絨殷。色妖嬈臨畫閣。香馥郁滿雕

闌。賞紅芳斟玉盞。（誠齋樂府）

【北中吕上小樓】

慶賞醉春容之曲即上小樓[五四]

醉春容牡丹，千葉白樓子，牡丹開時，垂英向下，若醉之狀，舊名「醉楊妃」。

芳容酒持。檀心沈醉。舞徹霓裳。宴罷瑶池。情酣春日。素面低。粉頸垂。嬌羞無力。倚東風鎮常春睡。（誠齋樂府）

【北雙調殿前歡】

慶賞玉盤盂之曲即殿前歡

玉盤盂牡丹，多葉，純白花，中有大金蕊圓如盎，香氣清遠，此花大者，可徑一尺，又且比諸花開早，過清明即開也。

玉盤盂。東風吹綻占春魁。清香素色先呈瑞。恰便似皓鶴徘徊。向瑶臺月下窺。添佳麗。賞玩宜沈醉。玉盤高捧。金盞低垂。（誠齋樂府）

【北越調小桃紅】

慶賞紫金荷之曲即小桃紅

紫金荷牡丹，多葉紫花，開如荷葉之平，即古名「多葉紫」者也。

花如荷蓋倚春風。承曉露金盤重。月底看來似鸞鳳。畫闌中。紫雲不作陽臺夢。春光正濃。玳筵陪奉。宜捧紫金鍾。（誠齋樂府）

【北雙調牡丹春】

慶賞檀心白之曲即牡丹春

檀心白牡丹，重葉白花，花瓣長細，中有紫檀心，其枝葉深緑，而豐腴可愛。

雪月精神冰玉姿。香蕊散金緑。吐檀心色素宜。春事奉金巵。喜樂賞花時。（誠齋樂府）

【北雙調殿前喜】

慶賞壽安紅之曲即殿前喜

千葉粉紅花，中有大金蕊，花葉深綠可觀。

賞花對酒歡顏開。胭脂添嫩色。赤金聚蕊凝香腮。七寶臺。紅雲蓋。天香亭閣是仙宅。看花也樂哉。（誠齋樂府）

【北雙調沉醉東風】

慶賞檀心紫之曲即沈醉東風

多葉淡粉紫花，深檀點花瓣之心，香甚清馥。

映晴旭千重異錦。殢春芳一點檀心。國色穠。天香沁。暖融融蕊散黃金。會受用東君眷愛深。賞宴將清樽暢飲。（誠齋樂府）

【北仙吕賞花時】

慶賞七寶冠之曲即賞花時

千葉醋紅樓子花，花中出數高瓣如冠，花瓣皆深檀心，風韻比諸花尤盛，香更清馥。

一種檀心分外香。百媚嬌紅勝曉妝。迎日色燦霞光。翠翹宫樣。千葉冠羣芳。（誠齋樂府）

生處人間錦繡鄉。長在仙家白玉堂。凝粉面舞霓裳。宜歡宜賞。福壽慶延長。（誠齋樂府）

【北中吕喜春來】

慶賞淺紅嬌之曲即喜春來〔五五〕

千葉淡紅花，諸花之瓣，中心色深，至邊則淡，惟此花中外一色，嬌紅，微有檀心，花葉嫩緑可愛。

淺妝鉛粉花容整。淡抹胭脂玉質明。天香開遍牡丹亭。明媚景。嬌豔喜春晴。（誠齋樂

府）

【北中吕朱履曲】

詠浩然踏雪〔五六〕

踏瑞雪蹇驢破帽。訪幽梅野徑荒郊。赤緊的待沽酒前村價尤高。白茫茫銀海島。寒凛凛玉溪橋。把一箇老先生干凍倒。（誠齋樂府）

詠袁安卧雪〔五七〕

飛六出平鋪街市。見一人僵卧在茅茨。他將那怕人干的言語强推辭。若不是洛陽城逢令尹。唤的他夢醒時。把一箇老先生險睡死。（誠齋樂府）

詠剡溪棹雪〔五八〕

乘興去雖然美話。興闌歸也自猶他。着梢公怎地不嗟呀。忍着饑催去棹。捱着冷又還家。把一箇老先生埋怨煞。（誠齋樂府）

詠烹茶掃雪[五九]

那一箇賞玩在銷金帳下。這一箇掃將來石鼎煎茶。他兩箇各將風味自矜誇。白衣甘冷淡。紅粉愛奢華。把一箇老先生慙愧煞。（誠齋樂府）

【北南呂罵玉郎過感皇恩採茶歌】

閨　情[六〇]

湘裙睡損臙脂皺。非病酒是悲秋。自從他去了懨懨瘦。多應腹内愁。愁翻成鏡裏羞。羞説起神前咒。○本待要同效綢繆。誰承望被他僝僽。空想得病纏身。恰盼得書在手。不覺得淚盈眸。去時説長安赴選。這其間何處淹留。火半温串香香。門半掩燈上上。簾半捲玉鉤鉤。○蒼樹杳暮雲稠。紅葉落晚風颼。凄凉光景甚時休。豈料相思直恁陡。悔交夫婿覓封侯。（誠齋樂府）

【北中呂朱履曲】

途中曉行[六一]

懸碧漢一彎月影。隔荒村三唱鷄聲。客途人枕上夢魂驚。溪山高下路。風雨短長亭。歎人生如泛梗。（誠齋樂府）

【北越調小桃紅】

詠　美[六二]

花前月下偶相逢。疑是巫山夢。翠被香消有誰共。意無窮。恩恩未得相陪奉。烏雲鬐鬆。黄金釵重。宜插小桃紅。（誠齋樂府）

柳腰纖瘦舞東風。似帶雨花枝重。窄窄弓鞋露雙鳳。兩心中。傳情暗使秋波送。金杯滿捧。朱脣微動。宜唱小桃紅。（誠齋樂府）

海棠庭院正歡濃。又把春光送。軀背簾垂玉鉤控。畫樓東。一聲啼鳥驚幽夢。風聲是猛。雨聲偏重。落盡小桃紅。（誠齋樂府）

流蘇[六三]帳冷繡幃空。孤枕難成夢。月下誰將玉簫弄。粉牆東。聽來盡訴孤飛鳳。蒼苔逕中。金蓮微動。踏碎小桃紅。（誠齋樂府）

【北正宮醉太平】

學老更狂樂府作[六四]

越羅衾熨貼。蘄竹簟鋪設。象牙牀琥珀枕鳳頭結。三般兒打疊。鳳頭結綰不住心狂劣。象牙牀温不暖情僥怯。琥珀枕辟不斷性乖斜。賺煞人也麽姐姐。（誠齋樂府）

恰珠樓宴徹。把玉液斟竭。困朦騰嬌眼半睁者。綻桃花嫩頰。步香塵立不穩金蓮趄。啓朱唇語不定嬌鶯咽。嚲烏雲扶不起緑鬟斜。醉了也麽姐姐。（誠齋樂府）

恰雲收雨歇。覺意懶情賒。睡魔王眼睫上早盤跩。料佳人困也。映夭桃腮斗兒氤氲熱。蹙春山眉黛兒低排列。閉秋波星眼兒放乜斜。欲待睡也麽姐姐。（誠齋樂府）

爇龍團暫啜。分鳳帳高揭。起來雲鬢尚偏斜。唤梅香在那些。倚圍屏困騰騰寶鼎熏沈麝。近清流意遲遲綵筆題霜葉。下瑶階笑忻忻羅扇撲蝴蝶。醒了也麽姐姐。（誠齋樂府）

【北中吕普天樂】

春　梅〔六五〕

問春梅。何時放。包藏素色。出落幽香。香也曾透西風角韻中。色也曾伴明月琴絃上。月冷風清平康巷。一枝横泄漏春光。怕過了暖烘烘豔陽。等的你酸溜溜子嘗。那其間静悄悄殘妝。（誠齋樂府）

【北雙調水仙子】

秋　霖〔六六〕

黑沈沈寒霧壓城頭。疏剌剌陰風連夜吼。淅零零細雨無昏晝。漲江湖萬頃秋。三般兒粧點風流。瀑布泉中雕簷彩楝。海龍宫内蘭堂畫燭。水簾洞裏舞榭歌樓。（誠齋樂府）

【北雙調慶東原】

賞玩在三春候。栽培在八月秋。都只爲牡丹花枉了閒僝僽。惜花時簾垂玉鉤。看花

時香傳畫樓。對花時酒滿金甌。每日爲花忙。半世因花瘦。（誠齋樂府）

【北雙調蟾宮令】

夏　夜〔六七〕

步閒階散髮披襟。畫閣清涼。小院深沈。露滴松梢。風生竹韻。月轉花陰。將美酒花前自斟。寫新詩月下獨吟。欲操瑶琴。流水高山。那箇知音。（誠齋樂府）

秋景二十詠〔六八〕

上高樓閒對秋風。抹秋天一帶秋雲。列秋光數點秋峰。秋意在蒼梧。秋聲在翠竹。秋色在丹楓。感秋氣秋懷冗冗。望秋波秋思重重。結秋陰秋雨溟濛。弄秋晴秋月朦朧。助秋涼幾箇秋蟬。傳秋信一字秋鴻。（誠齋樂府）

【北雙調慶東原】

賡和丹丘作　曲意二篇曲韻二篇

自　況賡韻〔六九〕

心安分。身不貧。笑談中美惡皆隨順。也不誇好人。也不罵歹人。也不笑他人。管甚世間名。一任高人論。（誠齋樂府）

粧些坌。撒會村。半生狂花酒相親近。學一箇古人。是一箇老人。做一箇愚人。管甚世間名。一任高人論。（誠齋樂府）

追和鮮于體賡意〔七〇〕

自樂閒中道。學些老後瓢。便疏狂不敢將人傲。寬穿領布袍。歪戴頂磕腦。鬆繫箇長條。我不笑別人。一任教別人笑。（誠齋樂府）

一世身無患。從來意自閒。順時光不把流年歎。花間酒闌。茶餘客還。睡後心安。我不看別人。一任教別人看。（誠齋樂府）

【北雙調水仙子】

詠閨情別意[七二]

月明閒照小紅樓。低簌珠簾不上鉤。帶圍寬陡恁腰肢瘦。爲多嬌憶舊遊。自相別減盡風流。對美景難消悶。飲香醪怎解愁。下眉頭又上心頭。（誠齋樂府）

月明閒照小亭軒。斜倚闌干懶去眠。對嫦娥欲訴心中怨。撫瑤琴意慘然。略相別又早十年。鸞影隻恩情斷。雁聲孤音信遠。過青春甚日團圓。（誠齋樂府）

月明閒照小簾櫳。冷落了巫山十二峰。朝雲暮雨成何用。歎鴛鴦錦被空。閒別來水遠山重。消寶篆金爐火。鬧秋簷鐵馬風。料今宵好夢誰同。（誠齋樂府）

月明閒照小窗紗。爲憶多情夢見他。俊龐兒越恁堪描畫。笑吟吟閒戲耍。褪羅裙恰待歡洽。剛說罷心間事。猛驚回簷外馬。覺來時依舊天涯。（誠齋樂府）

月明閒照小池塘。空對荷花弄粉妝。相思直恁無情況。最難禁夏夜長。三般兒助起悽涼。近玉砌愁聞蟀織。枕瑤琴羞彈鳳凰。倚雕闌驚散鴛鴦。（誠齋樂府）

月明閒照小闌干。翠被香消斗帳寒。悶淹淹枉把佳期盼。燼銀燈玉漏殘。夢魂飛楚

水吴山。辜負煞雲情雨意。剛落得愁眉淚眼。暗消磨緑鬢紅顔。（誠齋樂府）

【北雙調落梅風】

席上贈伶者[七二]

包藏着俏。出落着嬌。風塵中粉香零落。可惜這海棠花一枝開較早。辜負了暮春天道。（誠齋樂府）

【北中吕紅繡鞋】

席上贈伶者[七三]

性格兒玲瓏剔透。心腸兒軟欵温柔。又能彈又能唱又風流。既相陪鸞鳳友。撤罷了燕鶯儔。恁做的出牆花臨路柳。（誠齋樂府）

【北中呂滿庭芳】

風　情[七四]

風情熱沾。巫雲暗結。楚雨重淹。搭下座錦糢糊花洞兒把春光苫。抵多少眼角眉尖。受用些鴛鴦帳春來夢甜。休怪俺鳳凰衾老後情忺。試把平康占。鶯花簿撿。將風月擔兒拈。（誠齋樂府）

鸞笙鳳簫。銀箏欵按。象板輕敲。二十年撇罷了閒情調。抵多少夢斷魂勞。我待要重整頓鸞鳳配交。再安排翡翠窩巢。尋幾箇知音樂。做一回拈花摘草。將風月擔兒挑。（誠齋樂府）

風流事耽。湘裙晚皺。紅袖春滰。子俺向麗春園世不着虛賺。陣馬曾諳。斷不得三生話百年夢酣。揩不了半生狂一縷涎饞。煙月債重新勘。把鶯花再攬。將風月擔兒擔。（誠齋樂府）

【北雙調水仙子】

送人回里[七五]

梁園輕霧溼征衫。驕馬嘶風滿玉銜。畫船帶雨收絨纜。向離筵酒半酣。略相别地北天南。我這裏蒙雨露恩波廣。你那裏玩雲山風月耽。保天和忠厚須諳。（誠齋樂府）

【北正宫脱布衫過小梁州】

閨　情[七六]

樂繁華倚翠偎紅。聽笙歌换羽移宫。行步處珠圍翠擁。相伴着彩鸞嬌鳳。○錦帳春寒繡被重。暖烘烘褥隱芙蓉。列金釵十二畫堂中。耽歡寵。風月此情同。○知音的自有知音重。占排場别是家風。玳瑁筵。相陪奉。又惹起舊時春夢。臨老也入花叢。（誠齋樂府）

【北雙調水仙子】

題　情〔七七〕

纖腰恰褪繡羅裙。寶髻斜堆玉枕雲。扭回身遮掩龐兒俊。一半兒羞一半兒親。放乜斜摑惜温存。香噴噴舌尖唾。汗浸浸腮上粉。困騰騰春透十分。（誠齋樂府）

【北中吕朝天子】

中秋席上有贈〔七八〕

要些。笑些。休辜負梁園月。好花好酒好時節。又遇着中秋夜。舞者彈者。吹者唱者。儘今宵沈醉也。喚紅兒在那些。怕鶯兒對説。將樽俎重排列。（誠齋樂府）

老來。恰乖。會受用能擔帶。好時光儘我自開懷。列筵宴同歡愛。醉眼朦騰。何妨何礙。玩銀蟾離大海。紅卿將酒釃。翠卿把盞擡。直喫的月轉西樓外。（誠齋樂府）

告天。可憐。只顧得身康健。好花休謝月常圓。遂俺平生願。美滿因緣。歡娛繾綣。儘今生同過遣。自從這一年。和你意堅。閒雲雨無心戀。（誠齋樂府）

【北越調小桃紅】

詠美色[七九]

桃腮杏臉暈臙脂。眼角眉頭事。乍相逢便得情無二。理新詞。聰明性格多才思。嬌滴滴豔姿。可喜娘名字。誰似俺這人兒。（誠齋樂府）

【北雙調殿前歡】

詠酒色財氣[八〇]

您須知。好時光休要皺雙眉。有花有酒同歡會。滿飲金杯。酒淹的衫袖濕。醉了呵齁齁睡。醒來也重還醉。喫了穿了。快活是便宜。（誠齋樂府）

您須知。好時光儘我恣情。爲嬌花嫩蕊成佳配。翠繞珠圍。保元陽且莫題。每日家鴛鴦會。儘夜裏鸞凰對。耍了笑了。快活是便宜。（誠齋樂府）

您須知。黄金難買笑嬉嬉。有錢有鈔休慳細。有甚希奇。轉回首白髮催積。趲下成何濟。收拾着勞心力。使了用了。快活是便宜。（誠齋樂府）

您須知。饒人忍事不爲癡。平生莫要争閒氣。枉費心機。得讓時儘讓你。争甚麽名和利。論甚麽能和會。忍了容了。快活是便宜。（誠齋樂府）

【北雙調水仙子過折桂令】

中秋夜登高翫月〔八二〕

萬花臺上正中秋。坐對冰輪飲玉甌。夜深樓閣明如畫。露華清雲氣收。九霄中風力颼颼。任笑話驚神鬼。怕松篁礙斗牛。看河山襟帶中州。○看河山襟帶中州。歲稔時豐。物穰人稠。手撫星河。口談風月。身在瀛洲。聽鳳管朱唇韻悠。按鸞箏素指滑熟。翠袖風流。玉液香浮。直喫到月轉西岩。日上東樓。（誠齋樂府）

【北中吕賣花聲】

八月十六日登高翫月〔八三〕

月過十五光明好。人到中年氣勢豪。萬花臺上按笙簫。太平時世。宫庭歡樂。永團圓百年和好。（誠齋樂府）

【北雙調蟾宮令】

題劉長史白雲小藁[八三]

想當年長史劉醇。德行文章。高古清純。四十爲官。八十致仕。衆所推尊。看晚節菊莊舊隱。發天葩梁苑閒人。掩卻衡門。守道修真。閒將那胸内珠璣。醖釀做嶺上白雲。（誠齋樂府）

【北雙調落梅風】

贈　妓[八四]

蜂黄散。蝶粉乾。早春時可憐開綻。休把做殘花一例看。終則是牡丹風範。（誠齋樂府）

【北中吕紅繡鞋】

詠　美　色[八五]

黑鬒鬒鴉堆雲髻。曲彎彎黛掃蛾眉。綻櫻桃微露玉粳齊。十分的嬌體態。一捏兒小

年紀。也消得靠龍牀挨鳳椅。（誠齋樂府）

新　歡[八六]

原不慣星前月下。乍禁待雨困雲乏。被東風吹綻牡丹芽。柳眉輕減翠。雲鬢亂堆鴉。風流病直害煞。（誠齋樂府）

【北仙呂一半兒】

詠　情[八七]

懷兒中摑惜温存。燈兒下觀瞻越可人。牀兒前央及到半時辰。笑忻忻。一半兒推辭一半兒肯。（誠齋樂府）

纖腰恰褪繡羅裙。寶髻斜堆玉枕雲。粉腮春透熱氤氲。汗津津。一半兒佯羞一半兒親。（誠齋樂府）

不禁春色眼兒涎。不慣行雲猶氣喘。金釵斜墜鬢雲邊。鏡臺前。一半兒鬔鬆一半兒偏。（誠齋樂府）

俏心腸端的性難拿。冷句兒將人傒落煞。盟山誓海口熟滑。俏冤家。一半兒真誠一半兒假。（誠齋樂府）

【北雙調落梅風】

乞美醞作〔八八〕

清香透。醅甕開。味甘如醍醐沆瀣。願相慰老兄吟詠懷。分與我一壺春色。（誠齋樂府）

【北雙調折桂令】

勸人□□〔八九〕

本是箇章臺前路柳牆花。怎做得鸞鳳雙飛美玉無瑕。可惜了良夜千金。止算了春風一度。知他是明月誰家。想當日蝶粉蜂黃在那答。見如今鶯朋燕友交雜。拖狗皮從他。躂狗尾休誇。補填了李孔目的缺兒。挑剔了王臘梅的根芽。（誠齋樂府）

【北雙調沽美酒帶過快活年】

嘲子弟[九〇]

鍮石銅生性格。魚目珠少光澤。假骨董相嘎零碎買。怎比那金廂的項牌。千人偷萬人賣。○致令的數十日相思骨如柴。你也索自裁自裁。强尋着野薔薇内園裏栽。虧欠下鶯花債。忔惆的㦬㦬害。端的是因甚來。（誠齋樂府）

【北中吕滿庭芳】

戲作[九一]

當家體統。奴僕温飽。倉庫盈豐。便有那子弟每要串花胡洞。正與他倒舵隨風。便使了一錠鈔無虧歲用。便將了半斤銀未必貧窮。相和鬨。常言道不癡不聾。不做大家翁。（誠齋樂府）

【北雙調水仙子】

今歲汴中，大風數次，揚塵播土，街市園圃，咫尺不辨。偶值席上，戲佐樽之伶者，且感舊云。[九二]

粉團兒刮做了土團兒。花朵兒吹成了泥朵兒。錦堆兒埋做了沙堆子。便有那俊龐兒憔悴死。想當日曾陪在帝輦京師。鬧穰穰風流行市。齊整整鶯花擔兒。幾曾見灰老鼠般包手帕的人兒。（誠齋樂府）

【北正宫醉太平】

賞樂工家伶女劉聘春貞烈自盡[九三]

貞烈似王凝妻性格。清標如卓氏女情懷。他比那蔣蘭英死的又明白。與您衆猱兒出色。這孩兒一生不欠煙花債。一心不惹風塵態。一身不到雨雲臺。落一箇婦名兒也喝采。（誠齋樂府）

【北中呂紅繡鞋】

贈寶花三月十八日病中作〔九四〕

三月暮春容漸老。一枝花恰簇瓊瑶。玉蕊金枝正妖嬈。怎教人不歎息。怎教人不心焦。把這等好光陰辜負了。（誠齋樂府）

花撲撲蟬開玉翅。顫巍巍蕊散金絲。寶妝成翠葉簇花枝。年紀兒纔二八。嬌滴滴正當時。怎地肯倦尋芳辜負你。（誠齋樂府）

【南南吕楚江情帶過北南吕金字經】

詠閨情五更轉〔九五〕

一　更

一更夜氣清。瑶階露零。奴家等得燈半昏。强將針指寄閒情也。思量薄倖。全無志誠。今宵那答花逕行。撇得人冷冷清清。門掩孤幃静。紅鴛被怎温。紅鴛被怎温。

青鸞夢未成。又感起相思病。〇感起相思病。一更來不來。斜倚定銀筝淚滿腮。淚滿腮。敲才忒分外。做下了風流債。這因緣簿怎揩。（誠齋樂府）

二　更

二更露正涼。金爐爇香。簷間鐵馬聲韻揚。悶推鴛枕喚梅香也。把銀燈點上。羅衾欹張。知他在誰家繫馬嘶緑楊。多管是路柳墻花。引得他心飄蕩。月兒過粉墻。月兒過粉墻。風兒透紙窗。怎受得淒涼況。〇怎受淒涼況。二更夜轉深。短歎長吁淚滿襟。淚滿襟。休將盟誓尋。想着他薄情甚。寃家忒負心。（誠齋樂府）

三　更

三更玉漏遲。殘燈影移。階前促織兒相伴啼。早知他不是箇志誠的也。因緣匹配。如何肯依。到如今落得空怨悽。他將那説過的盟言。只做箇牙疼誓。芭蕉細雨催。芭蕉細雨催。梧桐清露滴。都做了傷情淚。〇都做傷情淚。三更心越焦。倒枕槌牀眼怎交。眼怎交。偷睛窗外瞧。只恐怕他來到。把門兒休閉了。（誠齋樂府）

四更

四更睡思纏。騰騰困眠。分明夢裏來近前。我駡他薄情相負是何緣也。他心兒又善。口兒又甜。牀兒前跪膝稱可憐。怎下得將他惡語相埋怨。一輪明月圓。一輪明月圓。千金良夜天。欲共效于飛願。〇共效于飛願。香羅帶解開。玉軟香温抱滿懷。抱滿懷。霎然驚覺來。孤燈在。空閑了雲雨臺。（誠齋樂府）

五更

五更覺夜長。教奴怎當。終宵錦被閒了半牀。方纔得睡又驚慌也。梅香來報。情人在堂。奴家不應。閃了燈光。低簌羅幃强把他攔擋。傷心淚兩行。傷心淚兩行。薄情紙半張。他認了夜宿在平康巷。〇夜宿平康巷。鐘鳴恰到家。我百樣禁持傒落他。傒落他。牀兒前忙跪下。他道是今番罷。再來呵花街也不去踏。（誠齋樂府）

【北正宮白鶴子】

詠四景[九六]

和風開柳眼。春色上桃腮。沽酒緑村中。攬轡青山外。（誠齋樂府）

薰風清竹塢。驟雨過荷池。避暑小樓中。列宴涼亭内。（誠齋樂府）

金風飄敗葉。玉露下疏桐。蛩響助秋聲。鴈叫驚幽夢。（誠齋樂府）

嚴風如箭急。朔雪似花飛。梅綻玉枝横。松積銀鱗細。（誠齋樂府）

【北越調柳營曲】即寨兒令

詠風月擔兒[九七]

嘗觀元人張小山、張鳴善及劉庭信諸人，皆有詠「風月擔兒」樂府。予乃效其遺音，製此詞語二十三篇，略不蹈襲前人之作，且能曲盡构肆中之情態，懲戒漂蕩子弟，爲風月解嘲云。

占柳營。據花城。展旗旛少年休太逞。賣弄你體健身輕。智巧心靈。千戰更千贏。

起初時火塊似恩情。下場頭水面上浮萍。錦拴成絆馬索。花簇定陷人坑。聽。再休將風月擔兒爭。（誠齋樂府）

瓦礶提。破薦披。下翻的九分輪到你。每日家舞只彈只。陪酒陪食。穿柳陌入花蹊。金鎖成打眼目新衣。銅鑄就敲腦袋沈錘。姨夫每如虎猛。鴇兒每似狼飢。呸。再休將風月擔兒提。（誠齋樂府）

錦套竿。玉連環。紅縣索圓頭兒十字拴。嬌豔容顏。巧妙機關。說誓海與盟山。藍橋下浪滚波翻。陽臺上雨澁雲慳。香團兒屏障列。花朵兒鋪蓆攤。難。再休將風月擔兒看。（誠齋樂府）

膽表精。謊書生。喚簿嬷做娘不住聲。帶月披星。膽戰心驚。剛落得半分情。一覺地夢撒撩丁。臉兒上刮下冬凌。七星錘沈點點。雙舞劒響錚錚。醒。再休將風月擔兒迎。（誠齋樂府）

歌舞臺。柳花街。錦糢糊一天煙月色。小膽兒難挨。大注子忙揣。真和閧假搶白。狠撅丁不伏燒埋。嗟頂老忒是狂乖。涎乾了犀瓠齒。粉淡了旱蓮腮。來。再休將風月擔兒擡。（誠齋樂府）

語話漸。性情貪。乜斜着眼腦饞上饞。酒涇衣衫。花插冠簪。出賣着錦孛籃。迷魂

洞千里雲緘。相思海萬丈波湻。花容般龐道俊。蜜鉢似口兒甘。諳。再休將風月擔兒擔。（誠齋樂府）

熱表兼。鏝底苫。一千層樺皮鞔做臉。女劣娘嚴。寸步拘鉗。供米麵買茶鹽。虛飄飄半霎情忺。實丕丕一世傷簾。心兒中懷着苦。口兒裏喫些甜。嫌。再休將風月擔兒拈。（誠齋樂府）

珠落索。錦窠巢。渲房中小哥尋箇瓢。每日家雨嫩雲嬌。月夜花朝。歌皓齒舞纖腰。喜孜孜笑裏藏刀。熱烘烘鬧裏喫敲。屎盆兒刷不浄。溺罐子洗還臊。教。再休將風月擔兒挑。（誠齋樂府）

開硬河。發乾科。潑生涯這般爲計左。休逞嘍囉。索自評跋。都是些花太歲女閻羅。笋條兒似年小哥哥。花枝兒般可意嬌娥。美甘甘鶯燕友。惡狠狠虎狼窠。哦。再休將風月擔兒挪。（誠齋樂府）

性軟者。意勤者。見姨夫便索回避些。每日家供送巴刧。侍養唅呻。撒旖旎放乜斜。被一箇母猫兒撾打熟腐。見一箇玉天仙軟了腰截。有錢時强拚捨。無鈔後苦絣拽。嗟。再休將風月擔兒賒。（誠齋樂府）

金鳳凰。玉螳蜋。木犀油攏掠的雲鬢光。口似沙糖。舌賽鋒鋩。不設誓便燃香。一

百條花柳街坊。五百層錦繡排場。頑涎兒容易刮。刮唾兒怎生當。央。再休將風月擔兒湯。（誠齋樂府）

麵好喫。磨難推。喫麵的使昏了推磨的。賣弄虛脾。不辯真實。佯孝順假慈悲。上梢兒蔭子封妻。下場頭瓦礶夊錘。鄭元和遭坎坷。李孔目被禁持。知。再休將風月擔兒隨。（誠齋樂府）

難救拔。怎收煞。捨身崖路兒滑擦擦。歡喜冤家。煩惱根芽。會打鼓弄琵琶。推磨時力困筋乏。喫麵時利齒伶牙。雙通叔千里馬。馮員外一船茶。嗏。再休將風月擔兒拿。（誠齋樂府）

孛老貪。小倈憨。潑風聲做得來實大膽。涕唾腌臢。鬢髮髭髿。尚兀自苦着渰。妻兒每篤篤喃喃。朋友每兩兩三三。鹽支了收舊引。茶盡了剩空籃。參。再休將風月擔兒攙。（誠齋樂府）

煙月牌。雨雲臺。劣柳青自來能放乖。舞袖弓鞋。粉面香腮。單等着子弟每撞將來。陳殿直苦痛哀哉。王俊民日值年災。真心兒將彼待。謊話兒把人猜。開。再休將風月擔兒挨。（誠齋樂府）

會撚酸。强成歡。生牛皮鼓兒着力輓。儘意寬盤。不放鬆寬。實指望永團圞。尖錐

兒連理枝鑽。鋼刀兒比目魚剜。水局門空蕩蕩。花招子一般般。瞞。再休將風月擔兒搬。（誠齋樂府）

熱廝煎。暗相牽。迷魂陣一週遭擺得圓。銅斗兒家緣。案板兒盤纏。使盡了不疼錢。紅套索軟似白縣。黃桑棍硬似鋼鞭。披蓑衣來救火。隔屋脊去攛椽。天。再休將風月擔兒專。（誠齋樂府）

常串瓦。愛分茶。没人處便學閒嗑牙。棄業抛家。儘自由他。衝陣馬慣踏踏。暖融融火内開花。虛飄飄水上捺瓜。破馬杓常不滿。無星秤有争差。呀。再休將風月擔兒誇。（誠齋樂府）

眼打睃。脚奔波。有錢呵每朝無間闊。翻滚滚油鍋。明晃晃鍬钁。不是箇善婆婆。入馬時喧滿鳴珂。點湯也引起蜂窠。披羊皮尋飯喫。蓋藁薦打頦歌。哥。再休將風月擔兒奪。（誠齋樂府）

炙肉籤。釤禾鐮。比目魚鰾膠一味粘。撇末添鹽。嚥作胡啮。撚汗貨要情忺。低簌下斑竹門簾。披挂着生鐵鉤鉗。咽羊頭乾熱腦。踏狗尾不曾嫌。廉。再休將風月擔兒沾。（誠齋樂府）

髻綰雲。臉生春。壓秋波兩彎眉黛分。檀板金樽。皓齒朱唇。攧斷煞謊郎君。敲一

敲腦暈頭昏。刮一刮帶骨連筋。調猱的無了鏝。幫虎的不離門。哏。再休將風月擔兒親。（誠齋樂府）

假撇清。不實誠。喫豆粥卻嫌羊肉羹。每日家撥阮搊箏。鼓瑟吹笙。一分鈔一分情。大斷八同坐同行。小名兒聲叫聲應。紙湯瓶煨不熱。鐵卧單冷如冰。醒。再休將風月擔兒評。（誠齋樂府）

花一攢。錦千團。炒郎君滚油熱銚盤。筋骨刀剜。腦袋錐鑽。虛應付假偷瞞。費精神買笑追歡。放啞鵰殺虎論官。八場家千罷手。寸步兒不鬆寬。拚。再休將風月擔兒觀。（誠齋樂府）

醉鄉詞二十篇

嘗觀昔人劉庭信有「風流體」樂府，皆豪放不羈，乃酒席中戲漂蕩子弟之語。予因衰病，或置杯酒宴樂，奉予爲歡。予因酒酣，乃效顰走筆，製風流體醉鄉詞二十篇，以繼前聲，雖未足以追蹤前人之工巧，但寄一時之疏狂興趣，抑且爲予席上之一歡笑也，知我者恕其狂斐焉。

【北正宮醉太平】[九八]

風流老兒

倒溜油黑染了鬢絲。旋添緜紅暈了丰姿。柱一條仙杖是連枝。將縷金腔教子。錦圍屏布列在香山寺。翠紅鄉出落着耆英志。花胡洞傳寫得壽星詞。是一箇風流老兒。（誠齋樂府）

風流病叟

就輕紅焙手。喚小玉扶頭。少年狂翻作老來羞。不傷春便中酒。腔腔渴肺因花嗽。稜稜衰骨耽花瘦。蕭蕭白髮爲花愁。是一箇風流病叟。（誠齋樂府）

風流散仙

小鶯花洞天。閒風月芝田。長生會上舞蹁躚。聽瑶池管絃。嚛香醪曾赴金鑾宴。幻名花曾到藍關甸。步芳春曾入武陵源。是一箇風流散仙。（誠齋樂府）

風流秀才

論文章在舞臺。赴考試在花街。束修錢統鏝似使將來。把西廂記注解。演樂廳捏下箇酸丁怪。教學堂賒下些勤兒債。看書幃苫下箇女裙釵。是一箇風流秀才。（誠齋樂府）

風流貴師

鉢盂爲酒巵。錫杖扣花枝。晌古麻紅褪染胭脂。戴左鷄帽兒撇花鈑。摒滂撲察的爲佛事。呪花米亦溜兀剌的談文字。揚花旛吸哏糊突的唱番詞。是一箇風流貴師。（誠齋樂府）

風流舍人

玉兔鶻妝着帶根。金孔雀繡着欄裙。皂皮靴剌着倒提雲。塔納珠墜着耳輪。許猱兒一夜一箇夫人分。嗔撅丁一日一箇從良運。鬨虔婆一句一箇改家門。是一箇風流舍人。（誠齋樂府）

風流故友

掃愁懷玉帚。釣詩興金鉤。相逢索喚不曾休。直喫的醉醺醺罷手。夢池塘每夜同衾宿。宴秦樓數遍相攜手。入桃源幾度共追遊。是一箇風流故友。（誠齋樂府）

風流縣宰

晋潘安俊材。宋柳七情懷。陶淵明歸去向彭澤。都是貪花秀才。似河陽桃李春風在。似江樓夜月扁舟待。似東籬詩酒菊花開。是一箇風流縣宰。（誠齋樂府）

風流令史

銅駝巷判詞。金斗郡分司。麗春園雙漸拜爲師。李孔目是他老子。攛廂時勘問了些煙花事。刷卷時改抹了些鴛鴦字。斷案時出脱了些燕鶯兒。是一箇風流令史。（誠齋樂府）

風流小孩

着青衫會耍。騎竹馬學踏。紫鸞簫打健健手中拿。未未曾行要串瓦。玉温柔懷抱裏

聲嗚啞。翠娉娉幃幙内學説話。錦模糊裀褥上恰能爬。是一箇風流小孩。（誠齋樂府）

風流客人

鶯花市販本。風月店調篓。懷揣掌記入花門。似茶鹽的鈔引。識江湖深淺把船兒運。品姿才高下把心兒順。散恩情輕重把等兒分。是一箇風流客人。（誠齋樂府）

風流太醫

製牡丹在柳隄。採芍藥在花蹊。千金方權改做樂章集。看傷春的脈息。洞春膏靈驗曾調治。素女論玄妙常熟記。房中術幽奥頗能知。是一箇風流太醫。（誠齋樂府）

風流小僧

雨雲臺上講經。風月所裏修行。小禪牀擺列錦圍屏。習煙花密乘。細樂中響盞是天王罄。撇末中靠背是菩薩幀。舞旋中歌曲是禮佛聲。是一箇風流小僧。（齋誠樂府）

風流道姑

裹琅函繡袱。鑄鸂鶒香爐。縷金詞改作玉樞讀。把青天歌舞做鷓鴣。玉清庵認做章

臺路。長生録寫入姻緣簿。九陽巾換了翠冠梳。是一箇風流道姑。（誠齋樂府）

風流醉翁

阮步兵眷寵。李太白遺風。慇懃翠袖捧金鍾。共歡娱興濃。紫駝牽載得葡萄瓮。金龜換暢飲酴醾洞。玉山頽扶入牡丹叢。是一箇風流醉翁。（誠齋樂府）

風流乞兒

破瓦窑綴詞。悲田院吟詩。一生衣禄在於斯。窮則窮窮的來浪子。唱一箇蓮花落不忘了傳心事。掛着箇舊爻槌常走入鶯花市。做得箇乾風情纏着那女嬌姿。是一箇風流乞兒。（誠齋樂府）

風流樂官

開呵時韻寬。發焰處堪觀。蔫子粱把戲數十般。都曾教管。能歌時曲能躂爨。能翻古本能妝判。能收新諢助情歡。是一箇風流樂官。（誠齋樂府）

風流女娘

花衢中占場。柳陌内名揚。冰肌玉骨自然香。伴着箇知音的粉郎。多温柔多嬌媚多情況。能吹彈能編捏能歌唱。會閒談會耍笑會梳妝。是一箇風流女娘。（誠齋樂府）

風流孏孏

肉鰾膠怎解。錦套索難開。兔羔兒子弟撞將來。不亡魂也喪魄。眉兒來眼兒去先賒下風情債。擔兒沈價兒重高擡着煙花賣。酒兒烘情兒熱冷句子早嘶來。是一箇風流孏孏。（誠齋樂府）

風流姐姐

紙糊鍬莽鏾。銅磨笴疾蒦。陽關一曲唱三疊。但沾着的弄撅。點朱櫻檀口噴蘭麝。壓秋波眉黛彎新月。露春蔥纖手慣敲傸。是一箇風流姐姐。（誠齋樂府）

【南仙吕入雙調柳摇金】

贈　別[九九]

闗河迢遞。行裝整齊。送别正秋時。地迥霜華早。天高鴈影遲。遥想是馬頭風月。山水入詩題。把離筵美酒。慇懃玉巵。相思兩處。兩處相思。兩處相思。千里遠懷誰寄。（誠齋樂府）

迢迢山徑。遲遲曉行。千里太行程。遠别心難捨。遥思意每縈。念此際斯文相會。何日敘交情。嚮驪歌聲裏。征車暫停。頻傾緑醑。緑醑頻傾。緑醑頻傾。少慰老夫離興。（誠齋樂府）

【北雙調水仙子】

有所思[一〇〇]

銀箏絃斷鎖紅樓。湘竹簾閒控玉鉤。錦幃塵滿侵羅袖。一番春乾罷手。楚陽臺霧慘雲愁。纔展放眉間皺。早攢來心内有。下眉頭又上心頭。（誠齋樂府）

【北雙調對玉環帶過清江引】

詠水仙花〔一〇一〕

月魄霜容。天生淺淡妝。玉骨冰肌。風傳馥郁香。美女舞霓裳。仙人披素氅。疑是嫦娥。蟾宮來獻觴。誰喚飛瓊。瑶臺同慶賞。○伴寒梅晚來清興長。次第花枝放。凌波體態輕。傲雪精神漾。月明中似聞環珮響。（誠齋樂府）

【北雙調沈醉東風】

秋日湖邊晚行〔一〇二〕

泛遠水衰蒲敗葦。護村居瘦竹疏籬。天寒沙鳥棲。日晚漁舟繫。望湖光萬頃玻璃。山色空濛雨亦奇。宜寫在丹青畫裏。（誠齋樂府）

套　數

席上喜雪偶成[一〇三]

【北黄鍾醉花陰】寶殿珠樓玉花糝。萬里同雲一覽。通世界滿山巖。柳絮風攙。似織就鵝毛毯。

【喜遷鶯】莫不是戰退玉龍酣。萬萬片銀鱗滿翠嵐。將這禎祥推勘。太平時瑞應宜堪。須參。臘前白喜見三。聽四境歡聲民庶談。將天地感。盡都道豐年有象。飽暖先諳。

【出隊子】雕闌寶檻。列華筵樂事耽。見滿空皓鶴翅相摻。撲萬隊蝴蝶粉亂糝。凍千里銀河冰細劖。

【刮地風】有一派仙音供奉着喒。列兩行珠履瓊簪。紫金杯到手休辭暫。果擘黄柑。乘醉想梅花將探。遣興把霜毫頻蘸。酒半酣。詞一函。唤紅兒雅歌清淡。衣披著黑貂裘。酒裝在白玉罎。列珍羞紫蟹紅蚶。

【四門子】颭蒼松翠竹風摇撼。積瓊瑶映舞衫。看亭臺遠近銀妝嵌。灑紗窗似食葉鬣。鎖翠峰。凍碧潭。遍乾坤萬里雲霧緘。詩句清。酒味甘。直喫的醉醺醺紅遮緑掩。

【水仙子】想少年忒是憨。向郊原正宜將圍獵貪看。俊鶻擊駕鵞在。白茫茫雪湖中曾渰。凍剥剥的履頑冰馬脱了轡啣。撲鼕鼕的鞭鼓兒波面上聲含。笑呷呷得雋的喜氣都自擔。明滴溜的金頭玉頸鵞盈擔。響瑲瑲的鞭敲着金鐙候回驂。

【尾聲】到今日老後心中樂恬澹。遇冬寒賞雪在梅庵。相伴着酒社詩壇受用煞俺。

（誠齋樂府）

賞玉堂春席上作[一〇四]

【北南吕一枝花】玉温成軟欵情。玉琢就玲瓏樣。玉生來丰韻美。玉出落姓名香。骨玉肌香。香透徹瓊瑶像。玉包涵腦麝香。只因他壓名園花裏奪魁。致令得開畫閣花前宴享。

【梁州】我本是遊花塢風流病叟。到做了步瑶臺嫵媚仙郎。看了他蟾精月魄從天降。銀鱗簇瓣。金粉團黄。霜紈日朗。縞帶風長。引的些遊蜂兒採蕊心忙。空教那蝴蝶兒戀色情荒。飄揚着暖融融五百斛素色清香。栽培的壽遥遥十萬載根生地長。相伴着美姿姿八千春奕葉流芳。將這花玉堂。品量。比牡丹別是種神仙況。錦樓臺翠屏障。吐盡春心盡是香。逸興徜徉。

【尾聲】輕敲檀板高歌唱。滿捧金樽飲玉漿。直喫到花影重疊月初上。那其間酒興未央。詩懷正狂。草一幅新詞恣歡賞。（誠齋樂府）

慶　賞[一〇五]

【北南吕一枝花】玳筵排翡翠屏。香篆裊狻猊獸。捲珠簾迎五福。開寶殿慶千秋。瑞靄輕浮。日色遲宮漏。歡聲滿鳳樓。喜孜孜仙女擎杯。嬌滴滴仙娥勸酒。

【梁州】簪寶髻仙花馥郁。列金階仙樂滑熟。更有那八仙九老來添壽。盈玉盎仙桃高捧。合瑶笙仙曲齊謳。展素羽仙鶴對舞。飲清泉仙鹿馴遊。四般兒妝點的仙境清幽。三般兒成就了千載遐修。採靈芝授仙籙青帝遥臨。嚥玉液漱華池黄庭内守。鍊丹砂騰寶氣紫府各留。寰中更有壽山福地。同高厚。保天恩自天祐。陰隲須教福禄酬。永永源流。

【餘音】正值着九秋天氣重陽候。百歲芳容不老秋。露菊霜蓉正清秀。聚十方九洲。衆神仙稽首。共祝千秋萬年久。（誠齋樂府）

詠白海青[一〇六]

宣德八年，歲在癸丑正月十七日，河南開封府尉氏縣得白海東青一聯。十八日，校尉進於本府，且明日值予初度，予喜珍異貴禽來此中原，乃即具奏進獻于朝，作此樂府以自慶賞焉。其詞曰：

【北南吕一枝花】霜翎雪握成。素羽銀妝就。老拳金鑄鍊。勁翮玉雕鎪。電掣雙眸。壯志衝牛斗。英氣播九洲。過千尋碧海高飛。渺萬里青雲顧首。

【梁州】珍重比麒麟上瑞。盛世嘉猷。禎祥如鸞鳳同流。玉海青自古爲希有。方輿紀載。簡册名留。昇平吉兆。盛世嘉猷。他本自遠方來慶賀千秋。單注着億千春壽禄遐修。正值着豐稔歲樂雍熙國泰民安。太平日享富貴天長地久。封域中保康寧物穰人稠。似這般俊禽。在手。高擎着至寶非虚謬。賞嘉祥祝延壽。樂中土康衢擊壤謳。萬載千秋。

【尾聲】九重宫苑歡聲湊。七奏笙歌曲調熟。聽一派清新樂音溜。遥瞻着錦韝。滿斟着玉甌。進一盞千秋慶喜酒。（誠齋樂府）

得慶壽詞南吕宫一闋予就賡其韻以酬之[一〇七]

【北南吕一枝花】恰三陽漸暖辰。逢初度新春日。喜桑榆延晚景。幸康健樂雍熙。忝在宗室。藩屏中原地。忠良守社稷。志誠心理國尊朝。端謹道齊家正己。

【梁州】感聖主洪恩大德。託天朝英武神威。芳名保守無他異。立身呵謙恭是務。拊心呵本分爲期。醉來呵詩學李杜。醒時節字習繇羲。將仁義立定根基。方寸地端的是平夷。只因我心寬和懶飾邊幅。意曠達不親瑣碎。性疏狂慵整冠緌。從頭。識尾。論風流堪作箇名書會。和壽詞向丹陛。唱一曲高歌飲數杯。聽您那祝壽聲齊。

【尾聲】我念着劬勞罔極恩非細。因此上厚惠相酬禮。待的遲葵藿羹墻憶先世。樂昇平共喜。仰君親厚德。我將這忠孝持心億千紀。（誠齋樂府）

送　別[一〇八]

【北雙調新水令】馬蹄香襯落花泥。近清和日長天氣。幾樽辭别酒。三唱報晨鷄。一望平隄。緑暗紅稀。留春住百無計。

【駐馬聽】翠柳煙迷。迎客青山數點齊。緑槐風細。可人黄鳥一聲啼。麥藏鵶蠶入簇縠初犂。燕營巢鳩唤友禾分裔。官路上慢驅馳。一鞭行色悤悤意。

【沈醉東風】護遠水青浦緑葦。映村居瘦竹疏籬。郵亭古道長。野渡扁舟繫。望天涯雲樹凄迷。山色空濛雨亦奇。宜寫在丹青畫裏。

【慶東原】薄酒逢村醉。新詩遇景題。好山一路隨征旆。童僕弱行裝擔遲。香塵滾驊騮去疾。風力緊紗帽簷低。曉出大梁城。晚宿延津驛。

【離亭宴帶歇指煞】我向那金臺一望霞光霽。你去也歸鴻幾點催征騎。赤緊的心忙意急。準備着待玉漏鳳樓前。列鵷班金殿側。秉象笏丹墀内。看香煙傍衮龍。曉色明旗幟。耿耿的丹衷向日。方表我一片老臣心。萬年磐石國。千里中原地。託天朝雨露恩。永帶礪河山勢。囑付你先生要知。我常是謹守分報皇恩。秉忠誠立家國。（誠齋樂府）

宣德七年三月十一日，正妃閣前牡丹開，二枝合歡共萼，衆皆稱賞。予以妃内助之賢，事上待下之禮，愈隆愈盛，所以前歲閣後牡丹一叢，皆作合歡，花閣畔植映山紅，樹枝交摩，結成連理，合爲一幹，此非人力之所可致也。且予後圃牡丹何啻千餘，皆未嘗作雙花者，惟妃閣前後但數本，連歲着花皆雙，寔由人之和氣，感召草木，乃得春陽和氣之鍾秀也。予對花酌酒，製詩數篇，據几長歌，但得詩人之趣，而未盡富貴之情也。乃命紅兒執檀板，揮南呂樂府一章，爲席間佐樽之樂；復寫合歡牡丹一幅並書樂府，以美妃之賢，感召此瑞也。

【北南呂一枝花】宮庭喜氣多。園圃春光盛。王妃能待下。庶媵各柔貞。因此上感召嘉禎。國色花雙應。天香蕊共生。似嬌娥粉面同歡。如美女檀心各整。

【梁州】似這花比任姒賢明。內助若英皇□德□承。我□□閒將綵筆書新令。要見俺一家和氣。千歲安寧。百年姻眷。萬世芳名。荷天公雨露生成。感妃賢瑞應相呈。事上呵伉儷間恭敬堅心。待親呵妯娌輩雍和意誠。接下呵媵妾每歡悅同情。致令得名花將豔逞。合歡生向宮闈正。德愈隆名愈勝。喜色洋洋滿內庭。永樂昇平。

【尾聲】輔中原藩屏閫門政。聽七奏簫韶曲調清。每日價共對名花賞佳興。共宴在龍樓鳳楹。共坐在鴛幃翠屏。共歡樂千秋萬年景。（誠齋樂府）

詠梅寄情〔一〇九〕

【北南呂一枝花】温柔玉有香。旖旎香生玉。結成心上友。愛似掌中珠。無半點塵俗。有德行傳佳譽。更聰明不諂諛。一團兒耍笑迎人。萬種兒風流透骨。

【梁州】帶一副自可意輕盈環珮。穿一套比尋常素淡衣服。俏聲名喧滿章臺路。看了你妖嬈體態。穩重規模。想當時秋波微溜。怎禁伊春色先驅。問着你〔一一〇〕姓名兒曾入天都。卻怎生再重來柳陌花衢。雖生在驛途中常子是冷清清鐵石心腸。雖長在風塵內不涴了香噴噴芝蘭笑語。雖居在溪橋畔培養出素瑩瑩玉雪肌膚。看了這嬌姝。

正值着明月梢頭花豔女。莫不是羅浮山下把神仙遇。喚一聲翠雲嬌怕甚麼歲華暮。未吐。春透芳腴。

【尾聲】看了你數十般美豔着人處。端的似五百載因緣結髮初。我將這一刻千金不虛度。共知心可腹。是天來大分福。稱了我惜玉憐香願心足。（誠齋樂府）

隱　居〔二〕

【北南吕一枝花】鋤瓜畦訪邵平。種梅樹思和靖。賞夭桃憐禹錫。對黃菊憶淵明。逍遣心情。富貴皆前定。清閒老此生。只你這掩衡門鍊德修真。不樂如居帥府封侯列鼎。

【梁州】但守着幾口兒山妻稚子。便休題半星兒蠅利蝸名。四時野景俱相稱。到春來花香日麗。到夏來柳暗風清。到秋來場登黍積。到冬來炕暖窗明。誰似你無憂愁恣意經營。想起那三般兒夢裏猶驚。煩的是勞着心理案牘繫繫縈縈。悶的是拘着身因冠帶齊齊整整。怕的是提着膽有言責戰戰兢兢。自思。自省。那般兒快樂安身命。惟隱逸較閒静。每日價飲盡田家老瓦瓶。抵多少畫戟簪纓。

【尾聲】對着這一川殘照波光暝。兩岸西風樹色明。看了這山水清幽足佳興。醒時節

共樵夫將古人細評。醉時節就篷窗將衾裯欹挣。一任那鼻息齁齁唤不醒。（誠齋樂府）

贈　別〔三〕

【北南吕一枝花】兩堤煙柳垂。十里夭桃映。半篙春水緑。一帶曉山青。三月朝京。酌别酒添詩興。聽驪歌緩去程。鞚雕鞍行色悤悤。載畫舸行裝整整。

【梁州】暫留戀風流秀士。略相别通變儒生。愛你那錦心繡腹文學正。你將那溪山飽玩。風月閒賡。暮雲覩鴈。春樹聞鶯。你與我片時間等待消停。我將這三般兒囑咐叮嚀。早晨間取一丸辟風寒壯筋力藥餌頻服。到晚來尋一間曾廝認會温存店房兒自寢。天明罷問一條有人煙無泥濘官路長行。只我這下情。志誠。遥瞻上闕心忙併。感洪恩樂安静。滿引香醪醉太平。老我平生。

【尾聲】俺如今身擔舊日文園病。帶減當年沈約鞓。若見俺相知問時呵應。你道我年紀正五旬。百無那一能。常子在花酒鄉中唤不醒。（誠齋樂府）

苦雨有感憫農製正宫一曲有引

予既作苦雨詩，數日雨猶不止，朝暮滂沱淅瀝，已半月矣！無可以慰老夫憫農之懷，乃製正宮一調五章，令録與長史觀之。曲雖俗體，而詞語不失乎典，則復令樂工度之於聲，以暢抑鬱之懷，豁朗霽之襟胸焉。就令歌詠與長史聽之，知我者恕其狂斐耳。

【北正宮端正好】月令值蕤賓。佳節逢端午。正民間二麥秋初。連朝萬裏停陰霧。憐憫妨農務。

【滚繡毬】雨如傾半月餘。雲如堆滿太虚。雨淋漓不曾停住。看桑田變作江湖。低田潢潦汙。高田泥濘淤。麥和粟總傷陰雨。遍鄉村感歎嗟吁。看場頭蛾出田飛鷺。聽竈底蛙鳴井躍魚。水滿郊墟。

【倘秀才】緑莎映漁汀小渚。昏霧暗樵山遠嶼。見兩箇漁樵自歌舞。一箇將柴擔倚着蒼樹。一箇把船棹纜在青蒲。他兩箇説一會人生造物。

【滚繡毬】他道是去年時晴乾了半載餘。黍和粟種不出。告旱災的百十成聚。憂愁殺村叟農夫。不付能今年的雨澤濡。溼爛得麥種無。他又待告水災冒瀆官府。看那些老莊家精着箇頭顱。他道是兩場麥穗和泥打。抵多少十里山田帶雨鋤。枉費功夫。

【塞鴻秋】争如俺打魚人船棹向滄波去。採樵人家近着青山住。打魚人賸得些鮮鱗聚。採樵人飽玩些雲林趣。豐歉不相關。雨旱無憂慮。做漁樵的到落得安身處。

【尾聲】看了這人生可憫惟農務。蠶麥相兼每歲須。養得蠶成箱内虚。種得糧多倉裏無。冬暖兒號衣不敷。歲稔妻啼食不足。有一等游食清閒懶士夫。粉面妖嬈潑妓徒。豈識人生衣食劬。深巷重門樂有餘。一任天時旱澇除。不理生涯無定居。博戲誇豪較勝輸。絃管争妍日以娱。坐食農夫米麥蒭。坐衣農夫絹布服。看了這漁子樵夫説來的喻。他是那深歎息爲農的最辛苦。（誠齋樂府）

秋　興〔一三〕

【北南吕一枝花】黄花助酒情。紅葉添詩興。碧雲催晚意。白鴈送秋聲。景物清寧。處處堪遊幸。閒中老些生。論仙宗已結同盟。説禪派曾經頓省。

【梁州】想世事名韁利鎖。歎韶華石火風燈。林泉四景俱相稱。到春來花間戲蝶。到夏來柳外啼鶯。到秋來塗紅減緑。到冬來翦雪裁冰。幾椿兒費卻經營。三般兒笑煞平生。這些時把一箇俊潘安老得來兀兀騰騰。瘦沈約害得來涎涎瞪瞪。渴〔一四〕相如送得來悄悄冥冥。到如今老成。恰醒。怕風流打疊起疏狂性。保天和樂天命。拚取箇盡醉樽前老瓦瓶。每日將詩酒忘情。

【尾聲】藥爐丹竈雲霞暝。琴室書窗日月明。最好是松風静中聽。愛溪流玉聲。看山圍翠屏。寫不盡秋懷畫不盡景。（誠齋樂府）

題情〔一二五〕

【北南吕一枝花】温柔羃玉心。俊俏偷香膽。行雲常不慣。待月豈曾諳。淚溼春衫。强把這風聲掩。瘦形骸怎地擔。半霎時不見早難禁。頃刻間離别怎堪。

【梁州】熱厮火情緣坎壈。可喜娘美事魖魀。俏冤家陡恁將人賺。想着那花前共輦。柳外同驂。樓中夜宴。帳底春酣。好恩情阻隔的兩兩三三。略相别早篤篤喃喃。房兒静影兒孤兩葉眉攢。被兒單枕兒冷三更夢感。酒兒烘情兒熱一縷涎饞。自夸。便敢。向花叢悄把才郎探。脚剛那早心慘。當不得閒人冷話兒嘶。自索羞慚。

【尾聲】莫不是小心兒不會把因緣勘。因此上密約偷期做得不嚴。惹下些歡喜風情作餘濫。任教人笑談。端的是爲咱。瘦怯怯腰肢漸漸的減。（誠齋樂府）

風情〔一二六〕

【北南吕一枝花】烏雲綰髻鴉。翠柳分眉黛。秋波凝鳳眼。春色上桃腮。琴瑟和諧。正你那花胡同行休再。錦排場少去挨。從今後撇罷了送舊迎新。打疊起零羅碎買。

【梁州】常住在珠樓畫閣。但行時玉砌瑶階。這風光不比您平康陌。近着的雕雲靠椅。對着的彩鳳妝臺。喫的是肥羊法酒。戴的是寶釧金釵。不比您閑烘烘柳陌花街。磣可可燕妒蜂猜。我子待喚醒了困朦騰昏人夢雲雨巫山。趓離了錦模糊迷人路鶯花世界。收拾了明滴溜引人魂煙月招牌。近來你性格。賒下些。芙蓉帳裏鴛鴦債。子要你學貴人爲貴客。抵多少統鏝勤兒大塊。子扖疏散情懷。

【尾聲】將你那花枝般身體須憐愛。錦片似前程索自裁。小可里填還了柳青債。也休愁無米共柴。也休憂没錢與帛。你但得脱離了風塵大古里采。（誠齋樂府）

代友人勸從良伶者〔一七〕

【北南吕一枝花】蜂黄散曉晴。蝶粉殘春色。鶯雛乾嫩羽。燕子褪香腮。只因你都會處生來。尚有些天然態。猶存些風月魄。包藏着軟欵心腸。出落着玲瓏性格。

【梁州】衠一味依本分當行生理。無半星潑風聲餘濫情懷。便做這詩人老去鶯鶯在。拜辭了銀河渡波翻浪湧。摘離了巫山廟雨妒雲猜。撇罷了藍橋驛風淒月慘。跳出了緱氏嶺霧鎖煙埋。自從這病潘安占斷花街。恰便似老劉晨誤入天台。從今後若見那暗中兜的心友休題。若有那新來砑的勤兒莫採。若逢那舊曾經的相識蹬開。我將這風情。自裁。休着那俏雙生怨煞馮員外。走到那金山寺揑下了這場怪。得也麼蘇卿忒性乖。怎做的立志清白。

【尾聲】據着你主張呵苗稀草盛曾種在南山外。燒炙呵煮粒然萁曾題入七步才。又不比打毬似心腸滚得瞧。你看他同心結不開。香羅帶不解。便是你平地上登仙我與你大喝聲采。（誠齋樂府）

代人駡伶者〔一二八〕

【北南吕一枝花】眉巃翠葉稠。鬢亂烏雲彈。腮黄紅粉淡。腰灑繡裙拖。仔細評跋。玉怎比頑石磨。鳳難棲野雀窠。這因他苦厭厭舊約重尋。致今得美甘甘前程蹬脱。

【梁州】本是箇花胡洞多年鬼魅。章臺街現世妖魔。論風流旖旎無些箇。歌聲時嗓拗。舞旋處腰駝。難稱爲官妓。壓賽過私科。有錢呵便得成合。但得那一分銀十夜也隨他。看不上意遲遲頂扭頭歪。覷不得磣可可唇巃口闊。聞不得氣噓噓嗓臭咽唆。怎生。打睃。尚古自强風情不許人猜破。腆着臉粧幺麽。幾件兒腌臢歹過活。害着些膿科。

【尾聲】入房門怎覷疏簾幙。近牀榻難當舊被窩。赤緊地俏泛兒全無忒村過。説與您無知的小哥。是必要遠他。但題起那歪刺骨〔一二九〕聲名望風兒趓。（誠齋樂府）

代人勸歌者從良歌者鄉外樂籍中角伎善於歌舞〔三〇〕

【北南吕一枝花】夷山風月情。艮岳煙花分。中州新歲景。梁苑舊時春。賣俏家門。歌舞爲營運。詼諧是立身。燕鶯期甚日成巢。鴛鴦債何時證本。

【梁州第七】趕賽處空熬了歲月。酒席間枉費了精神。便有那俊龐兒出落着多風韻。也子索每日價巡門繞户。論年價撞疃沿村。唱的來脣乾口燥。舞的來眼暈頭昏。便賞與十文錢也子索歡忻。便得的五斗麥也子索平分。不覺地伴風塵憔悴了杏臉桃腮。偎紅翠消瘦了金蓮玉笋。刮頑涎枯乾了皓齒朱脣。也索。自忖。急回頭又早三十盡。你便有百般嬌十分俊。眼見的白髮新添鏡裏人。早尋箇葉落歸根。

【尾聲】我欲待楚陽臺乞半紙雲雨常晴。論你便索平康巷化一箇金蟬脱殼身。穩拍拍的前程不須問。趁着你蝶粉蜂黄尚存。若得這鳳友鸞交做親。不願從良你也算的是箇蠢。（誠齋樂府）

嘲一修道者幼年飄蕩老而省悟〔三一〕

【北中吕粉蝶兒】殢雨尤雲。半生狂不依本分。慣得來忒逞精神。遮莫是翠紅鄉。脂粉隊。更合着柳營花陣。占斷芳春。但題着箇頂老兒便教心順。

【醉春風】常子是眼兒裏恰相傳。意兒中欲早肯。踏踏的秦樓謝館美風塵。相隨得緊。緊。成就了不一處的萬種恩情。做慣了難記數的千場子弟。結下了無打算的百年緣分。

【紅繡鞋】到如今悔去也言而有信。看來也往事休論。恰便似一枕黄粱夢醒人。你如今樂仙家千載壽。養丹竈四時春。想着那戀鶯花何太蠢。

【石榴花】你爲甚錦營中參透要修真。赤緊地别是箇俏家門。怕不待清歌妙舞醉紅裙。你便是出衆超羣。也索着昏。子被他鴛鴦債索的心先悶。博换得幾星兒剩雨殘雲。直熬的形骸坎壈頭旋暈。抵多少拍拍滿腔春。

【鬬鵪鶉】怎如你修鍊的一粒丹成。保守的千年壽穩。你也曾口内親傳。心中自忖。這玄妙從來有定準。休將做謊話云。和合的真汞成形。便是你真鉛報本。

【上小樓】看了那愚迷世人。他怎肯安心守分。都子待賽逞風情。枉用心機。强打精神。不提防腦後門。敲箇昏。筋輸力盡。我看那推磨的小哥每困也不困。

【幺換頭】那其間悔後遲。思後愠。直待的骨節伶仃。眼腦迷稀。鬢髮紛紜。若還是瘦損形。疾在身。他又將汗貨來打襯。你着那神仙每恨也不恨。

【耍孩兒】既參知便索從今認。休等到您時節遭他一窘。你將這藥爐丹鼎再新修。直着那紫金丹寶氣冲雲。抽將坎内陽鉛出。合得離宫陰汞均。也不索三車運。不須那風波猛烈。只要這火候調勻。

【尾聲】既得了黍珠般一粒丹。急將來華池中滿口吞。這的是神仙自有神仙分。那其間將你這折柳攀花的方纔證得本。（誠齋樂府）

與鶯燕解嘲〔三〕

【北雙調新水令】燕鶯巢强戀做鳳鸞帷。便有那巧舌頭怎生支對。託空城裏言密約。竹林寺裏夢佳期。别話休題。且説你舊時的那活計。

【駐馬聽】酒館春歸。幾度飛來傍柳啼。歌樓風細。數番啣入落花泥。好音聲只落得衆人知。潑風情空惹下留春意。本是箇喜蟲蟻。人道你近新來改换得翎毛貴。

【慶東原】或是向雕簷内。或是向花逕底。語呢喃睍睆把韶光媚。又不曾鳴朝陽竹食。又不曾在梧桐樹棲。又不曾聞韶樂來儀。常子是深院裏占春光。幾曾到金殿上呈祥瑞。

【慶宣和】只爲你體態輕微姓字卑。引了些蝶使蜂媒。妝點的園林景稀奇。是你。是你。

【鴛鴦煞】也不索向梁間悄語添憔悴。也不索向花陰百囀閒淘氣。夏景將闌。秋色凄凄。唱道早自營巢。休尋舊壘。囑付你心知。且趁景閒遊戲。便不是彩鳳鳴歧。也着你落一箇虛名自然美。（誠齋樂府）

席上雙關意詠斗戲贈歌者〔二三〕

【北仙吕點絳唇】月令隨標。箕星共號。子爲你斟量錯。降謫塵囂。向人世來量度。

【混江龍】只因爲鴻門失卻。一靈兒飛入錦窩巢。飽諳了些麤細。廣見了些低高。木板兒有錢休再刮。鐵梁兒無米莫來敲。欺瞞了些利叟。搬弄了些倉廒。從離了街市。自入得深宅。到如今再不零羅糴。撇罷了臨尖踢斛。無承望半合三鈔。

【油葫蘆】改變〔二四〕故宮殿風微燕雀高。清標安有這梁柱角。更著些彩妝青緑縷金描。再不〔二五〕向羅新賣舊臨街道。常子是擎升坐礎居廊廟。趓離了斗級每手内提。却來這華堂中方上閣。常子是清風明月簾櫳罩。抵多少團弄在小兒曹。

【天下樂】連你那朽板兒沾粘的有下梢。聽了。些笙簫。居畫閣做高材穩柏柏實是好。要看呵仰着首觀。要摸呵誰勾得着。攢簇的清閒直到老。

【煞尾】既[二六]得向殿宇内做良材。子要你升運裏施呈巧。每日價陪伴着金蓮玉藻。樂富貴繁華百載遥。聽了些遶梁聲塵軟香嬌。簇花着篆刻鎪雕。一任那粘合處涎乾了肉鰾膠。再不怕没梁兒棄卻。常子是錦罘罳籠套。受用着寶樓臺銅斗兒鳳凰巢。

（誠齋樂府）

擬八段錦戲作題情[二七]

【北雙調新水令】枕痕一綫界胭脂。繡幃中可憐獨自。輕盈嬌體態。裊娜瘦腰肢。困倚東風。春睡損翠裙裡。

【駐馬聽】無限相思。墨暈兒半乾和淚紙。許多傳示。筆尖兒難寫斷腸詞。他那裏清江一派腹中思。俺這裏黄河九曲心間事。兩下裏暗嗟咨。都只爲風流俊雅多才思。

【雁兒落】碧梧閒鸞鳳枝。綠荇綰鴛鴦翅。紫薇空翡翠巢。丹杏老蜂蝶使。

【水仙子】茶不茶飦不飦剛捱兩三匙。成不成就不就因緣拖逗死。明不明暗不暗惹下些風流事。長不長短不短何日止。哭不哭笑不笑抹淚揉眵。昏不昏醒不醒情如醉。吞不吞吐不吐氣似絲。活不活死不死爲那人兒。

【川撥棹】若説着那人兒。他有那十數般可喜樣兒。杏子眼兒。柳葉眉兒。櫻桃口兒。瓦壠鼻兒。玉粳牙兒。葱枝手兒。更有那窄弓弓些娘脚兒。小脚兒剛一指。
【梅花酒】可喜死髮似烏絲。色勝西施。更軟欵温慈。有元白詠不足。有丹青筆難施。忒敬思可人意瘦腰肢。瘦腰肢一捻兒。一捻兒年紀兒。年紀兒正當時。正當時效琴瑟。效琴瑟美嬌姿。美嬌姿善吟詩。善吟詩能慘紙。能慘紙寄情詞。
【收江南】寄情詞單寫著害相思。害相思端的是爲那人兒。那人兒若得見他時。見他來到此。到此來教俺喜孜孜。
【鴛鴦煞】好前程遂卻鴻鵠志。潑生涯不入鶯花市。慶喜筵前。共酌金巵。唱道美滿姻緣。新婚燕爾。成就了鳳牡鸞雌。美眷愛皆天賜。相伴着嬌姿。證果了風流少年子。（誠齋樂府）

贈歌者〔二八〕

【北雙調新水令】玉樓閒聽理新聲。露華凉夜闌人静。丹山鳴彩鳳。春樹囀黄鶯。宛轉娉婷。撒驪珠玉盤映。
【駐馬聽】幾句輕清。恰便是漱玉澗寒泉落石屏。一聲高勁。直教那透金風清響遏雲。行泛商流羽韻無評。停聲待拍腔皆正。賽秦青。似這般嘯作堪人聽。

【雁兒落】黄鍾歌富貴情。仙吕唱清新令。正宫多雄壯音。商調感凄涼興。

【得勝令】大石調最風情。歇指調更分明。中吕高低韻。高平滉漾聲。陶寫天成。越調穩悠揚定。飄逸皆能。道宫將音韻輕。

【鴛鴦煞】錦排場獨步歌樓徑。翠紅鄉聲價知名姓。我教你月館增輝。梁苑馳名。唱道佳韻。堪題清音自省。寫與你新詞。出落着風流幸。撇朗末場中。名顯在鴻門占芳景。（誠齋樂府）

慶　壽〔一二九〕

【北大石調六國朝】祥光縈繞。瑞靄飄飖。仙樂奏鳳鸞吟。繡簾開宫殿曉。正值重陽到。紫菊香飄。祝壽嵩呼早。良時歡會好。丹臺進璚漿玉液。瑶池獻碧藕蟠桃。仙掌露華清。洞天秋月皎。

【喜江南】瞻仰着蓬萊島。輝輝的南極下雲霄。玉女遠臨懸寶蓋。金仙遥降跨黄鶴。旌節錦招摇。

【初問口】獻這丹房内九轉黄芽都是長生之藥〔一三〇〕。更看那採芝人穩步雲霞嶠〔一三一〕。白鹿隨玄猿嘯。喚山童手捧靈龜到。

【常相會】八仙九老壽星朝。歡忻也同宴樂。我子見翠柏蒼松山圍繞。金殿角。兀良瑞靄祥雲籠罩了。

【喜江南】瞻天表。樂振響琅璈。金籙永傳千歲久。彩輿先把七真邀。共會飲香醪。

【幺】將這長生保。化域樂陶陶。中岳三呼來慶喜。九天一派奏簫韶。福禄壽山高。

【雁過南樓】香馥郁金風裊裊。響琤琮玉漏迢迢。添百刻日影長。發千枝花敷蕚。正清秋雨霽天道。他那裏足躡着彩鳳行。手撫着蒼龍笑。霎時間下天闕八仙來到。

【催花樂】那神仙撒開象板舞藍袍。有一箇手握丹符。掌擎珍寶。有一箇緑鬢紅顏名姓高。有一箇皓首龐眉常不老。

【喜江南】有一箇捧一顆靈丹藥。穿一領紫霞綃。有一箇袖褪青蛇遊閬苑。有一箇手攜鐵拐赴蟠桃。他都曾把玉皇朝。

【净瓶兒】神仙每祝永壽如山岳增。福禄等天高。光華海宇。散祖逍遥。常教。喜共樂。千歲安康德行昭。光燦燦南極照。享恩榮琴瑟永和調。

【玉翼蟬餘音】壽山福海。仙果仙殽。寶殿瑶階。珠樓畫閣。金杯玉爵。仙真共酌。靈芝瑞草。長生不老。神烏喜鵲。音和韻巧。黄精自斲。玄霜慢搗。青松滿壑。白雲不掃。花錦繡月瓊瑶。鳴玉佩擁金貂。時可喜景堪描。遥望着鶴馭鸞驂雉扇。霓旌龍池鳳沼。俺這裏祝壽聲高。只願得永不老的芳容千歲保。（誠齋樂府）

早秋日暮北山登眺遂夜宴於玉香亭〔一三〕

【北大石調六國朝】園林秋景。暑雨初晴。恰一抹晚霞收。早半川殘照暝。登眺〔一三〕喜新涼。水緑山青。極目丹楓嶺。鴉翻金背影。凝暮靄千家煙火。響秋空一片砧聲。曲檻碧雲低。銀牀白露冷。

【喜江南】我將心馳騁。風物助淒清。萬里長空新雁過。幾行歸柳暮蟬鳴。遠水碧澄澄。

【初問口】遥望那孤村外耕牧漁樵自覺的添吾佳興。正值着太平時百姓每都安静。穀麥熟禎祥應。聽莊家鼓笛喧賽廟謳歌盛。

【常相會】晚雲收盡月華明。黄昏也風力勁。看耿耿銀河瑶天浄。可早將筵會整。兀良一部笙歌深院等。

【喜江南】將絳蠟紗燈領。歸步到玉香亭。傍小砌厭聽蛩韻切。蕩芳叢驚散鳥飛騰。夜色正幽清。

【幺】子見他歌喉逞。列十二翠娉婷。脆管悠揚雲外響。舞腰纖細掌中擎。仙樂自和鳴。

【雁過南樓】恰轉過花陰柳影。慢行來霧閣雲屏。他那裏欵按着箏。俺這裏新乘着興。正雙斟美醞行令。酒醒時花滿前。酒醉也花相映。共賞樂夜筵中相慶。

【催花樂】醉拈斑管寫閒情。詞寄新腔。詩吟清興。數首珠璣金玉聲。一曲宫商流素頸。

【喜江南】寫罷也遊芳逕。醉眼困朦騰。忙喚青衣扶酩酊。喜看白髮樂昇平。何必上蓬瀛。

【浄瓶兒】歎石火光陰競。覷名利羽毛輕。窮通見慣。榮辱曾經。前程。莫僥倖。總不如樂樂陶陶醉復醒。休把那心腸併。且[一三]開懷歡飲歡飲到三更。

【玉翼蟬煞】有花有酒。無慮無縈。同樂同歡。自思自省。便有那黄金滿籯。良田萬頃。四海識名。一生順境。怎如我流霞淺斟。登山眺嶺。詩懷放騁。題情詠景。風淅淅露泠泠。花簇簇月盈盈。占象板品瑶笙。醉歸來畫閣深扃。繡幙低垂。鴛衾厮稱。高卧在紗橱。直睡到紅日三竿纔自醒。（誠齋樂府）

病中寄情[一三五]

【北南吕一枝花】心如明月懸。人比黄花瘦。燈前聞夜雨。枕上覺新秋。緑慘紅愁。擔病證挨昏晝。悄襟懷不自由。這病敢一半兒中暑停寒。一半兒因花爲酒。

【梁州】不覺的玉帶圍鬆寬了羅扣。繡簾櫳低簌下金鉤。早是我病淹煎又被閒僝僽。瑶琴倦撫。錦瑟慵擩。銀箏不按。金縷難謳。我爲你性聰明相伴相留。怎禁這業心腸多病多愁。這些時把一箇晉潘安老的來兀兀騰騰。梁沈約害的來黄黄瘦瘦。漢相如撇的來欠欠丢丢。擔着。證候。惜花心尚兀自還依舊。骨岩岩越清秀。赤緊的一縷兒頑涎不肯收。愛風流的老也風流。

【罵玉郎】早被他胭脂睡損湘裙皺。我這裏心挂念。他那裏淚盈眸。病身軀兩下裏相拖逗。怎支吾腹内愁。愁翻成鏡裏羞。羞説起神前呪。

【感皇恩】本待要歡樂綢繆。誰承望兩處僝僽。我爲他損精神。他爲我添憔悴。都一樣減風流。怕的是黄昏時候。一弄兒增憂。火半温串香香。門半掩燈上上。簾半捲玉鉤鉤。

【採茶歌】暮雲稠。晚風颼。凄涼光景甚時休。人静書幃閒象管。塵濛鸞鏡鎖妝樓。

【尾聲】只願得早身安辦一席家常酒。相伴我飲三巡瀲灩甌。見了他困倚着闌干軃紅袖。那其間俊龐兒帶羞。纖腰兒似柳。我便索準備下風流畫眉手。（誠齋樂府）

題　情[一三六]

【北南呂一枝花】瘦身軀難打捱。美恩愛多艱阻。好功名都拚捨。閒雲雨盡蕭疏。情興揶揄。俺這裏冷落似宋玉悲秋賦。你那裏淒涼如昭君[一三七]出塞圖。想殺人也可意姻緣。盼煞人也知音伴侶。

【梁州】只落得鶯猜燕妒。枉擔閣鳳隻鸞孤。論聰明不是箇閒人物。妖嬈體態。穩重規模。席前打令。燈下樗蒲。實指望好恩情久遠如初。誰承望阻天涯信遠音疏。爲別離一更更斷夢勞魂。想別離一陣陣牽腸割腹。怕別離一番番截鐙埋軸。淒淒。楚楚。怕的是畫船兒開往江心去。空作念枉回顧。抵多少嬌馬春風出帝都。千里程途。

【尾聲】俺這裏幾番人去曾分付。您那裏數載音書一紙無。知他那[一三八]着疼熱心腸可相顧。但得你相逢呵分福。相見呵病除。得歡會平生願心足。（誠齋樂府）

初秋登覽晚宴天香閣醉中述懷[一三九]

【北大石調六國朝】金風疏柳。玉宇初秋。蟬韻咽柳陰長。燕辭巢涼氣陡。村落晚霞晴。暑雨纔收。罷釣歸來叟。忙將蓑笠抖。平湖外雲煙滿目。孤村畔禾黍盈疇。綱曬短籬頭。船灣新渡口。

【喜江南】向此際凝眸久。風力覺颼颼。樵子遠來前引犬。牧童歸去倒騎牛。芳草遍汀洲。

【卜金錢】疏林外幾點寒鴉。又是那黄昏時候。碧天邊一抹雲生岫。樹色黄山容瘦。望湖光萬頃玻璃皺。

【常相會】秋聲秋色滿高樓。新涼也生翠袖。忙喚山童斟白酒。三四斗。醉倒先生花下宿。

【喜江南】詠風月詞千首。吟罷呵鬼神愁。俺這裏擊玉敲金依譜製。他那裏移宫换羽按腔謳。莫惜錦纏頭。

【鴈過南樓】進鮮果金瓜玉藕。捧香醪玉斝金甌。舞霓裳翠袖垂。品龍笛春纖秀。正幽窗月朗如畫。天香閣夜宴排。藏春塢紗燈候。忽聽的響潺潺箭傳宫漏。

【催花樂】太平無事樂悠悠。常子是爲善安康。守謙永久。但得向詩酒壇邊歡正稠。一任他花柳叢中人皓首。

【喜江南】將這拈花手。擺脱了舊交遊。緊閉談天説地口。深藏露穎出尖頭。看的這世事若浮漚。

【浄瓶兒】名利事都參透。風月話盡相投。清音聒耳。麗色凝眸。忘憂。沈醉後。抵多少一盞能消萬古愁。管甚麽酒溼泥金袖。愛風流的老也愛風流。

【玉翼蟬煞】席前行令。花底藏鬮。有花同賞。有酒同酬。不知冬夏。不管春秋。看了那烏飛兔走。天長地久。仙經自剖。靈丹自守。也不管狂朋怪友。閒花浪柳。蒼松翠竹。清茶淡粥。山林興熟。疏狂性有。閒散祖樂悠優。無罣礙少營求。醒時唱醉時休。只落得撫景忘憂。登眺寬懷。當筵勸酒。都笑我癡頑。我問你學得我癡頑的誰似否。（誠齋樂府）

贈李氏素蓮[一四〇]

【北南呂一枝花】瑶池淡粉妝。玉井清香散。浦陀冰骨嫩。太液雪膚寒。霧鬢雲鬟。觀音海波中綻。周濂溪月下看。引的那陶淵明歸去心遲遠。法師修行意懶。

【梁州第七】本是箇仙境界生來麗質。休猜做淤泥溝長出嬌顔。婷婷嫋嫋多風範。容華清致。衣袂翩翻。蜂黄乍褪。蝶粉纔乾。是何年落境思凡[一四一]。怎生來降謫人間。看了伊舞態如受東風紫燕輕盈。歌喉似迎曉日黄鶯睍睆。語音同下青雲彩鳳幽閒。

幾番。自揀。生雜劇便敢迭生扮。傍花來揭簾看。錯認做一朶能行玉牡丹。環珮珊珊。

【尾聲】微開檀口新詞咀。半露春纖古瑟彈。笑倩紅牙板輕按。向池亭倚闌。就畫船手攀。每日家掌上高擎那希罕。（誠齋樂府）

慶壽[四二]

【北南吕一枝花】洪鈞轉管莩。化日長宫綫。一陽生大地。五福降中天。祝壽筵前。慶賞在蓬萊殿。聽瑶池列管絃。曉雲深繡户初開。香霧靄珠簾半捲。

【梁州第七】酒獻着銀瓶緑蟻。花簪着翠葉金蟬。綺筵中聚會神仙眷。歌音溜亮。舞態翩翻。霓裳縹緲。細樂喧闐。值人間喜慶相聯。看仙輿來降真銓。南極星現光明壽域天開。東華公增福禄瑶階日轉。西金母獻蟠桃玉盎香傳。華筵。玳筵。滿斟仙酒頻相勸。列仙班授仙傳。千歲龜鶴祝壽延。松柏長年。

【尾聲】瓊漿玉液長生宴。寶籙丹符永壽篇。千歲常開七真院。青玉案邊。黄金殿前。高把這福禄壽三星畫圖展。（誠齋樂府）

代人久別詠情嘲漂蕩子弟[一四三]

【北商調集賢賓】二十年到今無消息。直恁地久別離。又不敢明明的作念你。子索暗暗的傷悲。恰捱過賞燈時午夜元宵。不覺的蹴鞦韆上巳寒食。急回頭日長端午期。没揣的玉露凄凄。光陰如過客。寒暑急相催。

【逍遥樂】常想着別時容易。到如今見後艱難。只除是相逢夢裏。人孤另寂寞羅幃。錦帳空間淚暗垂。數歸鴻信遠音稀。好教人煩煩惱惱。哀哀怨怨。慘慘悽悽。

【金菊香】珊瑚枕上夢初回。剛暖的鴛鴦被半壁。怎禁那月到紗窗涼露凄。聽銅壺玉漏聲遲。便是鐵石人也感得蹙雙眉。

【梧葉兒】常想着香肩並。也曾將玉手攜。實指望效于飛。間阻了鸞凰會。分開了鶯燕期。不似你忒着迷。只爲那十件兒風流愛彼。

【醋葫蘆】眼呵轉雙眸明似星。溜秋波嬌欲滴。怎當那送春情一笑萬金。直若還是半醉朦騰初睡起。雨雲歡會。放乜斜先把角兒垂。

【醋葫蘆】眉呵喜孜孜樽席前。曲彎彎妝鏡裏。把黛煤輕掃出香閨。感春色若將心事擬題起。那別離滋味。鎖雙蛾愁蹙的遠山低。

【醋葫蘆】髮呵木犀油攏掠光。薔薇露滋潤美。綰青絲半嚲緑雲垂。若是向玳瑁筵前穩坐地。雲鬟高髻。將一枝寶花斜插着最相宜。

【醋葫蘆】口呵綻櫻桃紅半分。吐幽蘭香暗襲。笑談中出落着玉粳齊。半啟朱脣將甜唾唧。央及一會。唱一闋縷金歌聲遏的碧雲迴。

【醋葫蘆】臉呵憶香腮悲與歡。想芳容嗔共喜。他若還淡妝濃抹總相宜。酒席上若還多飲了數杯。看他這俊龐兒標致。恰便是曉霞烘春透一枝梅。

【醋葫蘆】手呵數歸期屈指尖。似柔荑偏細膩。鳳仙花紅染的玉纖齊。若還是慢理着冰絃在星月底。把瑶琴相對。見了些露春蔥舒玉笋拂金徽。

【醋葫蘆】足呵蕩湘裙半折慳。蹴金蓮雙鳳嘴。窄弓弓三寸兒步輕移。他便是踏遍了香塵不見跡。也子是天生的可戲。將他那繡鞋兒堪做箇暖金盃。

【醋葫蘆】腰呵逞風流一捻兒。顯妖嬈嬌媚體。恰便是擺春光弱柳任風吹。不似你愛他呵在人前誇大嘴。便有箇玉天仙出世。看了他輕歌妙舞有誰及。

【醋葫蘆】乳呵紗厨中午睡醒。晚涼天新浴起。恰便是紫葡萄寒沁玉冰肌。到晚來半露着酥胸在鴛帳裏。畧噌些風味。怎當那軟柔柔香馥馥好東西。

【醋葫蘆】寢呵赴陽臺雲雨期。殢芳情春意美。一會家乜斜着星眼皺着雙眉。直等的粉臉上溶溶香汗溼。嬌羞無力。那温存那摑惜那昏迷。

【金菊香】想從前歡會怎追隨。到如今阻隔的雲山千萬里。但將那十件兒在你心上題。便引的廢寢忘食。不覺地沈腰寬褪了舊羅衣。

【浪來裏煞】你這裏把鸞箋親自寫。他那裏將鴈帖遠來寄。我這裏拆開封孜孜地看了笑微微。若還他海枯石爛心不移。不忘的説來的盟誓。少不了碧桃花春暖鳳鸞棲。

（誠齋樂府）

慶　壽[一四]

【北南吕一枝花】三春和暖天。五福禎祥日。八仙臨寶殿。九老赴丹墀。祝壽稱齊。共讚存仁義。咸稱美德儀。似這般有才有貌多能。堪列在宜選宜封貴職。

【梁州第七】千歲壽常行恭敬。萬年歡廣積陰鷙。論聰明相稱這夫人位。諸餘標致。所事誠實。十分俊雅。百件合宜。不比那浮花浪蕊心機。衠一味蒼松古柏神奇。因此上西金母來赴會菓獻蟠桃。東華君來降福丹凝玉液。南極星來祝壽酒捧金盃。門闌。慶喜。祥雲瑞靄香風細。仙鹿遊仙鶴戲。都是那千歲長生不老期。麗日雍熙。

【餘音】壽星光映中州地。福禄咸臻内殿闈。共祝宫庭享榮貴。列華筵綺席。聽仙音

韻美。永樂昇平一千紀。（誠齋樂府）

賡人韻自述[一四五]

【北南呂一枝花】久存忠孝心。夙有神仙分。湖山千載興。天地一閒身。學了些子曰詩云。枉把情懷困。不羡他富與貧。夢仙卿玉闕遥參。居中國金門大隱。

【梁州第七】歎歲月風燈石火。玩韶華逝水浮雲。常修德行將身潤。獨攜丹竈。自悟玄門。紫陽傳道。宣聖依仁。一任他變寒暄秋夏冬春。我常教配陰陽離坎情親。興來呵向坤宫温養黄芽。閒時節守素室修持道本。老後也静靈臺保護天君。莫聞。外闖。些兒小慮休驚震。命與限利和鈍。何必區區苦役神。且從容酒飲三巡。

【尾聲】嘲風詠月心中運。握雨攜雲枕上恩。喜樂無憂在方寸。過一句是一句。隨世情有屈伸。不離了花酒神仙是快活本。（誠齋樂府）

贈秀蓮[一四六]

【北南呂一枝花】珍奇上苑花。清淡瑶池種。錯生荒塢内。誤入野塘中。是一朵秀麗芙蓉。無豔冶遊春夢。有清香趁晚風。看了你半開半拆芳姿。是一箇堪愛堪誇眷寵。

【梁州第七】向緑水包藏嫩蕊。露紅妝出落嬌容。子爲你並頭開引惹的芳心動。模樣兒輕盈裊娜。根科兒剔透玲瓏。丰韻兒千般俊雅。連心兒百事惺憁。因此上惜花人費盡春工。巧丹青描不出香紅。常自在中國中周茂叔濂溪上閒觀。幾曾到南海南觀世音浦陀邊浪湧。不教去西天西彌陀佛極樂裏相從。似這般可人。得逢。比的那尋常草木成何用。玉井生太華貢。直待得蘋賓做主公。美景相同。【餘音】常自是宿鴛鴦搭苫下紅香洞。立翠翡欹斜着碧玉筩。賞玩在池亭儘陪奉。似這箇秀蓮花一叢。不枉了承高人愛寵。滿插在金瓶手心裏捧。（誠齋樂府）

仲春席上，觀呈藝女童演傳奇而甚喜，贈以樂府凌波曲。有以「眷戀之懷」嘲予者，予走筆製仙吕一套，以爲解嘲之詞云。〔一四七〕

【北仙吕點絳唇】嬌艷名娃。年方二八。風流煞。所事撑達。引得人牽掛。【混江龍】茅檐草厦。怎消的嬌滴滴一朵海棠花。看了他言談俊雅。音律熟滑。名兒是千葉内生成的紅菡萏。臉兒賽九蓮中活現的小菩薩。據着他心靈變勝似亞仙名。據着他性聰明不在蘇卿下。端的似良金足色。美玉無瑕。【油葫蘆】六幅湘裙簌絳紗。繡鞋兒剛半扎。步金蓮窄窄的印堤沙。他生得風風韻韻堪描畫。標標致致人嗟訝。外面兒波浪掙。就裏又心性耍。是一箇玲瓏剔透千金價。可惜了流落在野人家。

【天下樂】我欲待權與東君做主咱。真假。事不洽。俏風聲委實難按捺。甜話兒答應人。實心兒相待他。做得箇乾風情全是假。

【那吒令】賞三春豔花。捧瑶觴玉斝。玩中秋月華。按銀箏象甲。向深閣鬭茶。侍龍幃鳳榻。翠巍巍雲鬢堆。紅馥馥花枝壓。美孜孜臉襯朝霞。

【鵲踏枝】赤緊地意通達。性堪誇。一團兒軟欵温柔。有事兒喜笑歡洽。他是箇嗟頂老又不曾求食串瓦。休猜做章臺街路柳牆花。

【寄生草】能商謎。慣續麻。爲知音兩意難拋下。乍相逢惹得聲名大。小心腸擔了些閒驚怕。欲待將門兒閉了再休踏。又子怕眉兒淡了教誰畫。

【幺】被這大喬相識。一謎哩閒嗑牙。都笑俺使閒錢莽把花門迓。强風情枉被些杓倈駡。乾相思勸不得咱家罷。子爲這賞花時看一段好春光。試聽咱老先生説幾句衷腸話。

【後庭花】想世情似落花。歎花陰如過馬。有美酒休辭飲。遇名花須要插。休誤了好年華。眼見得鏡中添白髮。在王侯富貴家。樂昇平享福那。儘開懷同笑耍。

【青哥兒】但得箇些兒些兒閒暇。向園林宴賞喧譁。有道等軟玉嬌香陪伴咱。怎肯教埋没了鉛華。使人嗟呀。簫管咿啞。纖指琵琶。羯鼓頻撾。樂藝堪嘉。向席上樽前喜喜歡歡的笑呷呷。設筵宴在花陰下。

【賺尾】俺如今年紀到六旬來。歎世事如嚼蠟。不快樂疏狂待怎麽。對美景良辰莫負他。錦窠中小小生涯。唤雙丫板撒紅牙。將一箇自撰清新雜劇誇。似這般青春豔娃。看了他玉容堪畫。我子待占東風培養出牡丹芽。（誠齋樂府）

詠繡簾[一四八]

【北南吕一枝花】休將斑竹題。莫把蝦鬚論。玉鉤和錦捲。金縷間絨分。繡出湘紋。他自有畫閣蘭堂分。怎伴的茅庵草舍塵[一四九]。屈沈了可奚的閉月羞花。難猜做尋常的施朱傅粉。

【梁州】散五彩花枝蹀躞。助一庭風月清新。鳳樓中展挂起十分俊。煙熒翠靄。花簇紅雲。低妨舞燕。高隔啼鶯。掩中堂香篆氤氲。障閒堦柳絮紛紜。相隨呵時常教伴着箇佳人。捲舒呵子願的遇着箇貴人。鉤控呵是必休撞着箇村人。也索。自忖。莫等的風吹日炙無淹潤。彩色落亂方寸。憔悴了容顔斷送了春[一五〇]。那其間施展無因。

【餘音】你既是下工夫繡得來多嬌嫩。趁如今有顔色休教錯進身。揀一答相趁相宜好

時分。似這般色新不挂在殿門。常捲入草户柴扉。算的你是箇蠢。（誠齋樂府）

上文臣〔一五二〕

【北南吕一枝花】官居八輔臣。禄享千鍾近。功存遺百世。名播萬年春。極禮亨純。惟治國安邦論。調和鼎鼐新。持義節率忠貞。都則待報主施恩。乘賢烈憑直正。也則是清徽化民。

【梁州】獲聲譽體的是那漢汲黯丹書清史。取清名訪的是那唐魏徵汗簡標勳。端的是振綱常尊倫理行仁信。所以上平和天下。寧静了乾坤。八蠻拱手。四夷調均。一箇箇氣冲開牛斗星辰。一箇箇志高接太華風雲文機見。一箇箇似臯陶伊尹的形藏武智略。一箇箇揣吕望張良的策論文武功。一箇箇比蕭何李靖的忠勳。都則待挺身。報君。保皇圖大業無疆運。武勇烈文賢俊。所以上國治家齊民物欣。堪花酒盈樽。

【尾聲】定邊疆安社稷把戎狄鎮。扶宇宙保華夷除剪了蠻貊塵。如今這癖疥兒曹永無病。文英能至真。武威嚴似神。眼見的凌煙閣標題姓名凖。（詞林摘艷）

四季行樂〔一五三〕

【北黄鍾醉花陰】畫角聲催報春早。一簇簇尋芳鬭草。開宴賞花朝。車馬相迎。來往佳人笑。野人家簷掛酒旗搖。箇箇都將春盛挑。

【喜遷鶯】嬌滴滴春光花蕚。紅馥馥豔杏夭桃。花撲撲難描。錦叢叢可遊堪樂。絮叨叨紫燕歸來覔舊巢。樂醄醄盡翫飽。一段段山青緑水。一處處柳嫩花嬌。

【出隊子】豔陽天道。聽啼鶯聲嚦巧。試看那牡丹濃薔薇媚海棠嬌。都向那柳陰中潛行過竹徑抄。不付能春色溶溶可又早暑氣覺。

【刮地風】沉李浮瓜紈扇搖。避暑逍遥。倚凉亭翫賞心歡樂。陳設佳餚。一壁廂喧闐鼓樂。聒耳笙簫。一壁廂金杯内滿泛香醪。翫荷蓮。倚畫橋。芳池内藕似銀條。海榴開滿目紅雲罩。呀。敢早金風桂子飄。

【四門子】聞枝頭不住蟬聲噪。看堦前梧葉凋。飲興又濃。明月又皎。東籬下袓然沉醉倒。黄菊又開。紅葉又飄。我則見連天衰草。

【古水仙子】冷颼颼朔風寒凍樹梟。來往往人行難動脚。看看看江村阻隔漁樵。看看看攬孤舟懶棹。休休休孟浩然尋梅去迷霸橋。覷覷覷看山遠不辨低高。望望望冬景堪畫描。是是是韓退之懶上藍關道。呀呀呀慶雨順賀風調。

【尾聲】四季韶光似風掃。不如將故友頻邀。你將這好光景莫交辜負了。（詞林摘艷）

賞牡丹

【北黃鍾醉花陰】萬紫千紅綻芳苑。金殿曉新鶯韵囀。花似錦柳如煙。日暖風暄。十二珠簾卷。花索讓牡丹先。散金蕋芳英吐綠蟬。

【喜遷鶯】寶欄中一見。姚黃敢奪狀元。樽前。輕紅堪羨。魏紫如同霞色鮮。百媚全。端的有丹青難畫。便有那巧筆難傳。

【出隊子】賞花設宴。鳳樓中列管弦。散天香馥郁玳筵前。呈國色輕盈舞袖邊。看體態妖嬈分外顯。

【幺】端的是香腮粉面。笑吟吟並玉肩。和風輕拂玉盤圓。帶露羞臨寶鑑妍。向曉風低垂紅袖卷。

【刮地風】嬌滴滴一段風流體態全。粧點就華鉛。四時中惟有春堪羨。暖溶溶麗日晴天。香散滿瓊樓金殿。色掩映華亭深院。煖風暄。暑色鮮妍。聽銅壺漏聲轉箭。寶欄中玉堦前。牡丹花開滿名園。

【四門子】舞霓裳縹緲神仙眷。玩天香畫閣前。露華清濕透胭脂片。粉鬢輕蝶翅搧。蜂正忙燕又喧。看黃鶯往來花徑穿。紅漸稠。綠更妍。可人意香嬌玉軟。

【古水仙子】若説著設玳筵。則待要逞艷姿。丰丰韻韻列管弦。斟玉液瓊漿。齊臻臻鳳樓中會宴。淡氤氳不若如爇沉檀寶鼎煙。煖融融風番處玉貌蹁躚。喜孜孜看佳人露春纖。拾翠鈿。玉腕上摇響黄金釧。笑吟吟仕女每花裏鬥嬋娟。

【尾聲】賞名花大設長生宴。樂雍熙萬載千年。越顯的牡丹名貴顯。（詞林摘艷）

按：此套詞林摘艷署「誠齋散」。

複　出

套　數

將　相

【北南吕一枝花】心懷雨露恩。

詞林摘艷題作「將相」，注誠齋散套。惟誠齋樂府無此曲。筆花集、北宫詞紀皆屬湯式。兹已輯於湯氏卷中，不重出。

誠齋樂府引

予既拾掇拙作詩詞類而成卷，名之誠齋録矣。復餘時曲數十紙，□□日吟詠情懷，嘲弄風月之語。自愧□□，□敢□示於人。將欲付之□□，客有□□者曰：「君子恥一物之不□，□曲亦近□□製作也。元之諸名公長□□□，亦盛□□今之世，庸何傷乎？法雲道人嘗勸山谷勿作小詞，山谷云空中語耳。此古人不嫌於時曲之證也。便當與詩録同刊，以爲梁園風月之清賞耳。」予曰：「唯。」遂鏤於梓，名之誠齋樂府云。宣德九年歲在甲寅長至日錦窠老人書誠齋爲明周憲王別字。王爲定王橚長子，高皇帝孫。洪熙元年襲封，景泰三年薨。有誠齋録、新録諸集。蓋宗室中賢而能文者也。錢牧齋列朝詩集云：「所製誠齋樂府傳奇，音律諧美，流傳内府，至今中原絃索多用之。」余按：誠齋雜劇，據百川書志外史類甄月娥等傳奇，多至三十一種。往在都下，曾購得二十二種，雖搜羅未備，而自也是翁錢曾王後，藏憲王雜劇之多，已未有如余者矣！惟樂府散套，余從未見過，此爲宣德九年刊本，卷首小引爲錦窠老人作，與百川書志標題正同。百川志標題云：皇明周府殿下錦窠老人全陽翁著且刊有兩印，一曰「遊戲音律」，一曰「梁園風月」。余舊藏雜劇二十二種亦有此二印，可知此本與雜劇同時刊布，非單行本也。是書不分卷數，僅分散曲、套數兩類。中如柳營曲之風月擔兒二十二篇，醉太平之風流體二十篇，詼嘲謔浪，微傷鄙僿，其他足資考訂者，如白鶴子詠秋景五首，序中暢論南北曲之流别，爲詞隱、鞠通輩所未悉。又楚江情五更閨怨亦見吴騷合編，題作古詞，不知爲誠齋所作，且每曲後各附北詞金字經一支，今選本爲之删去，此可見明季曲選之陋。而二更一曲，實爲袁籜庵西樓「朝來翠袖涼」之濫觴。西樓負一時重名，楚江情一支尤爲吴駿公所激賞，不知沾丐憲藩之殘瀝，而三百年來從無有發其覆，抉其隱者，亦云奇矣！誠齋知音之名，傳徧宇内，李空同汴中元夕詩云：「齊唱憲王春樂府，金梁橋外月如霜。」牛左史詩云：「空中騎吹名王過，散落天聲滿汴州。」又云：「唱徹憲王新樂府，不知明月下樊樓。」蓋宣正、正嘉百年之間，其詞風行如是。冀野今刊此書，蓋不勝東京夢華之感矣。癸亥季夏長洲吴梅書於奢摩他室

〔一〕盛世新聲無題，不注撰人。
〔二〕盛世新聲無題，不注撰人。
〔三〕「相」字原闕，兹據新聲補。
〔四〕盛世新聲無題，雍熙樂府題作「秋懷十韻」，俱不注撰人。誠齋樂府無題，兹題從雍熙。
〔五〕盛世新聲無題，不注作者。雍熙樂府無題，注酸齋撰，疑誤。
〔六〕盛世新聲無題，雍熙題作「春夜」，俱不注撰人。樂府羣珠題同誠齋樂府，注誠齋撰。
〔七〕盛世新聲不注撰人，雍熙注酸齋作，皆無題。

〔八〕盛世新聲無題，雍熙題作「題情」，俱不注撰人。

〔九〕盛世新聲無題，雍熙題作「病懷」，俱不注撰人。

〔一〇〕新聲無題，雍熙題作「春殘」，俱不注作者。

〔一一〕新聲無題；雍熙第一、二、三、六首題作「山興」，第四、五、七首題作「歸湖」，第八首題作「山娛」，第九首題作「雪景」，俱不注撰人。

〔一二〕新聲無題，不注撰人。

〔一三〕樂府羣珠題同，注誠齋作。新聲無題，雍熙題作「嘆世」，俱不注作者。

〔一四〕新聲無題，雍熙題作「嘆世」，俱不注撰人。樂府羣珠題作「省悟」，注誠齋作。誠齋樂府無題，兹題從羣珠。

〔一五〕新聲無題，不注撰人。

〔一六〕新聲無題，雍熙題作「題情」，俱不注撰人。

〔一七〕陳大聲月香亭稿題同，彩筆情辭題作「歡情」，亦屬大聲，疑誤。新聲無題，雍熙題作「題情」，俱不注作者。兹互見朱、陳兩家曲中。

〔一八〕新聲無題，雍熙題作「秋夜海棠開」，俱不注撰人。

〔一九〕新聲不注撰人，雍熙注張小山作，皆無題。羣珠題同，署誠齋撰。

〔二〇〕新聲無題，不注撰人。

〔二一〕新聲無題，雍熙題作「秋景」，俱不注撰者。

〔二二〕新聲無題，雍熙題作「丹訣」，俱不注撰者。

〔二三〕新聲、雍熙無題，皆不注撰人。

〔二四〕新聲無題，雍熙題作「題情」，俱不注撰人。彩筆情辭僅録首曲，題作「惜花」，署元人辭，誤。

〔二五〕新聲無題，不注撰人。

〔二六〕陳大聲月香亭稿僅録首曲，題作「思情」，疑誤。新聲、金瓶梅詞話僅有第一首無題，雍熙題作「題情」，皆不注作者。茲互見朱、陳兩家曲中。

〔二七〕新聲無題，雍熙題作「贈余光明」，俱不注撰人。

〔二八〕新聲無題，雍熙題作「春園夜」，俱不注撰人。

〔二九〕新聲無題，雍熙題作「合歡牡丹」，俱不注撰人。

〔三〇〕羣珠、雍熙題作「傷春」。誠齋樂府、新聲無題。羣珠注誠齋撰。新聲、雍熙皆不注作者。茲題從羣珠等。

〔三一〕新聲題作「春夜秋冬」，群音類選題作「四景」，俱不注撰人。太霞新奏題作「四時賞玩」，屬朱有燉。

〔三二〕新聲無題，雍熙題作「漁樵耕牧」，皆不注撰人。

〔三三〕羣珠題作「初夏多雨」，注誠齋撰。新聲無題，雍熙題作「嘆世」，俱不注撰人。

〔三四〕新聲無題，不注撰人。

〔三五〕新聲、雍熙題作「酒色財氣」，皆不注作者。

〔三六〕新聲無題，雍熙題作「酒色財氣」，俱不注撰人。

〔三七〕盛世新聲不注撰人。

〔三八〕盛世新聲不注撰人。

〔三九〕新聲無題，雍熙題作「賞重陽壽日」，俱不注作者。

〔四〇〕新聲無題，雍熙題作「警悟」，俱不注撰人。

〔四一〕新聲無題，雍熙題作「慶壽」，俱不注撰人。

〔四二〕新聲題作「春夏秋冬」，雍熙題作「四時」，俱不注撰人。

〔四三〕新聲題同，雍熙題作「風情答」，俱不注撰人。南宮詞紀題同雍熙，彩筆情辭題作「風情」，皆屬朱有燉。

〔四四〕新聲題同，雍熙題作「戒風情」，太霞新奏題作「閨怨」，皆不注撰人。南宮詞紀題同雍熙，注誠齋作。

〔四五〕新聲題同，雍熙題作「風情再答」，皆不注撰人。南宮詞紀題同雍熙，南詞韻選無題，俱注誠齋作。

〔四六〕新聲無題，雍熙題作「再戒風情」，俱不注作者。南宮詞紀題同雍熙，注誠齋撰。

〔四七〕新聲無題，雍熙題作「喜雨」，俱不注撰人。

〔四八〕新聲無題，雍熙題作「喜雨」，俱不注撰人。

〔四九〕新聲無題，雍熙題作「述興」，俱不注撰人。

〔五〇〕新聲無題，雍熙題作「警悟」，北宮詞紀外集僅録第一首，題作「述病」，俱不注撰人。

〔五一〕原無「即普天樂」四字，兹據樂府羣珠補。羣珠題作「慶賞舞青倪牡丹」，注誠齋作。

〔五二〕羣珠題作「慶賞鞋紅」，注誠齋作。

〔五三〕羣珠題作「慶賞錦團絲牡丹」，注誠齋作。

〔五四〕羣珠題作「慶賞醉春容牡丹」，注誠齋作。

〔五五〕羣珠題作「慶賞淺紅嬌牡丹」，注誠齋作。

〔五六〕新聲題同，雍熙題作「浩然踏雪」，俱不注撰人。羣珠題同雍熙，注誠齋撰。

〔五七〕羣珠題作「袁安卧雪」，注誠齋撰。雍熙題同羣珠，新聲無題，俱不注撰人。

〔五八〕羣珠題作「剡溪棹雪」，注誠齋撰。雍熙題同羣珠，新聲無題，俱不注撰人。

〔五九〕羣珠題作「烹茶掃雪」，注誠齋撰。雍熙題同羣珠，新聲無題，俱不注撰人。

〔六〇〕誠齋樂府、盛世新聲無題。羣珠題作「閨情」，注誠齋撰。新聲不注撰人。兹題從羣珠。

〔六一〕新聲無題，雍熙題作「旅懷」，俱不注撰人。羣珠題同誠齋樂府，注誠齊作。

〔六二〕新聲無題，雍熙題作「詠美」，俱不注撰人。誠齋樂府無題，兹從雍熙。

〔六三〕「流蘇」，原作「流酥」，兹從雍熙。

〔六四〕雍熙、彩筆情辭題作「學老叟狂」。新聲無題，新聲、雍熙俱不注撰人。彩筆注元人辭。北宫詞紀外集分别題作「妓賺」、「妓醉」、「妓睡」、「妓醒」，注誠齋撰。

〔六五〕羣珠題同，注誠齋撰。新聲無題，雍熙題作「嘲侍妾名春梅」，俱不注撰人。北宫詞紀外集題同雍熙，注元人。

〔六六〕雍熙題作「江南秋霽」，不注撰人。

〔六七〕新聲無題，不注撰人。

〔六八〕新聲無題，不注撰人。

〔六九〕新聲無題，不注撰人。

〔七〇〕新聲無題，不注撰人。

〔七一〕新聲無題，雍熙題作「閨情別意」，俱不注撰人。陳大聲樂府全集可雪齋稿有前四首，題同雍熙，疑編訂者誤收。兹互見朱、陳兩家曲中。

〔七二〕新聲無題，雍熙題作「病懷」，俱不注撰人。

〔七三〕新聲無題，雍熙題作「題情」，俱不注撰人。羣珠題作「席上贈妓」，注誠齋作。彩筆情辭注元人辭，誤。

〔七四〕新聲無題，雍熙題作「風月」，俱不注撰人。彩筆情辭首曲注元人辭，誤。

〔七五〕新聲無題，雍熙題作「隱逸」，俱不注撰人。

〔七六〕雍熙題同，新聲無題，俱不注撰人。彩筆情辭誤注作元人辭。

〔七七〕新聲無題，雍熙題作「交歡」，俱不注撰人。

〔七八〕新聲無題，雍熙題作「樂花」，俱不注撰人。

〔七九〕新聲無題，雍熙題作「詠美」，俱不注撰人。

〔八〇〕新聲無題，雍熙題作「酒色財氣」，俱不注撰人。

〔八一〕新聲無題，雍熙題作「中秋」，俱不注撰人。

〔八二〕羣珠題同，注誠齋撰。新聲無題，不注撰人。

〔八三〕新聲無題，雍熙題作「歸隱」，俱不注撰人。

〔八四〕新聲無題，雍熙題作「牡丹」，俱不注撰人。

〔八五〕羣珠題同，注誠齋撰。新聲無題，雍熙題作「題情」，俱不注撰人。彩筆情辭誤作元人辭。

〔八六〕羣珠題同，注誠齋撰。新聲無題，雍熙題作「嘲竊情」，俱不注撰人。此曲亦見陳大聲樂府全集月香亭稿，疑誤。兹互見朱、陳兩家曲中。

〔八七〕新聲無題，雍熙題作「題情」，群音類選題作「詠俏」，俱不注撰人。彩筆情辭收第一、三首，題作「麗情」，署陳大聲。此曲陳大聲樂府全集可雪齋稿題作「風情」，疑係編訂者誤收。兹互見朱、陳兩家曲中。

〔八八〕新聲無題，雍熙題作「病懷」，俱不注撰人。

〔八九〕題目原脱二字。新聲無題，不注撰人。

〔九〇〕雍熙題同，新聲無題，俱不注撰人。

〔九一〕新聲無題，不注撰人。

〔九二〕新聲無題，不注撰人。

〔九三〕新聲無題，雍熙題作「妓節」，俱不注撰人。北宫詞紀外集題作「妓劉盼春死節」，署誠齋作。彩筆情辭誤注爲元人辭。

〔九四〕新聲無題，雍熙第一首題作「贈妓寶花兒」，第二首題作「題情」，俱不注撰人。羣珠題作「暮春贈妓寶花」，署誠齋作。彩筆情辭録第二首注元人辭，疑誤。

〔九五〕新聲無題，雍熙題作「盼望」，俱不注撰人。吴歈萃雅題作「夜懷」，詞林逸響、萬錦清音題作「夜思」，俱注梅禹金撰。南音三籟題作「夜思」，南詞新譜録首曲，俱屬誠齋。吴騷二集題同逸響，吴騷合編題作「閨怨」，皆注古調。古今奏雅題同三籟，惟目次闕頁，不詳撰人。兹互見朱、梅兩家曲中。

〔九六〕新聲無題，雍熙題作「春夏秋冬」，俱不注撰人。

〔九七〕群音類選（無第二十首）題同，新聲無題，雍熙題作「風月擔兒」，俱不注撰人。

〔九八〕雍熙、北宫詞紀外集題同。新聲無題，與雍熙俱不注撰人。北紀外集注誠齋撰。彩筆情辭僅收第十八、二十首，題作「贈風流妓」，注作元人辭，誤。

〔九九〕雍熙題同，新聲無題，俱不注撰人。翰苑詞珍録首曲，題作「送段古松行」，注夏桂洲作，疑誤。

〔一〇〇〕雍熙題同，新聲無題，俱不注撰人。

〔一〇一〕新聲無題，不注撰人。

〔一〇二〕雍熙題作「秋晚湖邊行」，不注撰人。

〔一〇三〕詞林摘艷題作「雪中畋獵」，注誠齋撰。新聲、盛世詞林無題，雍熙題作「賞雪」，俱不注撰人。
〔一〇四〕新聲、盛世詞林無題，雍熙題作「梅花」，皆不注作者。
〔一〇五〕新聲、盛世詞林無題，雍熙題作「祝壽」，皆不注作者。
〔一〇六〕新聲、盛世詞林無題，雍熙題作「白鸚鵡慶壽」，俱不注撰人。
〔一〇七〕新聲、盛世詞林無題，雍熙題作「自詠壽」，俱不注撰人。
〔一〇八〕雍熙題作「餞別」，北宮詞紀題作「送別入燕」，皆不注撰人。
〔一〇九〕新聲、盛世詞林無題，雍熙題同誠齋樂府，皆不注撰人。
〔一一〇〕「問着你」，首字原脱作「□着你」，兹從新聲等。
〔一一一〕北宮詞紀題同，注誠齋撰。新聲、盛世詞林無題，雍熙題作「歸隱」，俱不注撰人。詞林白雪無題，注誠齋作。
〔一一二〕新聲、盛世詞林無題，雍熙題作「春別」，俱不注撰人。
〔一一三〕原無題，兹據北宮詞紀補。詞紀注誠齋撰。新聲、盛世詞林無題，雍熙題作「詩酒陶情」，皆不注作者。詞林白雪無題，注明誠齋撰。
〔一一四〕「渴」，原作「漢」，兹從詞紀等。
〔一一五〕雍熙題作「風情」，不注作者。彩筆情辭題作「恨思」，注元人辭。
〔一一六〕雍熙題同，新聲、盛世詞林無題，俱不注撰人。
〔一一七〕新聲、雍熙、盛世詞林無題，俱不注撰人。北宮詞紀題作「勸妓從良」，彩筆情辭題作

「勸從良」，皆署誠齋撰。

〔一一八〕新聲、盛世詞林無題，雍熙題作「嘲妓醜」，皆不注撰人。彩筆情辭題作「嘲醜妓」，注明古辭。

〔一一九〕「歪刺骨」三字原脱，兹據雍熙等補。

〔一二〇〕新聲、盛世詞林無題，雍熙題作「嘲妓」，俱不注撰者。彩筆情辭題同雍熙，注明古辭。

〔一二一〕詞林摘艷題作「悔誤」，北宫詞紀題作「嘲子弟省悟修道」，皆屬誠齋。新聲、盛世詞林無題，雍熙題作「省悟」，俱不注撰人。

〔一二二〕新聲、盛世詞林無題，雍熙題作「題春燕」，俱不注撰人。

〔一二三〕新聲、盛世詞林無題，雍熙題作「贈妓名斗兒」，俱不注撰人。彩筆情辭題作「贈妓斗兒」，注元人辭，誤。

〔一二四〕「改變」，原作「妝變」，兹從盛世新聲等。

〔一二五〕「不」字原脱，兹據盛世新聲等補。

〔一二六〕「既」字原脱，兹據盛世新聲等補。

〔一二七〕詞謔題作「送别」，南北詞廣韻選題作「閨思」，雍熙題作「諧偶」，新聲、盛世詞林無題，俱不注撰人。

〔一二八〕雍熙題作「評音律精熟」，不注撰人。

〔一二九〕北詞廣正譜收常相會一隻，注誠齋撰。新聲、雍熙、盛世詞林無題，皆不注作者。

〔一三〇〕「藥」以上十四字原脱，兹據新聲等補。

〔一三一〕「穩步雲霞嶠」五字原脱，兹據新聲等補。

〔一三二〕新聲、盛世詞林無題，皆不注撰人。

〔一三三〕「眺」，原誤作「睡」，兹從盛世新聲。

〔一三四〕「且」字上原有「無慮」二字，疑爲衍文，兹從新聲。

〔一三五〕北宫詞紀、彩筆情辭題同，詞林白雪無題，俱注誠齋撰。群音類選題作「題情」，新聲、盛世詞林無題，皆不注撰人。

〔一三六〕北宫詞紀題同，彩筆情辭題作「思遠」，俱注誠齋撰。雍熙題作「思情」，新聲、盛世詞林無題，皆不署作者。陳大聲樂府全集月香亭稿題同誠齋樂府，疑係編訂者誤收。兹互見朱、陳兩家曲中。

〔一三七〕「昭君」，原作「昭均」，兹從詞紀。

〔一三八〕「知他那」，原作「知他你」，兹從詞紀。

〔一三九〕新聲、盛世詞林無題，俱不注撰人。

〔一四〇〕新聲不注撰人，南北詞廣韻選注元人，皆無題。雍熙題作「贈李素蓮」，不署撰人。彩筆情辭注明古辭。

〔一四一〕「思凡」，原誤作「私凡」，兹改。

〔一四二〕新聲、盛世詞林無題，俱不注撰人。

〔一四三〕新聲、盛世詞林無題，雍熙、群音類選題作「憶十美」，俱不注撰人。詞林摘艷題作「譏飄蕩」，彩筆情辭題同雍熙，皆注誠齋撰。

〔一四四〕新聲、盛世詞林無題，俱不注撰人。

〔一四五〕新聲、盛世詞林無題，雍熙題作「歸隱」，俱不注撰人。

〔一四六〕雍熙題同，新聲、盛世詞林無題，俱不注撰人。彩筆情辭題作「贈妓秀蓮」，注明古辭。

〔一四七〕新聲、盛世詞林無題，雍熙題作「贈麗人」，俱不注撰人。詞林摘艷題作「風情」，彩筆情辭題作「贈美妓」，皆注誠齋撰。

〔一四八〕新聲、盛世詞林無題，雍熙題作「繡簾」，俱不注撰人。

〔一四九〕盧前注：以下原書殘缺，今據雍熙樂府卷八補足。

〔一五〇〕吴梅注：「春」，一作「新」，非。余據嘉靖本崆峒集正之。

〔一五一〕此曲不見誠齋樂府。詞林摘艷題作「上文臣」，注誠齋撰，兹據以輯之。雍熙樂府題作「榮貴」，盛世新聲、金瓶梅詞話、盛世詞林無題，俱不注撰人。

〔一五二〕此曲不見誠齋樂府。詞林摘艷題作「四季行樂」，注誠齋作，兹據以輯之。盛世新聲、盛世詞林無題，俱不注撰人。

晏　鐸

晏鐸，字振之，四川富順人。永樂十六年（一四一八）進士，改庶吉士，授監察御史，歷按兩畿、山東，所至有聲。以言事謫上高典史。鐸長於詩，與劉溥、湯允勣等相唱和，稱景泰十才子。著有青雲集。

套　數

纪　情[一]

【南仙吕入雙調步步嬌】紫雲臺上人年少。丰韻天然妙。桃腮映日夭。香滿梨花。淡月疎簾悄。鶯兒學語嬌。那更燕子銜春小。

【香羅帶】輕將檀板敲。謾欹柳腰。羅裙半掩金步摇。一聲何處奏雲璈也[二]。有個郎君俏。解金貂。相如已辨求凰操。怎當他弄玉多情也。又向秦樓吹鳳簫[三]。

【醉扶歸】曲纖纖謾寫蛾眉巧。皎團團清轉月輪高。嬌滴滴斜倚一枝春。喜孜孜暗送千金笑。困騰騰漸把翠鬟低。煖溶溶不覺香肩靠。

【皂羅袍】想他那時來到。猛可的見了魂消。粉珠香顆落紅綃。含羞怕有燈兒照。牕明竹〔四〕影。月在柳梢。繡幃錦幕。春生翠翹。這風情占斷巫山道。

【好姐姐】相報。于飛同效。這恩情永結瓊瑶。同心錦字。裁作合歡袍。收〔五〕爲寶。分明一幅鸞凰誥。切莫輕輕下剪刀。

【香柳娘】想柳枝嫋嫋。想柳枝嫋嫋。翠牽〔六〕蘭棹。被他寸寸愁腸攪。更滄波浩渺。更滄波浩渺。帶雨晚來潮。幽恨添多少。望雲山縹緲〔七〕。望雲山縹緲。無限倚江臯。盡把離愁遶。

【玉交枝】自别全無音耗。幾曾經這般寂寥。月下拜告星前禱。都做了流水滔滔。肩頭兒擔不住離恨挑。淚珠兒填不滿相思窖。書兒呵難寄難捎〔八〕。腸兒呵千條萬條。

【琥珀猫兒墜】斷腸時候。正是井梧飄。不覺時光轉素杓。瑣〔九〕牕深處透金飈。無聊。怎禁那簷兒外。疎剌剌數竿瘦竹聲敲。

【僥僥令】遠愁含落照。深怨咽鳴蜩。瘦損孤吟黄花貌。鬢短短髮蕭蕭。

【尾聲】相思滋味都嘗了。有一日恩情滿飽。獨對東風詠小桃。（群音類選）

〔一〕吴國寶洞雲清響題作「情詞」。南宫詞紀、古今奏雅題作「秋思」，彩筆情辭題作「題情」，詞林白雪無題，俱注晏振之作。昔昔鹽題作「思情擬舊」，不注作者。樂府先春無題，注陳秋碧撰。吳騷集無題，曲前失注撰人，但該書目次注陳秋碧作。群音類選刊刻早於洞雲清響，注晏作似有所據。未知孰是，兹互見吳、晏兩家曲中。

〔二〕「瓝」，原作「碆」。兹從詞紀、昔昔鹽、吳騷集。

〔三〕「鳳」，吳騷集作「玉」。

〔四〕「竹」，吳騷集作「燭」。

〔五〕「收」，吳騷集作「堪」。

〔六〕「牽」，原作「雲」，兹從詞紀、昔昔鹽、吳騷集。

〔七〕「縹緲」，吳騷集作「杳杳」。下句同。

〔八〕「捎」，除南宫詞紀，各書皆誤作「稍」。

〔九〕「瑣」，除吳騷集，各書皆作「鎖」。

黄潤玉

黄潤玉，字孟清，號南山，浙江鄞縣（今寧波）人。永樂十八年（一四二一）順天舉人，授建昌府學訓導，後改官南昌。宣德中，薦擢交趾道按察御史，歷廣西提學僉事、湖廣巡撫。謫含山知縣，致仕。晚年在家鄉建南山書院講學，人稱南山先生。有四明文獻、含山縣圖志、海涵萬象録、南山黄先生家傳集。生於洪武二十二年（一三八九），卒於成化十三年（一四七七），年八十九。

小令

【北雙調雁兒落帶得勝令】

思歸

我不願香噴噴膏粱家厭圂腴。我只要淡撈撈虀菜裏多滋味。我誰想慌忙忙易熬煎病早來。好教我急煎煎難當心先碎。恁當他肩膊上酸溜溜的似猴子喫楂梨。恁當他脚尖頭麻澁澁的似螻蟻咂瓜皮。恁當他耳朵裏絮叨叨促織兒唧啾叫。恁當他眼面前光閃閃流螢兒撩亂飛。傷悲。虚飄飄紫燕兒都歸去。尋思。活跳跳鱸魚兒空自肥。（南山黄先生家傳集）

按：曲牌原僅書【雁兒落】，據曲譜正。

套數

題琴清軒

【北南吕一枝花】璇樞貫玉繩。素魄懸金鏡。鮮飈翻翠幌。涼露濕銀屏。天宇澄澄。寶砌冷秋光浄。碧窗虚夜色明。授錦囊七絃焦尾。寫蘭襟一段幽情。

【梁州第七】沉宫振羽相和應。灝灝乎張廣樂鈞天帝所。渢渢乎侑登歌清廟周京。乍低回似滴空函。泉溜琮琤。恰軒昂似撼疏林。松籟鏗□。洞天寬鶴舞秋陰。江月冷嗚啼夜永。谷風喧雉雊春晴。試聽。數聲。宿禽驚。摇蕩花梢影。嫋嫋餘音尚未停。響徹雲程。

【尾聲】天□出黃金世界三千頃。人住在白玉樓臺十二層。休只管坐對絲桐寄佳興。趂朝陽鳳鳴。和簫韶九成。共樂唐虞太平景。（南山黃先生家傳集）

按：原缺曲牌【梁州第七】，據曲譜補之。下同，不另注。

驚世

【北南吕一枝花】饞魚把釣吞。劣馬着韁困。緊來忙後退。鬆去向前奔。進退無門。白浪翻頭滾。黃塵滿鼻噴。這魚兒直扯得咽喉似□。那馬兒直鬬教鬃尾如髡。

【梁州第七】俺比將貪酷的閑評論。那貪婪的似白虹妖耗得田蠶損。那慘酷的似黃茅瘴害得人馬瘟。那貪婪的向人脂膏裏數般妥分。那慘酷的從人皮肉上一味撒村。他杖着一條棒白日裏打教氣昏。他憑着一管筆清水裏攪得墨渾。他那想行一分民受賜一分。剛只會喝一棍定敲一棍。全不知要一文便不值一文。手温。腳温。見錢來就地和錢滾。都不顧滾着椿兒扯破褌。漏卻精臀。

【尾聲】常言道陰陽轉換强拖□。日月光明照覆盆。霎時間錢散没□奔。空喪了靈魂。乾累了兒孫。那其間翻不出讀書半星兒本。（南山黃先生家傳集）

朱瞻基

朱瞻基，明宣宗，仁宗高熾長子，在位十年，年號宣德。有宣宗御制詩，散曲附。洪武三十一年（一三九八）生，宣德十年（一四三五）卒，年三十八歲。

小令

【北仙吕寄生草】

賽爛漫三春景。稱清和四月天。緑楊煙罩絨絲綫。彩蓮水映紅妝面。翠芭蕉風颭青籮扇。林泉盡日好流連。池塘長夏宜清遣。（筆精）

有郁馥荷香度。看微茫野色連。幾行鷺印平沙遍。一羣魚躍清波淺。數聲樵唱西山遠。葺葺芳草紫騮嘶。陰陰喬木黄鸝囀。（筆精）

【北正宫脱布衫带小梁州】

西山晴雪詩有序

宣德壬子冬十一月癸未夜，天氣微和，瑞雪再降，不亟不徐，達旦而霽。人咸以爲豐年之兆。予情忻悦，登鳳閣，望西山，但見群玉千里一色，因制詞以識喜云。

喜看這山與雲齊。喜看這雪正晴時。喜看這天花絢彩。喜看這玉龍獻瑞。喜雪後微雲四散。飛鳳城外。總是玉屏圍遥接太行西。明晃晃無邊際。但見那松鬱聳瓊枝。〔幺〕與蓬萊閬苑同光霽。與龍樓鳳閣聯輝。湛西湖寶鑒中。浸太液冰湖裏。滿望似瑶臺玉壘。境界冠華夷。

【北正宫醉太平】

慈壽萬年曲三首

祖宗積至仁。一統御臣民。眇躬嗣位繼勞勤。朝廷機務殷。九州四海皆從令。文臣武將皆承命。自惟才識豈予承。荷聖母仁慈教訓。

邦家樂太平。兵備飭邊庭。時巡田獵趁秋成。期胡塵肅静。犬羊千隊嗣縱横。六軍熊虎咸思奮。不旬日掃蕩妖氛。荷聖母仁慈教訓。

慈闈千萬春。萬福總來臻。深仁厚德配乾坤。家國承弘慶。時和歲稔樂昇平。紫霞觴進千年醖。九天仙樂奏韶鈞。荷聖母仁慈教訓。

【北正宫醉太平】七首

撫時光太平。愛天宇澄明。風調雨順谷豐登。美融和瑞景。三綱明五常正扶植乾坤定。萬方寧四海清撫馭華夷靖。群才昇庶政成。契合君臣慶。荷賢良股肱。

坐皇宫九重。思田裡三農。萬方民庶願時雍。念居高任重。好文才好武功個個看登用。遠夷虜遠羌戎處處來朝貢。自南北自西東。一一盡朝宗。在明良協恭。

古唐虞聖君。與伊傅賢臣。替天行道治黎民。致華夷效順。法乾坤溥仁恩盡敬承洪運。奉郊禋厚宗親篤志承先訓。用儒文整戎軍勤力保斯人。輔臣同敬謹。

好韶華是春。賞令節芳辰。太和生意滿乾坤。荷乾坤至仁。杏花榮李花榮廣大天機運。山光清水光清上下飛潛奮。早田耕晚田耕勤力見農民。太平嘉景新。春

屈朱明夏景。際海宇時平。黄雲渺渺麥先登。下民相喜慶。竹陰清柳陰清適體炎歊

净。蘭香清荷香清得趣涼颸應。宮音清徵音清解愠五弦鳴。鼓南薰細聽。夏

碧梧舍露涼。丹桂發天香。高秋明月滿清光。稱人間玩賞。獲豐穰積囷倉已足三農望。整戎行慎周防申飭諸邊將。撫時康賴賢良共酌九霞觴。詠卷阿鳳凰。秋

撫流光轉丸。又改服迎寒。彤樓晨倚碧欄杆。俯千山萬山。雪飛團冰凍乾曠望河流斷。被衣單執戈難遠念邊城畔。公務閑私計完喜得兆民安。漸陽回六琯。冬

雪詞四首

【北雙調壽陽曲】

三冬節。六出花。瑞豐年古今無價。遍光輝瓊樓玉榭。樂昇平普天之下。

【北正宮醉太平】

遍四海安寧。大一統澄清。沖和嘉氣兆豐登。散瑞雪盈盈。瓊瑤處處相輝暎。笙歌在在相歡慶。邦家永永樂昇平。荷皇天寶命。

【南雙調謁金門】普清光暎徹。〔換頭〕況是邊塵清絶。嘉飛初雪。正是小春時節。瑞氣沖和騰玉闕。共臣民歡悦。一統乾坤春意達。大明昭日月。

【南柳階行】仙樓臺上下瓊花舞。遍大地光凝素。蓬萊天近廣寒宫。正在五雲高處。翠舞珠歌。殽御醑。藹藹龍香度。下方俯視烝黎聚。安作息。怡朝暮。重增忻喜樂無虞。肯忘益勤綏撫。體天意同仁一視。洽普天率土。

套　數

應教賦北京八景詞有序

宣德庚戌秋，農務既閒，祇奉聖母皇太后鑾輿出遊近郊。聖母覽山河之佳麗，念八景之有名，命爲歌詞。謹遵命撰進，令侍者歌之，以侑壽觴云。

【北仙吕點絳唇】環宇雍熙。萬方寧謐。昇平世。美景良時。四海皆春意。

【混江龍】古今形勢。看山河環拱壯京畿。萬邦一統。八表同歸。碣石東連滄海闊。太行西與白雲齊。聳碧嶂芙蓉露濕。壯金城睥睨雲低。瑞靄九霄騰王氣。彩霞千疊粲朝暉。極四海盤天際地，偉重關獻秀攄奇。雨露八荒均霈澤。梯航萬國萃華夷。仰宗社綿延有慶。祝聖慈福壽天齊。環邊境總是太平時。囿蒼生共樂雍熙世。彩雲慶會。瑞日光輝。

【油葫蘆】聳嵂嵲〔二〕雄關鎖翠微。雲霧裏。龍騰鳳翥勢逶迤。芙蓉千疊飛空翠。畫屏一帶春光媚。遠望着半空中錦繡堆。細看處五雲邊翡翠圍。跨龍沙萬里臨荒裔。直須是千萬世壯京畿。居庸疊翠

【天下樂】碧嶂流泉一脈垂。逶迤。霜練飛。玉蕩漾曳晴虹溜翠。屏涵日暉。聲淅瀝透石岩。韻琮琤響澗溪。似銀河九天下墜。玉泉垂虹

【那吒令】蕩暖風翠堤。漾晴光絲漪。欣微波乍起。湛冰壺影裏。魚游池水湄。鳥鳴芳樹底。孤蒲長。劍影翻。菡萏發天香細。喜歡游正及芳時。太液晴波

【鵲踏枝】碧波深。彩雲低。瓊島上五色氤氳。裝點着十分妍媚。看無限繁華綺麗。近蓬萊暎日争輝。瓊島春雲

【寄生草】樂四野民生遂。壯重城地坦夷。四時中無盡歡游意。薊門深茂樹攢空翠。

淡煙凝十里羅旌旆。芳辰争傍緑陰嬉。玉壺總向花前醉。看來往人如簇。沸笙歌塵滿堤。鶯啼燕語春明媚。青絲紫鞚人飄逸。吴紗蜀錦身華麗。風調雨順太和年。民安國泰清平世。薊門煙樹

【後庭花】正嚴冬飛雪墜。西山上積素迷。萬壑内瓊瑶飄灑。千岩裏六花亂堆。喜東風潛回春意。布陽和淑景移。漸中峰開翠微。暖融融春日遲。黛鬟分露遠眉。望天邊玉笋齊。半空中圖畫披。西山霽雪

【青歌兒】驚曙色銀蟾初墜。長橋外馬蹄聲碎。轉眼金台日又西。暝色淒迷。遠樹鴉啼。霜葉交飛。遥睇天涯。想前代此處招賢筑臺時。今須繼。盧溝曉月　金台夕照

【尾】昇平世。普四海生民無事。但祝慈顔萬壽期。寸心長難報春暉。正逢着美景良時。鳳輦鑾輿出禁闈。閒賞玩。睹山河壯麗。想八景最繁華勝地。奉聖母萬年歡。壽算與天齊。

〔一〕「㟥」，原作「巀」。

沈貞

沈貞，字貞吉，又字南齋，號陶庵，別署陶然道人。南直隸長洲（今江蘇蘇州）人。與弟恒吉皆能詩，又皆善繪素。所居几闔蕭逸，有林泉之勝。生於建文二年（一四〇〇）。

小令

【北雙調蟾宫曲】

題於有竹居

此老粗疏一釣徒。服也非儒。狀也非儒。年來只爲酒糊塗。朝也村酤。暮也村酤。胸中文墨半些無。名也何圖。利也何圖。烟波染就白髭鬚。出也江湖。處也江湖。

（珊瑚網書録）

王　越

王越，字世昌，河南濬縣（今河南浚縣）人。景泰二年（一四五一）進士，官至兵部尚書，總制大同及延綏甘寧軍務，以功封威寧伯。越嘗三次出塞，收河套地，身經十餘戰，出奇取勝。獎拔士類，籠絡豪俊，人樂爲用。惟因前諂事汪直，後結李廣，爲士論所輕。詩粗豪震蕩，兼善詞曲，有王襄敏集四卷。永樂二十一年（一四二三）生，弘治十二年（一四九九）卒，年七十七。

小令

【南商調黄鶯兒】

歸　隱[一]

唱一會囉哩囉。論清閑誰似我。清風明月咱三箇。清風是大哥。明月是二哥。論三哥咱也做得過。囉哩囉。清閑處快活。沉醉了待如何。（雍熙樂府）

唱一會囉哩嗹。想人生當消遣。金烏玉兔疾如箭。正青春少年。不覺得老顏。對青銅又早朱顏變。囉哩嗹。把眉頭放寬。直喫得醉如綿。（雍熙樂府）

唱一會哈哈哄。想人生當和哄。争名奪利成何用。三歲的小童。八十的老翁。老和小都是一場夢。哈哈哄。趁花濃酒濃。直喫得醉朦朧。（雍熙樂府）

唱一會哈哈咳。嘆青春不再來。光陰迅速如梭快。朱顏早漸衰。雲鬢又漸白。知明朝誰在誰不在。哈哈咳。眉頭皺展開。得開懷且開懷。（雍熙樂府）

【北雙調沉醉東風】

樂閑[三]

穿一領麄麄布袍。繫一條縵縵麻縧。釣竿上風月多。酒甕裏功名小。對溪山蓋一座團標。我將這矮矮柴門閉的牢。又恐怕雲來占了。（詞林摘艷）

八句詩吟窮了賈島。一盤棋看老了王樵。也休問劉郎觀裏桃。也休問周子窗前草。飲高陽五斗香醪。斜枕着溪山半箇瓢。不惹事先生醉了。（詞林摘艷）

【北中吕朝天子】

嘆　世〔三〕

良田萬頃。家宅數區。花果栽無數。雕梁畫棟列嬌姝。玩好有鸚鵡盃珊瑚樹。周鼎商瓶。黄金白玉。名人畫孔聖書。眼觀着不足。手摩着嘆吁。臨死也一件件將不去。（詞林摘艷）

燒蘿蔔换茶。糉仙鶴剁鮓。倒惹的知音駡。人人道我老莊家。就裹乾坤大。千古虚名。一場閑話。到大來快活殺。人道我哈達。我道我喇嘛。做一箇神仙罷。（詞林摘艷）

按：此曲堅瓠七集亦收，異文較多，兹録於下：「燒蘿蔔下茶。宰鴛鴦剁鮓。到惹得傍人駡。人人駡我是老庄家。我就裹乾坤大。萬古千秋。一場閑話。説英雄是假。你笑我刺麻。你説我哈沓。我做箇没用的神仙也罷。」

複出

小令

【北正宫塞鴻秋】

村婦道傍便溺

綠楊深鎖誰家院。

堅瓠首集署名王越撰，又注：「一作陳全詞」。兹已輯於陳氏卷中，此不重出。

〔一〕詞林摘艷題作「閑適」。

〔二〕元明小令鈔無題，注王太傅撰。

〔三〕元明小令鈔録第二首，無題，注王太傅撰。

左　贊

左贊，字時翊，號桂坡，江西南城人。以詞翰名於時。天順元年（一四五七）進士，授吏部稽勳司主事，歷員外郎、郎中，遷浙江布政司參政，官至廣東布政使。有桂坡集、桂坡遇録、梅花百詠等。散曲見桂坡集。生年不詳，卒於弘治二年（一四八九）。

小　令

【北正宫靈壽杖】

鄉　思

數椽三谷雲深處。吾愛吾廬。有圃宜蔬。有池可魚。風亂颭芙蓉水。月浸冷梧桐樹。鳥鳴山更幽。人來茶旋煮。

【北正宫白鶴子】

隱　居二首

劚雲山蕨嫩。採澗野芹香。帶葉斫生柴。和米蒭新釀。

求名的空自攘。求利的爲誰忙。有分占鷗沙。無夢排鯨浪。

【北中吕朝天子】

詩　人

曉吟。夜吟。瘦骨天生沁。安排句法已難尋。興到新奇甚。水裏着鹽。鉛中得金。儘推敲使碎心。好學始音。正音。敢犯詩壇禁。

【北中吕滿庭芳】

夜　雨

香消古鼎。蛩吟曲砌。雁落長汀。山城野戍煙俱暝。漁火獨明。滴梧桐雲埋月影。

戰芭蕉風鼓秋聲。喚起鱸魚興。凄涼逆境。臥聽短長更。

【北雙調楚天遥】

西莊梅

春圍芍藥闌。香滿薔薇架。輸與小莊梅。竹外疏枝亞。寒葩點素瑛。暖帶團紅蠟。風景若孤山。好手難描畫。

【北雙調萬花方三疊】

秋思

茅屋疏籬。翠岫宜晚對。小溪流水濯清暉。菊瘦香微。獨樹含霜醉。荻花吹老芰荷衣。幾行雁字斜飛。寫西風一天秋意。

【北雙調落梅風】

道山亭燕集翁都督索賦

敲詩句。算酒籌。送管絃鳥鳴清晝。破愁顏莫如詩共酒。會山亭幾時還又。

【北越調天净沙】

四　景

一天雲淡風輕。滿園柳翠花明。幾處鶯嬌燕逞。隔簾人静。鞦韆影礙芳亭。

倦游柳岸停車。適情蓮沼觀魚。假寐篷窗聽雨。薰風來處。不妨梅潤圖書。

黄花丹桂争開。白鴻紫蟹齊來。碧水青天一色。遠山横黛。吹簫人在瑶臺。

白沙翠竹人家。小溪明月梅花。破帽奚囊瘦馬。晚來堪畫。疏林幾點棲鴉。

王僎

王僎，字廷貴，號思軒，武進（今江蘇常州）人。景泰二年（一四五一）進士，授翰林編修，遷南國子祭酒，官至吏部尚書。著有毗陵志、王文肅集。生於永樂二十一年（一四二三），弘治八年（一四九五）卒，年七十二。

套數

【南仙吕甘州歌】歸來未晚。兩扇門兒。雖設常關。無縈無絆。直睡到曉日三竿。情知廣寒無桂攀。不如向緑野堂前學種蘭。從人笑。貧似丹。黄金難買此身閑。村莊學。一味懶。清風明月不須錢。

【前腔】携笻傍水邊。嘆人生翻覆。一似波瀾。不貪不愛。只守着暗中流年。虀鹽歲月一日一兩飡。茅舍疎籬三四間。田園少。心地寬。從來不會皺眉端。居顔巷。人到罕。閉門終日枕書眠。

【解三酲犯】把黄糧懶炊香飯。恁教他恣遊邯鄲。假饒位至三公顯。怎如我埜人閑。

朝思暮想人情一似掌様翻。試聽得狂士接輿歌未闌。連雲棧。亂石灘。烟波名利大家難。收馮鋏。築傅版。儘教三箭定天山。

【前腔】歎浮生總成虛幻。又何須苦自熬煎。今朝快樂今朝宴。明日事且休管。無心老翁一任蓬鬆兩鬢斑。直吃到緑酒牀頭磁甕乾。妻隨唱。子戲斑。弟酬兄勸共團圞。興和廢。長共短。梅花窗外冷相看。

【尾聲】歎目前機關漢。色聲香味任他瞞。長笑一聲天地寬。（三徑閒題）

按：此套三徑閒題無題，署王尚書撰。群音類選題作「閑情」，注王思軒撰。新編南九宮詞題同類選，署王思軒尚書著。樂府先春無題，屬羅念菴。吴歈萃雅、詞林逸響、南音三籟、古今奏雅題作「恬退」，俱注王陽明作。樂府争奇無題，不注撰人。未知孰是，兹姑以之屬王思軒。

胡賓竹

胡賓竹，生平不詳。

小令

【南商調黄鶯兒】

和王威寧歸隱[二]

唱一會囉哩囉。柳垂金桃噴火。春光滿眼休虚過。賞花時謾歌。踏莎行謾哦。詩朋酒友相酬和。囉哩囉。嘆流光逝波。休只待鬢斑皤。（雍熙樂府）

唱一會囉哩嗹。結茅亭近水邊。乘凉避暑摇紈扇。灌蔬畦引泉。泛碧筒採蓮。東園西圃閑遊遍。囉哩嗹。竹林中醉眠。渾不聞市廛喧。（雍熙樂府）

唱一會哈哈咳。寫長空雁字排。遠山一抹青如黛。翠茵鋪草苔。緑陰濃矮槐。紛紛

紅葉疎簾外。哈哈咳。新篘酒旋釃。休負了菊花開。（雍熙樂府）

唱一會哈哈哄。野梅開千瓣紅。藤蘿倒掛沿山洞。山岩醉老楓。蒼煙罩古松。圍棊一局琴三弄。哈哈哄。見奇峰雪擁。粧點出玉玲瓏。（雍熙樂府）

【南商調黄鶯兒】

唱一會囉哩囉。利和名一筆摹。守虀鹽不惹無端禍。近松陰瀟落。卧蒲團快活。眼前不覩高軒過。囉哩囉。老猿鶴伴我。終日家笑呵呵。（雍熙樂府）

唱一會囉哩嗹。是非門閉得嚴。利名場再不踏一綫。聽高岩響泉。看長松鎖烟。巍峨屹立山遥見。囉哩嗹。黄卷中會賢。困了時襯花眠。（雍熙樂府）

唱一會哈哈哄。躲塵中閑事冗。樂陶陶遊賞諸仙洞。想前朝衆公。葬邙山亂塚。英雄到底一場夢。哈哈哄。愛雲山高聳。對風月理焦桐。（雍熙樂府）

唱一會哈哈咳。樂心田寬似海。忽聞得人唤衡門外。樵夫來送柴。漁翁來贈蟹。就吾醴酒和虀菜。哈哈咳。上榻脱草鞋。謾謾的叙情懷。（雍熙樂府）

〔一〕南宫詞紀題作「和王威寧四時漫興」。

張弼

張弼，字汝弼，號東海，南直隸華亭（今上海松江）人。成化二年（一四六六）進士，官至南安知府。善詩文，工草書，有鶴城集、東海集。洪熙元年（一四二五）生，成化二十三年（一四八七）卒，年六十三。

複出

套數

【南商調二郎神】寄來書。千言萬語都道我情未堅。

樂府先春無題，注張東海作。群音類選署唐荆川撰。兹已輯於唐氏卷中，不重録。

史忠

史忠，字廷直，號敦翁，又稱癡仙，别署癡翁、癡癡道人，南直隸上元（今江蘇南京）人。性豪俠不羈，薄權貴。築臥癡樓，位置雅潔，醉則按拍歌新詞，又善畫山水。有女及笄，壻貧不能具禮，詭携觀燈，送至壻家。年踰八十，預命發引，己隨而行，謂之生殯。著有臥癡樓彙稿八卷，及與金琮合集之金陵二隱稿等。正統二年（一四三七）生，正德十一年（一五一六）以後卒。

小令

【北中呂普天樂】

述懷自適

臥癡樓。真仙境。不趨勢利。不尚虛名。東風不世情。眼底多清净。窗外山光添詩興。客來時共樂昇平。詩囊酒瓢。藥爐[二]茶竈。琴譜碁枰。（樂府羣珠）

臥癡樓。多閑暇。虀鹽歲月。冷淡生涯。門牆寂不譁。山水清難畫。一覺安眠春無價。醒來時老稚懽洽。吟詩寫字。嘲風詠月。汲水烹茶。（樂府羣珠）

臥癡樓。無迎送。清風明月。酒友詩朋。常吟五噫歌。不作非熊夢。野獸〔三〕山鷄非麟鳳。樂淘淘任我疎慵。清閑一日。高歌數曲。薄酒三鍾。（樂府羣珠）

臥癡樓。多情思。閑來寫畫。興到吟詩。不釋老孟書。不識鍾王字。醉舞狂歌終焉志。老顏衰鬢髮垂絲。唱一會離騷楚詞。懷兩篇陳情出師。念一章歸去來兮。（樂府羣珠）

臥癡樓。清無限。一襟風月。滿目雲山。不收季子金。不食靈輒〔三〕飰。無諂無驕無災患。寧甘貧鬢髮斑斑。世情任你。風波由起。蜀道從難。（樂府羣珠）

臥癡樓。無籌算。食無重品。心不多端。衣襟不整齊。鬢髮從疎亂。萬事無謀從天斷。任他忙我自心寬。不貪貴顯。惟安飽暖。不礙貧酸。（樂府羣珠）

臥癡樓。真堪羡。樓如閬苑。人似神仙。新詩寫剡藤。佳茗烹陽羡。適意忘情崔張傳。鼎爐温香爇龍涎。詩賡李白。狂同阮籍。畫倣龍眠。（樂府羣珠）

臥癡樓。人難道。從他懶散。任我逍遥。詼諧養性情。詩酒共談笑。淡飯麄衣把人情傲。任他每世事諠囂。也無貴豪。也無勢驕。只有清高。（樂府羣珠）

臥癡樓。清閒大。元龍難比。王粲無過。烟霞舊隱情。詩酒閒功課。明月清風咱三個。臥癡樓勝似無何。世情淺薄。光陰石火。往事南柯。（樂府羣珠）

臥癡樓。非王謝。東風楊柳。春夢蝴蝶。人情雲變更。世事花開謝。金谷銅駝無明夜。臥癡樓無甚驕奢。磁甌瓦鉢。狂歌醉舞。傲煞豪傑。（樂府羣珠）

安　命

守清貧。無災害。窮通定擬。天地安排。木綿麄布衣。薄粥黄虀菜。冷淡家常清浄大。與山妻稚子和諧。也無算風雲手策。也無治經綸大才。則不如甘老空齋。（樂府羣珠）

集義堂寫懷

草堂閒。簾籠静。琴書有趣。花草無名。春風送暖和。春日添嘉慶。不事干求[四]惟安命。老妻賢子姪零丁。利名不争。是非不到。疎懶無成。（樂府羣珠）

閑　書

是和非。權和貴。愁看愁聽。休説休題。説來往論評。題起空開議。寸草撞鐘成何

濟。大江來命矣時兮且休提，懷才抱德。賢良方正。則不如阿附癡迷。（樂府羣珠）

【北中吕喜春來】

贈公子行

成國公子約北上予有疾不果簡之

雕鞍寶馬黄金勒。緑酒黄鷄白玉瓶。錦衣公子此時行。宜春令。餞别短長亭。（樂府羣珠）

要隨鵬鶚騰霄漢。欲向雲門振羽翰。五行不遂事間關。空長嘆。甘老鬢毛斑。（樂府羣珠）

【北南吕駡玉郎過感皇恩採茶歌】

閨　怨

東風擺柳生和氣。庭草緑未曾齊。緑窗曉日開晴霽。掩繡闈。簾幙垂。添憔悴。

人在天涯。信遠音稀。負青春。耽寂寞。阻佳期。看韶華逝水。想光景空違。不覺

蜂兒誼。蝶兒穰。燕兒飛。怨別離。厮禁持。鶯花笑我瘦容儀。誓海盟山情莫已。才郎何事不思歸。（樂府羣珠）

鶯慵燕懶春歸去。飛柳絮落花鬚。東君無計留春住。蜂力柔。蝶翅閑。歌聲拒。寂寞庭除。人在方隅。釧鬆金。肌減玉。臉消朱。強撑弱體。强拭羅襦。阻青鸞。遥白雁。誤雙魚。謾躊躇。枉嗟吁。薄情不記舊歡娛。去時曾許同賞雪。如今又是夏臨初。（樂府羣珠）

【北南吕金字經】

贈妓張金陵

翠袖泥金扇。冰絃白雪謳。小小弓鞋雙鳳頭。擎素手。殷勤捧玉甌。難消受。人生能再有。（樂府羣珠）

【北雙調對玉環帶清江引】

四時風景[五]

雪積空山。乾坤歲暮時。水凍寒江。有人垂釣絲。新酒熟隣□。無錢空卣巵。梅放南村。清香滿樹枝。踏雪須攀。孟郊驢背詩。　摽梅華孟郊驢背詩。不穩推敲字。金帳飲羊羔。那個通街市。堪笑皓然齊老子。（鈔本）

家邦盛、俊彦與癡爲社。而邦盛好事博能，重愛斯文。吾友浪仙、希昌與邦盛更交莫逆。邦盛欲癡作小景山水，爲行寓清賞。癡本不能，又不可卻，乃寫四時風景，更作小詞四闋，曰對玉環帶清江引。併醜於時工者也，則可以盡友道。大明正德改元仲冬三日七十翁江東史癡書于臥癡樓。

〔一〕「藥爐」，原作「樂爐」。
〔二〕「野獸」，原作「也獸」。
〔三〕「靈輙」，原作「靈徹」。
〔四〕「干求」，原作「甘求」。
〔五〕僅見「冬景」一首。

章懋

章懋，字德懋，號闇然子，晚稱瀔濱遺老，以其講學楓木山，門人稱楓木先生。浙江蘭谿人。正統二年（一四三七）生，成化二年（一四六六）進士第一，授編修，官至南京禮部尚書。有楓山集、楓山語録。嘉靖元年（一五二二）卒，年八十六。

複出

套數

【南中吕榴花泣】折梅逢使。

樂府先春無題，注章楓山作。彩筆情辭注明古辭。昔昔鹽、樂府争奇不署作者。吴騷集、南音三籟屬梅禹金。伯虎雜曲、吴歈萃雅、詞林逸響、珊珊集、古今奏雅俱注唐伯虎撰。兹已輯於唐寅卷中，此不重出。

王春泉

王春泉，南直隸上元（今江蘇南京）人。與南都史忠交善。

小令

【北中呂滿庭芳】

嘲人惧内納寵

夫人你聽。我爲官長。門户先生。西房既許成匹聘。已有賢聲。我怎敢和他同眠到明。止不過趕空兒半夜三更。或推些病。潛潛等等。躡足鷺鷥行。（雍熙樂府）

【北雙調湘妃遊月宮】[二]

贈遂安陳總戎

簪纓華胄更風流。韜略胸蟠誰與儔。蟒衣玉帶江山秀。列三公名位久。秉丹心日侍龍樓。歸畫閣笙歌齊奏。撫青萍光芒射斗。宴佳賓詩酒賡酬。○宴佳賓詩酒賡酬。觀德投壺。分韻藏鬮。决勝圍棊。争奇打馬。較射贏籌。寶炬吐玉荷花紐。瑞烟飄金鼎香浮。美景堪收。樂事淹留。塵世人仙。京輦瀛洲。（雍熙樂府）

套　數

贈江東史廷直[三]

【北南吕一枝花】真疎狂李太白。多慷慨郭元振。擅清高徐孺子。不驕貴孟嘗君。守道安貧。任匣中紫電雙鋒鈍。愛座上青毡舊物存。脚踪兒不離了風月詩壇。心坎兒長揣着江山畫本。

【梁州】逢英俊捫虱談當世之務。遇相知割鷄奉養育之親。把乾坤造化包羅盡。少微處士。太古遺民。林泉宰相。蓬島仙人。這四家兒堪與爲隣。有三般兒果是超群。歌一聲雄壯如周公瑾往昔喉嚨。畫一筆遒勁似黄子久當年妙品。書一行仿佛同蘇東坡舊日精神。花尊。酒尊。臥癡樓四季長安頓。陪賞鑒助評論。縱有朝雲共綵雲。不換白雲。

【尾】喜的是一門兄弟皆誠信。來的是四海交遊總縉紳。幸生在虎踞龍蟠建業郡。仰賴着唐虞至尊。皐夔大臣。容放你箇再出世巢由快活隱。（雍熙樂府）

〔一〕原作「湘妃遊月宮帶折桂令」，今正。

〔二〕此套亦見北宮詞紀。

虞臣

虞臣，字元凱，號竹西，南直隷（今江蘇）崑山人。成化十四年（一四七八）進士。累官四川布政司參議。剛正不屈，二年乞休去。居家清操尤著。工散曲，曲品謂其「柔腸度曲」。有述古録八卷、竹西亭稿、竹西迴文等。正統七年（一四四二）生，正德十五年（一五二〇）卒，年七十九。

小令

【南商調山坡羊】

怨別[二]

花外鵲聲飛送。驚覺羅幃香夢。霎時打散鸞和鳳。緑鬌鬆。闌凭畫檻東。雙眸强閉再欲仍前夢。倘知我思君君還到夢中。朦朧。縱相逢也是空。匆匆。縱懽娛也是空。

（南宫詞紀）

套數

麗　情[三]

【南黄鍾畫眉序】花下見妖嬈。彷彿仙姝離蓬島。看眉横翠黛。臉暈紅桃。步香塵羅襪輕盈。歌麗曲鶯聲嬌巧。見人未語先含咲。朱唇綻破櫻桃。【黄鶯兒】楊柳鬪纖腰。露春葱十指嬌。琵琶撥盡相思調。能詩似薛濤。賽江東小喬。雙生何必尋蘇小。鳳鸞交。偎紅倚翠。無福也難消。【集賢賓】也曾焚香告天把蘭麝燒。也曾把詩寫鮫綃。也曾向芍藥欄前閑鬪草。也曾在月下吹簫。他有文君雅操。正遇着相如才調。同傾倒。相隨趁月夕花朝。【琥珀貓兒墜】千金一刻。難買是春宵。白髮相催人易老。貴人頭上不曾饒。今朝。不如典却鷫裘。解下金貂。【尾聲】一團嬌。紅迎俏。鎮日裡追歡買笑。只恐人老花殘空懊惱。（吴騒合編）

複出

小令

【南商調山坡羊】

春寒夜夢

冷閣餘香猶峭。

南音三籟題作「春寒夜夢」，注虞竹西著。南宮詞紀、南詞韻選皆署名吴崑麓。兹已輯於吴歈卷中，此不重出。

〔一〕南宮詞紀題作「怨别」，南詞韻選無題，吴歈萃雅、南音三籟題作「春寒夜夢」，俱注虞竹西撰。

〔二〕樂府先春無題，注古調。彩筆情辭題作「麗情」，注明古辭。群音類選題作「題情」，昔昔鹽題作「嬌艷牽情」，樂府争奇無題，俱不注撰人。吴騷集無題，萬錦清音題作「咏艷」，皆署名劉東生。詞林逸響、古今奏雅題作「詠妓」，俱屬唐伯虎。珊珊集無題，注梁伯龍作。吴騷合編題作「麗情」，注虞竹西撰。未知孰是，兹姑以之屬虞氏。

楊傑

楊傑，字廷俊，號立齋，山西平定人。成化十四年（一四七八）進士，選庶吉士，授編修，歷侍講，陞司經局洗馬，充東宮講讀官。正統九年（一四四四）生，弘治十二年（一四九九）卒，年五十六。

小令

【南仙吕一封書】

題情

紗牕日影紅。鳳幃寒鸞鏡空。青娥誤守宫。淚鮫綃愁漸濃。千里相思腸斷也。只爲音書兩不通。醒朦朧。睡朦朧。細雨飛花助曉風。（南宫詞紀）

紗牕日影殘。步沉吟怯暮寒。別離易見難。漬羅巾血淚斑。千里相思腸斷也。强把

花枝冷笑看。望人還。慕人還。寂寞東風獨倚闌。（南宮詞紀）

紗牕日影沉。燕歸梁鴉噪林。香閨別恨深。上銀燈鋪翠衾。千里相思腸斷也。春色薰人苦不禁。理瑤琴。罷瑤琴。總是相思一寸心。（南宮詞紀）

李東陽

李東陽，字賓之，號西涯，湖廣（今湖南）茶陵人。四歲能作徑尺書。天順八年（一四六四）進士，選庶吉士，授編修。弘治時，官至太子少保、禮部尚書兼文淵閣大學士，參預機務，多有匡正。受顧命，輔翼武宗。立朝五十年，清節不渝。當劉瑾用事時，東陽潛移默奪，保全善類，而氣節之士多非之。東陽爲有明一代大詩家，爲文典雅流麗，朝廷大著作多出其手。工篆隸書，碑版篇翰流播四裔。著有懷麓堂集一百卷，懷麓堂詩話一卷，西涯樂府二卷，又有燕對録、東祀録等。正統十二年（一四四七）生，正德十一年（一五一六）卒，年七十。

套數

【南仙吕桂枝香】未拈針線。先描鶯燕。喜嬋娟光射銀屏。怪料峭寒生金釧。學迴文織錦。學迴文織錦。且添香篆。把欄杆凴遍。怕繡到並頭蓮。玉筋空凝思。蘭膏慢自煎。

【大勝樂】愛書生才貌兼全。怕揚帆各一天。來朝料想難重見。今日盼望忍言旋。花迷蝶夢空相逐。月冷梅魂若個憐。尋方覓便。邀來雙鯉。把錦字偷傳。

【前腔】恨年來消渴文園。暗塵蒙琴上絃。宦家威勢嫌當遠。怕挑弄枉招愆。停機織女迷河漢。失路劉郎憶洞天。難諧繾綣。怎能勾花隨流水。泛出仙源。

【掉角兒序】儘今生雨戀雲纏。受用些香嬌玉軟。做花房並宿遊蜂□。雕梁雙棲紫燕。我與你金屋中。銀釭下。黼帳褰。紋衾□。結成仙眷。西陵遊輦。五湖畫船。那時節。名香一柱。報答神前。

【尾聲】我願將玉人兒作念的魂靈現。萍水相逢信有緣。教望帝春心托杜鵑。（樂府先春）

按：曲牌【大勝樂】原作【前腔】，句式與【桂枝香】完全不合，兹據曲譜修正。

閨　怨[一]

【南正宮普天樂】四時歡。千金咲。從別後多顛倒。我這裡玉減香消。他那裡珠圍翠繞。婚姻簿内想是名不到。却把鸞釵輕分了。恨茫茫水遠山遥。悶沉沉雲深霧杳。困騰騰夢斷魂勞。

【鴈過聲換頭】終朝。院落静悄。徒然有龍香鳳膏。鸞笙象管無心好。萬般愁萬般焦。這悶懷端的教我難熬。空教。人易老。那堪暮雨簷前閙。比着俺淚珠兒兀自少。

【傾盃序換頭】思着。掩翠屏。冷絳綃。寂寞向誰行告。挨幾箇黄昏。幾番明月。幾度青燈。有誰知道。把歸期暗數。寶釵劃損。畫闌雕巧。不由人駡他薄倖絮叨叨。

【玉芙蓉】金爐香篆消。寶鏡塵埋了。數歸期一夕又還一朝。薄衾小簟殘鐘曉。暮雨梨花魂暗消。我的相思病。多應是命所招。算人心不比往來潮。

【小桃紅】誤約在蓬萊島。冷落了巫山廟。愁雲怨雨羞花貌。精神不似當初好。燕來鴻去無消耗。每日價教我心癢難撓。

【尚輕圓煞】凄凉運莫再交。但願得冤家會早。莫待秋霜染鬢毛。（群音類選）

〔一〕樂府先春、吴騷集無題、吴騷合編題作「閨怨」，俱注李東陽作。詞林逸響、古今奏雅、怡春錦題作「怨别」，署名陳大聲。三徑閒題無題，注陳翰林作。吴歈萃雅、珊珊集題「怨别」，屬高東嘉。新編南九宫詞題作「情」，注舊詞。群音類選題「閨怨」，昔昔鹽題「閨情怨别」，南宫詞紀、南音三籟題「怨别」，詞林一枝題「美女閨情」，樂府争奇、盛世詞林、南宫韻選無題，俱不注撰人。未知孰是，兹姑以之屬西涯。

謝遷

謝遷，字于喬，號木齋，浙江餘姚人。成化十一年（一四七五）進士第一，授修撰。弘治八年（一四九五）以少詹事兼侍讀學士入内閣，參預機務。遷秉節直亮，與劉健、李東陽同心輔政。武宗嗣位，請誅劉瑾不納，遂與健同致仕。嘉靖中手敕促起，入相數月，仍以老辭歸。善文辭，工書法。著有歸田稿。正統十四年（一四四九）生，嘉靖十年（一五三一）卒，年八十三。

小令

【南南吕梁州新郎】

戊寅臘月，予幸七十初度，同年王守谿少傅寄爲壽，依韻奉答。

茫茫江海。悠悠昏旦。歎惜年光易换。迷途世故。從來百樣千般。眼底翻雲覆雨。狂浪頹波。天也那能管。白雲堆穩也與公眠。吴越相望兩地仙。傳雅調。正家宴。

便當筵高詠愁懷散。賡一闋。賽強健。（歸田稿）

守谿明年亦七十，中秋後二日其初度也，仍用前調一闋寄壽。

中秋前夕。今辰初度。萬里清光快覩。香生叢桂。廣寒真境清虛。但見斗牛相映。奎璧聯輝。元是文章府。洞庭深處好勝蓬壺。青雀西來螽寄書。王母降。玉娥舞。笑鶴南飛曲吾來暮。遥祝讚。壽彭祖。（歸田稿）

套 數

【南黄鍾畫眉序】紅徑柳絲牽。洞口桃源香帶轉。正花柔玉暖。貪戲韶年。凝釵翹側度雲蟬。墜紅掌金蟲細鈿。苔痕屧印芳茸淺。暗穿花背人偷展。

【黄鶯兒】偷眼艷陽天。映朝姝沁彩煙。蒸霞炫日風和扇。香鬟幔颭。紅心鬬展。濃窠弄壓柔條顫。糝花鈿。瓊纖袖口。拈插髻雲偏。

【四季花】仙酒醉嬋娟。這肌兒脆聲兒顫。帶笑花前。嫣然。斜簪抛出金縷懸。鵝黄畫袴吹可憐。皺湘裙髀着眠。粉檀香潤。拚驕恣妍。真珠幾滴紅上面。婀娜垂柳邊。又不是看花人倦。護春柔酒暈。惹人閑緒花片。

【皂羅袍犯】□□□鸞屏扇。恨鵲巖煙斷。罨盡春山。浮漚繡澁晝輪□。□□碧霧看宛轉。花光玉洞。丹砂幾年。華清繡領。王孫故園。佳人挾瑟一似漳河怨。招司馬。進仲宣。晴窗檢點白雲篇。嚬紅頰。數緑錢。高樓誰信與天連。

【解三酲】疊春岑踦嶇幾轉。一般的蔽日迴雲岫紫烟。金苔玉技青偃蹇。透窺窗玉女懸河。似青霞削出芙蓉瓣。又似巫峽瀟湘對落猿。堪遊衍。恨小山人去。緱嶺音傳。

【浣溪沙】颺湘岑。簇兔園。銀花水照得潺湲。笙簫慈姥對娟娟。相思有恨窺鸞遍。戛玲瓏。把金釵敲竹透歌泉。歌得好賭却金錢。

【喬合笙】鎮催花雨點。鎮催花雨點。勒暖氤寒。垂雲一似濃鬟渲。水氣花香風暗傳。覆着同心扇。草絲薰軟。翠茸茸毯着雙蕚。蹝繡墩金線。謾細織簾紋熨浪痕。穿花掠燕。迴蘭戲鴛。個人無賴嬌波轉。同行並着香肩。待到深庭院。褪却中衣絹。

【啄木兒】狂耍壻。遊戲仙。荳蔻圖中春數點。歡情態皺花呵展。繡□□傍挑幾線。半踏長裙香逕遠。歡杯對影分嬌面。好□□□鮑四絃。

【玉交枝】沉沉深院。錯呼人花林水邊。雙飛翠點驚人見。丁香隊裡盤旋。你休要把郎拽住喬作慳。嬌嗔要得人饒慣。新花蕋芳心咬殘。戲捎鶯迴眸偷眄。

【玉抱肚】願侍十年歡嬿。儘着這紅嬌翠鮮。碎心情眉角相偎。趁光陰透體交眠。怕得海棠香晚。寶簪敲折鳳簫弦。夢裡湘雲過雨痕。

【玉山供】你精神桃李。紅抹肚温香膩綿。惹嬌音春思無邊。襯輕軀着處堪憐。佳人絶世。更甚名花堪羡。薄倖教天譴。負青天。年年春病到身邊。

【川撥棹】承相盼。這香火情何限。怕只怕箋梅字殷。怕只怕箋梅字殷。道得個海枯石爛。不争你僑啜賺謾。將牢這話難。

【尾聲】尋芳轉興多般。一簾花影上闌干。好看春庭夜合歡。（樂府先春）

按：曲牌【四季花】原誤作【四時花】。南北詞簡譜於【四時花】條下按曰：「九宫譜定以此支疑即四季花，非也。不獨句法不同，且板式無一合也。」茲從吴梅譜。下同則逕改，不另出按語。

王鏊

王鏊，字濟之，號守溪，晚更號拙叟，學者稱震澤先生，南直隸吴縣（今蘇州）人。成化十年（一四七四）應應天鄉試，次年試禮部，皆第一，授編修。弘治時歷侍講學士，充講官。正德初累進户部尚書、文淵閣大學士。時劉瑾當權，以志不得行力求去。鏊博學有識鑒，文章爾雅，議論明暢，有姑蘇志、震澤編、震澤長語及震澤紀聞、守溪筆記、春秋詞命、本草單方等。景泰元年（一四五〇）生，嘉靖三年（一五二四）卒，年七十五。

套數

【南雙調錦堂月】帽插金蟬。釵簪寶鳳。英雄配合嬋娟。點染宫袍。翠拂畫眉輕線。君王命即日承筐。嫦娥面今宵却扇。拈金盞。看緑蟻香浮。這翠槐宫院。

【前腔換頭】羞言。他將種情堅。我瑶芳歲淺。教人怎的支纏。院宇修□。□□□陽粧面。號金枝舊種靈根。□□□新連戚畹。拈金盞。看緑蟻香浮。這翠槐宫院。

【前腔】姻緣。向雨點花天。香塵寶地。無情種出金蓮。偶語低回。一笑鳳釵微顫。

你百感生仙宅瓊漿。一捻就兒家禁臠。拈金盞。看緑蟻香浮。這翠槐宫院。

【前腔】天然。主第亭園。王家錦繡。粧成一曲桃源。窈窕幽微。樂奏洞天深遠。西明講士女誼壇。東華漏王姬築館。拈金盞。看緑蟻香浮。這翠槐宫院。

【醉公子】(二)簾捲。看明月秦樓正滿。把弄玉臨風。笑拈簫管。今晚。烟霧雲鬟。家近迷樓一咲看。曾相見。是那一種瓊花。種下槐安。

【前腔】真罕。一霎兒向宫闈腹坦。想二十四橋。玉人天遠。深淺。隻影孤寒。怎便向重樓曲户眠。曾相見。是那一種瓊花。種下槐安。

【僥僥令】□餘三洞暖。花展一天寬。記取斜月鸞迴笑歌鼾。春壓□□□□遠山。

【前腔】□于沾醉晚。滅燭且留殘。試取新紅粗如人世顯。渾似遇仙還雲雨間。

【尾聲】儘今宵略把紅鸞醮。蚤畫蛾眉去鵷鷺班。則怕你雨困雲殘新睡懶。（樂府先春）

和壽詞

王守溪年六十三，楊君謙來壽，守溪和詞云：

【南仙吕一封書】懸弧又誕朝。六十三年鹿覆蕉。勳名紫閣高。起何遲歸何早。玉堂近日無宣召。且是山中臥得牢。治如虞。聖如堯。洗耳還容由與巢。

【皂羅袍】且作山中宰相。依然玉帶蟒繡爲袍。遍舟范蠡去迢迢。五湖烟景無人要。金庭玉柱。傲彼伊皇。清風明月。卑他管簫。洞天福地誰曾到。

【駐馬聽】鎮日逍遥。過去韶華不可招。幸有還丹大藥。絶勝鹽梅。金鼎和調。百年强半總勞勞。奔名逐利何時了。既彼時豪。東門黄犬徒增煩惱。

【清江引】古來富貴誰長保。早是抽身早。裴相午橋莊。疏傅都門道。到如今尚瞻高節操。（堅瓠補集）

〔一〕「醉公子」，原作「醉翁子」。

孫 艾

孫艾，字世節，號西川，南直隸常熟（今屬蘇州）人。學詩於沈周，與吳寬、皇甫沖兄弟等相交善。精品鑒，工繪畫。以子舟貴，封工部主事。有林泉高士孫西川詩稿，散曲附。生於景泰三年（一四五二），卒年不詳。

小 令

【北中呂紅繡鞋】

雪 香

秦弄玉休誇清瑩。許飛瓊謾說輕盈。是箇啖百和薛瑶英。笑桃李無餘韵。比蘭麝更清馨。這風情則除是韓壽省。

嘲缺牙

愁難咬胡桃偏硬。怕流酸梅子猶生。荔枝來正害左車疼。難滅我忠良意。不廢我笑歌聲。苦則苦何郎難啖餅。

林廷玉

林廷玉，字粹夫，號南澗，福建侯官（今福州）人。成化二十年（一四八四）進士，除吏科給事中，屢陞工科都給諫。官至右僉都御史，巡撫保定，調南京都察院管事致仕。有南澗文録。景泰五年（一四五四）生，嘉靖十一年（一五三二）卒，年七十九。

小令

【北中呂朱履曲】

林下作

黑虎丹藏歸石竇。紫鸞簫吹向江樓。身世乾坤一虛舟。□花三徑酒。蘋蓼五湖秋。黃金印曾繫肘。（樂府羣珠）

覺半世盧生幻夢。仰千載徐孺高風。棄簪笏走出紫宸宮。山翁同得隴。野鶴共巢松。

看雲峰當户聳。（樂府羣珠）

草亭前磨一會鐵硯。柳陰中撐半晌漁船。白石清泉景無邊。鳩呼山畔雨。人醉洞中天。聞宣尼曾與點。（樂府羣珠）

厭城市塵埃攘攘。喜山林松柏蒼蒼。朝煙暮雨樂耕桑。簾櫬含水亮。筆硯帶花香。將古今和漁樵閑話講。（樂府羣珠）

晃簾幙水光湧湧。覆闌干花影重重。樵唱漁歌夕陽中。窗虛雲亂擁。屋矮樹交叢。嘆浮生真蠛蠓。（樂府羣珠）

識進退人生有命。嘆炎涼世態無情。天外浮雲眼中輕。乾坤飄斷梗。身世寄幽亭。咲欣欣閑對景。（樂府羣珠）

傀儡棚眼前耍戲。風波海夢裏驚疑。辛苦艱難有誰知。功名早抛棄。泉石好棲遲。説是非隨在你。（樂府羣珠）

護樵舍幾叢薜荔。伴釣船數點鳧鷖。明月清風兩相知。徑荒多蘚翳。柳眉得鶯啼。數落花春睡起。（樂府羣珠）

襯落花山雲滿地。蘸垂柳野水平堤。蝴蝶蜻蜓兩交飛。海棠春睡起。庭鶴晝歸遲。覓詩脾清似洗。（樂府羣珠）

【北正宮塞鴻秋】

詠　愁

妒離情輾轉相迤逗。惹羈懷來往閒交構。對菱花怕照容顏瘦。數歸鴻難展眉峰皺。秋風葉落時。夜雨燈昏候。那其間淚濕香羅袖。（堅瓠七集）

詠　酒

米明王原掌奇門印。麯將軍會擺迷魂陣。水中郎穩坐雲安鎮。柴令公傳示蘭陵信。祭遵壺矢威。李白蠻書令。那愁城攻破莫逃命。（堅瓠七集）

【北雙調清江引】

慨　世

世上人心真箇歹。牽鬼街頭賣。哄了白尚書。瞞過陳員外。漢鍾離看見通不睬。（堅瓠十集）

没嘴葫蘆就地滚。好歹休相問。花妝扮戲棚。紙做盛錢囤。陳摶華山閒打盹。（堅瓠十集）

春花正紅春酒美。多少蟠桃會。休做看財奴。枉着金銀累。死到黄泉纔是悔。（堅瓠十集）

勝水名山和我好。每日相頑笑。人情上苑花。世事裹陽砲。霎時間虚飄飄多過了。（堅瓠十集）

楊一清

楊一清，字應寧，號邃庵，又號石淙，時人稱石淙先生。雲南安寧（今廣南）人，徙巴陵（岳陽）。成化八年（一四七二）進士，授中書舍人，遷山西按察僉事，以副使督學陝西。與張永謀誅劉瑾，三爲陝西三邊總制，累遷太子太師，特進左柱國、華蓋殿大學士。一清博學善權變，尤曉暢邊事。著有石淙類稿四十五卷，石淙詩集二十卷等。景泰五年（一四五四）生，嘉靖九年（一五三〇）卒，年七十七。

套　數

【南羽調四季花】愁他春態暗關情。這眉間恨心間事。特地難平。卿卿。凌波步懶心自迎。低鬟斂眉含笑驚。坐來時百媚生。嚲垂羅袖。軟玉半傾。針將綫引不住停。恍惚見赤繩。促急裡憑誰拴定。却又是竿影帶影絲影手影香影。

【前腔】睡起不勝情。見舟中客把胸中悶。一霎都平。憐卿。憑欄眉宇神暗迎。我嬌多幾番魂似驚。不由人愁又生。有心和你。將肺腑盡傾。只怕風帆霧槳不暫停。今夜仿佛對玉繩。怎得似雙星期定。趂雲影漢影山影水影船影。

【集賢賓】他新粧嫵媚嬌眼明。掩映薄綺疎櫺。潮落波平開晚鏡。看垂鈎纖手偏輕。似紅蕖露冷。秋色共長江相映。我專意等。你似交甫解佩投瓊。

【前腔】雖是其中詞義不甚明。想說着我坐對窻櫺。一似奇葩臨寶鏡。你這偷花手段須輕。今夜江空月冷。怕甚麽漁燈相映。我愁坐等。怎做得輕舉飛瓊。

【簇御林】漁磯畔。當雀屏。七言詩願結百歲盟。紅綃料比牽絲□。何用把冰人倩[二]。覷娉婷。魂迷色動。應解惜惺惺。

【前腔】雖没有芙蓉褥。雲母屏。這紅牋已鏤玉版盟。方方叠做同心勝。何用把雙魚倩。愧娉婷。只有蘭襟蕙思。脉脉自惺惺。

【黄鶯兒】他早是目先成。更將人新句賡。只是語含糊未吐風流性。觸輕舟乍聽。訝江流有聲。紅蕖一字剛相應。這俏魂靈。争如倩女。千里逐郎行。

【前腔】井底墜銀瓶。側楞楞斷了碧玉筝。並頭蓮磣可可摧纖柄。厮琅琅偷香處掛鈴。疎剌剌雕鞍撒鎖鞓。眼睁睁拆散鴛鴦頸。美前程。把嬌紅繫定。空點點似守宫凝。（樂府先春）

南北雙調合套

閒　情[三]

【新水令北】小窻高臥日三竿。近年來性疎心懶。利和名兩不關。千鈞擔已息肩。任咱消散。睁眼看他人寒煖。

【步步嬌南】也不須勞碌碌廣置千金產。但隨時加湌飯。論人生百歲間。陰晴悲喜常相半。百忙裡且偷閑。把琴棋詩酒來消遣。

【折桂令北】到春來臨水登山。柳陌花街。歌舞吹彈。到夏來水閣盤桓。眠翠簟對着紅蓮。到秋來沉醉倒在黄菊花前。真個是地偏心遠。到冬來雪花飛亂。煖閣紅爐。儘消得暮歲殘年。

【江兒水南】本是龍門客。今爲鶴髮仙。少年叨醉瓊林宴。揮毫直上黄金殿。兩番文柄司衡鑑。桃李門墻栽遍。總有讒言。白璧青蠅難玷。

【鴈兒落帶得勝令北】俺也曾握虎符鎮塞垣。俺也曾假黄鉞誅叛亂。俺也曾掌天曹統百官。俺也曾草黄麻侍主言。念鸞凰勝鷹鸇。怕蒿艾混芝蘭。小人哉多行險。君子兮不素飡。清閑。不知機心怎閒。平也麽安。不知足心怎安。

【僥僥令南】天家多雨露。宦海有波瀾。因此上乞骸骨歸故里。從此後謝龍池鴛鷺班。

【收江南北】呀。雖然在山澗樂考槃。心敢忘廟堂前。奈年華向晚雪盈顛。且頤養天和保天年。慕古先聖賢。願取清風高節永流傳。

【園林好南】我今來開籠放鷴。我于今持竿學釣鮮。與棋客詩朋爲伴。娱舜日樂堯年。娱舜日樂堯年。

【沽美酒帶太平令北】日和月錯迭如轉丸。屈指數俺歸田有六七年。一任山花開落雲舒卷。幸當今主聖臣賢。鑒成法永無愆。喜天下文修武偃。纘列祖裕後光前。念衰殘有非常恩典。荷存問天語拳拳。我呵到今來才淺。識淺。謀淺。智淺。呀。要驅馳争奈勢力不全。况是鳥飛知倦。

【尾聲南】歷侍三朝多榮顯。歸去星霜今已换。願祝皇圖億萬年。（群音類選）

按：【沽美酒帶太平令】原僅書【沽美酒】，下同則逕改，不另注。

〔一〕「冰人倩」上四字漫漶難認；「何用把」三字今據文義補。

〔二〕新編南九宮詞無題，注楊閣老著。群音類選題作「閒情」，署名楊邃菴作。堅瓠七集録〔雁兒落帶得勝令〕一曲，注楊邃菴撰。

陳鐸

陳鐸，字大聲，號秋碧，別署七一居士，南直隸下邳（今江蘇邳縣）人，家金陵。世襲濟州衛指揮。工詩善畫，尤精聲律，時稱「樂王」。著有秋碧樂府、梨雲寄傲、可雪齋稿、月香亭稿、滑稽餘韵、公餘漫興、秋碧軒稿、草堂餘意、詞林要韻等。另有雜劇花月妓雙偷納錦郎，及傳奇鄭耆老匹配好姻緣、太平樂事三種。約生於景泰五年（一四五四），卒於正德二年（一五〇七），年五十四左右。

小令

【北正宮小梁州】

閨　情十二首

碧紗窗外月兒低。玉漏遲遲。蘭香燒斷冷金猊。難成寐。花影覺頻移。　青燈一點

空相對。靜巉巉四面屏幃。眉上愁。腮邊淚。春來顛頽。惟有燕鶯知。（梨雲寄傲）

碧紗窗外月兒高。秋到芭蕉。和衣剛得眼合着。誰驚覺。花底一聲簫。吹來總是相思調。把閑愁喚上眉梢。展轉聽。傷懷抱。粉香花貌。一夜爲君消。（梨雲寄傲）

碧紗窗外月兒明。一片秋聲。芙蓉屏底暮寒生。愁難聽。落葉走空庭。坐來轉覺傷孤另。冷清清怎捱長更。一捻腰。十分病。燈前瘦影。越看越伶仃。（梨雲寄傲）

碧紗窗外月兒斜。忽的〔一〕雲遮。西風吹散枕邊蝶。如年夜。心緒不寧貼。侍兒休把燈吹滅。端溪硯水再添些〔二〕。紫兎毫。丹楓葉。玉纖輕捻。和淚寫離別。（梨雲寄傲）

碧紗窗外月兒圓。玉鏡高懸。清光依舊似年前。人不見。顛頽對花眠。柔腸九曲思量遍。問東風桃李無言。也不索〔三〕書寄鴻。詩題扇。終朝寫怨。自有錦箏弦。（梨雲寄傲）

碧紗窗外月兒歪。門掩蒼苔。玉釵敲斷未歸來。憑欄待。黄犬信音乖。東風細細吹裙帶。露華涼沁透宮鞋。夜轉迢。愁偏殺。竹吟清籟。錯當履聲猜。（梨雲寄傲）

碧紗窗外月兒孤。兩兩啼烏。枕寒衾剩夜何如。愁難度。風露下高梧。秋聲苦把人欺負。但合眼好夢全無。整翠鬟。開朱户。瑤階徐步。惟賴影兒扶。（梨雲寄傲）

碧紗窗外月兒昏。滿地春雲。杜鵑喚醒海棠魂。寒時分。强把翠衾温。天涯久絶

鱗鴻信。耳邊廂盟誓空存。舊日愁。新來恨。眉峰一寸。常是〔三〕爲君顰。（梨雲寄傲）

碧紗窗外月兒陰。香霧沈沈。一尊花底少知音。時時恁。幽恨苦相侵。翠幃錦帳難拘禁。戰兢兢一點春心。枕與衾。淒涼甚。兩般兒爲您。相守到如今。（梨雲寄傲）

碧紗窗外月兒纖。怕捲珠簾。薄寒今夜〔四〕覺重添。臨鸞鑑。羞點翠娥尖。一身苦把淒涼占。捱不出鬼病懨懨。卦兒交。燈兒焰。全無靈驗。今後不須占。（梨雲寄傲）

碧紗窗外月朦朧。撞罷昏鐘。雲屏翠幙幾重重。寒猶重。滿院落花風。枕衾長夜無人共。徒然的褪粉銷紅。杜宇聲。驚春夢。把閑愁搬弄。不離曲闌東。（梨雲寄傲）

碧紗窗外月如鈎。薄靄初收。三分春事去難留。新來瘦。非是爲花愁。羅衣香冷芙蓉扣。對青鸞幾徧成羞。臉兒黃。眉兒皺。黃昏時候。無語抱箜篌。（梨雲寄傲）

詠燕子

蒲芽尚短柳條長。對語雕梁。滿身披拂落花香。多情況。風外自雙雙。還同王謝當年像〔五〕。笑江南風景堪傷。朱雀橋。烏衣巷。不勝悲愴。芳草共斜陽。（梨雲寄傲）

鞦韆

海棠庭院夜初深。結伴相尋。幾回蹴罷思沈沈。將闌干枕。溜卻鳳釵金。宮鞋每

被香泥沁。慣追陪柳影花陰。任笑喧。無拘禁。一春狂甚。針線不關心。（梨雲寄傲）

【北雙調沈醉東風】

秋　夜

庭院悄風摇緑楊。轆轤斷露滴銀牀。蛩吟草砌邊。月掛簾鈎上。正人間一半秋光。何處吹簫引鳳凰。側耳向花陰半晌。（梨雲寄傲）

閨　怨二首[六]

黑黯黯雲遮北斗。響撞撞鐘度南樓。香消翠鼎閑。被冷紅雲皺。撥相思絃斷箜篌。一寸眉峰萬種愁。捱不過天長地久。（梨雲寄傲）

垂柳外低低粉牆。燭花前小小牙牀。鎖春寒翡翠屏。藏夜月芙蓉帳。幾般兒不比尋常。回首桃源路渺茫。手抵着牙兒漫想。（梨雲寄傲）

花月志感[七]

花正發蟾含半規。月初圓花尚蓓蕾。月無三五圓。花欠[八]十分媚。想人間好事難齊。

及至花開月又虧。全不與東君作美。（梨雲寄傲）

詠骷髏笛

那里也〔九〕伴衰草狐踪兔跡。只管里怨春風緑慘紅悽。包含萬古愁。全仗三分氣。把莊周錯認桓伊。多少時人信口吹。不解把英雄歎息。（梨雲寄傲）

自述二首〔一〇〕

湘簾下輕清簫管。草堂中小可杯盤。對燭花紅春酒香。怕禁鼓〔一一〕停更籌換。與知音坐久盤桓。怪舞狂歌盡此歡。天大〔一二〕事吾儕不管。（梨雲寄傲）

青天外蟾光漸低。緑窗前梅影頻移。長存酒共詩。問甚名和利。喜圍爐談論笑忘機〔一三〕。三尺〔一四〕龍泉怕去提。似這等人兒有幾。（梨雲寄傲）

詠牡丹〔一五〕

籠夜月千機絳紗。舞東風幾簇春霞。温泉宫乍浴回。華清殿初粧罷。散天香美玉無瑕。天寶年中寵愛他。險不把三郎害殺。（梨雲寄傲）

詠花柳用轉應體[一六]

緑柳外雙吟暮蟬。翠荷邊並宿紅鴛。露荷圓雨濺珠。煙柳細風搓[一七]線。花一噴柳正三眠。花比紅粧色更妍。柳妬殺蛾眉翠淺[一八]。（梨雲寄傲）

溪　隱[一九]

鋪水面輝輝晚霞。點船頭細細蘆花。缸中酒似澠。天鴈[二〇]外山如畫。占秋江一片鷗沙。若問誰家是俺家。紅樹裏柴門那答。（梨雲寄傲）

春　遊

拂水面千條柳絲。出牆頭幾個花枝。推篷看雨後山。沽酒入橋邊市。正江南燕子來時。到處亭臺好賦詩。單少個吴姬在此。（梨雲寄傲）

【北越調寨兒令】

贈　別二首

秋水澄。晚霞明。緑荷半凋君又行。雲淡山青。江闊潮平。偏助〔三〕起別離情。還記得載酒船柳下曾停。寫懷詩月底曾評。倚西風斟別酒。扯羅袖問歸程。聽。新鴈兩三聲。（梨雲寄傲）

詩旋吟。酒頻斟。黄葉亂飄秋意深。遠水遥岑。衰草平林。好風景失知音。擁行窩珠履瓊簪。伴吟身寶劍瑶琴。片帆辭帝里。匹馬度淮陰。砧。敲碎故鄉心。（梨雲寄傲）

【北雙調折桂令】

風　情〔三〕

翠屏深兩兩紅粧。玉捻就香肌。霧織就仙裳。許盼盼風情。崔鶯鶯聲價。蘇小小詞章。宜貯向楊柳岸春風畫舫。堪立在梨花院夜月迴廊。俊的是容光。俏的是心腸。他也曾脚踪兒成就了張郎。魂夢兒勾引了襄王。（梨雲寄傲）

怨別

瑣窗寒燭影摇紅。春意方舒。酒興方濃。三唱鄰鷄。數聲殘角。幾杵疏鐘。夢回也〔三三〕珊枕畔烏雲亂擁〔三四〕。人去也玉腕上寶釧微鬆。兩意匆匆。回首西東。一箇寫相思撥斷冰絃。一箇望音書候殺歸鴻。（梨雲寄傲）

草堂寫興二首〔三五〕

小軒窗閒似蓬萊。處世知幾。獻賦無才。香徑花殘。青尊酒盡。白鴈〔三六〕書來。又添上推不開擃不動一身詩債。更有那撇不去丢不窵〔三七〕百種愁懷。且對着萬壑千崖。五柳三槐。一任他夢繞華胥。功著雲臺。（梨雲寄傲）

草堂間雅樂何如。留客茶瓜。遣興琴書。數個〔三八〕修篁。半池青荇。幾簇紅蕖。有時節明月底對青尊聽佳人度曲。有時節柳陰中拖短杖看稚子叉魚。疏散無拘。俗慮消除。深隱丘阿〔三九〕。笑殺三閭。（梨雲寄傲）

【北商調梧葉兒】

詠香閨十事

桃花扇

掩畫燭傳私語。撲飛螢〔三〇〕向淺莎。紅映醉顔酡。不寫班姬怨。常陪蘇小歌。纖手内更情多。遮護著櫻唇半顆。（梨雲寄傲）

石榴裙

低護雙鈎韈。輕翻六幅霞。光照守宫砂。烘曉日迷歌扇。舞春風帶落花。越看着越堪誇。險不把啼鵑妬殺。（梨雲寄傲）

珊瑚枕

金谷園那曾見。水晶宫不易求。鴛帳裏您爲頭。收〔三一〕腮斗三更淚。占銀牀六月秋。緊抱定下粧樓。拿一朵紅雲在手。（梨雲寄傲）

鴛鴦被

分並宿池頭影。織合歡帳底紅。常薫染麝蘭風。舒處也春雲皺。堆時也蜀錦重。喜夜夜有人同。怕相伴長門漏永（梨雲寄傲）

鳳凰釵

簪寶髻添宫様。劃闌干寫怨詞。兩股兒配雄雌。畫閣内粧成後。翠盤中舞困時。斜壓着小桃枝。腸斷也蘇州刺史。（梨雲寄傲）

鸂鶒帶

喜交頸和香繡。愛同心稱體裁。兩件兒果奇哉。綰夜月春無限。散天風麝滿懷。自從那做將來。幾遍向燈前笑解。（梨雲寄傲）

翡翠鈿

添西子顰時俏。貼韋娘刺處宜。香馥馥顫巍巍。點花露嬌容破。壓春風笑靨低。長

記得踏莎歸。失落在鞦韆月底。（梨雲寄傲）

鮫綃帕

姤織女千機錦。翦吳江半幅秋。說不盡您風流。霑宿粉春擎淚。帶餘香病裏頭。最喜是捧金甌。掩映着芙蓉袖口。（梨雲寄傲）

孔雀屏

草屋底生無分。畫堂中舊有盟。喜金翠甚分明。鎖花霧風前潤。帶春山雨後青。常伴定一檠燈。恨則恨無入射影。（梨雲寄傲）

丁香鈕

結蓓蕾行行俏。染胭脂箇箇嬌。芙蓉扣半含着。綰摟帶知肥瘦。傍酥胸可畫描。行坐處用堅牢。切莫把春心放了。（梨雲寄傲）

詠觀音奴

南海岸曾相見。普陀山舊有名。救苦難解尋聲。蓮葉黄金座。楊枝翡翠瓶。便有那

吴道子畫難成。水月裏娉婷瘦影。（梨雲寄傲）

【北正宫小梁州】

漁 隱四首[三二]

白鷗磯畔一漁家。湖海生涯。風波日日任從他。無驚怕。隨意[三三]泊蒹葭。船兒止有些娘大。載西風兩岸蘆花。薄暮時。收綸罷。一篝燈下。兒女笑呷呷。（梨雲寄傲）

白鷗磯畔一漁船。浪跡年年。半鈎香餌夕陽邊。江如練。釣破水中天。斜風細雨尋常見。任夷猶西塞山前。被那楊柳煙。桃花片。春來幾遍。迷入武陵源。（梨雲寄傲）

白鷗磯上一漁蓑。萬頃滄波。閒中歲月自消磨。無災禍。終日扣舷歌。瓦盆新酒蒭香糯。釣將來箇箇魚活。篷底眠。船頭坐。那三台八座。比俺是非多。（梨雲寄傲）

白鷗磯上一漁竿。緑水青山。秋風輕捲釣絲還。黄蘆岸。細雨短蓑寒。紅塵半點無羈絆。山妻稚子相看。那董卓權。韓侯患。利名公案。欸乃一聲間[三四]。（梨雲寄傲）

【北雙調水仙子】

有所思[三五]

海棠枝上月兒歪。風細紗窗半扇開。玉人此夜知何在。他那畫堂中春似海。三般兒不索疑猜。笑解去薰香羅帶。暗溜了傳情玉釵。羞脱下遺恨弓鞋。（梨雲寄傲）

詠素香囊[三六]

素羅新製小香囊。皎皎應同雪色光。一針針一線線依時樣。傍[三七]佳人玉體傍。三般兒比並非常。沾粉淚似荷擎秋露。依翠袖似蟾籠緑楊。貼湘裙似蝶舞銀塘。（梨雲寄傲）

【北雙調落梅風】

閨　怨三首[三八]

乜斜病。陡峻愁。怕黄昏月明時候。唤梅香繡簾休上鈎。恐嫦娥笑人清瘦。（梨雲寄傲）

春將去。恨較多。罷金針倚窗閒坐。困將來眼皮兒恰待合。被黄鸝一聲啼破。（梨雲寄傲）

傲）

離愁大。好況無。斷腸詞幾回難賦。雨聲兒不知人夢孤。只管裏打窗敲户。（梨雲寄傲）

詠背面美人

釵欹燕。鬢嚲蟬。懶梳粧淚湮嬌面。背立向小桃花樹邊。怕傍人等閑窺見。（梨雲寄傲）

詠芭蕉

紗窗外。情思加。戰西風翠鸞舞罷。記美人畫中曾見他。兩株兒在太湖石下。（梨雲寄傲）

詠竹

凌霄漢。宿鳳凰。種將來與草堂相傍。月明一枝幽趣長。斜横在碧紗窗上。（梨雲寄傲）

風情

更初静。月漸低。繡房中老夫人方睡。戰篤速〔三九〕走到三四回。告〔四〇〕多情犬兒休吠。（梨雲寄傲）

【北雙調雁兒落帶過得勝令】

春　情二首[四一]

一箇風流蘇小仙。一箇俊俏雙知縣。一箇烏紗宮錦袍。一箇粉腕黄金釧。一箇常費買花錢。一箇不上販茶船。一箇醉眼方教露。一箇春心未肯傳。一箇尊前。半掩香羅扇。一箇花邊。低垂白玉鞭。（梨雲寄傲）

我的詩何曾半字差。他的俏果抵千金價。他堪齊蘇小肩。我不在相如下。我的詩轉味轉堪夸。他的俏越看越無瑕。他梳掠皆宮樣。我詞章學大家。憑咱。幾句知心話。惑他[四二]。一枝兒解語花。（梨雲寄傲）

【北正宫脱布衫帶過小梁州】

贈　妓[四三]

印春泥三寸金蓮。訴春情十四冰絃。蹙春恨雙蛾翠淺。舞春風[四四]一團紅顫。端的是占斷梨園第一仙。堪羨堪憐。杏花籬落晚風前。初相見。馬上墜吟鞭。多情果遂于

飛顛。俏劉郎又到桃源。看了你楊柳腰。芙蓉面。我則待真心兒留戀。你是必休走上販茶船。（梨雲寄傲）

【北中吕滿庭芳】

贈 友

文林老儒。惜陰陶侃。賣賦相如。生平肯爲功名慮。心廣眉舒。看山去頻隨杖履。閉門時獨守琴書。幽棲處。壺漿自足。庭草不教除。（梨雲寄傲）

【北雙調折桂令】

閨 情二首

掩重門睡損胭脂。被冷紅鴛。香斷金獅。針也慵拈。花也怕戴。粉也羞施。恨只恨帶春來送春去梁間燕子。怪只怪訴人愁驚人夢窗外鶯兒。一捻腰肢。消瘦多時。影兒單助起淒涼。病兒沈加上相思。（梨雲寄傲）

枕痕紅界破桃腮。寒透窗紗。塵滿粧臺。病又因循。書又不至。命又合該。百忙裏寫幾箇蹺蹊[四五]字測也難測。赤緊的做幾場鶻突夢猜也難猜。花落花開。有日歸來。務要他謊話兒折辨真實。業錢[四六]兒消繳明白。（梨雲寄傲）

【北中呂朝天子】

漁　家六首

趁蘆花晚潮。泊垂楊畫橋[四七]。自一種江湖樂。風風雨雨小窩巢。無半點紅塵到。篷底狂歌。槎頭閑釣。對青山長醉倒。足不踏市朝。身厭掛紫袍。誰及俺漁家傲。（梨雲寄傲）

老妻將舵扶。癡兒把棹鼓。那裏得人憎惡。分明行在[四八]輞川圖。狎幾點[四九]鷗和鷺。蓑笠生涯。煙波人物。這家風無約束。釣秋風[五〇]巨鱸。倒斜陽酒壺。誰及俺漁家富。（梨雲寄傲）

名兒雖澹薄。船兒雖窄小。白眼把公卿傲。瓦盆新釀酒篘着。一任頑和笑。伏虎權符。封泥宣詔。但來的都告繳。紫蓴羹味高。緑蓑衣裼少。誰及俺漁家樂。（梨雲寄傲）

緑陰陰柳堤。静巉巉[五一]釣磯。終日孤篷繫[五二]。綸竿[五三]抛卻醉如泥。落一覺齁齁睡。不問[五四]得失。不談興廢。把前程明當黑[五五]。守粗衣淡食。免奴顔婢膝。誰及俺漁家

貴。（梨雲寄傲）

知機處許喈。上書時無俺。滄浪一水明如鑑。相逢常是半粧憨。任意把船〔五六〕兒纜。紫綬金章。雕闌〔五七〕朱檻。但題着驚破膽。喜蓴鱸〔五八〕味甘。見塵埃面慙。誰及我娛清〔五九〕淡。（梨雲寄傲）

自逃名放形。慣赤脚露頂。怕是徵書聘。閒來一曲總昇平。再無甚別歌詠。山寺鐘餘。江豚風靜。擁蘆花方睡醒。是非又不聽。利名又不爭。誰及我心腸硬。（梨雲寄傲）

歸　隱六首

典賣了錦袍。結識上酒瓢。花底吟船頭釣。柴門長日有僧敲。那裏許高軒造。狼虎交雜。風雲變暴。退歸來誰道早。石崇富易消。范丹貧到老。那一箇長安樂。（梨雲寄傲）

齊門〔六〇〕鋏不彈。太官羊怕餐。功名事誰干犯。花前茅屋兩三間。自有春無限。養客三千。堆金十萬。老先生不掛眼。韓元帥將壇。嚴子陵釣灘。那搭兒無災患。（梨雲寄傲）

守腴田幾丘。和新詩數首。終日把柴扉扣。是非場裏强抽頭。再不聽東華漏。稚子

愚頑。山妻温厚。喜團圞〔六一〕三四口。匡時的飯牛。休衙的種柳。他兩箇誰紕謬。（梨雲寄傲）

抱一牀素琴。愛一川緑陰。醉後〔六二〕把松根枕。閒雲出岫本無心。任來往無拘禁。滿眼金帛〔六三〕。三公權任。没多時相伴您。驢背上苦吟。菊花前痛飲。他兩箇疏狂甚。（梨雲寄傲）

園兒内有蔬。盒兒内有粟。便是棲身處。尋常煙爨小規模。説甚麼千鍾禄。晉國山河。漢家陵墓。把興亡容易數。笑浮名有無。過流光迅速。留不住烏和兔。（梨雲寄傲）

倣邵平種瓜。學盧仝煮茶。喜春雨全禾稼。數椽茅屋近鷗沙。志不在陶朱下。詩酒閑情〔六四〕。琴書清暇。放會頑撒會耍。黄金印手挐。瓊林花帽插。禍道〔六五〕有天來大。（梨雲寄傲）

江上别意〔六六〕

帶斜陽遠峰。斂晴江斷虹〔六七〕。愁把離人送。半肩行李載孤篷。喜有金昆共。鷗鷺波明。蒹葭露重。泊垂楊古渡東。又被那撼疏林晚風。破輕煙曉鐘。常驚起思家夢。（梨雲寄傲）

【北雙調沈醉東風】

詠桃花比妓〔六八〕

照粉面常依緑水。笑春風半出疏籬。助尊前酒暈紅。散扇底歌聲細。露芳心蜂蝶先知。燕子樓邊望眼迷。啜賺了劉郎是你。（梨雲寄傲）

【北雙調清江引】

秋夜二首

花底轆轤簷外鐵。畫閣清秋夜。窗吟楊柳風。簾卷梧桐月。怕的是酒闌人散也。（梨雲寄傲）

憶吹簫玉人何處也。立盡梧桐月。裙寬翠帶長。鬢亸金釵卸。把丹楓葉兒和淚寫。（梨雲寄傲）

【北雙調沈醉東風】

詠崔鶯鶯六首

將照影銀燈暫息。把隨身玉珮收拾。躲着這月色行。揀着這花陰立。喚梅香笑語低低。莫打夫人睡處回。脚步兒防他認得。（梨雲寄傲）

眼腦上恩情〔六九〕易合。心窩裏病証偏多。愛梨花夜月明。怯楊柳春風大。老夫人展轉防他。自有東墻缺處過。怕甚麽門兒上鎖。（梨雲寄傲）

有心的逢着有心。知音的撞見知音。一箇病的來病轉危。〔七〇〕一箇愁的來愁仍甚。恨鞦韆院宇深沈。一首新詩一曲琴。單訴着忘餐廢寢。（梨雲寄傲）

詩句子〔七一〕時常寄寫。繡針兒怕待湯〔七二〕者。自春風花落時。至秋雨蛩吟夜。惡相思未得寧貼。不是紅娘快嘴舌。怎醫得張郎瘦怯。（梨雲寄傲）

待月的佳人命薄。惜花的才子情多。惜花的病怎醫。待月的詩頻和。壞家風都是婆婆。假若當時就輳合。那裏見潛潛躲躲。（梨雲寄傲）

倘無信須當退悔。若酧恩不用猜疑。索甚麽茶與紅。排甚麽兄和妹。老夫人罪有當

歸。女意郎情既可知。又容住墻兒那壁。（梨雲寄傲）

閒情用轉應體三首[七三]

窗外竹低垂鳳毛[七四]。澗邊松半偃龍腰。愛松頭月自來。喜竹底風常到。動吟情竹瘦松喬。竹傲[七五]冰霜志節高。松也把佳盟共保。（梨雲寄傲）

美酒兒時閒送來。新詩兒眼底須裁。酒酹了今日歡。詩還了當年債。酒和詩次第安排。酒喚蒼頭恁慢釃。詩不用閑錢去買。（梨雲寄傲）

把雲外青山旋買。看青山時被雲埋。山高雲自生。雲去山長在。喜山青更愛雲白。雲比閑心任往來。山笑我朱顏易改。（梨雲寄傲）

離情用轉應體二首[七六]

風細細涼侵碧紗。月團團影混梨花。月團團人影孤。風細細春寒大。月和風抵死欺咱。風着羅衣病轉加。月不把離情照察。（梨雲寄傲）

芭蕉上蕭蕭雨聲。池塘邊聒聒蛙鳴。雨蕭蕭動客愁。蛙聒聒供詩興。雨和蛙展轉難聽。雨攪離人夢不成。蛙又把詩翁喚醒。（梨雲寄傲）

贈　僧二首[七七]

閑經卷常爲伴侶。破袈裟不混塵俗。杖頭將月掛來。鉢内把龍降住。論詩才更有誰如。歸去山中小結廬。又要與白雲做主。（梨雲寄傲）

恩與愛登時頓脱。利和名等地消磨[七八]。是非[七九]塲脚不踏。生死户拳槌破。趁清風來往呵呵。九載蒲團苦行多。方認得靈光是我。（梨雲寄傲）

【北中吕滿庭芳】

行舟五詠

詠　跳

不寬不狹。踏波可愛。溜雨偏滑。扁舟穩繫漁磯下。來往憑他。滴楊柳堤邊露華。接芙蓉岸上晴沙。但躧着風波大。將心來緊把。半步也不宜差。（梨雲寄傲）

詠　舵

滄浪遁迹。捨之不可。用處多奇。舟行須賴君爲最。動轉知機。經惡浪全無退悔。向中流一任來回。勢抵着千鈞力。洪濤萬里。仗爾可扶危。（梨雲寄傲）

詠　檣

規模不小。與蒲帆作主。錦纜爲交。生平自有淩雲操。百尺孤高。趁來往西風晚潮。泊參差落日楓橋。自一種江湖樂。棟梁雖好。比我不堅牢。（梨雲寄傲）

詠　帆〔八〇〕

隨風來往。倚雲高掛。帶雨斜張。紅塵半點難親傍。弄影空江。破彭蠡千尋曙光。卷西湖十里荷香。煙波上。三三兩兩。歎殺碧油幢。（梨雲寄傲）

詠　櫓〔八一〕

常依小艇。驚飛野鳥。蕩散浮萍。幾回欸乃風初靜。霧渚莎汀。亂淮浦〔八二〕波心月明。

碎潯陽江上潮聲。還記的當年聽[八三]。篷窗酒醒。感起故鄉情。（梨雲寄傲）

【北雙調折桂令】

青樓十詠和徐遵誨題[八四]

初見

恰相逢月正圓時。嬌臉生春。美玉無玼。小髻盤鴉。短釵簪鳳。團扇題詩。眉兒纖畫兩道彎彎樣子。口兒香駐一點淡淡胭脂。花比丰姿。柳比腰肢。贏得風流。惹得相思。（梨雲寄傲）

小酌

鎖銀屏花影重疊。風景非常。受用全别。麗曲調鶯。錦箏排雁。綠酒吞蛇。雲鬟亂金釵墜也。玉山頹翠袖扶者。席上驕奢。帳底和協。笑語叮嚀。醉眼乜斜。（梨雲寄傲）

沐　浴

小壺天絶勝華清。半掩紗窗。欵簇雲屏。風細肌涼。泉香玉軟。池煖脂凝。嬌臉潤芙蓉弄影。翠眉低楊柳含情。月滿虛楹。露下空庭。緩步蒼苔。笑撲飛螢。（梨雲寄傲）

納　涼

髀香肩行出粧樓。眉黛雙彎。羅襪雙鈎。珊枕欹寒。素紈裁月。冰簟橫秋。梧葉老新涼到久。碧天空大火西流。薄靄初收。院宇清幽。稱良宵正好歡娛。對西風不索遲留。（梨雲寄傲）

臨　床

燭花前攜手行來。人世蓬壺。夢裏陽臺[八五]。私語偷傳。春心未穩。醉眼方開。非是俺逞大膽張郎重色。只因您解知音紅拂憐才。香散書齋。春到天台。笑解羅衫。欵褪弓鞋。（梨雲寄傲）

並枕

並頭花春晚齊芳。未遂于飛。先效頡頏。緑鬢連雲。粉腮沾汗。玉股交香。珊瑚小下一雙鳳凰。水晶寒睡兩箇鴛鴦。暗暗包藏。細細度量。被窩中恩愛休提。耳邊廂盟誓難忘。（梨雲寄傲）

交歡

玉肌膚軟襯〔八六〕酥胸。魚水和同。雲雨情濃。漸漸昏迷。低低囑付。欵欵依從。粉腕上香消守宮。翠幃中露沁芙蓉。鬢又鬅鬆。眼又朦朧。甜唾浸浸。香汗溶溶。（梨雲寄傲）

言盟

告蒼穹您是聽咱。不願榮華。不爲消乏。得遇知音。若非債主。定是冤家。我負心挤着箇投河墜馬。你薄情也難免帶鎖披枷。莫當媟狎。休使奸猾〔八七〕。天意無私。報應無差。（梨雲寄傲）

曉　起

日初紅影射闌干。門外鴉啼。樓上鐘殘。鴛頸將分。香肩並倚〔八八〕。淚眼相看。脚兒重非干步懶。話兒多休得心煩。憔悴今番。會晤猶難〔八九〕。收拾了酒釃花穠。安排下枕剩衾單。（梨雲寄傲）

敍　別

促行裝短劍孤裘。芳草郵亭。細雨江樓。鶯也留人。花也擎淚。柳也含愁。一箇〔九〇〕扯羅袖三番勸酒。一個〔九一〕上雕鞍幾遍回頭。你又温柔。我更風流。生扢搽鳳拆鸞分。忽喇八雨散雲收。（梨雲寄傲）

【北雙調雁兒落帶過得勝令】

贈隱士二首〔九二〕

狂將緑蟻斟。醉把瑶琴枕。柴門迎送無。草閣從容甚。鷗鷺識閑心。湖海少知音。身在惟憂病。途窮只苦吟。春深。細雨紅桑椹。花陰。殘陽語翠禽。（梨雲寄傲）

堪同阮籍狂。更比陶潛强。無錢不外求。有策何曾上。跳出是非場。學得保生方。詩酒雙白眼。乾坤一野航。江鄉。細雨鷗波漲。篷窗。荷花午夢香。（梨雲寄傲）

【北仙吕一半兒】

秋日過隱居

山中歲月久埋頭。天上風雲雙袖手。構得茅堂更有田數丘〔九三〕。這搭兒最宜秋。一半兒芙蓉一半兒柳。（梨雲寄傲）

【北雙調水仙子】

嘲風月二首〔九四〕

狠厥丁挖幾處陷人坑。賤妮子拴千條繫足繩。老虔婆使一把無星秤。細尋思心自警。麗春園單送了惺惺。他人兒多賣不着您聰俊。口兒甜使不着您硬挺。意兒虚用不着您牢成。（梨雲寄傲）

買花錢旋换女娘情。還債簿難勾子弟名。販茶船送了商人命，眼睁睁猶未醒。提起

那三般兒膽戰心驚。引魂幡是半方羅帕。迷魂湯是三杯醁醽。嚇魂臺是八扇圍屏。（梨雲寄傲）

詠妓泥人兒[九五]

模兒裏何日印將來。粉作皮膚土作胎。長街頭擔兒上擔着賣。換了些亂頭髮折股釵。專與些小兒曹每日胡歪。那里也捏土焚香拜。那里也肩輿上扛擡。弄的你不成人棄在塵埃。（梨雲寄傲）

【南中呂駐雲飛】

春情集古四首[九六]

那值殘春。雨打梨花深閉門。簾幕東風静。人遠天涯近。嗏。情思睡昏昏。正愁人。獨出閨門。便覺閑行悶。今夜休將蘭麝薰。（梨雲寄傲）

獨上粧樓。萬古情原一樣愁。人比黄花瘦。掩過芙蓉扣。嗏。心意兩相投。覺綢繆。月色横空。人約黄昏後。美愛悠歡恰動頭。（梨雲寄傲）

今夜別離。且盡生前酒一盃。未飲心先醉。多少離人淚。嗏。清減小腰圍。兩意徘

徊。割肚牽腸。留戀你別無意。金榜無名誓不歸。（梨雲寄傲）

許配雄雌。才子佳人信有之。宋玉愁無二。多少傷心事。嗏。顛倒費神思。那人兒。從到京師。無有閑傳示。一日歸心十二時。（梨雲寄傲）

【南仙吕入雙調二犯江兒水】

四時閨怨〔九七〕

減盡了花容月豔。重門常是掩。正東風料峭。暮雨〔九八〕廉纖。落紅千萬點。香串嬾重添。針兒怕待拈。瘦骨𡸣𡸣。鬼病懨懨。將他這舊恩情重點檢。愁壓損兩眉翠尖。恐惹得張郎憎厭。這些時對鶯花不卷簾。（梨雲寄傲）

靜悄悄槐陰庭院。芭蕉心乍展。見鶯黃對對。粉蝶翩翩。盼情人天樣遠。高柳噪新蟬。清波戲彩鴛。行過闌前。坐近池邊。只聽的誰家唱採蓮。急攘攘愁懷萬千。拈起柄香羅團扇。恰寫著阮郎歸詞半篇。（梨雲寄傲）

捱過了炎蒸天氣。新涼入繡幃。恠燈花相照。月色相隨。影伶仃訴與誰。征鴈往南飛。鴈歸人未歸。想像腰圍。做就寒衣。不知道他如今在那裏。全無有真實信息。

倩一箇行人捎寄。又恐怕路迢迢衣到遲。（梨雲寄傲）

幾遍把梅花相問。新來瘦幾分。笑香銷容貌。玉減精神。比花枝先病損。繡被與重裀。爐香夜夜薰。著意温存。斷夢勞魂。只恁般睡不安眠不穩。枕兒冷燈兒又昏。獨自箇和誰評論。百般的放不下心上人。（梨雲寄傲）

【南南吕一江風】

四時閨怨[九九]

到春來。常是懨懨害。不出簾兒外。甚情懷。雨驟風狂[一〇〇]。緑暗紅稀。花事收拾快。蜂驚蝶又猜。青春[一〇一]半是苔。一點春何在。（梨雲寄傲）

夏初來。長日無聊賴。溽暑偏禁害。小亭臺。並蒂荷花。交頸鴛鴦。不管離人恠。調朱手倦擡。描鸞眼怕開。黑海相思債。（梨雲寄傲）

到秋來。好月憑闌待。見月深深拜。下瑶階。露濕弓鞋。涼沁羅衣。風又吹裙帶。孤燈爆絳臺。寒衣想像裁。手慢并刀快。（梨雲寄傲）

到冬來。飛雪簾兒外。呵手匀眉黛。托香腮。白日淒涼。巴到黄昏。一點燈兒在。

一更强打捱。三更怎擺劃。刻刻難支派。（梨雲寄傲）

【南仙吕醉羅歌】

題　情八首[一〇二]

無形無影書難寄。不活不死病難醫。暮雨梨花近寒食。問陌上人歸未。黛眉羞畫。也只爲誰。羅裙寬掩。也只爲誰。鶯花笑殺人憔悴。鶯啼罷。花又飛。安排腸斷送春歸。（梨雲寄傲）

冷落冷落鞦韆架。謝卻謝卻海棠花。遊子經年阻天涯。爻變了龜兒卦。相如薄倖。也不似他。王魁短命。也不似他。山盟海誓全不怕。臨行話。都是假。此時驕馬繫誰家。（梨雲寄傲）

怕寒怕冷扃朱户。無情無絮[一〇三]對紅爐。漏點沉沉響銅壺。好難把長更度。月明窗外。照人影孤。燈花檠上。照人影孤。淒涼萬種和誰訴。魚難覓。鴈又無。年來音信轉蕭疏。（梨雲寄傲）

問神問卜全無應。行雲行雨總無憑。好夢將成又難成。珊枕冷鴛衾剩。風飄黄葉。

愁人厭聽。聲喧鐵馬。愁人厭聽。情濃那怕心腸硬。星前誓。月下盟。半真半假欠分明。（梨雲寄傲）

半薰半爇爐香換。半温半冷繡衾寬。往事攢來萬千般。向静裏閒思算。枕邊私語。蒼天怎瞞。星前盟誓。神明怎瞞。他非我是明批判。量不盡。填不滿。相思黑海正瀰漫。（梨雲寄傲）

半明半滅〔一〇四〕燈兒焰。半舒半皺翠眉尖。舊恨新愁兩相兼。分付與咱獨佔。憑魚托鴈。霜毫懶拈。描鸞刺鳳。金針懶拈。調朱弄粉情都厭。簾垂下。門半掩。落花飛絮惹憎嫌。（梨雲寄傲）

眉兒淡了誰瞅問。被兒閒了自温存。倚遍闌干望行雲。全無有個真實信。口傳言語。也不大真。夢中歡聚。也不大真。多應誤落烟花陣。迷歌扇。戀舞裙。共誰相伴倒金尊。（梨雲寄傲）

坐裏卧裏頻擲窨。魂裏夢裏苦追尋。杜宇無端惱芳心。血淚把花梢沁。翠翹金鳳，也不待簪。濃花豔朵。也不待簪。相思更比前春甚。回文句。疊字錦。情多費盡短長吟。（梨雲寄傲）

【北雙調沉醉東風】

詠蚊蚤[一〇五]

一個巴到晚簷前鬧攘。一個等的眠牀上輕狂。一個認肌膚是口食。一個靠藁薦爲家當。遇明時躲躲藏藏。這廝每尖嘴傷人狠似狼。喫飽了何曾見長。（梨雲寄傲）

【北雙調落梅風】

草堂

梅花帳。斑竹鈎。兩般兒十分清秀。讀書人自來懷抱幽。其他的怎生消受。（梨雲寄傲）

寫興

粧些唔。撒會頑。走紅塵委實不慣。醉睁開一雙天地眼。瞧破了利名公案。（梨雲寄傲）

客舟

疎林外。綠水涯。客船兒看來不大。這船兒不裝人共馬。單載着幾挑書畫。（梨雲寄傲）

【北雙調折桂令】

幽居協韻

棘籬低直抵碧溪。特地追陪。最喜棲遲。畦裏携黎。磯西寄跡。梅底持杯。洗是非極宜克己。離傾頹委實知幾。意氣誰識。未及夷齊。已類鴟夷。（梨雲寄傲）

【北正宮醉太平】

春夜小集

剪銅荷燭花。烹石鼎茶芽。只喫到垂楊月轉未還家。半頑來半耍。酒痕湮滿香羅帕。篆烟消盡黃金鴨。晚涼輕透碧窗紗。揜着箇醉醺醺上馬。（梨雲寄傲）

【南中吕駐雲飛】

夏　景[一〇六]

窈窕軒窗。緑樹陰濃夏日長。黄串微風蕩。小簟波紋漾。嗏。闌外小池塘。兩兩鴛鴦。十二珠簾。高卷金鉤上。一架薔薇滿院香。（梨雲寄傲）

【北正宫小梁州】

聞杜宇

東風蕩蕩雨霏霏。開到荼蘼。三三兩兩上林飛。别無意。只道不如歸。晝長時候多春睡。被兒家幾徧驚回。只願的墻兒邊。園兒内。緑殘紅廢。免得他傍人啼。（梨雲寄傲）

【南雙調鎖南枝】

風　情四首[一〇七]

腸中熱。心上癢。分明有人閒論講。道他近日這恩情[一〇八]。又在他人上。要道是真。

又怕是慌。抵牙兒猜。皺眉兒想。（梨雲寄傲）

他多詐。咱見小。百年兩心難共保。裂紙與焚香。去把泥神告。枉使心。乾弄巧。他恕過的多。報應的少。（梨雲寄傲）

他心順。咱意肯。燈前背人回轉身。我忙裏去偷閑。耳畔低低問。信口言。還未準。你道過後標。我道見成穩。（梨雲寄傲）

恩情事。休説起。知心古來能有幾。錦陣與〔一〇九〕花營。受了些腌臢氣。纔離了他。又撞見你。見面親。過後悔。（梨雲寄傲）

【南仙吕入雙調嬌鶯兒】

四時題情〔一一〇〕

春寒成陣。繡衾誰與温。枉自换爐薰。可怪〔一一一〕東風連夜。則管通花信。夜長風力緊。教人眠不穩。我這裏顧影徘徊。又被這一簾花露〔一一二〕。遮的個月兒昏。（梨雲寄傲）

雙飛鸂燕。薰風吹柳綿。荷葉小如錢。正是清和天氣。初試香羅扇。盆池曲檻邊。一泓寒水淺。卻又早庭院黄昏。我將這玉纖閑戲。掬得個月兒圓。（梨雲寄傲）

天街人静。羅衣風露冷。玉漏已三更。恠底鳳笙[二三]何處。吹做陽關令。梧桐清瘦影。秋蛩鳴露井[二四]。幾日來不見嫦娥。多謝這一星兒螢火。妬[二五]得個月兒明。（梨雲寄傲）

長更難度。沉沉樓上鼓。清漏響銅壺。無限惱人情緒。況是年華暮。鼓聲淒又楚。漏聲誰待數。不甫能步出重簾。肯分的玉梅枝上。添得個月兒孤。（梨雲寄傲）

按：此調即朝天歌。南北詞簡譜〔朝天歌〕下按云：「此調舊題嬌鶯兒，與朝天歌無異。詞隱謂恐是一調二名，洵然。」南詞新譜曰：「題中鶯兒二字，非犯黄鶯兒也。」

【南正宫普天樂】

四時題情[二六]

惱春情鶯和燕。千萬縷垂楊線。去年人不見看花。問東風桃李無言。愁眉不展。向亂紅深處。送出鞦韆。（梨雲寄傲）

柳陰濃榴花放。湘簾捲金鈎上。倦來時獨倚闌干。被無情惱亂柔腸。蘭舟兩兩。向錦雲堆裏。驚起鴛鴦。（梨雲寄傲）

好霜天賓鴻至。無一個閒傳示。尋常病兩日三朝。這相思無有終時。離人樣子。看

黄花消瘦。人比花枝。（梨雲寄傲）

怯嚴寒消風韻。呵手將梅花問。孤眠人最怕窮冬。倩南枝早報先春。飄綿墜粉。任漫天蔽野。休阻行人。（梨雲寄傲）

【北正宫脱布衫帶過小梁州】

嘲鋪排

青布衫兩隻皮鞋。裉襠領蠢坌身材。斜坐在高人左側。瞅定着素食小菜。眼似鸞鈴手不擡。一覓胡嗯。便做乞兒丐者趕中齋。則合在門兒外。難放上堂來。老夫見了心驚恠。低着頭半晌疑猜。見他將香火添。齋食派。是醮壇中一害。異樣的醜鋪排。（秋碧軒稿）

嘲人做新郎

小哥哥今做新郎。一弄兒打扮非常。乾皂皮靴兒愛晃。青氊胎帽兒官様。拜了周堂拜四方。禮數安詳。郎才女貌兩相當。筵席上。行動也雙雙。多情丈母偌來胖。

歪垂着鬖髻端相。做出那。喬模樣。連聲叫撒帳。休錯過好時光。（秋碧軒稿）

村夫送春

老鄉𧮂一火兒窮胎。喧呼起後巷前街。長布衫摇摇擺擺。破綱巾帽兒歪戴。四句胡謅賣口才。打動哇哇。笛吹板打皷扛擡。輕狂殺。不住把鑼篩。　誆錢拐米還私債。白着眼賴是官差。個個嫌。家家怪。一般堪愛。歲歲送春來。（秋碧軒稿）

【北雙調雁兒落帶過得勝令】

嘲趙良佐非法算帳

一個經營不當行。一個銀兩圖生放。一個落些零碎錢。一個筭起鏖糟帳。　一個到處躲災殃。一個眼下要陪償。家長胡生事。軍牢助假忙。刑法兒非常。四條鎖拴膊項。鄭旺兒輕狂。跪膝着稟勾當。（秋碧軒稿）

戲王友司喪

終朝伴死屍。每日纏喪事。沿門看挑錢。到處攙行市。　但叫着不推辭。但請着不

尋思。纔裝裹張千户。又發送趙老兒。無奇巧言詞。賣弄殺銘旌字。一片心孜孜。列芳名寫告示。（秋碧軒稿）

【北雙調水仙子】

因跌自嘲二首

夜來微雨過庭堦。兩脚偏從滑處躧。額顱鼻凹都跌壞。一家兒失了色。老先生心裏明白。否泰也何須問。吉凶也難料測。當此兒薄難輕災。（秋碧軒稿）

少年行動走如飛。涉險攀危過六十。老當益壯多筋力。得康强心自喜。平空的一跌僥傒。歲煞神無傷犯。日直神有道理。輕輕的去了油皮。（秋碧軒稿）

嘲人送火腿

送來火腿十分佳。外面煙薰就裡假。何人巧手能醃臘。大官厨傳秘法。便休提道地金華。衡一味黄油膗。鮮紅的都夢撤。纔嚐着滿口呵剌。（秋碧軒稿）

嘲人送墨

奉回真劑色奇絶。换到玄霜香透徹。細看來未敢分優劣。規模同記號别。唤家僮子細磨者。臭一臭玉堂清興。想一想翰林風月。前頭的到較高些。（秋碧軒稿）

嘲人賀節[一一七]

滿街泥濘馬難騎。草履釘靴拜怎的。這家灌得醺醺醉。那家裏依舊喫。不思量還有明日。這一個攙回去。那一箇扒不起。不知道有甚便宜。（秋碧軒稿）

【北中吕朝天子】

嘲人言南京妓女好四首

北京的寡情。南京的有情。南與北同心性。一般都是陷人坑。跌倒的難扎挣。假意温存。虚脾欽敬。無錢時冰也似冷。有情的鬼精。寡情的本等。暗送了倈兒命。（秋碧軒稿）

陪錢兒過從。輸身兒挫捧。呆漢子貪心動。風流謎裏暗包籠。識破了成何用。三死

三活。七擒七縱。大故來都是哄。圈套兒放鬆。痴迷人不懂。往後去越着重。（秋碧軒稿）

黑沉沉柰何。花樸樸業鎖。挽搊着生災禍。來的不少去的多。睜看眼識不破。一壁裡湯波。一壁廂放火。這家風須問我。正盞兒勸着。傍盞兒怎躲。浪差發當不過。（秋碧軒稿）

情濃時便休。興闌時快走。染重了難搭救。黄金散盡買風流。到底干生受。愛富嫌貧。憐新棄舊。這歡娛不耐久。轉一轉念頭。看一看後手。再儹積不能勾。（秋碧軒稿）

戒甥好嫖

拿着些横財。闖花街柳街。少欠下猱兒債。三朝五日不回來。那怕尊親怪。專務虚華。全無實在。知過也必自改。大中橋大伯。麗春園奶奶。兩下裡胡廝賴。（秋碧軒稿）

牙疼

一時。不止。别樣病都不似。兩腮上下一遭兒。疼痛依資次。蟲也全無。風又不是。爲甚麽傷害此。作嘲詞戲詞。歹喉舌慣使。也不干牙兒事。（秋碧軒稿）

【北中呂滿庭芳】

秃　子〔二八〕

花花搭搭。纔方遮護。又待撓抓。四邊白點如錫蠟。頂上光滑。帶斗篷風流的話巴。除帽兒生死的冤家。緊靠定葫蘆架。辨不的真假。多幾縷兒亂頭髮。（秋碧軒稿）

啞　子〔二九〕

誰人似你。一生不曉。說是搬非。無形無影難醫治。有苦誰知。大小物常將手比。冤屈事只把胸搥。受了些腌臢氣。都裝在肚裏。一字兒道不的。（秋碧軒稿）

瞎　子〔三〇〕

眵粘淚淌。終朝獨坐。氣悶難當。出門全不知方向。撞倒東墻。卦爻内論陰陽消長。琵琶中說楚漢興亡。秋月明春花放。儘别人翫賞。睡夢裏過時光。（秋碧軒稿）

瘸　子〔三二〕

斜行横走。登高最怕。遇險先愁。追陪每落他人後。忍恥包羞。我只道腰偏胯扭。原來是骨挫觔抽。要平穩不能勾。越拿捻越醜。先一隻脚兒丢。（秋碧軒稿）

豁　子〔三三〕

常開不隴。外皮皺紫。内肉翻紅。五音唇齒知輕重。全不關風。好惹事粘連着鼻孔。不上相損壞了人中。别樣治都無用。細鍼兒斜拱。揪捻着兩邊縫。（秋碧軒稿）

【北中吕朝天子】

嘲雲窗買房不成

閙市裏兩家。背静處幾家。講論着七八下。買的褒貶賣的誇。難定真實價。袖手旁觀。説些閑話。攛掇了不是耍。譚先生眼瞎。王道士鮓巴。也不索央他罷。（秋碧軒稿）

索　物二首

鐵櫪的最標。花梨的也好。隨意與不索落。幾張舊椅不堅牢。常惹賓朋笑。子曰詩云。不如直道。不送多須送少。這件兒等着。别樣兒再討。土産貨諸般要。（秋碧軒稿）

枕頭上忖度。不宜遲宜早。避不的人譏笑。今朝盼了又明朝。土産貨無消耗。細想多得。不如少要。到後來没甚麽好。百十椿討着。與些兒便了。有一日當還報。（秋碧軒稿）

【北中吕滿庭芳】

瘤　子

不疼不癢。難鍼難刺。非癬非瘡。鼓釘相似燈毬樣。醜惡非常。光溜溜眉邊眼上。顫巍巍耳畔腮傍。摩弄着越發旺。一年年暗長。不害命也難當。（秋碧軒稿）

疤　子

眉邊眼傍。焦皮倒捲。淤肉成行。有時生在腮頰上。攤塌鼻梁。小破綻瘡癬致傷。

大片丈湯火爲殃。受患處偏滑盪。寒毛兒不長。摩擦着溜油光。（秋碧軒稿）

跎　子

形如鈎戟。一條脊骨。不得周直。五行造定彎弓勢。胎裡殘疾。那裏也曲肱飲水。再休提量體裁衣。每日家低頭立。雖不曾爲米。無差發也便宜。（秋碧軒稿）

聾　子

沫塞氣梗。轟轟裡面。常作雷鳴。風晨雨夜皆魆静。坐卧不驚。那裏也聞名聽聲。難則道附耳傳情。兩隻眼常白瞪。任揪衣扯領。對面兒叫不應。（秋碧軒稿）

癱　子

經年累載。舠彎骨軟。眼吊唇歪。生來少欠床席債。動轉扛擡。藥啗下痰涎阻隔。鍼扎着關竅不開。一會家覺憹怏。收拾下水拐。努着力起不來。（秋碧軒稿）

【北雙調沉醉東風】

嘲人送物

硬蓮米傷牙怎咬。好情懷滴水難消。纔聽的黑狗嚎。不想是鹽徒到。向燈前仔細偷瞧。高捧定盒兒遠跪着。活現世波斯進寶。（秋碧軒稿）

【北雙調落梅風】

戲人送風栗

房檐下吊。風地裏吹。滿口牙被他連累。諸般兒想來没一件兒。比鐵蓮子做他兄弟。（秋碧軒稿）

戲人送假火腿

拳頭來大。分外羶。這東西發瘖不善。想蘇州離京偌近遠。病中人扯不的長限。（秋碧軒稿）

【南仙呂入雙調玉抱肚】

嘲人濫於花酒六首

痴迷心性。那裏解瞧科見景。他恁般暮送朝迎。百千番海誓山盟。畫堂明日又春生。莫認無情是有情。（秋碧軒稿）

逢場作戲。説甚麽成雙到底。熱烘烘酒釅花濃。誰知他口是心非。隣家唱動五更鷄。你是何人我是誰。（秋碧軒稿）

無情鶯燕。虚飄飄歡娱眼前。一時間解悶消愁。圖甚麽美滿因緣。今來古往麗春園。幾個元和李亞仙。（秋碧軒稿）

窩弓暗箭。送了些長安少年。背地裏掃雪填河。人前説不使閑錢。馮魁斷送引三千。莫把忠言當惡言。（秋碧軒稿）

蠅頭微利。大着膽横行妄爲。則落的赤手空拳。眼睜睜兩下分離。拈輕負重做不的。船到江心補漏遲。（秋碧軒稿）

一些滋味。死認做如膠似漆。被窩中軟玉温香。霎時間變做頑石。羞將恩愛向人提。

啞子吃黄連苦自知。（秋碧軒稿）

【北雙調水仙子帶過折桂令】

九日

西池纔見翠荷殘。南浦初聞白雁還。東籬又喜黄花綻。問登高何太晚。被無情雨阻風攔。雨洗的秋容淡。風吹的人意懶。便追遊不索去龍山。便追遊不索去龍山。

【北正宫脱布衫帶過小梁州】

簾幙低垂。門户重關。名利渾忘。清閑自守。故舊相看。醽醁頻傾玉盞。撚茱萸咲倚雕闌。節序循環。世事艱難。便做道百歲人生。能有得幾度開顔。（可雪齋稿）

暮春志感

問城南花事如何。歎尊前故舊消磨。鞦韆院垂楊静鎖。管絃樓小桃零落。九十韶華夢裡過。即漸蹉跎。峭寒猶自戀輕羅。東風大。三月未融和。無聊静掩空齋坐。强支持酒病詩魔。燕子慵。鶯兒惰。海棠開過。春事已無多。（可雪齋稿）

【北正宮醉太平】

閑情二首

塵濛象管。香冷雕盤。玉簫聲歇怨孤鸞。怪陽臺夢短。撲蝴蝶撲得芳心亂。看鴛鴦看得柔腸斷。聽流鶯聽得黛眉攢。別離情萬般。（可雪齋稿）

天連倦眼。路阻雕鞍。小樓高處望長安。倚闌干到晚。口搿的紈扇圈兒綻。手搓的金鈿花兒爛。淚彈的紅錦帕兒斑。恨薄情未還。（可雪齋稿）

【北雙調水仙子】

上元漫興

朱闌深護小房櫳。一片笙歌花外擁。寒威不到梨雲洞。喜盤桓清夜永。想人生好景難逢。新酒盈缺緑。春燈照座紅。怕是麼雨雨風風。（可雪齋稿）

【北雙調蟾宫】

四時閨怨

瘦伶仃減盡腰圍。寬一揹羅衣。褪一揹羅衣。舊巢寒燕子初歸。開一扇朱扉。掩一扇朱扉。思昏昏情默默。聽一聲鳥啼。怪一聲鳥啼。雨零零風細細。見一片花飛。怕一片花飛。轉頭來緑暗紅稀。惜一霎芳菲。怨一霎芳菲。（可雪齋稿）

小池塘細漾清漣。開一簇紅蓮。謝一簇紅蓮。午陰濃嘉樹青圓。噪一片風蟬。咽一片風蟬。話兒長字兒短。寫一行彩箋。算一行彩箋。路兒遥人兒遠。擲一會金錢。問一會金錢。翠爐中頻炷沉烟。覓一日如年。度一日如年。（可雪齋稿）

鎖梧桐細雨重門。經一度黄昏。怕一度黄昏。楚天遥過雁聲頻。望一段行雲。化一段行雲。信兒虚音兒少。勞一番夢魂。空一番夢魂。被兒單枕兒冷。揾一半啼痕。漬一半啼痕。倩連環織錦迴文。通一個殷勤。寄一個殷勤。（可雪齋稿）

戀孤衾曉夢初醒。報一處鷄聲。唱一處雞聲。響銅壺玉漏琮琤。數一刻殘更。捱一刻殘更。景凄凄寒凛凛。添一圍畫屏。列一圍畫屏。影蕭蕭光閃閃。羞一點殘燈。

對一點殘燈。調梅花角動江城。吹一曲離情。訴一曲離情。（可雪齋稿）

【北商調醋葫蘆】

青樓十詠〔三〕

初 見

會陽臺雲雨濃。濕羅衣風露冷。怨青鸞黄犬又無憑。乍相逢只疑虚夢境。半晌價度量不定。把銀釭仔細照分明。（可雪齋稿）

小 酌

喚銀瓶滿注漿。勸金杯休放淺。盡歡娛不索苦俄延。叙情的話兒權告免。有一日滿足心願。那時節重列綺羅筵。（可雪齋稿）

沐 浴

水晶簾半上鈎。芙蓉屏都放𢬵。温泉浄洗粉脂香。暑全消自然肌骨爽。坐近藕花池

上。不摇紈扇自清涼。（可雪齋稿）

納　涼

挹荷香坐水亭。愛桐陰臨露井。戲拈羅扇打飛螢。翠爐中自焚黄串餅。喜孜孜玉肩相並。望銀河笑指問雙星。（可雪齋稿）

臨　床

卸合歡玉燕釵。解同心金鳳紐。窄弓弓羅襪褪雙鈎。背銀燈半遮樊素口。言語兒半推半就。殢人情特地撒嬌羞。（可雪齋稿）

並　枕

傍香肩搵粉腮。貼酥胸交玉股。繡鴛鴦春暖勝珊瑚。得同衾此生多分福。却正是良宵易度。儘遲遲更漏響銅壺。（可雪齋稿）

交　歡

笑喑喑蹇黛眉。喘吁吁推繡枕。殢幽歡誤落鳳釵金。漾回文浪翻鴛被錦。一合兒雨

雲情甚。覺梨花春瘦恐難禁。（可雪齋稿）

言　盟

巧舌頭枉自甜。浪青絲不索剪。辦名香一柱對蒼天。金石情百年圖久遠。有一箇意別心變。遊魂兒直告到海神前。（可雪齋稿）

曉　起

冷金爐蘭麝香。轉紗厨明月影。韻悠悠畫角送殘更。待披衣又延多半頃。宜怪這使兒催併。早花稍紅日上窗櫺。（可雪齋稿）

送　別

浪姻緣一霎休。惡相思何日止。料此時相見又何時。寄平安不須天樣紙。休寫這別離兩字。敘些兒恩愛好言辭。（可雪齋稿）

【北越調小桃紅】

閑　情七首

小溪泛盡却山行。去去多詩興。瘦馬輕衫頗相稱。雨初晴。逶迤緑野連芳逕。桑陰柘影。村閑人静。啼鳥兩三聲。（可雪齋稿）

兩山排闥送青來。人在青山外。且自看山了詩債。厭塵埃。何時得解金魚帶。買田問宅。遠臨溪瀨。築箇釣魚臺。（可雪齋稿）

點溪荷葉疊青錢。蠶事家家遍。村舍薰風戲雛燕。裊吟鞭。青泉白石相留戀。朝衣咲典。山翁相見。説會太平年。（可雪齋稿）

家家扶得醉人歸。村酒村翁醉。桑柘斜陽滿牛背。傍柴扉。汪汪一犬迎人吠。詩中畫裏。倩誰寫意。千古憶王維。（可雪齋稿）

一行白鷺上青天。新水平湖面。望水尋山頓忘倦。不添錢。緑醅價少溪魚賤。詩人量淺。村翁頻勸。醉藉午陰眠。（可雪齋稿）

新篁搖緑兩三梢。流水柴門抱。十里青山帶殘照。晚鐘敲。蒼苔逕路人稀到。老僧

意好。相逢一笑。送過虎溪橋。（可雪齋稿）

竹林深隱地仙居。人在山深處。門逕蕭然自成趣。旁堦除。鶴羣長繞三珠樹。松堂一雨。片雲飛去。月照案頭書。（可雪齋稿）

【南中呂駐雲飛】

風情四首〔二四〕

燭影搖紅。翠袖殷勤捧玉鐘。淺笑蛾眉縱。欵步湘裙動。嗏。惱亂杜司空。醉眼朦朧。一曲清歌。誤把行雲送。猶恐相逢是夢中。（可雪齋稿）

薄分劉晨。一別天台隔世塵。花月追風韻。冰玉思清潤。嗏。春夢了無痕。早是傷神。流水桃花。還向溪頭問。不見當時勸酒人。（可雪齋稿）

舊日張郎。曾記眉兒畫短長。得見風流樣。問甚別離況。嗏。纖手捧霞觴。滿勸瓊漿。人自當壚。何用金貂當。爛醉佳人錦瑟傍。（可雪齋稿）

皓齒纖腰。寶髻宜簪白燕高。細把銀燈照。不管春鷄報。嗏。何處教吹簫。再見今宵。縱有千金。難買傾城笑。金屋粧成貯阿嬌。（可雪齋稿）

【北中吕滿庭芳】

香閨八詠

眉黛顰蹙

嬌容中酒。春山凝翠。新月含羞。緑窗睡起紅綃皺。心事悠悠。傍粧臺空勞玉手。對西山懶上珠樓。雙蛾鬭。傷離病久。風雨替花愁。（可雪齋稿）

月奩匀面

嬌容濟楚。粉腮濃淡。花臉消疎。一泓秋水歡相聚。難畫難圖。訴離情那堪並語。任傷心不敢長吁。關心處。青鸞對舞。腸斷影兒孤。（可雪齋稿）

翠袖啼痕

緑窗睡起。愁嫌夢短。恨怪春遲。燕鶯聲不管人憔悴。誤了佳期。襟領前紅香潤濕。粉腮邊斑點塵迷。關心淚。終宵暗滴。恐怕外人知。（可雪齋稿）

芳塵春跡

剛剛半扎。盈盈羅襪。淺淺金沙。等閑立在西廂下。欵欵輕踏。弓鞋窄尖尖笋芽。鳳頭蹴步步蓮花。些娘大。十分俊雅。不許外人誇。（可雪齋稿）

繡床凝思

停針半晌。慵拈彩線。倦倚紗窗。吐絨幾縷添愁況。猶帶紅香。刺不就雙飛鳳凰。繡不成並宿鴛鴦。空遥望。低頭暗想。何處也畫眉郎。（可雪齋稿）

雲窗秋夢

驚回夢殘。喚覺酒醒。聒得心煩。叮嚀響處流風散。明月啣山。是何處濯衣向晚。聽誰家搗練催寒。長吁嘆。愁併恨攢。夫壻幾時還。（可雪齋稿）

金錢卜遠

不聞動止。懷君甚矣。遊子何之。對神明暗祝心中事。切切思思。曾約定佳期在此。

又過了風雨花時。無書至。惜花箋半紙。莫不爻變了那人兒。（可雪齋稿）

水盆沐髮

貂蟬鬢妥。温温沉水。漾漾清波。蘭膏洗浄新涼和。丰韵偏多。喜孜孜眉顰翠蛾。笑喑喑髻挽青螺。香風過。烏雲一朶。鏡兒裡見嫦娥。（可雪齋稿）

【北雙調水仙子】

閨情別意四首〔二五〕

月明閑照小紅樓。低簌朱簾不上鈎。帶圍寬陡恁腰肢瘦。爲多情憶舊游。自相別減盡風流。對美景難消悶。飲香醪怎解愁。下眉頭又上心頭。（可雪齋稿）

月明閑照小亭軒。斜倚闌干懶去眠。對嫦娥欲訴心中怨。撫瑶琴意慘然。略相別又早十年。鸞影隻恩情斷。鴈聲孤音信遠。過青春甚日團圓。（可雪齋稿）

月明閑照小簾櫳。冷落巫山十二峰。朝雲暮雨成何用。嘆鴛鴦錦被空。間別來水遠山重。消寶篆金爐火。鬧秋簷鐵馬風。料今宵好夢難同。（可雪齋稿）

月明閑照小窗紗。爲憶多情夢見他。俊龐兒越恁堪描畫。笑吟吟閑戲耍。褪羅裙恰待懽洽。剛說罷心間事。猛驚回簷外馬。覺來時依舊天涯。（可雪齋稿）

【南商調金絡索】

四時閨怨[二六]

東風轉歲華。院院燒燈罷。陌上清明。細雨紛紛下。天涯蕩子心。盡思家。只見人歸不見他。合歡未久難拋捨。追悔從前一念差。傷情處。懨懨獨坐小窗紗。只見片片桃花。陣陣楊花。飛過鞦韆架。（可雪齋稿）

楊花亂滚綿。蕉葉初學扇。翠蓋紅衣。出水蓮新現。燒殘金鴨内。水沉烟。睡起紗厨雲髻偏。無端好夢誰驚破。花外鶯聲柳外蟬。羞臨鏡。千愁萬恨對誰言。只見舊恨眉邊。新淚腮邊。界破殘粧面。（可雪齋稿）

閑堦細雨收。翠幕新涼透。衰柳殘荷。正值愁時候。近來都減却。舊風流。争奈新愁接舊愁。白雲望斷天涯遠。人在天涯欲盡頭。相思病。無明徹夜幾時休。只見鴈過南樓。人倚西樓。人比黄花瘦。（可雪齋稿）

銀臺絳蠟籠。翠幄金鈎控。錦帳紅爐。獨自無人共。月明纔轉過。小房櫳。不放清光照病容。愁聽畫角聲三弄。吹落梅花一夜風。關山遠。魚沉鴈杳信難通。孤眠人最怕隆冬。又值嚴冬。做不就鴛鴦夢。（可雪齋稿）

【北仙吕一半兒】

風情四首〔二七〕

懷兒中摑惜費温存。燈兒下覷瞻越可人。牀兒前央及到半時辰。笑忻忻。一半兒推辭一半兒肯。（可雪齋稿）

纖腰恰褪繡羅裙。寶髻斜堆玉枕雲。粉腮春透熱氤氳。汗津津。一半兒佯羞一半兒親。（可雪齋稿）

不禁春色眼兒涎。不慣行雲猶氣喘。金釵斜墜髩雲邊。鏡臺前。一半兒鬔鬆一半兒偏。（可雪齋稿）

俏心腸端的性難拿。冷句兒將人傒落煞。盟山誓海口熟滑。俏冤家。一半兒真誠一半兒假。（可雪齋稿）

【北雙調水仙子】

中　秋四首

尋常三五一般圓。此夜清光分外妍。白頭又見嫦娥面。是今生緣不淺。月徘徊人正無眠。滿滿的金盃勸。徐徐的涼影轉。要相逢又是明年。（可雪齋稿）

一輪海上鏡新磨。百步庭中光正可。綠煙卻被風吹破。廣寒宮門不鎖。捲珠簾試問嫦娥。人老也長看月。月圓時偏照我。月和人那箇情多。（可雪齋稿）

霓裳人聽一聲歌。玉斧誰修七寶盒。還丹兔搗千年藥。三般兒事若何。分明的影動山河。張華誌休評論。盧仝詩權架閣。愛的是陰少晴多。（可雪齋稿）

初離海角水晶丸。乍到天心白玉盤。嫦娥欲與幽人伴。去遲遲來欵欵。喜今宵人月團圞〔一二八〕。分大地秋一半。可中庭光占滿。廣寒宮是有多寬。（可雪齋稿）

【南仙呂入雙調風入松】

怨　別十三首〔一二九〕

想才郎心性似楊花。虛飄飄難按難拿。秋千院落荼蘼架。到處裡隨風落下。沾不穩

銀屏繡榻。又一片入誰家。（可雪齋稿）

想才郎心性似風箏。盼不到萬里鵬程。一絲手内牢牽定。虛空裏安身立命。一去了何曾見影。身更比羽毛輕。（可雪齋稿）

想才郎心性似浮萍。那里也土長根生。東流西蕩何曾定。隨風浪一般水性。常伴着殘英斷梗。無半點是真誠。（可雪齋稿）

想才郎心性似遊絲。慣牽纏浪蕊狂枝。春蠶口裏渾不似。織不得回文錦字。休道是全無定止。終有箇傍人時。（可雪齋稿）

想才郎一去杳無憑。蚤忘了海誓山盟。説來話兒全不應。誰似你辜恩薄倖。對神前提着小名。纔罵了又心疼。（可雪齋稿）

想才郎一去了許多時。誰知他節外生枝。書來止説功名事。不道着恩情兩字。本待要尋活覓死。怕落下歹名兒。（可雪齋稿）

想才郎一去了不回來。闌杆上畫損金釵。爲他消瘦因他害。怎教我癡心寧耐。休道是一年半載。三五日蚤難捱。（可雪齋稿）

想才郎一去了半年餘。那里曾寄紙音書。薄情下得抛人去。擎着淚留他不住。他若是爲官中舉。我先準備七香車。（可雪齋稿）

想當初張珙爲功名。普救寺内撞見個鶯鶯。魂兒夢兒相纏定。兩下裏懨懨成病。我更比鶯鶯有情。尋不着俏張生。（可雪齋稿）

漢相如原是有情人。正遇着箇新寡文君。琴聲引得心兒順。獨駕起香車私奔。我賽過文君幾分。争下得便忘恩。（可雪齋稿）

販茶船賺了小蘇卿。那裏也發付雙生。金山寺裏留名姓。重配了臨川縣令。我更比蘇卿志誠。郎心性似浮萍。（可雪齋稿）

李亞仙跟定鄭元和。把家私即漸消磨。卑田院裏耽飢餓。這緣分非同小可。我爲你恩多怨多。直恁般太情薄。（可雪齋稿）

憶巫山神女會高唐。一番價夢境難忘。朝雲暮雨陽臺上。宋玉賦空勞想像。比神女咱多念想。他不似楚襄王。（可雪齋稿）

【南中吕駐馬聽】

寄 妓[三〇]

一首新詩。寄與梨園女教師。不著疼熱。暗使機關。枉費言詞。大拚告到海神祠。

海神難管恩情事。仔細尋思。王魁與我不相似。（可雪齋稿）

【南商調黄鶯兒】

寄　情〔三〕

費殺了小心兒。病懨懨都爲爾。書兒信兒明傳示。你若還有詩。我定然有詞。叮嚀莫忘王魁事。細尋思。爲休書一紙。大鬧了海神祠。（可雪齋稿）

【北雙調水仙子帶過折桂令】

四時閨怨

牡丹爛熳彩霞濃。芍藥芬芳錦繡叢。海棠旖旎胭脂重。日高時花弄影。惠風和香透簾櫳。怕看那一對對啣泥燕。一雙雙採蕋蜂。一聲聲杜宇啼紅。一聲聲杜宇啼紅。麗日遲遲。淑景融融。恨的是孔雀屏閑。鴛鴦帳冷。翡翠衾空。身倦怠春懷矇曈。童徘徊星眼朦朧。曉睡方濃。好夢難逢。怎禁那枝上流鶯。唤回俺一枕春風。（月香亭稿）

風吹楊柳翠簾櫳。露滴薔薇錦色濃。雨淋荷葉珍珠迸。倚闌干心事冗。嘆園林慘緑愁紅。畫閣十分静。紗厨一半空。恨靈犀一點難通。恨靈犀一點難通。倦挽烏雲。恨對青銅。雪體香消。花容粉淡。釧腕金鬆。聽的那雛燕飛愁添萬種。新蟬鳴恨有千聲。寶鴨塵濃。翠帳烟濃。難熬的是暑氣炎光。怕的是永日薰風。（月香亭稿）

金風吹減芰荷凋。玉露添黄楊柳焦。銀霜壓血丹楓落。淅零零梧葉飄。響珊珊翠竹瀟瀟。雲鬢飛無心掠。柳眉輕不待描。最傷情凉夜迢迢。最傷情凉夜迢迢。玉兔寒生。金鴨香消。粉澹盈腮。花容寂静。翠户蕭條。聽的那江雁叫心如刀攪。望見那賓鴻過腹似針挑。煩惱難熬。怨恨難消。愁轉難聽。業眼難交。（月香亭稿）

園林處處放璚花。殿閣層層鋪玉瓦。江山一帶如圖畫。似嫦娥將粉灑。白茫茫一色無瑕。冷氣侵烏綾被。朔風透錦繡榻。最凄凉凍鵲寒鴉。最凄凉凍鵲寒鴉。畫角聲殘。華鼓頻撾。雲暗銀蟾。風吹鐵馬。香燼金鴨。怎禁那繡簾外稠簌簌如蜂採花。緑窗前亂紛紛似雁行沙。心似針扎。肉似刀剮。紅爐中炭盡烏金。銀臺上燒殘絳蠟。（月香亭稿）

題　情〔三〕

並頭蓮池上錦鴛行。連理木枝間彩鳳鳴。合歡花樹底青鸞寧。永團圓伉儷情。爲知音所事皆能。可意的逢着可意。志誠的遇着志誠。聰明的伴着聰明。聰明的伴着聰明。各辦堅心。共結芳盟。爲你性格温柔。言談俊雅。體態娉婷。我只道風流地重生箇小卿。誰承望綺羅叢再長個鶯鶯。盡自今生。久遠看承。愛惜你花朶般身已。受用那錦片似前程。（月香亭稿）

【北雙調水仙子】

詠六樣人家

纖柔玉手撒紅牙。瀲灧金杯泛紫霞。熒煌畫燭燒銀蠟。下珠簾開繡榻。擁瓊簪珠履交雜。怕黄鳥驚春睡。怪蒼頭報早衙。是恩榮宰相人家。（月香亭稿）

種成瓊島四時花。煉就丹爐九轉砂。買來粉面千金價。說陶朱不是假。占梁園金谷奢華。食美味餐佳釀。坐香車乘駿馬。是風流富貴人家。（月香亭稿）

老翁商賈作生涯。稚子詩書度歲華。山妻紡績供婚嫁。樂昇平諳禮法。官司上不甚大差罰。今日醒明朝醉。放些頑撒會耍。是尋常百姓人家。（月香亭稿）

紫貂鞲鞴手中拿。錦雉翎毛頭上插。毫猪尾鬣門前掛。慣飛鷹能走馬。花桑弓鑌鐵

叉。山澤部供輸納。虎狼叢成戲耍。是山村打獵人家。（月香亭稿）

鐵蒺藜鋪地不堪踏。連珠砲當場一覓打。青絲網截路常時掛。湯揣着不是耍。紫檀槽翠袖紅牙。花簇簇迷歸鴈。柳行行遮過馬。是章臺歌妓人家。（月香亭稿）

扁舟常是釣蒹葭。草履何曾到縣衙。杖藜隨處看禾稼。簌青袍籠白帢。客來時一盞清茶。香滿爐書千卷。月當窗雲半榻。是山林處士人家。（月香亭稿）

中　秋

有花無月月含羞。有月無花花帶愁。花香月滿誰能勾。幾年無今歲有。謝嫦娥青影相留。人有意分靈藥。月多情憐皓首。自明朝醉過中秋。（月香亭稿）

風　情〔一三〕

常開笑口杜分司。慣斷柔腸韋刺史。能垂慧眼蘇學士。不知音誰到此。落幾篇風月詩詞。無愁酒終朝醉。買花錢逐日使。有青樓知趣名兒。（月香亭稿）

【北商調醋葫蘆】

美人十詠

詠　髮

木犀油櫳掠的光。薔薇露滋潤的美。綰青絲半嚲緑雲垂。若是向玳瑁筵前穩坐地。雲鬟高髻。將一枝寶花斜插最相宜。（月香亭稿）

詠　眉

喜孜孜樽席前。曲彎彎粧鏡裏。把黛眉輕掃出香閨。感春色若將心事擬。題起那別離滋味。鎖雙蛾愁蹙的遠山低。（月香亭稿）

詠　眼

轉雙眸明似星。溜秋波嬌欲滴。怎當那送春情一㗛萬金值。若還是半醉矇騰初睡起。雨雲歡會。放乜斜光把角兒垂。（月香亭稿）

詠口

綻櫻桃紅半分。吐幽蘭香暗襲。笑談中出落着玉粳齊。半啟朱唇將甜唾唧。央及一會。唱一闋縷金歌聲遏的碧雲迴。（月香亭稿）

詠臉

憶香腮悲與歡。想芳容嗔共喜。他若是淡粧濃抹總相宜。酒席上若還多飲了數杯。看他這俊龐兒標致。恰便似曉霞烘春透一枝梅。（月香亭稿）

詠手

數歸期屈指尖。似柔荑偏細膩。鳳仙花紅染的玉纖齊。若還是慢理着冰絃在星月底。把瑤琴相對。見了些露春葱舒玉笋拂金徽。（月香亭稿）

詠足

蕩湘裙半扎慳。蹴金蓮雙鳳嘴。窄弓弓三寸兒步輕移。他便是踏遍了香塵不見跡。

也子是天生的可喜。將他那繡鞋兒堪做箇暖金杯。（月香亭稿）

詠　乳

紗厨中午睡醒。晚涼天新浴起。恰便似紫葡萄寒沁玉冰肌。到晚來半露着酥胸在鴛帳裏。略嚐些風味。怎當那軟柔柔香馥馥好東西。（月香亭稿）

詠　腰

逞風流一捻兒。顯妖嬈嬌媚體。恰便似擺春光弱柳任風吹。不似你愛他呵在人前誇大嘴。便有個玉天仙出世。看了他輕歌妙舞有誰及。（月香亭稿）

詠　寢

赴陽臺雲雨期。殢芳情春意美。一會家乜斜着星眼皺着雙眉。直等的粉臉上溶溶香汗濕。嬌羞無力。那温存那摑惜那昏迷。（月香亭稿）

【北正宫醉太平】

冬夜

似無若有。欲去還留。彩雲飛影度西樓。伴襄王一宿。髻兒鬆恍的釵兒溜。酒兒酸逗的眉兒皺。燈兒紅照的臉兒羞。未曾開口。（月香亭稿）

【北般涉調耍孩兒】

風情二首（一三四）

我和他身如比目魚。情同錦水鴛。百年和美成姻眷。閑開東閣看歌舞。悶向西樓列管絃。貪歡宴。受用些金釵十二。紅粉三千。（月香亭稿）

只因咱風流情興多。功名心較遠。强争春引惹得蜂蝶怨。暫留月館風亭内。醉傍紅裙翠袖邊。看了這桃花面。因爲俺一時間恩愛。成就了五百載姻緣。（月香亭稿）

【南仙吕傍粧臺】

風　情四首[一三五]

執銀燈。青蛾紅臉咲相迎。禮數兒忒欽敬。滿口兒叫先生。不肯放些空。行坐裏跟隨定。纔相見。無半頃。無情說出許多情。（月香亭稿）

對銀燈。金杯滿泛手高擎。向耳畔叮嚀道。一分酒一分情。連央了十餘盞。盞盞兒吃乾淨。拚沉醉。不放醒。今宵好歹要完成。（月香亭稿）

剔銀燈。燈前越看越分明。則管裏貪歡咲。樵樓上打三更。心已在陽臺上。佯推着不答應。羅幃下。鴛被整。口兒雖强脚先行。（月香亭稿）

滅銀燈。枕邊悄語更低聲。我嚇他舌尖唾。他喚我小時名。務盡了歡娛興。便拚了風流命。情偏熱。嬌太逞。手兒無力腿兒疼。（月香亭稿）

【南中吕駐馬聽】

嘲　風　月三首[一三六]

錦障花營。小可人兒不敢行。一須穩重。二領差罰。三要寔成。郎君切莫强風情。

女娘自有癡心病。休論休争。投機可意由人性。（月香亭稿）

滿腹才學。風月場中用不著。人來客往。暮送朝迎。米長柴高。聰明子弟莫閒嘲。

常言難使無錢俏。錦繡窩巢。李郎不到張郎到。（月香亭稿）

説起當家。柴米油鹽醬醋茶。勞勞攘攘。絮絮聒聒。刼刼巴巴。指鹿道馬坐三衙。

並無一句温柔話。兩鬢霜華。土〔一三七〕來頭上還不怕。（月香亭稿）

【北雙調折桂令】

思　情〔一三八〕

可人心年少嬌娃。萬種風流。所事撑撻。眉蹙春山。眼横秋水。髻挽雙鴉。撇不下一時半霎。咫尺間海角天涯。瘦也因他。病也因他。誰與俺成就姻緣。便是那救苦菩薩。（月香亭稿）

【北中吕紅繡鞋】

新　歡〔一三九〕

原不慣星前月下。乍禁持雨困雲乏。被東風吹綻牡丹芽。柳眉輕減翠。雲鬢亂堆鴉。

風流病直害殺。（月香亭稿）

【北雙調胡十八】

風　情四首〔一四〇〕

美名兒常在心。那一日恰相見。燈影下酒筵前。臉兒微笑眼兒涎。走在我耳邊。說三言兩言。也不索央外人。各自要取方便。（月香亭稿）

經了些苦折磨。受了些惡埋怨。實指望要團圓。口兒雖許性兒偏。海神〔一四一〕王案前。發些兒呪願。但有個負心的〔一四二〕。也要他做證見。（月香亭稿）

百般的定計謀。一些兒犯苗稼。他因我我因他。前緣前世俏冤家。刀刃曾手拏。火坑曾脚踏。針尖般小心兒〔一四三〕。縱的有〔一四四〕斗來大。（月香亭稿）

纔說些好話兒。烘的早臉兒變。道不本分使閒錢。服低做小索從權。跪在〔一四五〕面前。曲膝似軟綿。所事兒不敢說。一千個〔一四六〕可憐見。（月香亭稿）

盼　望三首〔一四七〕

相會了半霎兒。作念有百千遍。情勾引意牽纏。粉墻高處是青天。又無多近遠。望

的人眼穿。日日有虛信兒。不能够見一面。（月香亭稿）

眼皮兒怕待合。好夢兒難成就[一四八]。聽更鼓數更籌。青鸞無信入紅樓。新月兒半鈎。印紗窗上頭。沉沉梅影兒。仿佛似玉人瘦。（月香亭稿）

又不曾得甚的。心兒裡若牽掛。今夜晚[一四九]會巫峽。清晨盼望眼巴巴。倩幾箇晚鴉。把金烏送下。這恁歹[一五〇]日頭。長的來忒稀詫。（月香亭稿）

【南商調黃鶯兒】

風 情三首[一五一]

眼挫裡抹張郎。是誰家窈窕娘。弓鞋淺印殘紅上。臉兒又淡粧。口兒裡噴香。多情見了魂飄蕩。惱柔腸。一時半晌。留下箇錦香囊。（月香亭稿）

一見了也留情。口不言心自省。平白惹下相思病。佳期又未成。虛耽著污名。老天不管人孤另。對殘燈。入[一五二]場價睡醒。糊突夢欠分明。（月香亭稿）

清減了小腰圍。翠裙寬不趁[一五三]體。帶兒扣兒鬆鬆繫。不待喫飲食。怕沾著枕蓆。靈丹妙藥難醫治。這場疾。生生爲你。暫[一五四]口兒不曾提。（月香亭稿）

【北雙調河西六娘子】

麗情六首[一五]

金釵兒斜插著海棠花。你看他眉掃黛鬢堆鴉。喜孜孜困倚秋千架。美臉兒烘霞。忽地玉生瑕。絶勝西施醉館娃。（月香亭稿）

牡丹春占斷了萬花叢。端的是花比貌玉羞容。紫檀槽慢撥蛾眉縱。十指露春葱。催上五花驄。好是昭君出漢宫。（月香亭稿）

大人家風範有誰如。更那堪知禮法解詩書。與知音行到無人處。口兒裡長吁。欲語又躊躇。待學文君未駕車。（月香亭稿）

翠裙兒輕束著小蠻腰。説不盡一團兒美妖嬈。香羅扇半掩朱脣笑。啓一點櫻桃。難畫又難描。説甚楊妃上馬嬌。（月香亭稿）

天生下一搯兒玉娉婷。都道是能傾國又傾城。乍相逢問不的名和姓。笑臉兒春生。閒把畫闌憑。比那觀音少浄瓶。（月香亭稿）

繡鞋兒沁濕了露華涼。收拾起禁步玉玎璫。悄行來拜月瑶階上。告一會穹蒼。私語

損柔腸。彷彿鶯鶯燒夜香。（月香亭稿）

【南中吕駐雲飛】

題　情七首〔一五六〕

静掩重門。只見飛花不見人。詩也難傳恨。酒也難消悶。嗏。無計可留春。怕到黄昏。香盡熏爐。獨自誰瞅問。翠被生寒壓繡裀。（月香亭稿）

杏臉桃腮。展轉思量不下懷。新月思眉黛。春草傷裙帶。嗏。獨坐小書齋。自入春來。欲待看花。反被花禁害。情思昏昏眼倦開。（月香亭稿）

悶倚闌干。燕子鶯兒怕待看。色戒誰曾犯。鬼病誰經慣。嗏。書寄兩三番。得見艱難。再倩霜毫。寫個喬公案。滿紙春心墨未乾。（月香亭稿）

錦瑟淒涼。擘破雲鬟金鳳凰。楚岫雲遮障。灤浦生煙浪。嗏。無計訴衷腸。枕上思量。月又穿窗。風又掀羅帳。著甚支吾此夜長。（月香亭稿）

夜半涼生。銀燭秋光冷畫屏。滿月天街映。一水銀河浄。嗏。梧葉下空庭。玉漏三更。懶換爐香。笑把紅兒倩。卧看牽牛織女星。（月香亭稿）

沉醉京華。脱卻鷫裘付酒家。剡水船難駕。灞岸驢難跨。嗏。明月照窗紗。獨抱琵琶。天氣如春。此景真堪畫。昨日街頭賣杏花。（月香亭稿）

數盡歸鴉。你在何處貪歡未到家。月滿荼蘼架。人在垂楊下。嗏。一時間想着他。把情牽掛。直到如今。想起當初話。一半真情一半假。（月香亭稿）

【北雙調水仙子】

儒士

韜光晦迹抱經綸。博史窮經度見聞。搜奇考異充學問。説文章可立身。看一朝際會風雲。魁虎榜三千士。占鰲頭第一人。方信道將相寒門。（滑稽餘韵）

訓蒙

抹朱塗墨幾十年。野史歪文四五篇。詩云子曰千百遍。束脩錢親自選。細思量古聖前賢。勸學文都除去。清明詩權告免。必須將禮義爲先。（滑稽餘韵）

醫　人

飢寒飽暖順人情。表裏陰陽識病名。酸咸苦辣知藥性。用官方爲上等。且休提起死回生。沾辱了孫思邈。羞慚殺張仲景。平白地賣仗摇鈴。（滑稽餘韵）

寫　神

試凴彩筆印規模。那解精華分阿睹。徒將粉墨施縑素。爲兒孫思父母。請良工仔細臨摹。傅説像全相似。崔徽容多仿佛。畫不真枉費工夫。（滑稽餘韵）

醫　獸

蹄心常把快刀修。鼻竅先將彎棍扭。膊根緊用長繩扣。尋着的就動手。那裏知病症因由。一匙蜜一匙藥。一碗茶一碗酒。斷送了戰馬耕牛。（滑稽餘韵）

土　工

家家户户有靈魂。暮暮朝朝伴死人。前前後後停尸櫬。骯髒頭錢到穩。入門來臭氣

難聞。長火棒尋生意。舊棺材爲老本。傳流下子子孫孫。（滑稽餘韵）

刷印匠

手中終日和煙煤。盆内常時調墨汁。鼻端久慣聞膠氣。靠書房覓口食。渾身上黑水淋漓。千張紙常盤弄。大藏經都葺理。但問着一字不知。（滑稽餘韵）

和尚

爐中燒上馬牙香。門外懸着白紙榜。堂前列起銅佛像。鼓鈸兒一片響。直吃的拄肚撑腸。才拜了梁皇懺。又收拾轉五方。没來由日夜窮忙。（滑稽餘韵）

廟祝

乞求官府免差役。專靠神靈覓口食。逐朝香案傍邊立。木判官泥小鬼。欺瞞他那裏得知。千張兒燒不盡。三牲兒剋落起。盼望殺十五初一。（滑稽餘韵）

盔帽兒

簷兒鬆解會收拾。瓣兒灰塵加刷洗。頂兒破綻能修製。窄和寬都料理。管舊的認做

新的。扯一扯加層墊。晒一晒噀口水。不舒攤明日重盔。（滑稽餘韵）

織邊兒

逐朝編織快如流。先用弓兒繫兩頭。一家父子相傳授。繞京城一處有。者麽你頓買零收。張大嫂鄉談話。李婁兒烏炭手。整行兒晚市橋頭。（滑稽餘韵）

命士

元元造化理之常。甲子循環該指掌。五十一萬生成相。犯着的一例講。怎分别貴賤存亡。億兆民無窮盡。天下人如此廣。須添做九字推詳。（滑稽餘韵）

賣婆

貨挑賣繡逐家纏。剪段裁花隨意選。携包挾裹沿門串。脚丕丕無近遠。全憑些巧語花言。爲情女偷傳信。與貪官過付錢。慎須防請託夤緣。（滑稽餘韵）

織涼帽

團花六瓣要分撒。樸素單檐宜細法。炎天暑月高抬價。暎瓊簪籠緑髮。稱王孫白葛

輕紗。費工夫都休論。結冤仇不是耍。解不開千萬袉褡。（滑稽餘韵）

道　士〔一五七〕

呪着符水用元神。鋪着壇場拜老君。看着桌面收齋襯。志誠心無半分。一般的喫酒噇葷。走會街消些悶。伏會桌打個盹。念甚麽救苦天尊。（滑稽餘韵）

尼　姑〔一五八〕

卸除簪珥拜蓮臺。斷却葷腥喫素齋。遠離塵垢持清戒。空即空色是色。兩般兒袪遣不開。相思病難醫治。失心風無藥解。則不如留起頭來。（滑稽餘韵）

妓　女〔一五九〕

閑茶浪酒雨雲鄉。買笑追歡風月場。迎新送舊鶯花巷。來的多去的廣。又何須較短論長。若要他都牽掛。若要他都想念。千百人使碎心腸。（滑稽餘韵）

葬　士〔一六〇〕

尋龍倒水費殷勤。取向僉穴無定準。藏風聚氣胡談論。告山人須自忖。揀一山葬你

先人。壽又長身又旺。官又高財又穩。不强如干謁侯門。（滑稽餘韵）

瓦匠[一六二]

東家壁土恰塗交。西舍廳堂初宽了。南鄰屋宇重修造。弄泥漿直到老。數十年用盡勤勞。金張第游麋鹿。王謝宅長野蒿。都不如手鏝堅牢。（滑稽餘韵）

粘竿

槎𥟖㥇竹手足捷。捕雀拿禽心毒切。逢時遇節情歡悦。賣青錢供喜捨。飛將去被粘者。且休説傷生命。且休提造罪業。一個人衣食常缺。（滑稽餘韵）

【北雙調折桂令】

冠帽鋪

大規模内苑傳來。簪弁綏纓。一例安排。窄比寬量。輕漆謾烙。正剪斜裁。烏紗帽平添光色。皂頭巾宜用輕胎。帳不虛開。價不高抬。修飾朝儀。壯觀人才。（滑稽餘韵）

顔料鋪

好供給繪手施呈。顔料當行。彩色馳名。自造銀硃。真鉛韶粉。道地石青。小塗抹廳堂修整。大莊嚴殿宇經營。近日人情。奢侈公行。不尚清白。俱是妝成。（滑稽餘韵）

香蠟鋪

向通衢物攘人稠。手脚不停。包裹如流。也賣明礬。也稱豆粉。也貨桐油。賤咸食椿椿都有。歪生藥樣樣都收。行次情由。不可追求。本是雜貨營生。虛耽香蠟名頭。（滑稽餘韵）

茶食鋪

鐵爐鐺暮扯朝拖。妙手多方。白麵重籮。糖纏玲瓏。茶食細巧。酥蜜粘掇。生花葉簇盤上桌。八椒鹽大餅回盒。油弄忽多。麵費忽多。熱要調和。冷要揉搓。（滑稽餘韵）

剪截鋪

仗分紅劈緑爲活。富客追尋。仕女穿着。一頓賒來。遷延償價。零碎發脱。瓜丈尺

輕紗細葛。配短長彩段香羅。僎利不多。貨賣因何。手裏騰那。眼裏差錯。（滑稽餘韵）

亭子鋪

神堂佛刹。賀恩榮帥府公衙。頃刻纏扎。轉變生涯。粧點東家。斷送西家。（滑稽餘韵）
會騰那絹帛綾紗。紅緑相參。羅綺交雜。怕雨愁風。搏霞結彩。簇柳攢花。還心願

棺材鋪

紫楓香大樣柴松。斷解成形。合輳成功。料少完全。板難認辨。價有包籠。要鎮遠
泡杪斷哄。缺馬湖雜木歪充。不願年豐。只喜時凶。不是心毒。業在其中。（滑稽餘韵）

生藥鋪

助醫人門面開張。雜類鋪排。上品收藏。高價空青。值錢片腦。罕見牛黄。等盤上
不依斤兩。紙色中那管炎涼。病至危亡。加倍還賞。以假充真。有藥無方。（滑稽餘韵）

紙馬鋪

衆神祇見數還錢。僧道科儀。件件周全。蠟燭堅實。千張高大。水作新鮮。拖櫃上

張張漫展。草拗兒捆捆牢纏。但願門前。擦背挨肩。日日初一。月月新年。（滑稽餘韵）

裱褙鋪

佔獨行裱褙家傳。破損能𢭏。粉墨能填。界剪平直。糨糊勻稱。綾絹新鮮。辨今古胡謅亂騙。説真邪妄語狂言。暑月陰天。風雪殘年。過遣艱難。門户蕭然。（滑稽餘韵）

【北雙調雁兒落帶過得勝令】

銀匠

鐵鎚兒不住敲。膠板兒終常抱。會分鈒手藝精。慣廂嵌工夫到。炭火滿爐燒。風匣謾搧着。交易無貧漢。追尋總富豪。經一度煎銷。舊分兩全析耗。下一次油槽。足乘色改變了。（滑稽餘韵）

篾匠

鋼刀弄不乏。鋼板抽不下。黄藤識地名。筀竹知時價。膝上費削刮。手内用纏扎。細巧由心妙。規模隨手法。轃八角菱花。女轎兒堪描畫。攢五瓣梅花。燈籠兒可喜

殺。（滑稽餘韻）

鏇　匠

輪轉應循環。周正最艱難。牙角車的慢。香檀旋的疾。方的怕待趄。專攬團的干。腿脚兒不安。纖毫眼内趕。軟硬刀頭見。脊背兒常彎。坐一條活落跐兩道交叉襻。板。（滑稽餘韻）

木　匠

憑規繩較短長。靠矩準分尺丈。要包工不講錢。圖攬主先呈樣。藝業果高强。行次盡伏降。朽爛能脱换。堦基慣打量。竪起了前堂。缺少料才開帳。閤上了中梁。閑雜人都討賞。（滑稽餘韻）

機　匠

雙臀坐不安。兩脚登不辦。半身入地牢。間口咊葷飯。逢節暫鬆閑。折耗要陪還。絡緯常通夜。抛梭直到晚。粣一樣花板。出一陣餽酸汗。熬一盞油乾。閉一回磕睡

眠。（滑稽餘韵）

鐵　匠

鋒芒在手高。鍛煉由心妙。銜鋼煨的軟。生鐵搏的燥。徹夜與通宵。今日又明朝。兩手何曾住。三伏不定交。到處裏錘敲。無一個嫌聒噪。八九箇爐燒。看見的熱暈了。（滑稽餘韵）

氈　匠

浸一遭晒一遭。捍一道鋪一道。軟氍毹富户尋。麄帽襪常人要。漿糨滿盆調。攙和費石膏。揀選分麄細。扯拔隨大小。惹滿屋腥臊。百忙里丢不吊。和幾擔羊毛。不清潔弄到老。（滑稽餘韵）

漆　匠

做生活一兩椿。費麻布十餘丈。説描金海外傳。誇剔墨雲南樣。手段果平常。滿口自誇强。假料充真料。鮮光賴退光。擐路兒成行。揩抹殺不發晾。日子兒拖長。

支吾着衡調謊。（滑稽餘韵）

皮匠

麞皮當麂皮，夏季捱秋季。新的壓舊的。今日推明日。行止再休提。謊詐衆皆知。尋着不見面。駡着衡調嘴。也不索催逼。帳簿上分明記。并不敢稽遲。到明年還了你。（滑稽餘韵）

鋸匠

頑木久慣抬。分板偏能解。全收鑿工力。少欠松杉債。從直不從歪。依綫又依畫。專辦裝修料。先當營造差。兩下裏分開。東一片西一塊。蓋起了房來。你不揪我不採。（滑稽餘韵）

【北中呂朝天子】

鋪排

才擺了直符。又拿着手爐。道場裏諸般做。高功繳首□□。一件件不差誤。倚道求

食。隨僧吃素。有誰知心上苦。鎮壇的利物。鋪燈的米穀。也入在常住數。（滑稽餘韵）

過　賣

酒兒冷又釃。菜兒收又擺。手爪抹脚勤快。下樓又跑上樓來。一覓胡交待。白煮生燒。一壺兩賣。要吃的隨意買。趲私房變派。嘗汁湯好歹。繞店裏無人賽。（滑稽餘韵）

厨　子

説筵席勾當。估料物分兩。先打起虛頭帳。調和五味宰猪羊。椒醋油鹽醬。湯水絶倫。切煠多樣。叫的勤尋的廣。整日價口糧。一家兒贍養。脱不了鍋頭上。（滑稽餘韵）

茶　酒

燒一回滚鍋。攏一回炭火。果菜兒能堆垜。布衫直領染磚褐。方頂頭巾破。祭祀宣讀。婚姻追賀。忙殺他羞殺我。到下湯下鵝。閑言語許多。這罪犯饒不過。（滑稽餘韵）

媒　人

這壁廂取吉。那壁廂道喜。砂糖口甜如蜜。沿街繞巷走如飛。兩脚不沾地。俏的矜

誇。丑的瞞昧。損他人安自己。東家裏怨氣。西家裏後悔。常帶着不應罪。（滑稽餘韵）

保　兒

自從那早間。打勤勞到晚。多半是精細漢。在家生怕受飢寒。脚下無根襻。買賣無心。當差不慣。一椿兒不躲懶。小大姐硬扳。老虔婆白侃。他手裏求衣飯。（滑稽餘韵）

架　兒〔二六二〕

這家裏打閤。那家裏撮合。本分少虚頭大。一些不巧又騰那。繞院裏都踅過。席面幫饞。牙兒閑嗑。攘一回才散火。僎錢又不多。歪廝纏怎麽。常則是乾啗唾。（滑稽餘韵）

賣　仗

藥罐兒擺着。藥牌兒掛了。假做個虚圈套。醫方脈論那曾學。則圖利不圖效。見病歪譪。逢人胡冒。死的多活的少。肚疼的艾燒。眼瞎的刀攪。哭的哭笑的笑。（滑稽餘韵）

雕鑾匠

木頭兒白楊。刀尖兒蘸鋼。敢做個雕鑾匠。不拘瀝粉滲金粧。花巧玲瓏様。七寶蓮臺。八角輪藏。索落着不費講。剜一尊聖像。刻一箇鬼王。善惡簿在咱心上。（滑稽餘韵）

捏塑匠

一掇兒爛泥。幾筲兒冷水。紙分兩麻斤力。成形作像費心機。在乎多生意。善惡儀容。神佛品類。望着的遥拜禮。活撥撥眼鼻。汗津津面皮。少一口元陽氣。（滑稽餘韵）

搭材

篾簟兒緊札。木植兒巧搭。利脚手分高下。一關一捩旋生發。就裏工夫大。自己尋常。傍人驚怕。半空中難作耍。舍衛城建塔。蓬萊宮上瓦。不是我誰承架。（滑稽餘韵）

等秤鋪

錘兒無捅移。杆兒要正直。星數兒須匀密。世人個個討便宜。賴你成交易。均買平

發。出入一例。好名頭從此起。輕重在眼裏。權衡在手裏。切不可差毫釐。（滑稽餘韻）

斛斗鋪

整斛兒滿裝。逐斗兒謾量。依本分無偏向。從來賣物要當行。書寫在由帖上。鋪面營生。官司呈祥。公平着没的講。納户每上倉。軍士每兑糧。全仗你供支放。（滑稽餘韻）

鼓　鋪

杉板兒鋸梭。牛皮兒謾裹。造就團圞貨。八音隊裏要調和。弦管爲參佐。彩畫周遭。釘兒千個。要掤拽才挺妥。識换頭在他。知腔兒是我。不着你攛瞞過。（滑稽餘韻）

燈　市

畫屏燈淺色。繡毬燈雜彩。綴細巧懸絲帶。金銀宮闕錦樓臺。粧點出真堪愛。算日無多。攛行趕快。雨和風情意歹。價錢又不擡。人心又懶買。須守到來年賣。（滑稽餘韻）

油　坊

槽邊廂打撅。箍兒裏使楔。石滚碾牛拖拽。爐中常把炭燒者。焙炕的芝蔴熱。逐日終朝。排年累月。大郎頭掄不徹。你不怕手折。我拚着吐血。打賭賽熬長夜。（滑稽餘韵）

糕　鋪

白麵兒細發。彩旗兒高插。黑地裏蒸作下。東籬正要賞黄花。鬭買無閑暇。題句劉郎。一場閒話。看光陰如過馬。慶重陽幾家。上行市半霎。切不可高擡價。（滑稽餘韵）

打　談

向街頭場傍。喜人稠物攘。敲扇鼓高聲唱。幾回秦漢又隋唐。信口謅一蕩。情理難容。官司明降。拿將來没的賞。先問他一樁。睁着眼説謊。號令在枷板上。（滑稽餘韵）

川　戲

頑皮臉不羞。一落腔强扭。散言語胡屑輳。描眉補鬢逞風流。要好不能勾。躲重投

輕。尋覓争鬬。使閑錢味冷酒。生成的骨頭。學成的嘴口。至死也難醫救。（滑稽餘韻）

磨房

和籮推手勤。拽磨牛脚緊。一弄兒都相趁。開張多半向客民。一箇箇都相認。每日終朝。三更時分。枕頭上眠不穩。漏下的麵觔。落下的小粉。還説是無侍運。（滑稽餘韻）

【北越調小桃紅】

書鋪

典墳秦火化爲塵。後代尋煨燼。文字淵源不窮盡。廣傳聞。須求巧匠勞鐫印。爲人之本。先賢遺訓。萬卷付兒孫。（滑稽餘韻）

筆鋪

棗心蘭蕋與全堅。真穎誰曾見。鼠鬚羊毛襯門面。藝不專。紛紜市買單圖賤。扶能助賢。尖齊圓健。四事總虚言。（滑稽餘韻）

墨　鋪

青桐紫茜掃煙煤。萬杵玄霜碎。名重儒林索高價。住京畿。玉堂翰苑傳佳致。光華似漆。龍香真劑。師法李廷珪。（滑稽餘韵）

紙　鋪

蔡倫創造已多年。雅稱文房便。今古詩書萬千卷。托流傳。鵝溪十丈真堪羨。臨池謾展。瑩潔如練。不數錦江箋。（滑稽餘韵）

扇　鋪

溪藤半幅皎秋霜。新月娟娟樣。烈日塵途倩遮障。價須償。丁寧君子時收放。清風手掌。三伏無恙。說甚有炎涼。（滑稽餘韵）

米　鋪

豐年倉廩漫堆積。出納關時例。倒斛翻升小營計，使心機。增錢長價休評議。隨行

糶糴。無多本利。難濟萬人飢。（滑稽餘韻）

花鋪

象生妙手本行家。妝點春無價。蜂蝶相看索驚訝。會纏扎。鋪絨蘸蠟工夫大。海棠非假。薔薇不亞。幻出四時花。（滑稽餘韻）

古董

周彝商鼎輞川圖。錯認常行數。脱貨求財暴發户。強支吾。停塌上等收荒鋪。知今博古。辨才格物。聰敏半星無。（滑稽餘韻）

故衣

不分舊剪與新裁。一例都收在。緑緑紅紅自搭派。訴明白。寬窄長短隨心愛。源流好歹。吉凶貨賣。減價買將來。（滑稽餘韻）

香鋪

龍涎沉腦共安息。傷本無多利。藥品無方亂搭配。要便宜。有香名色無香味。餧喉

噴鼻。一團煙氣。多半是榆皮。（滑稽餘韵）

【北中呂滿庭芳】

修　脚

三三兩兩。監生家眷。吏典兒郎。真皮袋子盛刀仗。慣走營坊。貧窮漢皺皮快長。麄坌人指爪偏長。摟抱在屈膝上。刮削了半晌。薫不死也難當。（滑稽餘韵）

相　面

指鹿道馬。隨心判斷。劈臉稱誇。十人講論榮枯話。九個全差。胡廝賴流星鬬打。胡廝纏冷帳刮刷。聞着他名兒怕。生就的骨法。貧與富且由他。（滑稽餘韵）

山　人

婚喪二禮。推詳歲煞。祝贊神祇。四時黃道空亡日。擇選凶吉。殃榜兒常時寫起。通書兒坐臥相隨。幾個錢非容易。逐朝價站立。念破了口唇皮。（滑稽餘韵）

巫 師

形骸太蠢。手敲破鼓。口降邪神。福鷄浄酒嗯一頓。努嘴胖唇。纔説是丁三舍人。又頼做楊四將軍。一個個該拿問。依着律審允。不絞斬也充軍。（滑稽餘韵）

穩 婆

收生有年。五更半夜。不得安眠。手高慣走深宅院。幾輩流傳。看脉知時辰近遠。安胎保子母完全。搧鏝的心不善。剛纔則分娩。先指望洗三錢。（滑稽餘韵）

道 人

稱呼爛麵。倚稱佛教。那有師傅。沿門打聽還經願。整夜無眠。長布衫當袈裟施展。舊家堂作聖像高懸。宣罷了金剛卷。齋食兒未免。單顧嘴不圖錢。（滑稽餘韵）

牙 人

將無作有。當行久慣。把秤滑熟。十分客貨纔成就。一分先抽。每日裏眠花卧柳。

逐朝價肥馬輕裘。則顧前不顧後。落空拳赤手。是經紀下場頭。（滑稽餘韵）

打春

東風未轉。呼嚎動地。鑼鼓喧天。指稱該府和該縣。拐米誆錢。醜嘴臉逢春未免。歹鄉風自古流傳。整陣兒沿街串。盡胡縐亂騙。撞見的念一篇。（滑稽餘韵）

乞兒

赤身露體。木瓢倒挂。草薦斜披。東家跪了西家跪。受盡禁持。筵席上殘湯剩水。齋堂中素菜咸食。官府上無差役。自尋來自吃。凍餓死也便宜。（滑稽餘韵）

篦頭

高人見喜。梳兒光盪。篦子匀密。整容取耳般般會。手段輕疾。風雪兒湯着就起。蟣蝨兒刮盡無遺。脊背後時常立。有誰知就裏。人頭上討便宜。（滑稽餘韵）

【北中呂紅繡鞋】

打炭基〔一六三〕

燒獸炭豪門享用。飲羊羔太尉家風。要團圓曾費許多工。入香篝薰被煖。勝榾柮滿爐紅。他伴更長熬夜永。（滑稽餘韵）

釘缸〔一六四〕

陶冶器憑伊補輳。瑕玼物賴汝相周。有些兒剛硬强鑽頭。翡翠屏金不換。玻璃瓮價難酬。你遇着他難動手。（滑稽餘韵）

澆燭〔一六五〕

身體上因他展污。鼎鐺中爲你調和。洞房白占錦雲窩。綺羅筵春色重。逃亡屋夜光多。這一領油布衫何日脱。（滑稽餘韵）

漿　糨〔一六六〕

愛的是晴天朗日。怕的是雨水潮濕。竹竿頭曬了石砧槌。扯拔勻稀解布。搓擺浄汗酸衣。守着麵糊盆纏到底。（滑稽餘韵）

染　網　中〔一六七〕

彈墨兒渾身爛臭。鬢邊兒晚市零收。到輪迴別覓個好行頭。閻羅王須告訴。送生鬼要央求。與你换一雙乾浄手。（滑稽餘韵）

燒　窑〔一六八〕

能印烙土泥手藝。慣陶甄磚瓦功勣。黄河水難洗遍身黑。則除是换個臉。則除是退層皮。又怕性和心醫不得。（滑稽餘韵）

淘　沙〔一六九〕

盆桶兒折針不漏。鈎鋤兒翻土如流。不安眠常起五更頭。金銀兒難揀認。鋼鐵兒費

搜求。經了百十番一度有。（滑稽餘韵）

箍　桶〔一七〇〕

新板片刮削成器。舊規模絣輳相宜。勝桔槔抱甕灌春畦。盛水漿無滲漏。擔斤兩不疎失。虧俺篾圈兒箍定你。（滑稽餘韵）

裁　縫〔一七一〕

能比對回肩倒袖。慣縫連細縠輕裘。生來衣祿在鍼頭。五尺中三寸落。兩段裏一條抽。打殺了還動手。（滑稽餘韵）

磨　鏡〔一七二〕

慘鸞影塵蒙垢污。飾苔花歲久年多。正佳人春困倚粧閣。聽幾聲銅片響。用一點水銀磨。與你治昏迷都是我。（滑稽餘韵）

彈　棉　花〔一七三〕

無絮襖貧人怎過。擁貂裘富漢無多。值嚴寒憑您助温和。休笑我弓兒慢。則爲你子

兒多。你要舒攤須用我。（滑稽餘韵）

【北正宮醉太平】

司　喪

人情上捻恰。支銷裏拈搊。不分親友與鄰家。偏手錢要打。亭子鋪對面胡説話。棺材行唆弄高擡價。鼓鈸兒顧覓也憑他。都撈上一把。（滑稽餘韵）

代　保

替貧人代筆。靠富漢求食。十分借了便抽一。滿家兒歡喜。錢兒得了都花費。人兒走了遭連纍。狀兒告了要監追。那時節後悔。（滑稽餘韵）

收　荒

衣服兒久遠。靴帽兒多年。他人專要買新鮮。别生個宛轉。絲絲綹綹單圖賤。家家火火都收遍。椿椿件件不降錢。謾謾的揀選。（滑稽餘韵）

調　把

好的兒看了。不好的藏着。惺惺伶俐不成交。等愚民鄉老。麄氈帽抵了絨氈帽。假材料頂了真材料。爛絲緣換了好絲緣。人裏一跑。（滑稽餘韵）

挑　擔

麻繩是知己。匾擔是相識。一年三百六十四。不曾閑一日。擔頭上討了些兒利。酒房中買了一場醉。肩頭上去了幾層皮。常少柴没米。（滑稽餘韵）

推　車

有付搭名色。非駕御之才。隆冬盛暑最難捱。努着力挣摤。上高山好看前車戒。過危橋莫遺傍車礙。走康衢又恐後車來。許多般利害。（滑稽餘韵）

划　船

陰晴盡曉。舟楫能操。東流西蕩幾千遭。走江湖到老。行時防急水風頭掉。灣時怕

淺渚潮頭落。坐時知平地浪頭高。幾椿兒見了。（滑稽餘韵）

開　賭

討頭兒放本。作東主窩人。官司拿去問根因。幾椿兒要緊。小荆條先嘗到七八頓。精皮膚又打上三十棍。大沉枷準備一百斤。不饒你半分。（滑稽餘韵）

趕　脚[一四]

纔喂了料草。早備上鞍轎。一根荆棍手拿着。撵驢騾亂跑。冷茶冷飯喫一造。或磚或土眠一覺。漫山漫嶺走一遭。又一日過了。（滑稽餘韵）

燒　丹[一五]

説金丹九轉。學燒煉多年。癡心禮拜假神仙。葬了些菜錢。泥盆裏走了朱砂片。火爐裏不見花銀面。板箱中丢下大城磚。那裏去訴冤。（滑稽餘韵）

【北正宫小梁州】

酒　坊[一七六]

雲安麯米甕頭春。注玉傾銀。青旗摇曳映柴門。遥相問。多在杏花村。清光忽刺都休論。縱沉酣敗國亡身。説甚麽。消愁悶。滿朝混沌。嫌殺獨醒人。（滑稽餘韵）

茶　鋪[一七七]

武夷和雨採春叢。嫩葉蒙茸。佳名千古重盧仝。曾稱頌。七碗自清風。陶家學士殊珍重。玉堂中掃雪親烹。瑪瑙鐺。玻璃甕。碧雲翻動。濁酒敢争功。（滑稽餘韵）

金箔鋪

出爐入火百十回。搏弄成泥。見方斧腦剪裁齊。無多利。名占百行魁。丹青捏塑多花費。又滲銅減鐵非爲。暴殄徒。全不計。一毫一釐。曾用萬千錘。（滑稽餘韵）

絨綫鋪

吴桑柔細繭新繅。温水頻濯。槎紅染緑盡纖毫。成功效。補衮見勤勞。上行打發依公道。更那堪少買多饒。助剪裁。供織造。雜行都要。日日有花銷。（滑稽餘韵）

胭粉鋪

鉛華光浄蠟膏新。閨閣傳聞。濃粧常見倚衡門。休錯認。金馬記來真。花容月面添風韵。更休提樊素櫻唇。粉暈妍。脂香潤。古來曾論。紅粉贈佳人。（滑稽餘韵）

梳篦鋪

象牙玳瑁與紋犀。琢切成胚。黄楊紫棗總相宜。都一例。齒齒要匀齊。清濁老幼分稀密。向清晨櫛裏修飾。拂鬢塵。除髮膩。諸人不棄。無分到僧尼。（滑稽餘韵）

盒擔鋪

酒籮食壘列成行。擠塞中堂。朝出暮入不着忙。依官様。女轎四人扛。有人顧賃

先標帳。事完時照數還償。要主人。心舒暢。南街北巷。終日有婚喪。（滑稽餘韵）

鞍轡鋪

減銀雙鐙錦鞍橋。彩黏金描。紅纓似火巧縈縛。青絲絡。秋鞭紫絨絛。襯皮兒都用真材料。最堅牢月漆年膠。妙手成。良工造。常人不要。專等五陵豪。（滑稽餘韵）

冥衣鋪

麫糊紙剪樣週全。死後生前。善男信女結因緣。還心願。寄庫向黃泉。花紅柳緑千百件。當行人昧己欺天。有一日。森羅殿。閻王相見。先討受生錢。（滑稽餘韵）

針鋪

工夫一粒水磨鋼。些小鋒芒。挑鸞刺鳳繡鴛鴦。臨紗幌。一縷唾絨香。女娘每乞巧南樓上。夜深時賭鬬高强。發賣人。不行當。門前出樣。那有許多長。（滑稽餘韵）

【北越調天浄沙】

門　子

描眉掠鬢精神。鋪牀叠被殷勤。獻寵希恩事因。虛名承認。看門那裏看門。（滑稽餘韵）

牢　子

當官侍立公堂。歸家欺侮街坊。仗勢渾如虎狼。軍牢名項。一生那到監房。（滑稽餘韵）

禁　子

巡更不離梆籌。收監先討燈油。作伴常陪罪囚。牽枷扯杻。逐朝不得停留。（滑稽餘韵）

庫　子

贓罰常有收積。官員自判封皮。出納虛擔是非。甘當重罪。他人却討便宜。（滑稽餘韵）

巡　欄

通識各色牙行。能緝漏稅錢糧。常吃無名酒漿。諸般阻擋。瞞官却放猪羊。（滑稽餘韵）

弓　兵

充徭本是鄉民。承批不慣拿人。應役却非正身。游食光棍。積年久佔衙門。（滑稽餘韵）

皂　隸

錫牌出入隨身。雉翎斜插頭巾。多半村鄉嬾民。甘心招認。隨衙辦納柴薪。（滑稽餘韵）

防　夫

收拾鎖杻刑罰。安排吊拷掤扒。說念關津遞發。通些私話。登時打做一家。（滑稽餘韵）

館　夫

只憑應付尋錢。也須接遞當先。不避笞鞭向前。總然通辯。不過養馬撑船。（滑稽餘韵）

老　人

催租頻下郵亭。理詞常坐申明。府縣看憐老成。受人央倩。當官便説民情。（滑稽餘韵）

【北雙調沉醉東風】

鹽　商

下場引方才告繳。脱空錢早已花銷。衣冠假士夫。風月花胡哨。那裏也十萬纏腰。累歲經年守候着。將到手支頭欠少。（滑稽餘韵）

篺　客

大小樣杪楠細選。百千條篾纜牢纏。頻遭風浪驚。常許猪羊願。不還鄉到處留連。坎止流行總在天。算不的程途近遠。（滑稽餘韵）

趕　倉

日出後當場曬起。雨來時打囤收拾。攤盤去潤濕。篩簸除粞碎。少遲延官府催逼。

等到收完是限期。討幾斗籮頭糙米。（滑稽餘韵）

歇家

陷了人常遭告發。攬了糧不肯繳納。提着總督愁。説着巡倉怕。倘來錢血已浸牙。父問充軍子在家。大着膽還尋這耍。（滑稽餘韵）

閘夫

擔驚怕官船薦新。受鉗束漕運衙門。開闢不住程。差使無窮盡。到嚴寒纔是閑人。一覺泥牛打罷春。河道事依然又緊。（滑稽餘韵）

里長

小詞訟三鍾薄酒。大官司一個猪頭。催促欠税糧。剖判閑争鬬。在鄉權一股平收。賣富差貧任自由。怕甚麽强甲首。（滑稽餘韵）

灰土行

整桶價洗漿洗擺。多年的佛像扛來。承當灰土行。那怕神天怪。儘鋼刀刮削安排。

破脚折頭朽木胎。丢放着從人揀買。（滑稽餘韵）

柴炭行

守行市隨時不肯。躲奸滑漏税抽分。逢寒長價錢。遇缺無分論。欺負殺凍餓窮民。但願殘冬暖似春。教那廝遭折本。（滑稽餘韵）

穿珠匠

無價值珍珠慣選。可人兒花朵能穿。人人口嘴輕。個個骨頭賤。最不宜引至堂前。杜漸防微理自然。好看取當年董偃。（滑稽餘韵）

鞭杖行

殘病馬加功喂息。蹶劣騾不住操習。瞞天討價錢。對面説盟誓。解過繮不認差失。兩日三朝有退回。白着眼推張賴李。（滑稽餘韵）

【北正宫塞鴻秋】

陵户

縣衙裏先免雜差役。田疇間營運薄生意。官司上辦納輕財利。村落中賣弄歪名器。薅鋤少氣力。洒掃都不濟。垂着涎盼望春秋祭。（滑稽餘韵）

園户

通渠灌圃隨時序。分畦引架勤培瓠。呈新獻嫩依豪富。尋僧覓道供齋素。人能咬菜根。百事堪爲做。諸公近日憎粱肉。（滑稽餘韵）

獵户

飛鷹走犬拿鷄兔。擔叉挾弩擒獐鹿。羊裘絮襖搪風露。鞝鞋布襪行山路。皮張作課程。毛羽應門户。姓名已入虞衡部。（滑稽餘韵）

漁户

尋常風浪無驚怕。勤勞網罟無閑暇。團圞妻子無牽掛。坐疏權貴無笞罵。酒篘瓦瓮中。船繫垂楊下。只知河泊官司大。（滑稽餘韵）

納户

騙鄉民兜攬官糧解。怕潮濕指望晴天曬。欠圓潔招惹監收怪。等批文展轉時光捱。先歡後變憂。有利不知害。急回家落了一身債。（滑稽餘韵）

竈户

正當着煎造爲公干。只憑着海水供衣飯。常擔着罪過充囚犯。遠離着鄉井無根攀。全家住水邦。遍體如烏炭。被商人錯認燒窑漢。（滑稽餘韵）

架户

評梁估柱無公議。折樓毁樹搬興廢。除工減價誇伶俐。指新説朽多瞞昧。一磚與一

石。本利皆丁對。比量蓋造差十倍。（滑稽餘韵）

屠 户

持刀弄杖誇强會。翻腸倒髒爲生藝。掂斤播兩成交易。吹皮灌水生奸計。操椎魏市人。青史書功力。狗屠更比猪屠貴。（滑稽餘韵）

馬 户

排年牧養輪流做。縣司點看支吾過。科人草料多攙和。交官牝牡都參錯。騎操用不的。瘸瞎歪行貨。能行快走無一個。（滑稽餘韵）

佃 户

無田無種無牛力。携妻携子携家計。憑中憑保憑文契。圖穿圖喫圖花利。東家欠了租。只索尋回避。到明年又種西家地（滑稽餘韵）

【南中呂駐雲飛】

四　景[一七八]

庭院昏黄。香霧空朦月轉廊。月色侵羅帳。燈影摇書幌。嗏。開宴出紅粧。痛飲何妨。幾夜輕寒。報道花無恙。半醉移燈看海棠。（秋碧樂府）

【北雙調胡十八】[一七九]

天生的美臉兒。所事兒又相稱。道傾國。是傾城。腰肢裊娜步輕盈。半晌價定睛。越教人動情。模樣兒都記的。則忘了問名姓。（秋碧樂府）

【南中呂駐雲飛】

題　情

懶上粧樓。恨似春江不斷流。淚濕紅鴛袖。香冷黄金獸。休。終日爲他愁。恐成虚謬。等到黄昏。冷落初更後。一半兒無心一半兒有。（南宫詞紀）

【南仙吕入雙調玉抱肚】

傷　情[一八〇]

君心忒忍。戀新人渾忘舊人。想舊人昔日曾新。料新人未必常新。請看金屋貯娉婷。

寂寞長門結網塵。（南音三籟）

羅衣寬褪。半漬却啼紅淚痕。弄餘寒細雨如絲。冷清清没個温存。春來何處最銷魂。

花落黄昏空掩門。（南音三籟）

危樓獨倚。恨茫茫天空鳥飛。看落花片片辭條。怎比我萬千紅淚。玉關此去信音稀。

一日思君十二時。（南音三籟）

陌頭楊柳。猛撩人心中暗愁。没來由寡鵠孤鸞。悔教他拜將封侯。春雲斷處是凉州。

盡日凝粧上翠樓。（南音三籟）

緑窗低亞。看遊蜂争喧晚衙。鎮終朝悮粉抛脂。平白地斷送年華。不知春色落誰家。

昨日街頭賣杏花。（南音三籟）

湘簾高掛。夢初回紅日又斜。隔牆頭鶯送鶯聲。問韶光何似天涯。春風吹遍故園花。

臨到開時不在家。（南音三籟）

咏　柳〔一八二〕

安排青眼。乍窺人渾如去年。把斷腸春色携來。染東風緑遍江南。晚粧樓上杏花殘。雨葉風條不耐看。（南音三籟）

春雲遮映。管别離年年灞陵。使潘郎緑髩成絲。轉頭來又是清明。夕陽江上唤愁生。遠寺紅橋酒幔青。（南音三籟）

愁心遥送。隔芳洲青青幾重。想當年十五橋邊。鎖高樓惱亂春風。荒臺曾是舊離宫。紅白花開烟雨中。（南音三籟）

鶯啼時候。最堪憐天晴雨收。舞長條何處牽情。映鞦韆馬上牆頭。吴王臺下百花洲。一簇寒烟鎖翠樓。（南音三籟）

按：第四曲亦見楊慎陶情樂府，第一、二、四句同，餘異。兹互見兩家曲中。

套　數

南北中吕合套

富文堂讌賞[一八三]

【粉蝶兒北】萬卷圖書。錦亭臺鬧花深處。值清朝事簡公餘。寵光深。人物勝。德星相聚。坐客無虚。要平收午橋佳趣。

【泣顔回南】談笑有鴻儒。盡是文章儔侶。綸巾布氅。交參紫綬華裾。飛觥走斝。看笙歌羅列尊罍具。樂陶陶景媚時良。閑邀邀體廣情舒。

【塞鴻秋北】到春來策吟筇剛詠徹梅花句。喜春和試羅裳閑倚遍闌干玉。趁春晴縱青鞋慢踏損蒼苔緑。恐春深下珠簾不放入垂楊絮。無意送春歸，有意留春住。分付杜鵑聲省可裏催春去。

【普天樂南】綉幃遮銀屏護。芳草逕夭桃塢。好相看照眼芳菲。怕甚麽妒花風雨。幾番痛飲西園暮。兩行紗籠燒銀燭。海棠風蕩漾紅綃。薔薇露點滴明珠。有清油小蓋。畫壁輕車。

【脱布衫帶過小梁州北】鬧雕楹燕子鶯雛。點清池睡鴨飛鳧。紅萱草芳蕤半吐。紫丁香細心微露。坐對南薰倒玉壺。細切菖蒲。荷花十里錦雲鋪。聽一片笙歌度。風月賽西湖。蟬聲兩兩鳴南樹。夢初回碧簟紗幮。閑將緑綺彈。静把黄庭註。蘭湯新浴。長日一塵無。

【雁過聲南】規模。潭潭相府。堪寫入王維畫譜。水沉一縷摶香霧。笑三閭傲陶朱。正好懷寬放吟骨清臞。汲泉。煑茗。調冰雪藕納涼揮麈。把人間一時煩惱盡消除。

【醉太平北】恰金風送暑。早玉露滴梧。碧天涼冷雁來初。與知音四五。駕長風捉下天邊兔。學長鯨吸盡杯中物。弄長竿掣得水中魚。任狂歌怪舞。

【傾盃樂南】須臾。十日霜。幾夜風。催綻東籬菊。砌湧層巒。泉飛靈竇。橋横幽洞。門俯清渠。賦成鸕鷀。盃傾醽醁。又何須登高戲馬憶東徐。

【貨郎兒犯北】寒不到重簾深户。錦片似氍毹低簌。簾鈎十二控珊瑚。下著錦帳。擁著紅爐。對著玳筵前粉一攢花一簇。捧著羊羔。斟著馬乳。勸著瓊酥。有繁絃急管每分曹部。演呈祥獻壽梨園。這詞賦。吹的吹彈的彈教習得精熟。翡翠鐺瀹龍團鳳餅壓盡陶穀。氣昂昂居著清要。名赫赫執著金吾。安享昇平無限福。

【小桃紅南】侍虞廷陳禆補。入洛社論今古。虎帳談兵。嚴法令施鎮撫。古來幾個文兼武。眼前那有清而富。更那堪謙德通疏。【伴讀書北】簡書文半逼蘇。詩律法全學杜。走蚓驚蛇寫一筆唐懷素。好奇觀雅玩娱心目。有商彝周鼎多陳布。所事俱足。【普賢歌南】遍江山古跡圖。總金石名賢籙。博考索。精求募。看金甌名姓覆。專閫計請兵符。統雄卒運奇謀。破妖胡獻降俘。試看他拜將封侯談笑取。【煞尾】堂須造。盟可續。本是騷壇放浪徒。豈待公孫折簡呼。（梨雲寄傲）

元　夜〔一八三〕

【南黄鍾畫眉序】花月滿春城。燈火輝煌月華明。看人間幻出。閬苑蓬瀛。花燈燦表裏冰壺。明月映團圞金鏡。〔合〕帝京。正值元宵令。謳歌五穀豐登。【前腔】簫鼓動春聲。綵結鰲山謾施逞。看雲鬟翠袖。嬝娜娉婷。人叢裏素手相攜。燈影下香肩相並。〔合前〕【神仗兒】良辰美景。良辰美景。燈月千門。烟花萬井。彩樓珠樓相稱。有鬧竿百尺。倒掛絨繩。高點起萬枝燈。似落下滿天星。【前腔】燈兒有名。燈兒有名。下下高高。齊齊整整。一盞牡丹羣花簇定。更芙蓉菡萏。碧桃紅杏。金蓮沼水澄澄。琉璃塔焰騰騰。

【滴溜子】梅花燈。梅花燈。暗香疎影。雪花燈。雪花燈。玉潔冰清。綉毬同心方勝。流蘇絡索垂。撒花蓋頂。傑閣重樓。千層萬層。

【前腔】魚龍燈。魚龍燈。影動畫屏。觀音燈。觀音燈。柳枝淨瓶。巧粧諸佛諸聖。光明火焰中。神通大逞。三教百工。行行等等。

【鮑老催】日華月精。金雞玉兔裁翦成。雲霄望處鐘鼓鳴。燈花爛。燈影斜。燈光映。圓燈宛轉方燈正。畫燈五彩紗燈淨。火傘兒紅油柄。

【前腔】虎燈象燈。鴛燈鷺燈都像生。蝦燈蟹燈都像形。羅綺叢。錦綉圍。笙歌競。佳人綉轂穿芳徑。王孫寶馬敲金鐙。堪寫入丹青幀。

【雙聲子】人歡慶。人歡慶。預把佳期定。酒謾行。酒謾行。擺列華筵盛。奏錦箏。奏錦箏。和鳳笙。和鳳笙。任醺醺那管。夜闌人靜。

【前腔】宜春令。宜春令。巧翦金花勝。烟靄輕。烟靄輕。香裊黄金鼎。碧漢傾。碧漢傾。斗柄横。斗柄横。任醺醺那管。夜闌人靜。

【尾聲】盤桓且盡今宵興。托賴着吾皇聖明。歲歲年年賀太平。（梨雲寄傲）

秋　懷[一八四]

【北商調集賢賓】憶吹簫玉人何處也。今夜病較添些。白露冷秋蓮香謝。粉牆低皓月光斜。止不過暫時間曉破釵分。倒勝似數十年信斷音絶。對西風倚樓空自嗟。望不斷嶺樹重疊。怕的是流光奔去馬。雁陣擺長蛇。

【逍遥樂】歡娱前夜。喜報燈花。香生帶結。剛得個和協。誰承望又早離别。常記得相靠相偎笑語喋。畫堂中那日驕奢。受用些樽中緑蟻。扇底紅牙。枕上蝴蝶。

【醋葫蘆】我和他初相逢臉帶羞。乍交歡心尚怯。半裝醒半裝醉半裝呆。兩情濃到今難棄捨。錦帳鴛衾。纔方温熱。把一支鳳凰簪掂做兩三截。

【幺篇】我爲他挑着燈將好句裁。背着人將心事説。直等到碧梧窗外影兒斜。惜花心怕將春漏泄。步蒼苔脚尖來輕躡。露珠兒常污了踏青靴。

【幺篇】我爲他朋情上將謊話兒丢。他爲我母親行將喬樣兒者。我爲他在家中費盡了巧喉舌。他爲我褪湘裙杜鵑花上血。我爲他耳輪兒常熱。他爲我面皮紅羞把扇兒遮。

【梧葉兒】一個是相府内懷春女。一個是君門前彈劍客。半路裏恰逢者。剛幾個千金夜。忽喇叭抛去也。我怎肯恁隨邪。又去把牆花亂折。

【後庭花】夢了些虛飄飄枕上蝶。聽了些咭叮噹簷外鐵。剛纔得合上温郎鏡。却又早攔回卓氏車。我這裏痛傷嗟。鴛帳冷香消蘭麝。困將來剛睡些。望陽臺道路賒。那憂愁怎打疊。這相思索害也。看銀河直又斜。對孤燈明又滅。

【青歌兒】呀。風亂掃堦前堦前黃葉。雲半遮柳稍柳稍殘月。這離恨更比前春較陡些。害的來乜斜。瘦的來嘽嗻。待桑田重變海枯竭。還不了風流業。

【浪裏來煞】這愁呵剛不在眼角踅。又來到眉上惹。恨不的倩三尸肺腑細鐫碣。有一日綉幃中玉肌重廝貼。我將他指尖來輕捏。直說到樓頭北斗柄兒斜。（梨雲寄傲）

春　情[一八五]

【北正宮端正好】珊枕畔麝蘭香。羅帕上鴛鴦字。引的人無明夜坐想眠思。不付能遂了今生志。又惹起閑愁至。

【滚綉毬】想着那抱銀箏寫怨詞。並香肩詠柳枝。我爲他朋友中受了那許多譏刺。他爲我母親行惹的來常是參差。他爲我針黹上撇了半年。我爲他筆硯上疎了許時。他敬我勝敬似飽文章玉堂學士。我愛他更愛如擅風流金屋嬌姿。撇不的他腰欺楊柳風前態。忘不的他口吐丁香枕上私。眼底何之。

【倘秀才】一個是善歌舞梨園教師。一個是知律呂蘇州刺史。端的是才子佳人信有之。一個懷春消粉暈。一個想像廢神思。不分個彼此。

【滚綉毬】好恩情半霎兒。惡愁腸十二時。幾番家簡帖兒上錯僉了名字。有時節卦爻兒中倒點了干支。減何郎鏡裏容。添潘郎鬢上絲。怕姨夫争怕似出柙虎兕。恨虔婆更恨如當道蛇兒。往常時種成合璧藍田玉。今日也砍倒棲鸞翠竹枝。展轉嗟咨。

【倘秀才】我爲他寄相思寄到有百來篇小詞。他爲我寫離恨寫到有千來張大紙。到如今都做了無打斷春蠶口内絲。約期在明月館。設誓在海神祠。虚勞了口齒。

【叨叨令】性疎狂播滿烟花市。病風流害損青雲志。思模糊懶寫蘭亭字。瘦伶仃羞看羅衫袵。兀的不想殺人也麽哥。兀的不想殺人也麽哥。路迢迢無個人傳示。

【脱布衫】常想着喜春晴步蒼苔輕逐遊絲。動春心倚雕闌笑撚花枝。怯春寒下珠簾羞看燕子。訴春愁寄花牋暗央蝶使。

【小梁州】咱兩個一煞相逢萬種思。留意孜孜。鞦韆庭院晚涼時。傳心事。撇下綉鞋兒。

【幺篇】這姻緣不讓蒲救寺。想鶯鶯未必如斯。也曾向月底潛。也曾向花邊俟。雨雲情思。都做了斷腸詞。

【尾聲】今日也愁着風怕着雨青衫血淚應常漬。幾時得並着肩攜着手玉鏡鉛華恰再施。撥雨撩雲又如是。詠月嘲風舊相似。看香裊金爐篆一絲。喜梅印紗牕影半枝。將翠何粉韓香得重賜。破鏡分釵得重視。吐噀玉噴珠那才思。展説地談天那胸次。將翠幙雲屏更設施。把錦帳鴛衾重鋪肆。説海誓山盟舊日思。遂倚翠偎紅少年事。解合歡帶兒。鬆同心結子。還記得喘吁吁立不定燈前那一個死。（梨雲寄傲）

春　情[一八六]

【北雙調新水令】碧桃花外一聲鐘。綉衾寒喚回春夢。香消金獸冷。花落翠屏空。雨雨風風。攛斷的病兒重。

【駐馬聽】帶結頻鬆。瘦骨不禁愁冗冗。眉峰難縱。黛蛾深鎖恨重重。瑶臺人遠信勞鴻。彩雲聲斷簫閑鳳。惡相思千萬種。百般難把愁來送。

【雁兒落】冷落了春風銅雀宫。間阻了夜雨陽臺夢。闌珊了停雲燕子樓。寂寞了流水桃源洞。

【得勝令】單守着四扇矮屏風。三尺舊絲桐。總費囊中藥。全銷鏡裏容。簾櫳。步月無人共。花叢。尋春誰與同。

【川撥棹】我這裏恨匆匆。晝偏長更又永。許多時歌歇梧桐。帳冷芙蓉。酒盡瑶觥。不見了紅圍翠擁。望藍橋無路通。

【七弟兄】對着這落紅。舞風。畫闌東。怯餘寒簾簌金鈎控。寄閑情琴在錦囊封。揾啼痕袖濕瓊珠迸。

【梅花酒】減崔徽畫裏容。怕曉角昏鐘。恨芳草青驄。怪浪蝶狂蜂。秋來呵江上別。花落也未相逢。又不知吉與凶。我則索含着淚告蒼穹。陪着笑問青銅。側着耳聽歸鴻。緘着口怨東風。

【收江南】呀。懨懨不比舊時同。緑窻鍼線廢春工。殘雲剩雨自西東。全無定踪。巫山十二總成空。（梨雲寄傲）

秋懷〔一八七〕

【北商調集賢賓】瑣窻寒井梧秋到早。霜月小粉牆高。説離思堦前蟋蟀。鬧西風枕上芭蕉。鎖不住戰兢兢一點靈犀。盼不到黑沉沉百尺藍橋。這些時玉精神爲花消瘦了。害的來難畫難描。我把他聲音兒愁記起。模樣兒怕提着。

【逍遥樂】于飛方效。間阻尤多。歡娱較少。昨日今朝。笑青銅兩鬢蕭騷。萬種淒涼

廝輳着。折挫殺多愁沈約。怨了些鴛鴦帳冷。鸚鵡杯空。翡翠衾薄。四

【金菊香】徃常時花香春店馬聲驕。今日個雲暝秋江雁影遥。夢難成幾番直到曉。四壁寥寥。燈焰短篆烟消。

【醋葫蘆】常記得透疎簾月半明。掩重門人漸悄。正嬌雲低壓海棠梢。我和他既相知恨不曾相見早。他燭花前將錦箏來斜抱。剗的又背着人偷用眼兒瞧。

【幺】他也曾病懨懨只自擔。瘦亭亭難自保。他也曾怕人知常帶着幾分囂。他也曾擲金錢數番花下禱。他也曾直等到星移月落。他也曾倚闌干劃損掠兒梢。

【幺】我和他對着神將海誓言。我和他並着肩將眉黛掃。有時節把陽春一字字細推敲。他和我說私情一說一個天大曉。不離了相偎相抱。他見我霎時間無語便把話兒嘲。

【幺】他雖無甚麽傾國妍。他雖無甚麽出類好。似這等知人的情性最難學。但見呵或是忙或是遲或是早。那裏有半星兒違拗。多應是我心他意兩投着。

【幺】他道我和你心同魚水諧。情隨天地老。你休要見垂楊又去折柔條。他道是既綢繆祇宜相會少。只恐怕燕鶯知道。他也曾抵牙兒幾度費量度。

【梧葉兒】今日也鳳去秦樓迥。鴻稀漢院遥。雲散楚山高。他指冷箏閑鴈。我屏寒扇

掩蕉。剛間隔幾昏朝。出趲的把秋光過了。

【後庭花】又不是緑窗前花謝早。又不是瑶琴上弦斷了。又不是青鳥音書滯。又不是銀河風浪惡。止不過暫相抛。陡恁的求神服藥。跳梭梭肉似挑。急煎煎身似燒。生疎了月底簫。闌珊了窗下稿。茶飯又不是麽調。夢兒又不大個好。

【青歌兒】呀。這病兒千方千方難療。百般百般不効。聽了些花漏沉沉夜轉迢。寒透珠箔。燈燼蘭膏。風鬧簷鐸。露滴花梢。歎今宵。别樣好難熬。眼睜睜盼不到鷄兒叫。

【浪來裏煞】他存心豈是薄。我留情非道少。駕車的終久會題橋。破菱花等閑重輳却。成就了錦堂歡樂。把相思一擔擔兒抛。（梨雲寄傲）

效楊景言一點情牽體〔一八〕

【北中吕粉蝶兒】冷雨梧桐。破梨雲半牀香夢。翠屏深燭影摇紅。酒邊愁。花底恨。一時間牽動。間阻匆匆。夜迢迢枕衾誰共。

【醉春風】難打捱枕衾寒。怎支吾更漏永。今生若得遂于飛。我把你來寵。寵。佛也似皈依。命也似愛惜。玉也似珍重。

【叫聲】邂逅得相逢。兩情。兩情。秋波送。淡月鞦韆小院東。

【剔銀燈】附着耳低低的過從。舉着案謙謙的陪奉。他將我美名兒已向心苗裏種。特地裏啞謎也似包籠。顧不的蜂蝶笑。倩是麽魚雁通。也是情濃來意濃。

【蔓菁菜】他愛我能吟詠。我愛他不凡庸。擔定着怕恐。因此上打不開分不散兩情同。想註下山海似姻緣重。

【快活三】你若是真真的有始終。實實的肯姑容。你若甘心不厭我愚蒙。不枉了我常稱誦。

【鮑老兒】我爲他握雨攜雲少定蹤。被了些人譏諷。他爲我帶月披星苦用功。受了些人搬弄。若是他同我同。文君之分。司馬之風。管取他心我心。生前廝守。死後相從。

【尾聲】好音也既通。深恩也已蒙。有一日雙雙穩跨秦臺鳳。把玉觴親奉。笙歌春醉錦堂中。（梨雲寄傲）

春　怨[一八九]

【北雙調新水令】枕痕一線粉香殘。寶釵橫綠雲低軃。粧慵鸞鏡掩。人去鳳衾單。悶倚闌干。無語幾長嘆。

【駐馬聽】蝶懒蜂僝。芳草天涯春事晚。鶯慵燕懶。杏花簾幙雨聲寒。秦樓寂寞玉簫閑。楚臺容易朝雲散。乍離別經這番。恁般懊惱誰曾慣。

【喬牌兒】行時思坐不安。所事兒怕干犯。多情反受風流難。舊愁積新恨儹。

【雁兒落】翠減了修眉柳葉彎。香消了嬌臉桃花瓣。寬褪了纖腰翡翠裙。鬆綽了縷帶鮫綃襻。

【得勝令】自從那花底唱陽關。柳下送征鞍。經了些夜月孤幃靜。望不見天涯一雁還。看看。業眼兒熬清旦。潸潸。淚珠兒落夜闌。

【甜水令】常記的白雪輕謳。金杯滿泛。紅牙低按。私語燭花殘。到如今好夢全無。佳期易阻。相思成患。平白的廢寢忘飡。

【折桂令】望藍橋遠似三山。烟水茫茫。道路艱難。瓶墜簪折。風酸月苦。雨澀雲慳。長攙攙連理樹柔條盡剗。磣可可比目魚活水將乾。性格奸頑。不寄平安。章臺柳恣意留連。蟾宮桂未許躋攀。

【隨煞】怕的是無情歲月相催儹。容易去何年重返。賈充宅韓掾見應難。天台路劉郎到來晚。（梨雲寄傲）

離　恨[一九〇]

【北雙調夜行船】減盡容光知爲誰。可憐少個人知。清夜鴛衾。黄昏羅袖。湮透幾多珠淚。

【新水令】當時信口説別離。臨行話兒牢記。他道一句句[一九一]不挪移。曾有半字兒真實。把些神前呪。做了[一九二]小兒戲。

【落梅風】鬆金釧。減玉肌。剛去了兩朝三日。到如今恰纔心上悔。悔時節又難尋覓。

【風入松】含情只是苦攢眉。羞對外人題。題來反惹傍人議。柔腸萬轉千迴。自古書生無信[一九三]。書生口是心非。

【撥不斷】錦鱗稀。塞鴻遲。花牋誰與情傳遞。彩筆還將恨纂集。回文自把愁絣砌。空望斷碧雲天際。

【離亭宴帶歇指煞】薄情盡改初交意。癡心好看傍州例。所事兒慵拈怕理。鳳分飛羞把紫釵[一九四]看。鸞吊影怕將青鏡照。燕無情枉用紅絲繫。參不透懵懂禪。猜不破風流謎。料不定萍踪浪跡。追隨着飛絮漫顛狂。迷戀著野花多艷色。唃題著苦李無滋味。

數番將蓍草占。幾遍把靈龜筮。都道是先憂後喜。相思債索勾銷。則俺這[一九五]淒涼事怕題起。（梨雲寄傲）

春　怨[一九六]

【南南呂香遍滿】因他消瘦。春來見花真個羞。羞問花時還問柳。柳條嬌且柔。絲絲不綰愁。幾回暗點頭。似嗔我眉兒皺。

【懶畫眉】無情歲月去如流。有限因緣不到頭。懨懨鬼病幾時休。繡户輕寒透。十二珠簾不上鈎。

【二犯梧桐樹】黄鶯似唤儔。紫燕如呼友。浪蝶狂蜂。對對還尋偶。無端故把人僝僽。一片身心如何教我得自由。梨花細雨[一九七]黄昏後。静掩重門。只與燈兒廝守。

【浣溪紗】我容貌嬌。他年紀幼。那時節兩意相投。琴心宛轉頻挑鬬[一九八]。詩謎包籠幾和酧。他去久。有些個風聲兒未真實。見人須問個因由。

【劉潑帽】浪遊。那裏青驄驟。嚮吴姬賣酒壚頭。烏絲醉寫偎紅袖。廝逗遛。一霎兒渾[一九九]忘舊。

【秋夜月】恩變做讐。頓忘了神前呪。耳畔盟言皆虚謬。將他作念他知否。他待要罷手。我何曾下口。

【東甌令】難消悶。怎忘憂。抱得秦箏上翠樓。絃聲曲意都非舊。淚濕了春衫袖。青山疊疊水悠悠。何處問歸舟。

【金蓮子】表記留。香羅[二〇〇]半幅詩一首。做一個香囊兒緊收。怕見那繡鴛鴦。一雙雙[二〇一]交頸睡沙頭。

【尾聲】等待他來時候。薰香重整[二〇二]舊衾裯。往事從前一筆勾。（梨雲寄傲）

春　詞[二〇三]

【南仙吕一封書犯】池冰泮乍暖。小梅枝春尚淺。東風正峭軟。受餘寒簾半捲。菜簇青絲纖手送[二〇四]。剪就[二〇五]金花媚綺筵。花燈正懸。酒盃謾傳。燈列星橋酒似泉。盃深勸。歌謾演。星毬高轉[二〇六]舞腰旋。魚初躍。鶯乍囀。半晴半雨養花天。

【皂羅袍犯】閑望[二〇七]誰家庭院。嚮亂紅深處。送出鞦韆。綵繩高掛緑楊煙。金蓮顛倒空中現。王孫牆外。暫停錦韉。佳人牆裏[二〇八]。雙憑玉肩。無情半晌空留戀。逢歡處衣笑典。一春常[二〇九]費買花錢。駢珠翠。雜管絃。玉樓人醉杏花天。

【大河蟹犯】寶馬青衫梟玉鞭。花枝重帽簷偏。十里湖光[二一〇]平似掌。草茵青展。留與遊人醉時眠。斜陽下。歸路遠。銅鞮齊唱馬頭前。尋春事。到水邊。樓船人坐鏡中天。

【樂安神犯】蝶愁蜂怨。東皇容易老盡芳妍。落花臺榭有啼鵑。輕風巷陌飛鶊燕。一刻休虛度。秉燭向西園。醉後重開宴。詩頻詠。髭笑撚。清狂俱是飲中仙。春歸去。最可憐。楊花榆莢自漫天。

【尾聲】試霜毫。臨端硯。好吟詩句記流年。覓取鵝溪十丈箋。（梨雲寄傲）

怨　別〔三二〕

【南中呂好事近】兜的上心來。教人難想難猜。同心羅帶。平空的〔三三〕兩下分開。傷懷。舊日香囊猶〔三三〕在。詩中意寫得明白〔三四〕。歸期一年半載。算程途咫尺。音信全乖。

【錦纏道】托香腮。嬾梳粧慵臨鏡臺。無語自裁劃。正芳年又不道的色減容衰。怎知他前言盡改。咱須是暫時寧耐。歲月好難捱。孤辰寡宿。時該命又該。不索長吁氣。負心人天自有〔三五〕安排。

【普天樂】畫欄前湖山外。見月也深深拜。月圓時人未團圓。望蒼穹鑒察憐哀。郎心是歹。把些温香軟玉。做了糞土塵埃。【古輪臺】恨多才。萍踪浪跡寄天涯。繡幃錦帳春風夜。許多恩愛。豈料如今。翻成破鏡分釵。剩雨殘雲。等閒消盡。是誰別壘〔三六〕楚陽臺。有傾城嬌態。把從前誓海盟山。冰消瓦解〔三七〕。忘餐廢寢。魂勞夢斷〔三八〕。肌骨瘦如柴。懨懨害。花月也〔三九〕總沉埋。

【尾聲】黄昏更是無聊賴。愁倚定薰籠半側。羞見燈花一穗開。（梨雲寄傲）

賞重九〔三〇〕

【北南吕一枝花】天空碧水澄。木落青山瘦。籬寒黄菊晚。甕暖緑醅熟。歲月如流。才過了中秋後。又重陽九月九。染秋容紅蓼丹楓。添秋色殘荷敗柳。

【梁州第七】散孤悶閒尋野寺。快離懷遠眺江樓。憑高一覽江山秀。山形北拱。水勢東流。綿綿極浦。滚滚滄洲。白鷺洲二水悠悠。鳳凰臺百鳥啾啾。覓得根羊叔子軟琅璫博帶垂腰。借得條葛仙翁彎曲律青藜在手。尋得個孟參軍腌喇答破帽籠頭。放開。笑口。對西風滿把黄花嗅。聳吟肩嚲吟袖。自把淵明詩細〔三一〕和酬。景趣窮搜。

【罵玉郎】風光廝〔三二〕把人拖逗。携尊俎約朋儔。江鄉禾黍秋成候〔三三〕。剖金橙味尚酸。薦黃鷄膘正肥。劈紫蟹黃初溜。一聲歌平散了楚。

【感皇恩】到大來心上無憂。身外無求。管甚麽三略法立興了周。萬言策坐安了劉。趁著天清氣爽。雨霽雲收。逢僧舍。過酒家。便遲留。

【採茶歌】見鷗鷺泛中流。覩鴻鴈起蘋洲〔三四〕。牧童横笛倒騎牛。看了這錦繡川原紅樹晚。端的是一年好景讓三秋。

【尾聲】一個向東華鐘鼓常聽漏。一個爲南國蓴鱸便駕舟。兩般兒我參透。幹功名枉生受。得清閒怎能够。遇清明好時候。與村翁共林叟。登高臺涉遠岫。酒腸〔三五〕寬詩骨瘦。到老雙眉不曾皺。欵段馬犯紅塵不熟。粗布袍見時人怕醜。只慣向傍水沿山路兒上走。（梨雲寄傲）

南北中吕合套

冬閨怨別〔三六〕

【粉蝶兒北】三弄梅花。戍樓中角聲吹罷。月輪兒斜照窗紗。托香腮。湮淚眼。一篝燈下。展轉嗟呀。耳邊言都做了一場閒話。

【泣顏回南】薄倖忒情雜。不比尋常戲耍。出門容易。而今海角天涯。歸期歲晚。轉頭來過了春和夏。去時節霜老芙蓉。卻又早水冷蒹葭。

【石榴花北】我只向〔三二七〕綠窗前斷送了好年華。許多時脂粉不曾搽。九迴腸翻倒的越窄狹。幾乎間害殺。鬼病增加。一回價告蒼穹問個龜兒卦。不明白甲乙交叉。猛然間拈起香羅帕。肯分的繡一朵並頭花。

【泣顏回換頭南】奸猾。心性最難拏。瞞人俐齒伶牙。悠揚不定。猶如風裏楊花。千思萬想。恁從來色膽天來大。恐習學竊玉偷香。搪突了相府高衙。

【鬬鵪鶉北】惡離別動歲經年。又不比些時暫霎。恨壓損眉黛雙彎。瘦減盡腰肢一把。我這裏〔三二八〕暮暮朝朝想念他。他何曾記〔三二九〕掛咱。不能够碧漢乘鸞。只落得垂楊繫馬。

【撲燈蛾南】恩情如搦沙。清苦似嚼蠟。知他在那廂偎笑臉。虛擔著許多驚怕也。不須尋消問息。到頭來終有個還家。風流罪招由細數。從頭兒一樁一件細〔三三〇〕詳察。

【上小樓北】我自來無玷〔三三一〕瑕。他從來知禮法。平白地受盡淒涼。擔著寂寞。遭此折罰。眼見得漏澁銅龍。聲喧鐵馬。香銷金鴨。最難熬暮冬殘臘。

【撲燈蛾南】風兒颼颼亂刮。雪兒紛紛密灑。淒淒的鳳枕單。沉沉的鴛帳冷薄。設設的〔三二〕繡衾寒壓。灼灼的〔三三〕銀燈爆花。嗚嗚的城上吹笳。鼕鼕的殘更正煞。呀呀的曉天啼散樹頭鴉。

【餘音北】文君再把香車駕。只恐琴心調弄差。反與相如做話巴。（梨雲寄傲）

春　怨〔三四〕

【南正宮錦庭樂】被兒餘。枕兒單春寒較添。夜雨響空簷〔三五〕。曉來呵殘紅滿簾。更那看〔三六〕掩重門。對鶯花。鬼病懨懨。這病危如燈焰。這恨深如天塹。病和愁兩廝兼。病當心坎。愁在眉尖。

【前腔】錦鱗稀。塞鴻遥書沈信淹。江樹眼空瞻。怯梳粧塵緘寶奩。常則是倚闌干。數歸程。屈損春纖。霧帳雲屏虚占。海誓山盟無驗。針和線懶去拈。靈犀〔三七〕一點。無計拘鉗。

【前腔】憶王孫。乍交歡寵投意忺〔三八〕。永遠效鶼鶼。自離家心生棄嫌。料應他在天涯。被秦樓。歌管相漸。金粉花容嬌艷。血色羅裙紅塹。美甘甘笑語甜。未知將我唇上曾咕。

【前腔】影伶仃。竚蒼苔鮫綃淚黏。無語對銀蟾。映孤燈蕭蕭短簷。幾回價寄佳音。怕人知。躲躲潛潛。是則是前生少欠。苦則苦終常作念。把恩情作了水底鹽。羊腸龜卦今後休占。

【餘音】春闈有日來雙漸。相逢一笑兩謙謙。玉簿〔二三九〕姻緣許再簽。（梨雲寄傲）

夏日即景寫懷〔二四〇〕

【北黄鍾醉花陰】楊柳横塘淡烟鎖。嬌滴滴芙蕖萬朵。微雨過晚涼多。蟬咽庭柯。午夢方驚覺。重洗盞泛金波。細細南薰透輕葛。

【喜遷鶯】少年行樂。好光陰暗裏經過。量度。想歡會人生幾何。六代遺宫草樹多。眼見的都證果。江山依舊。人物消磨。

【出隊子】與知音幾個。得清閑非小可。者麽你重裀列鼎更如何。積玉堆金待怎麽。則俺把利鎖名韁都頓脱。

【刮地風】有時節放一個小蘭舟隨處泊。買娉婷二八秦娥。碧荷筒旋折傾香糯。痛飲狂歌。只喫的雕盤上彩雲零落。羅帕上酒痕湮汚。花一攢。錦一簇。玉人滿座。小壺天風月窩。全不受禮法拘縛。紫檀槽一曲笙簫佐。吹撥。喜宫商樂韻和。

【四門子】玉山頹纖手雙扶過。困騰騰眼待合。將象管來拈。把好句來哦。撚吟髭半將衫袖彈。撒一會沁。打一會睃。要認得周郎是我。

【古水仙子】來來來自忖度。罷罷罷恐青鏡流年兩鬢皤。將將將愁布袋丟開。把把把悶葫蘆摔破。呀呀呀落些兒閑快活。休休休走紅塵萬丈風波。喜喜喜縱疎狂醉中天地闊。我我我不干求到底無災禍。他他他進步是非多。

【尾聲】非是我殢酒淹花性慵惰。怕的是日月飛梭。一任教不知機世人嫉妒我。（梨雲寄傲）

夏日秋碧軒即景寫懷〔二四二〕

【北南吕一枝花】正楊柳成陰覆短牆。恰荼蘼噴雪迷深巷。纔荷葉弄青浮水面。又芭蕉分緑上晴牕。窄窄書房。自一種清閑況。小壺天詩酒鄉。舞青衣童子雙雙。歌白雪佳人兩兩。

【梁州第七】清泠泠溪泉漱玉。細茸茸庭草生香。幾般兒陳設多奇壯。刻獸面南金篆鼎。碾羊脂郢玉壺觴。展魚浪蘄藤榻簟。織龜紋蜀錦琴囊。樂天真頗類羲皇。友金蘭不比高陽。有時節撚吟髭俯雕闌聽枝上蟬鳴。有時節敞吟袍揮羽扇納風前晚涼。

有時節倚吟屏鈎湘簾看雨後山光。鎮常。見訪。都是些布衣詞客儒林相。那疎狂那豪放。醉倒青尊送日長。品藻興亡。

【煞尾】論奢華評富貴休題太尉銷金帳。數清標誇雅淡絶勝裴公緑野堂。端的是半點紅塵不容傍。或是寫黄庭幾行。或是詠離騷半晌。一任他世事榮枯似翻掌。（梨雲寄傲）

自述[三四二]

【北南吕一枝花】事詞章舊有名。攬風月多摽俊。説興亡常閉口。期富貴怕勞神。回首青春。又早三十近。虹霓志未伸。因此上筆尖兒判柳評花。心性兒搏香弄粉。

【梁州第七】耳邊厢喜聽的是輕歌金縷。眼根前愛看的是妙舞紅裙。也是我生平注下疎狂分。手段兒熟猾如張敞。舌頭兒利便似蘇秦。性格兒風流如杜牧。肚皮兒豁達似田文。語言直敬的是斯文。骨頭高傲的是王孫。芙蓉露濕烏紗夜夜歸遲。梧桐月照羅幔齁齁睡穩。桂花風爽吟袍日日遊頻。自思。自忖。保箕裘且待亨通運。省干求罷談論。細和滄浪静掩門。且迴避滚滚紅塵。

【煞尾】有一日半空中飛下風雷信。平地裏分來雨露恩。那其間執節操戈把柳營鎮。秉精忠爲君。守清白愛民。酬得那些勳勞便歸隱。（梨雲寄傲）

樂　閑[二四三]

【北南吕一枝花】常尋灞岸梅。静理桐江竹。厭看青瑣論。懶上皂囊書。心古形臞。但身在貧無慮。喜年豐賦有餘。愁的是搜尋着幾遍徵宣。追趕着三番薦舉。

【梁州第七】喜泉水暗通蔬圃。愛雲山正對茅廬。客來山鳥頻驚懼。新收野果。舊釀佳醑。宜時嫩蕨。墜釣鱸魚。肚皮寬儘自粧愚。眼睛高不肯容俗。服青精煉丹砂修養天和。買耕牛鎔寶劍消磨英武。卸烏紗戴綸冠學盡村夫。假鶩。詐魯。傲襟懷不入時人目。恥趨權陋阿富。習就林泉禮法疎。豈待別圖。

【煞尾】枕琴聽雨湘簾簌。信步看花短杖扶。有時節爛醉歸來近薄暮。蘆花被欵鋪。任齁齁睡足。强似恁午夜鐘聲頻催促。（梨雲寄傲）

漁　隱[二四四]

【北雙調新水令】白蘋風細一絲輕。傍疎林把釣船掩映。脱離麟鳳網。相與鷺鷗盟。自笑生平。趁滄海隱名姓。

【駐馬聽】月小潮平。紅蓼灘頭秋水冷。天空雲静。夕陽江上亂峰青。一簑全却子陵名。五湖救了鴟夷命。塵勞事不聽。龍蛇一任相吞併。

【雁兒落】笑他們干時的欠老成。叩諫的忒直正。堆金的少見識。拜將的多僥倖。

【得勝令】呀。争如我夢不到虞廷。情頗類閑僧。我這裏羌管風前弄。勝似您朝鐘馬上聽。閑評。成敗事明如鏡。頻驚。功名心冷似冰。

【沉醉東風】聽夜雨孤蓬酒醒。散晨炊小爨烟青。久居在雲水鄉。堪寫入瀟湘幀。傲三台八座簪纓。欸乃歌殘四五聲。那裏也重裀列鼎。

【折桂令】數十年泛梗飄萍。簑笠生涯。湖海閑情。向鶩外收綸。船頭曬網。柳底聽鶯。有時節泛流水桃花武陵。有時節泊淡烟芳草石城。濯足濯纓。醒後三閭。醉裏劉伶。

【離亭宴帶歇指煞】放懷薰染巢由性。甘貧不害膏粱病。堪嘆廢興。天喪了石崇財。時催了韓信壽。土蓋了曹瞞佞。榮華自不長。烏兔何曾定。忘形那清。身不受紫泥宣。手怕擎白象簡。脚厭履紅塵逕。酒教稚子釃。歌喜山妻聽。常喫到星河半傾。卧楊柳月輪孤。擁蘆花被兒冷。（梨雲寄傲）

哭萬柳溪[二四五]

【北雙調新水令】緑楊溪上木蘭橈。再不見短簑垂釣。淡烟横斷渚。落日送殘潮。門巷寥寥。有幾點晚鴉噪。

【駐馬聽】破屋蕭條。繐帳香消春夢杳。旅魂零落。青鸞書斷海天遥。苔痕緑遍雨中橋。蠹魚蝕盡床頭稿。喪斯文何太早。故知修短由天道。

【雁兒落】他也曾把辭金鮑叔交。將養客田文笑。逼豪吟杜甫狂。類種菊陶潛傲。

【得勝令】呀。腰不折時髦。眼不顧兒曹。他也曾解劍酬佳士。無錢賣錦袍。清高。守陋巷簞瓢樂。風騷。放乾坤詩酒豪。

【水仙子】他丹陽市上怕吹簫。七裏灘頭不釣鰲。磻溪岸側曾辭詔。貧則貧長落魄。更有那三般兒命裏何薄。身未老囊金消盡。家已破山妻喪了。子無成惡限逢着。

【沉醉東風】吐珠玉詞葩俊巧。抱松筠志節堅牢。閒騎驢背吟。醉買吴娃笑。盡翻成烟雨瀟瀟。回首江東故國遥。誰肯把椒漿酹倒。

【離亭宴帶歇指煞】從今後扁舟一葉閑紅蓼。孤墳三尺埋秋草。重泉怎招。罷鷗鷺水邊盟。負鶯花郊外景。失雞黍尊前約。英魂喚不醒。長夜何時覺。淒涼此宵。飢鼠攛空梁。野烏啼老樹。缺月穿虚幙。孤燈慘復明。兒女悲還叫。您若是雄心未消。把一段不平懷向俺夢兒托。（梨雲寄傲）

詠　月[二四六]

【北南呂一枝花】清光亂乳鴉。冷魄驚棲鳳。素華吞老兔。寒影動驪龍。淡淡溶溶。慣追陪芳草池塘夢。常占滿梨花院落中。助佳人擣練愁添。伴孤客吹簫夜永。

【梁州第七】有時節疑出匣初磨寶鏡。有時節訝藏弧未上彎弓。盈虛顯晦皆堪詠。芙蓉亭外。楊柳橋東。斜侵畫舫。高掛長松。穿則穿寂寞房櫳。照則照冷淡屏風。伴着這露兒零風兒細攛斷死單枕長門。惹的那猿亂啼蛩亂吟淒涼煞白楊漢塚。添上些烟半籠雲半掩蕭條盡衰草吳宮。你若是尊空。路窮。眼稍着便要鄉心動。赤緊的招難招送難送。腸斷譙樓幾杵鐘。纔得他轉過梧桐。

【尾聲】有一日穩騎鰲背誰能共。笑踏青雲有路通。大斧臨風細摩弄。諕嫦娥遁踪。逞吳剛氣勇。我只要奪却秋風桂花種。（梨雲寄傲）

復　歡[二四七]

【北黄鍾醉花陰】破鏡重圓帶重結。掂碎了鸞釵再接。誰承望又和協。眼角眉睫。剛得閒愁卸。這一段惡離別。及至相逢細分説。

【喜遷鶯】孤眠昨夜。傍紗窗梅影橫斜。重疊。庭月小微雲半遮。幾件淒涼廝輳者。百般的難睡也。鎖不住春心蕩漾。當不過夢境隨邪。

【出隊子】是前生冤業。怎教人相棄捨。又被那醫不活害不死病乜斜。把不定拿不住恨轉趄。擡不起放不倒身瘦怯。

【幺篇】對疎星殘月。自含情誰共說。空將那辯吉凶蓍草數番揲。無靈驗羊腸幾遍摞。托幽思花牋不次寫。

【刮地風】將一個難打捱時光剛過徹。費盡了多少週折。實丕丕兩地擔驚業。幾曾得半晌寧貼。我爲他看不的花開花謝。他爲我見不的燈昏燈滅。茶不茶。飯不飯。無明無夜。病和疾添上些。怎當他六國喉舌。越間阻剗地越疼熱。志誠心堅似鐵。

【四門子】半年來冷落讀書舍。望天涯道路賒。音信又稀。風景又別。枕邊言百般難忘者。一會似癡。一會似呆。漬滿了青衫淚血。

【古水仙子】呀呀呀好姻緣不斷絕。喜喜喜重領了合同風月牒。準準準尾生橋再駕橫梁。敢敢敢韓王殿還興臺榭。來來來香仍偷玉更竊。罷罷罷收拾起往日咨嗟。將將將滿懷愁恁時都告撇。把把把鎖春寒錦被薰蘭麝。是是是連理樹未曾折。

【尾聲】纔見分攜又歡悅。訴不盡往事重疊。一件件一樁樁在畫屏上寫。（梨雲寄傲）

秋　懷〔二四八〕

【北黄鍾醉花陰】牕外芭蕉戰秋雨。又添上新愁幾許。珊枕剩綉衾餘。落雁沉魚。眼底知何處。酒醒後細躊躕。一寸柔腸千萬縷。

【喜遷鶯】把離人愁助。鬧西風翠竹蒼梧。蕭疎。粉墻外霜砧轆轤。一片秋聲廝斷續。不知人心上苦。捱不過追魂鐵馬。更和那索命銅壺。

【出隊子】記柳邊朱户。乍相逢春正初。看一簾花霧暗香浮。愛滿地凉蟾素練鋪。聽四座笙歌紅袖舞。

【幺篇】想多情風度。論褒彈事事無。他有那西施妖艷不傾吴。小小風流不姓蘇。巫女精神未遇楚。

【刮地風】看了他閉月羞花天付與。又何須傅粉塗朱。整羅衫款把寒温叙。禮法誰如。偶能勾一番遭遇。便拚下百年歡聚。死生情。山海誓。永無憂慮。似鸞凰緊趁逐。畢罷了寄柬傳書。等閒間長就連枝樹。這言詞豈是虚。

【四門子】自別來幾見垂楊緑。悄然的音信疎。瘦影兒單。好夢兒孤。憶分攜恁時風景殊。樹影沉。日色晡。擺列下淒凉隊伍。

【古水仙子】我我我自嘆吁。罷罷罷姻緣簿仍將姓字除。準準準斷雲將楚岫遮攔。敢敢敢桃花把天台截住。來來來生分開比目魚。呀呀呀兩三朝鬼病揶揄。是是是教吹簫月明無伴侶。他他他把六朝金粉收拾去。單單單留下寫恨幾行書。

【尾聲】曾指歸期在春暮。却又早霜冷菰蒲。把燈花影兒終夜卜。（梨雲寄傲）

閨 怨〔二四九〕

【南商調十二紅】〔山坡羊〕伴孤燈三更情況。捱剩枕幾番移放。想當初此時共他。摟香肩睡足芙蓉帳。〔五更轉〕到如今。獨自宿。空惆悵。燈兒半滅半滅銀缸上。你看殘月低沉。又蚤鐘鳴鷄唱。〔園林好〕聽啼鴉林梢曉霜。看日影花篩紙窗。〔江兒水〕怕對鏡重添悒怏。羞殺胭脂。粧不就桃花模樣。〔玉交枝〕眠思夢想。對朝餐無心去嘗。好花曉怯枝頭放。帶不上昨夜春光。〔五供養〕我纔離鴛帳。又蚤見雙飛燕來燕往。起來無半日。淚滴幾千行。怕綉那傷心兩兩鴛鴦。〔好姐姐〕午晌。倚樓凝望。奈人隔着山遥水長。〔玉山供〕穿梭日影。又過粉牆西向。香閨人寂寞。意徬徨。綉鞋兒雙褪晒西窗。

〔鮑老催〕此情怎當。疎林鳥投喧夕陽。人歸不似飛鳥忙。〔川撥棹〕想起他虛謊。不思量歸故鄉。愁殺人傍晚凄涼。愁殺人傍晚凄涼。〔嘉慶子〕罵負義虧心薄倖郎。把燈兒點上銀釭。把燈兒點上銀釭。怕捱過黄昏又怎當。〔僥僥令〕聽嘹嘹孤雁泣。點點漏聲長。夜静更闌人悽愴。總夢兒裏相逢魂渺茫。

【尾聲】一年未了相思帳。一月月難消磨障。怎禁一日有十二箇時辰空斷腸。（梨雲寄傲）

懷　妓[二五〇]

【北南吕一枝花】嬌滴滴千金玉體輕。窄弓弓半虎羅鞋塹。長挽挽兩彎眉黛巧。顫巍巍一捏柳腰纖。禮數謙謙。歌白雪櫻唇艷。撥檀槽春笋尖。俏儀容燕燕堪同。美聲價鶯鶯不忝。

【梁州第七】那裏有一毫兒破綻。端的無半米兒憎嫌。温柔瑩潔絶瑕玷。宜嗔宜喜。知恥知廉。諸餘可愛。所事相兼。惹得些蜜蜂兒攘動雕簷。引得些蝴蝶兒飛近粧奩。恨則恨歸去後珮聲兒空館遥聞。喜則喜相見時脚步兒殘紅半掩。愁則愁别離間唾津兒香帕猶粘。意忺。語甜。知音不是恩情欠。您蘇卿俺雙漸。瞞不過慣打聽風聲阿母嚴。步步拘鉗。

【煞尾】丢不開放不下難成合繾綣終常念。染之重感之深無倒斷相思即漸添。有一日軟玉温香許咱贍。放下花撲撲繡簾。靠着喜孜孜杏臉。恁時節方纔把撥雨撩雲意收斂。（梨雲寄傲）

詠　劍〔三五二〕

【北南吕一枝花】離匣星斗寒。到手風雲助。插腰奸膽破。出袖鬼神伏。正直規模。香檀欛虎口雙吞玉。沙魚鞘龍鱗密砌珠。掛三尺壁上飛泉。響半夜牀頭驟雨。

【梁州第七】金錯落盤花扣掛。碧玲瓏鏤玉粧束。美名兒今古人争慕。彈魚空館。斷蟒長途。逢賢把贈。减冠即除。比鏌鋣端的全殊。縱干將未必能如。曾遭遇諍朝讒烈士朱雲。能迴避嘆天亡雄夫項羽。怕追陪報私讎俠客專諸。價孤。世無。數十年是俺家藏物。嚇人魂射人目。相伴着萬卷圖書酒一壺。歷遍江湖。

【煞尾】笑提常向樽前舞。醉解多從醒後贖。則爲這未遂封侯把他久擔誤。有一日修文用武。驅蠻静虜。好與清時定邊土。（梨雲寄傲）

樂閑〔二五二〕

【北南呂一枝花】新栽數畝瓜。舊種千竿竹。不彈三尺劍。静閲滿牀書。詩骨清臞。冷淡淡心何慮。閑邀邀樂有餘。碧梧高彩鳳深栖。滄溟闊鯨鯢怕舉。

【梁州第七】取岩畔枯藤作杖。伐江皐曲木爲廬。主人素得林泉趣。烹茶掃葉。引水通渠。鈎簾待月。俯檻觀魚。恥干求自抱憨愚。厭追陪懶混塵俗。傲慢似去彭澤棄職陶潛。疎散似困夔府豪吟杜甫。清高似老孤山不仕林逋。豈濁。不魯。處酸寒緊閉乾坤目。躱風雷看烏兔。静掩柴門春日晡。便休題黑漆似前途。

【黄鍾煞】守茅堂。忘勢利。甘貧何用王侯顧。列青樽。捹趔趄。爛醉頻教婢妾扶。世上炎涼久憎惡。敬於賢。慢於富。罷朝參。儉家務。叱阿諛。薦忠恕。視肥甘若鴆蠱。懼功名似豺虎。咏梅軒釣菱浦。結樵朋友漁父。陋繁華尚雅素。遠離輪避朱芾。老妻賢釀醽醁。老夫狂唱金縷。課耕男教紝女。推仁愛給奴僕。頌歌謡贊明主。儘紅輪换朝暮。任浮雲變今古。對猿鶴做儔侣。喜烟霞近窗户。但將那老鳩巢懷抱放寬舒。一任教競蠅血兒曹謾欺侮。

【尾聲】學不的睡不安蒼荒拔劍鷄窗下舞。趕不上時未遇抖擻彈冠仕路上趨。秉一段

鐵石心腸愈堅固。者麽你趙平原誘英雄計謀。齊孟嘗待賢食肚腹。賺不去狗盜鷄鳴類兒裏數。（梨雲寄傲）

勸子弟收心[二五三]

【北越調鬭鵪鶉】往常時伴了些珠履瓊簪。乘了些雕鞍駿馬。走了些月館風亭。臥了些重裀綉榻。醜嘴臉粧孤。喬模樣做假。則爲您書不通。禮不達。到如今門徑兒蕭條。房廊兒倒塌。

【紫花兒序】赤緊的麗春園用不的莽壯。富樂院哭不的貧酸。鳴珂巷告不的消乏。也是你椿椿兒弄醜。件件兒爲差。嗟呀。那無轉動的錢財可又不勾花。早難道丈夫聲價。參不的冷臉兒婆婆。見不的可意兒寃家。

【小桃紅】中年無計作生涯。流落他人下。尚兀自留戀當初枕邊話。不防他。多情恥笑知音駡。待去呵青蚨又夢撒。不去呵寸心又牽掛。没來由情緒亂如麻。

【調笑令】占定着小娃。止不過弄奸猾。又無甚筆吐江淹夢裏花。笑你個空拳未肯甘心罷。翠紅鄉捹死行踏。

【禿厮兒】見相識免不的推聾做啞。遇姨夫使不的俐齒伶牙。將你那行藏。靜中明鑒察。無分福享奢華。井底之蛙。

【聖藥王】全不想你囊已乏。他價轉加。癡心兒終日望巫峽。我非是廝逼儹。待把他相救拔。好將那些須資本手中拿。哥哥。你省可裏念頭差。

【隨煞】我則怕宣揚的你掤拽風聲大。我勸你且寧奈些時暫煞。待你那運通呵慢慢的腆脯兒行。鏝廣呵憁憁的放心兒耍。（梨雲寄傲）

賞　雪

【北越調鬭鵪鶉】靜沈沈繡户重關。寒凛凛氈簾半斂。青雅雅翠幕低垂。光閃閃銀屏欵簇。韻悠悠品竹調絲。花撲撲呈歌按舞。這壁廂捧玉觴。那壁廂倒玉壺。擺列開綺席瓊筵。粧點就華堂錦屋。

【紫花兒序】畫闌側梅香馥郁。雕簷畔鐵馬丁東。遥天外雪意糢糊。有麝蘭金鼎。獸炭紅爐。歡娱。滿飲羊羔不用沽。平壓倒党家豪富。笑喑喑粉面相迎。醉醺醺玉手相扶。

【小桃紅】一天風雪歲將徂。四野彤雲布。滚滚梨花間飛絮。景蕭疎。光芒萬頃迷吟目。漁舟遠浦。樵人歸路。巧手細臨摹。

【鬼三台】聲淅淅敲窗户。白茫茫迷津渡。呀。平墊了梅溪竹塢。萬蕋綴焦枯。正朱闌笑撫。望江天幾峰雲外孤。看江湖。一禽形影無。都道是上國禎祥。誰肯念閭閻病苦。

【金蕉葉】孫康巷蓬窗罷讀。袁安宅柴門緊堵。子猷棹山陰半途。韓愈馬藍關道阻。

【調笑令】我這裏擁爐。任歡呼。呀。十二金釵列畫圖。撚霜毫細和梁園賦。謝娥詩再詠重續。欸舒開彩箋紅袖拂。喜孜孜一覔催促。

【禿厮兒】秦弄玉天生媚嫵。許飛瓊巧樣粧梳。杜樊川自來官况疎。調燕友戲鶯雛。仗倆滑熟。

【聖藥王】休道是太尉俗。禮法粗。醉昏昏終日飲屠酥。您學士迂。興味孤。冷清清看定個煮茶爐。樂事一星無。

【青山口】景物。景物。壯皇都。喜昇平今再覩。飲足。興足。老狂夫。得清閑真分福。來春蝗蝻無。豐年二麥熟。看那雪滿平湖。雪阻長途。暮冬淒更楚。凍合冰壺。高低膩粉塗。分明素練鋪。煖閣氍毹。錦帳流蘇。只恐怕良宵易度。芳宴重開更燒燭。

【隨煞】吟成賞雪觀梅句。梅五出滕神六出。生平一片歲寒心。只與梅花做賓主。

（梨雲寄傲）

嘲喬妓

【北南吕一枝花】生成性格喬。强把風情賣。臭名聞謝館。穢行著章臺。價值虚擡。彈絃子單圖快。唱曲兒音韻窄。逢着的剪髮燃香。遇着的盟山誓海。

【梁州第七】外面兒拿扳作勢。背地裏亂惹胡歪。幾般醜惡無人賽。吊腰撒胯。大眼尖腮。蝗螂膞項。細狗形骸。焦黄髮不稱金釵。饞酸氣蒸透羅鞋。小規模近不的公子王孫。輕口嘴見不的高人貴客。麄皮肉止伴的村漢村才。貪婬。好色。只除枕上留恩愛。操的來別。浪的來煞。者麼你宋玉風流子建才。也不掛心懷。

【煞尾】十番病倒八塲害。臉似黄瓢骨似柴。死限不過半年外。戀着的不來。纏着的不睬。纔把你那戰殺敖曹念頭改。（秋碧軒稿）

歡桂

【北南吕一枝花】君恩十畝宅。世業三株桂。南澤敷潤沃。土脉藉栽培。先代留遺。小亭館臨幽致。矮欄杆緊護持。經幾番玉露金風。見多少華筵錦席。

【梁州第七】採金蕤憐枝惜葉。挹清芬屏氣存息。近新來可笑人情異。全不解行吟坐賞。單圖着杖打盆擂。討債似登門索取。催租般發簡臨逼。待應承樹老花稀。不依從講是談非。看將來不多兒細蕋疎英。怎周遍着到處遠親近戚。難供給無打筭故友相識。有花。可喜。不隄防反被花連累。陪分説惹閒氣。巴到中秋緊皺眉。那裏也愛月眠遲。

【煞尾】豈不聞小山招隱詩人意。王氏三槐種德基。喬木人家子孫計。告諸公得知。達些兒道理。誰肯道結好於人害於己。（秋碧軒稿）

嘲香茶桂餅

【北南吕一枝花】天香豈浪誇。金粟真堪愛。薰茶爲正當。蔫蜜也應該。也是他月直年災。有等人胡揑怪。把花頭喬布擺。孩兒茶遶鋪搜尋。麄甘草沿門揀買。

【梁州第七】歪扭捻自家杜撰。詐稱呼遼府傳來。兩三般攙和成一塊。將他臼擂杵搗。手搦拳揣。千般折挫。百種安排。把蟾宫標格沉埋。唤香茶聲價高擡。貴重似靈丹藥珍保珍藏。苦辣似吴茱萸又狠又歹。堅硬似鐵石猫難認難猜。那一等蠢才。弄乖。手帕裏拴裹荷包裹帶。把風情女娘行賣。檀口櫻唇倒處扻。當不的買笑錢財。

【煞尾】詩翁常健花常在。緊閉重門不放開。浪蝶遊蜂莫嗔恠。我坐桐陰露臺。翫花香月色。不許閒人將半枝採。（秋碧軒稿）

送疥鬼

【北南吕一枝花】詩翁狀事情。疥鬼聽詳細。從來無觸犯。因甚做讐敵。我年過三十。那早晚初相會。不隄防纏到底。衠一味作痒生疼。無半點呈歡奉喜。

【梁州第七】接續着終朝魔障。沾粘着不肯分離。百般驅遣都不濟。摩弄着平添硬腫。抓猱着越有潮濕。幾日來全無踪影。一時間又有痕跡。是癰疽也有個休息。是痧麻也有個收回。你貪叨着我銷肉髀那得風流。妨礙我寫字手是何道理。欺負着我殘病腰有甚便宜。恨你。怨你。細思量無一個開交計。盼殘年等除日。那井竈神煞總納職。你也换個新的。

【煞尾】你受投詞享此鷄牲祭。别覓取個豐肥的再奉陪。若是今番不甘退。我着那臭硫黄火炙。辣椒湯熱洗。直等到風捲殘雲。那時節悔。（秋碧軒稿）

嘲作兒賀節

【北南吕一枝花】爲傭藝業低。受顧名色賤。見工方定價。歇手就無錢。巴到新年。

雙線匠丟了排韃。裁縫每抛了尺剪。酒大工與缸榨相別。磨博士向籮箱告免。思量着一年之計。

【梁州第七】過賣每盤碟收起。織造的機杼高懸。茶食鋪不弄油和麵。思量着一年之計。商量在兩月之先。支銷帳行行揭算。打發銀一一周全。整陣兒擦背挨肩。成羣兒攞袖揎拳。盔一頂爛氈帽不管高低。襖一領舊巾衫不得和軟。買一雙老油靴圖個新鮮。一心。要展。從頭兒想起歪親眷。排門葽遶街串。廝扯相拖到處裏纏。肯分的雪雨連綿。

【煞尾】老天不與人方便。辦下衣裝不得穿。一歲風流這一遍。主人公鋪面。好日辰定選。縱是你苦苦央求讓不遠。（秋碧軒稿）

火燒三官堂

【北南呂一枝花】山門雜往來。殿宇不潔浄。終朝纏酒肉。每日弄葷腥。無暇看經。官長到忙接應。女娘來連叫請。聖堂中丟放的擠摎摎。臥房裏粧修的齊齊整整。

【梁州第七】常則是涎瞪瞪僉牒拜懺。醉薰薰告斗禳星。非爲全不修功行。褻瀆聖衆。穢污神明。搪突將帥。惱犯天庭。一時間烈焰飛騰。肯分的大雨盆傾。燒的個沈衣鉢火柴頭不死不活。諕的個李觀主木伴哥半昏半醒。煉的個王住持臭皮囊無影無形。些時。暫頃。沿房噐具無餘剩。丙丁神顯靈聖。留下三間舊廠廳。冷冷清清。

【煞尾】戴冠兒火部書了你姓。髽髻兒瘟司記了你名。久病的天曹赦了你命。從今後小胡孫若不成。老雜毛再順情。少不的一下雷聲碎了你頂。（秋碧軒稿）

火燒上新河唱店

【北南吕一枝花】難尋子弟錢。怕受官排氣。院中無買賣。江口覓衣食。得利些微。整陣兒排門立。幾家兒一屋擠。撇祖業瓦舍磚房。投客店茅簷土壁。

【梁州第七】有風信朝朝怕火。無月明夜夜防賊。天公打筭難迴避。祝融煽禍。回禄乘機。馮姨斂手。巽二揚威。半空中火烈焰飛滿街裏鬼哭神啼。折罰的些丢冷臉下無情老虔婆喘吁吁。叫不辦尋船驚諕的些弄虚脾。還業債小妮子荒獐獐攔不住跳水。逼拶的些咊死飯使閒錢坌厥倈扒叉叉恨不得鑽泥。衣裳。手飾。一合兒蕩散了窮家計。許願心發盟誓。老死在梨園不捅移。趕趁事再也休提。

【煞尾】入城住了七八日。依舊家中過不的。貪戀新河那陀兒地。從今後丙丁神惜面皮。有一日猪潑龍怒起。則消的一個旋渦送了你。（秋碧軒稿）

火燒寶光寺

【北南呂一枝花】卒律律狂風就地來。刮咂咂大火從天落。昏鄧鄧猛烟遮日暗。欻烘烘烈焰接雲高。盖因是天數難逃。兩廊邊斬眠剛燒到。正殿上回頭早點着。險荒煞不收心好酒闍黎。活謊死没定性貪淫長老。

【梁州第七】使不着解冤呪神通廣大。消災經法力堅牢。把一座梵王宫生扭做祆神廟。跌脚的沙彌攘亂。攢眉的五戒煎熬。提水的頭陀奔走。扒牆的行者悲嚎。戰篤速禪床上扶不起鳳友鸞交。軟兀剌僧房中走不急柳怪花妖。誰着你合着掌哄愚人贊了些我佛慈悲。昧着心誘妓女説了些衆生苦惱。白着眼要錢財叫了些施主難消。今朝。這遭。弄的你根椽片瓦無消耗。也是你招來的災惹來的報。天意何曾錯半毫。罪業昭昭。

【煞尾】則落的數株衰柳空斜照。幾段殘碑臥野蒿。常言道水火無情最麄慥。把一個鐵羅漢不饒。銅觀音化了。你便是泥塑的金剛免不的放翻倒。（秋碧軒稿）

隣家兄弟分歲

【北南呂一枝花】正逢冬暮天。已到年除夜。一家添喜慶。合宅盡歡悦。席面鋪設。

小的每傍邊列。老的每上坐者。大鍾兒箇箇巡周。小盞兒人人遞徹。

【梁州第七】見數兒都依次序。從頭兒不許攙越。火因兒當面把壺瓶熱。不吟詩打令。衠調嘴饒舌。看看軟解。漸漸乜斜。一箇祭錢龍朝着井捻訣。一箇打頓驢搦着棍通說。葷腥兒件件消磨。菓菰兒椿椿了結。菜蔬兒樣樣清潔。大家。醉也。一齊叫動多承謝。你又拖我又拽。掙出房門四五跌。險把膁刃撞折。

【煞尾】七郎靴帽由人扯。九老衣裳脱不迭。肎分明朝大正月。有人來拜節。不見人迎接。則聽的一第一聲賽乾明。（秋碧軒稿）

氈帽

【北南呂一枝花】纔逢冬月天。便想偏牛帽。頭寒須護苫。腦冷最難熬。委實心焦。應時候須索要。百忙裏無處討。市賣行打勾全無。停傝鋪搜尋較少。

【梁州第七】來不來染黑氊貨。動不動搭色羊毛。故交投以人之好。貴如烏幘。暖勝金貂。情同白璧。意過綈袍。且是的細密堅牢。有些兒樣範傒僥。仰看如瓦銚無梁。側覰似鉢盂放倒。近觀如漆碗合着。端詳。不好。戴來試把青銅照。你又嫌我又笑。帶頂連簷四寸高。不錯分毫。

【煞尾】試憑紙筆丁寧告。此去南方道路遥。一覺開春暖天道。你與我打開那紙包。把人情做了。不強似瘴雨梅天着蛀蟲咬。（秋碧軒稿）

瞽者放債

【北南吕一枝花】炎涼歹世情。風雪寒天道。嬾談周易課。怕上大中橋。曉夜煎熬。想幾貫閒錢鈔。死丕丕不是了。只憑着自己經營。又不用他人代保。

【梁州第七】鐵板似文書告免。花押般印子拿着。沿門遶巷都趪到。合着眼拿般作勢。揚着眉賣口粧么。拖欠帳何曾容恕。分文錢不肯躭饒。喜歡了半月十朝。即漸的買賣傒僥。一箇擡轎的王景脱空。一箇賣炭的楊容弄巧。一箇淘沙的王瓚顛稍。馮剛説渡舡。破了。貫經兒臘味無消耗。賣麵的李華嶕。剥驢子徐明慣放刁。枉自徒勞。

【煞尾】家僮清早來通報。算後思前怎不焦。柴米椿椿緊關要。等街頭凍消。也不須着惱。捹着箇忍氣吞聲慢慢的討。（秋碧軒稿）

道人應付

【北南吕一枝花】休提藝不高。莫説名不正。道人非是道。僧衆不爲僧。到處裏爛䴵通稱。攬齋事專察聽。小家兒圖減省。散衆每暑襪芒鞋。繳首的低褶直領。

【梁州第七】這家裏追亡薦祖。那家裏了願禳星。翻經演呪舌根硬。金剛卷護身老本。白連教惑衆虛名。吃慣了見成茶飯。幹不的本等營生。一般的灑浄搖鈴。一般的合掌觀燈。你便是須菩提見了你醜形骸也把眉攢。你便是釋迦佛受了你喬禮拜自然心影。你便是觀世音聽了你胡宣揚反害頭疼。諸雜。不等。都是些愚頑軍舍窮百姓。其實的不潔浄。不食葷腥假志誠。到家裏酒肉齊行。

【煞尾】老閻羅偌大輪迴鏡。照察人間善惡情。你造業多般怎折証。免不的墮阿鼻幾層。下油鍋九鼎。一箇箇展樣驢皮要你背一領。（秋碧軒稿）

禿子自叙

【北南吕一枝花】無多怎紥縛。忒少難梳篦。胎中停下熱。頂上做成疾。百樣僥傒。逼拶的鬢髮游絲般細。干犯的頭毛亂草似稀。不明白柳絮池邊。難揀認梨花院裏。

【梁州第七】又不是因設誓神前剪落。又不是爲悲秋老去狼籍。又不是十年苦行曾鈚剃。似個開花瓠子。帶雪蒺藜。放光銀碗。發亮霜梅。石灰末折着不知。葱椒湯盪着不萎。抓一抓滴幾點鮮血。抉一抉流一埸黄水。猱一猱惹兩手麩皮。省的。就里。

這些破綻非容易。逞不的强賭不的氣。行動胡蜂繞定了飛。急躲着虧。

【煞尾】整冠怕向風前立。落帽羞從月底歸。揀遍仙方不能治。再捱的幾日。另作個道理。圖一個光鮮則除是布裏漆。（秋碧軒稿）

乞兒乍富[二四]

【北南吕一枝花】年程忒淺促。禮法多顛倒。世情全改變。風俗太虛囂。有一等輕薄。儹幾貫村錢鈔。大廝入逞富豪。又不是舊功臣閥閱人家。止不過暴發户軍民匠作。

【梁州第七】赴酒筵坐不穩脚忙手亂。入公門立不正胯扭頭摇。强爲人事事真堪笑。動不動蓋幾間包山土庫。來不來買幾椿邪器官窰。是不是置幾件違法器皿。該不該裁幾套異様穿着。坐雕鞍乘駿馬不管低高。逐王孫陪貴客不量皮毛。結幾個喬官員往來問欺壓街坊。收幾房野毛頭行動處施呈牙爪。記幾句歪文談經紀行賣弄才學。可嘲。可惱。井底蛙眼孔針尖般小。止不過阿時人諂權要。者磨你剥落了親房貧賤交。那裏肯施濟分毫。

【隔尾】上一個欺公非理乾紗帽。辦幾席駭俗無名大酒肴。這等人牛馬襟裾豈足道。

他是個有限量斗筲。無根源潢潦。一個個半路裏消乏到頭的少。

【牧羊關】今日張三家請。明日李四家邀。常則是醉醺醺月夜花朝。起初兒執手三盃。歸去後撐心一飽。遇賢才無語對。逢俗子便粧么。正是驢群裏駱駝大。草科中荆棘高。

【罵玉郎】他他那牙籌等秤常平較。没來由日夜裏苦煎熬。天涯海角思量到。生放錢怕利不多。置買田怕秋不收。停塌貨怕人不要。

【感皇恩】有那等淺見愚濁。小背兒曹。情願去執絲鞭。甘心兒呵馬鐙。努着力撼石橋。那裏也貧而無諂。富而無驕。則待要鑄錢龍。鑽錢眼。蓋錢窖。

【採茶歌】使用帳怕支銷。分文利不躭饒。積疊成百年鐵桶錦窩巢。禁不的註誤官司連併擾。無情天火幾場燒。

【煞尾】總然是十年好運天不報。少不的一日無常數怎逃。寄語你個看錢的蠢材料。替兒孫儹着。前程事未保。則不如喫了些便宜用了些好。（秋碧軒稿）

舟中自詠疥瘡〔三五〕

【北般涉調耍孩兒】中途平地生災禍。這魔障非同小可。只因五臟欠平和。臀尖上長起膿科。堆堆積積無閒空。密密匝匝有許多。芥子細胡椒大。纔方挑破。等地生合。

【七煞】冷的來冷似冰。熱的來熱似火。朝疼暮痒如何過。痒如螻蟻頻鑽刺。疼似鋼刀碎剮割。不曾敢胡爲做。病源爲甚。證候因何。

【六煞】莫不是打鬧處忍了飢。莫不是盤溇處受了渴。莫不是冒風久向船頭坐。莫不是尋幽弔古跋涉的遠。莫不是憶舊思鄉想念的多。便做道勞行的過。不當在肛門前打攪。小便後相魔。

【五煞】朝東來朝不得西。向右來向不得左。重重裀褥皆浸汚。你便是薰香的荀令折奪的醜。傅粉的何郎逼拶的濁。厭繁冗躭寂寞忽刺八朱顔盡改。一時間緑鬢雙皤。

【四煞】不瘸來弄的瘸。不跛來弄的跛。昏昏至日灣跧臥。一遭兒前後做三遭兒去。半步兒行踏做幾步兒那。下床呵慢慢捅輕輕磨。抓一抓渾身打噤。動一動兩腿篩籮。

【三煞】這些時抛詩書看難經。棄琴樽親藥裹。陽春白雪慵酬和。本是個無拘無束風流客。做了個不死不活木半哥。爲害也其實大。連累的皮膚燥癢。牽扯的腰胯偏陀。

【二煞】逢着人問秘方。灣着船尋外科。赤緊的山城野店無良藥。拿着根桔梗權當做防風用。撈着塊紅硃錯認做錠子磨。一件件施呈過。越醫越旺。越治越多。

【一煞】等船行帳底藏。見人來倉内躲。隨時不是先生懦。科頭裸體難扎挣。叉褌單衣怎打睃。英雄氣都折挫。長則在被窩中發放。枕頭上幺喝。

【尾聲】到來日承恩喜氣多。觀光懷抱闊。把閑愁收拾起還行樂。量着這疥癬之疾他害不的我。（秋碧軒稿）

嘲川戲

【北般涉調耍孩兒】身長力壯無生意。辨磣的誰人似你。三三五五厮追陪。不着家四散求食。生來一種骨頭賤。磨搶多遭臉腦皮。攘動了粧南戲。把張打油篇章記念。花桑樹腔調攻習。

【八煞】則説道靳廣兒那一班。韓五兒這一起。椿椿腳色都標致。一個粧興等地梳斜了鬢。一個愛晃平空絞細了眉。一個快刀兒常把髭鬚剃。又不是官司差遣。又不是刑法臨逼。

【七煞】黄昏頭唱到明。早辰間叫到黑。窮言雜語諸般記。把那骨牌名儘數説一遍。生藥從頭數一回。有會家又把花名對。稱呼也稱呼的改樣。禮數也禮數的蹺蹊。

【六煞】劉文斌改了頭。辛文秀换了尾。劉電光攙和着崔君瑞。一聲𧮪了一聲奋。一句高來一句低。異樣的喪聲氣。粧生的道將身去長街上看黄宣張掛。粧旦的説手打着馬房門叫保子跟隨。

【五煞】提起東忘了西。説着張謅到李。是個不南不北喬雜劇。一聲唱聒的耳掙重敷演。一句話纏的頭紅不捅移。一會家夾着聲施展喉嚨細。草字兒念了又念。正關目提也休提。

【四煞】士夫人見了羞。村濁人看了喜。正是村裏鼓兒村裏擂。這等人專供市井歪衣飯。罕見官員大酒席。也弄的些歪樂器。箏纂兒亂彈亂砑。笙笛兒胡捏胡吹。

【三煞】任從憎與嫌。不知羞共恥。去那千人叢裏誇精細。薓門掠户何曾住。擦背挨肩不肯離。覓得些微利。把那賭場上覷爲家當。酒店裏認做相識。

【二煞】遠去有十數程。近行有七八里。破窰古廟是安身地。賽神賽社處咮一個飽。無鈔無錢時忍一會飢。夜裏熬日裏睡。一纏一個鐘響。一弄一個雞啼。

【一煞】這厮每則顧嘴不顧身。不掙柴不掙米。都是些二十以上三十歲。常遭打駡常拖債。不養爺娘不贍妻。我不解其中意。且是的好模好樣。且是也不蠢不癡。

【尾聲】好言語過耳風。歹念頭入骨髓。尋常禁約都不濟。只除是割了舌頭卸了腿。

（秋碧軒稿）

嘲南戲

【北般涉調耍孩兒】教坊一色爲南戲。幾輩兒流傳到你。新腔舊譜欠攻習。打幫兒四散求食。聽的文人墨客聻來謾。富室豪民跑的來疾。這等人何足計。胎胞兒輕賤。骨格兒低微。

【十煞】一個是聽便的吴信臣。一個停喪的戴秉彝。一個成頭作䙝歸君德。去那東鄰西舍商量着幹。打夥成羣砌輳着爲。拚一夜都不睡。歸君德心忙似箭。吴信臣步走如飛。

【九煞】喬粉兒家去了兩遭。朱聰兒家轉了一回。把定銀錢半先遞。這一個幫閒子弟生來好。那幾個貪鏝厥兒不肯推。那想東道主番嫌貴。把話頭兒改悔。日子兒那移。

【八煞】説川子每辦得來標。樂人每不甚喜。劉文斌可不強似荆釵記。一時間宅院喧譁起。半霎兒街坊聚會的齊。銀兩兒都花費。還魂錢再難科斂。隔手帳誰肯貼陪。

【七煞】樂人每再不邀。戲箱兒就當回。一個吴郎急早先隄備。一壁廂省錢粮翻誇蜀戲粧的來巧。一壁廂趕衣飯却恨官身散得來遲。急巴到黄昏際。當不的街長路遠。禁不得雨趕風催。

【六煞】問着的佯不知。道着的全不理。指張説李胡支對。那裏也熱烘烘四座銀燈點。則落的静悄悄中堂繐帳垂。唧噥着都商議。粧生的説忍耐着再探動静。付浄的道竅撒了倒是便宜。

【五煞】一個兒説熬不得腳底疼。一個説捱不得肚裏飢。一個説討些茶飯添筋力。一個死挨着格扇叫行不動。一個斜倚定門枋道站不的。一個望屋梁不住長吁氣。一個説無燈籠尋一個兒火把。一個説少鋪蓋借兩領兒蘆蓆。

【四煞】望着天月色無。覷着地街道黑。赤緊的鼓樓上發過初更擂。故宫營時有迷人鬼。虎踞關長多截路賊。也只索尋歸計。經過了這場兇險。折準了一運災疾。

【三煞】連丢了四五交。剛行到三二里。把頭髮再挽腰重勒。指不迭酸臭渾身汗。掙不動扒叉兩腿泥。行走着行尋覓。則見那熱酒店關户閉。巡更鋪梆響鈴提。

【二煞】怕上岡又上岡。怕過水又過水。正是路當險處難迴避。先行的大叫休失伴。後趕的連聲待等齊。險些把殘生棄。忽聽得清涼寺數聲鐘響。石城門幾處雞啼。

【一煞】這等人只可疎不可親。只可嗔不可喜。他十中八九無恩義。他着虧處儘是甘心兒忍受。好處何曾蹔口兒提。只除是財和勢。一頓打添多少呈歡奉喜。幾錢銀買多少做小服低。

【尾聲】他那個遭魔的理正當。你這個吝錢的名不美。伴喪犯夜都該問個不應罪。犯出來呵律有名條放不過你。（秋碧軒稿）

嘲人蓋屋

【北般涉調耍孩兒】小人度量忒經紀。俏地把房兒蓋起。不通風生怕外人知。棺材行顧了幾個江西。單愛他價錢省減工夫少。那裏管造作平常手段低。自打算自商議。材料兒不圖齊整。日子兒問甚凶吉。

【五煞】桁條是大松笆鋸四開。柱子是小杉槁不去皮。馱梁雜木還嫌貴。椽子是累年積下鋤頭柄。地磉是到處搬來碓嘴石。所件兒不周備。少紙觔攙些麥穩。無望板苫上蘆蓆。

【四煞】也不曾買土坯。也不曾打地基。碎磚瓦把山牆砌。舊窗櫺一邊紅了一邊黑。破槅扇一塊油來一塊漆。窮計較天生的會。要緥棍搓草繩不須軟篾。朽屋脊省石灰止用漿泥。

【三煞】立柱等人定時。上梁在黑夜裏。傍人不解其中意。怕的是良工落筆描了他圖樣。怯的是朋友臨門費了他酒食。異樣的忒夾細。一斤肉也秤個輕重。一文錢也討個便宜。

【二煞】鑽了眼纔買釘。數了人纔下米。算盤帳簿何曾離。只要一時一刻無閒空。一草一針不走失。豈肯輕花費。木查兒掃來整擔。鋸屑兒儹下成堆。

【一煞】一堵牆頂住門。三間房靠定壁。青天白日長昏晦。似那混堂一樣多潮濕。冷鋪周遭欠壯實。只有兩件病堪調治。害風眼的尋來藏躲。發皮寒的賃了將息。

【尾聲】今年個倒了東。明年個壞了西。自古道得之易而失之易。常常的換舊添新左右累了你。（秋碧軒稿）

嘲巫人

【北般涉調耍孩兒】喬人却把風俗壞。他全不解諸行事色。自家怨恨自裁劃。天生成濁骨凡胎。待訓蒙講論無學問。賣仗的誇張欠口才。一件件不尷尬。則除是妖言惑衆。左道求財。

【六煞】挖河泥塑土神。偷城磚壘祭臺。假名托姓成作的快。香煙初起填塞了巷。破鼓纔敲鬧動了街。輕狂的殺。纔拏着明晃晃一柄斧舞將東去。又提着個廝琅琅九環刀跑過西來。

【五煞】降南神説會蠻。附北神撇一會奤。醜軀老施展那威風大。大廝八坐定歪交椅。硬別邦拏着大劈柴。所件兒胡支派。浄茶兒奠了又奠。浄酒兒釃了重釃。

【四煞】纔説是楊四郎。又翻成包太宰。張三李四胡厮賴。倚着些無家魍魎歪依附。便説是上界神靈自遣差。那裏得一年外。砌兩條放光街道。蓋一座彩畫樓臺。

【三煞】有等人綽驚兒共讚揚。聞風兒齊喝采。未離家先準備着千來拜。見他皺眉睁眼荒燒紙。見他跌脚搥胸便捨財。一時間不語又道是爺爺恠。一個個言不敢妄發。頭不敢高擡。

【二煞】來遲的搭幫兒四下裏屯。向前的從頭兒一字擺。都是些濁民富漢把猪羊賽。弄的那未成婚的女子抱着個千張走。半條命的婆兒托着根拐棒來。想是少欠他前生債。衝一味胡言亂語。怎消的人禍天災。

【一煞】鄉貫兒任意謅。事情兒隨口改。劃的又經文符呪全不解。把些個紙錢甲馬將頭纏定。一覓裏肥肉膻腥把嘴撑的歪。可不玷辱死蕭元帥。戴一頂糨糊頭氊帽。穿兩隻鮎魚嘴皮鞋。

【尾聲】倘能勾把邪神急早除。將淫祠連夜拆。古人言興利先除了害。休怪這詞客騷人話頭兒歹。（秋碧軒稿）

嘲外有事實

【北般涉調耍孩兒】斯文自古多聲價。不似你乖違禮法。之乎也者頗通達。外誠實就裏奸滑。他道胡行事自小心不好。非理地生來脚不踏。元來妝假鈔揞虛架。將醜行藏遮掩。歪德行矜誇。

【十煞】爲功名催赴京。戀恩情怕離家。剗地藏頭露尾多奸詐。想着那守空房妻子難撇下。把個趕遠路驢兒待走乏。日夜裏心牽掛。十數番寄信。八九遍回家。

【九煞】舊情兒早是休。野食兒又要打。脚蹤兒踅遍儀真壩。看那粗腰坌胯做三春柳。腫臉胖唇似一朵花。軟似纏胡廝砑。歪文假醋。料嘴敲牙。

【八煞】惱的是總兵官號令嚴。怪的是衆軍牢能體察。要盤桓不得些兒暇。未曾上岸鑼先打。及至灣船鼓又撾。巡視緊關防大。道是我幪着頭撞網。瞎着眼跟他。

【七煞】實指望到臨清住幾宵。不隄防過房村留半霎。喜的是天昏水淺東風大。一個大儀清興能勾引。一個廷潤慈心共濟拔。一夥兒相拖拉。鑽鑽刺刺。急急巴巴。

【六煞】見兩個兒不大標。一枚兒頗俊雅。你向他耳邊低說了些私房話。誘的個沈郎夜静甘獨卧。陳二情濃做一家。虛説道迴船罷。不提吃酒。則道承茶。

【五煞】誰想你油羅帽再打迭。破白靴仍擦搨。緑羅搭護重披掛。拿着那半壺酸酒三枚彈。兩楪醃葱一把鰕。夾着領臊皮襖將寒壓。妝成那豐富。做出那奢華。

【四煞】大四八不採人。歪廝纏傒落殺。三番兩次高擡價。則道是爲雲作雨巫娥女。原來是巴鏝搧錢母夜叉。全不肯相容納。錢挑了黄鱔。銀退了紅㯳。

【三煞】總然是難上難。須索要耍一耍。儘着刁蹬揨着駡。一時爲利搶白了俺。我兩月孤眠怎生放過他。不了帳難甘罷。揨着些苦楚。告不的消乏。

【二煞】迸路呵迸的腿脚酸。叫人呵叫的喉嚨啞。過溝過澗多驚怕。行來後巷尋前巷。指定張家當李家。至調侃胡説話。灌了些黄湯苦水。又不是玉液流霞。

【一煞】弄的那管散夫船頭歪調文。打前站家僮閑嗑牙。他兩個醺醺爛醉抽身踹。單防着更深船上人知覺。不料他雨過河邊跳板滑。一聲響堪驚訝。一個在中梳前亂叫。一個在淺水裏忙扒。

【尾聲】上付你田草包。再今番休發傻。便做道你胡行亂走諸般罷。湯牌死呵人命關天不是耍。（秋碧軒稿）

佛訴冤[二五六]

【北中吕粉蝶兒】終日蹦跌。滿懷愁對誰伸訴。本是箇了三乘幻化全無。將我來木雕成。銅鑄就。粉粧泥塑。近新來一火迷徒。倚着咱亂爲胡做。

【醉春風】那裏曾坐寺等燒香。止不過上門遊施主。東邊裏扛了又西邊。常好是苦。苦。望行滿功成。是緣薄分淺。反你憎我惡。

【紅綉鞋】一會價心中發怒。果然是業火難除。無明無夜費躊躇。日子裏捱不過。言語兒說不出。怎發付一肚子冤共屈。

【石榴花】修心了性悔當初。没來由死後號爲佛。獨行獨坐怎支吾。年程淺促。風景蕭疎。受用些鑽頭不入低房屋。便休題金碧浮屠。本待要把衆生接引上菩提路。如今也連我在塵途。

【鬬鵪鶉】頂包的無量無邊。削髮的成行作伍。都則是賣狗懸羊。那裏也降龍伏虎。將大士如來畫一個圖。寫一個虛疏簿。似這般昧己瞞心。怎能勾消災降福。

【上小樓】把我來輕如糞土。看如朽木。道我無故無親。無影無形。無智無謀。撇的我獨打獨坐。嘴骨都無人幫副。儘着他拆魔欺負。

【幺篇換頭】說甚麼問大乘。參六祖。他口内慈悲。面上温和。心裏陰毒。對着人覓菜蔬。買豆腐。持齋把素。背地裏飽飡魚肉。

【耍孩兒】我聰明反被聰明誤。躲離了西方浄土。楊枝甘露洒醍醐。到中華教化頑愚。與老君道德原同軌。孔聖經文不異途。種善根絶人欲。修成的功果。立就的規模。

【八煞】坐蓮花七寶臺。住莊嚴大殿宇。達官禮拜賢良慕。則爲我普施歡喜人緣衆。大闡宗風法網疎。好歹的收留住。隱躲了些無名無籍。護贍了些逃匠逃夫。

【七煞】他不當軍不做民。不係州不在府。游食四散漂流户。六字呢翻的舌頭快。三寸鐵削的腦袋秃。也當個緇流數。戴一頂左機帽子。穿一領大袖衣服。

【六煞】説上金橋下柰何。升天堂下地獄。急修善果休遲誤。逢着婦女拿錢帛。扯定庄家要米穀。請施主捨求資助。説造一尊兒羅漢。化幾貫兒青蚨。

【五煞】平白地撇會鈸。没來由擂會鼓。千方百計誆財物。把那香油艾火燒皮肉。鐵鎖鈎搭掛手足。叫一聲行一步。嗑頭呵額顱紅腫。寫經呵血水糢糊。

【四煞】弄的我哭不的笑不的。吞不吞吐不吐。出乖弄醜當官路。半批竹瓦牆頭蓋。幾領蘆蓆地下鋪。更小似巡更鋪。看着對點不着蠟燭。守着個扳不倒香爐。

【三煞】着我披晨星帶曉霜。冒斜風當捎雨。更無一荅安身處。共修法會全無用。同結良緣總是虚。休怪我閑聒絮。等圓滿丢的人破頭折脚。開光明弄的人有眼無珠。

【二煞】雖是我不動心。雖是我能忍辱。冤家太不達時務。森羅殿有日無常到。生死簿難將罪業除。休想道從寬恕。查檢遍輪迴六道。差派去作馬爲驢。

【一煞】上一封懇切書。啓當朝明聖主。把閑雜寺院都除去。教那廝城中市上休來走。林下山間不可無。考察過纔給度。本分的存留守舊。浮華的黜退還俗。

【尾聲】送府州納税糧。發衛所着隊伍。把軍徭查一本真實數。有一個逃亡解一個補。（秋碧軒稿）

題　情〔二五七〕

【南商調鶯啼序】孤幃一點殘燈。見半滅猶明。夜迢迢斗帳寒生。展轉幽夢難成〔二五八〕。盼雕鞍把歸期細數。恨浪迹全然不定〔二五九〕。把前歡自省。説來的話兒無憑。

【黄鶯兒】無語對銀屏。正譙樓鼓二更。梅花笑殺人孤另。疏鐘幾聲。殘角數聲。薄衾單枕愁難聽。影伶仃。嵓嵓瘦骨。離恨教我怎支撑。

【集賢賓】揶揄鬼病誰慣經。但舉步難行。翠袖金釵無意〔二六〇〕整。好梳粧一日何曾。心懸意耿〔二六一〕。自古道佳人薄命。凄涼景〔二六二〕。盼不到美滿前程。

【滴溜子】芙蓉面。芙蓉面。淚痕暗凝〔二六三〕。楊花性。楊花性。别離太輕。自是東君薄倖。一樹紅芳誰管領。浪蝶狂蜂。休得要鬬争。

【簇御林】天涯路。長短亭。怨王孫芳草青。晝長羞把闌干憑。幾遍將[二六四]鱗鴻倩。訴衷情。千言萬語。猶恐欠丁寧。

【琥珀猫兒墜】野花村酒。他那裏醉還醒。冷落誰憐冬暮景。奴躭寂寞你飄零。難憑。忘了神前。海誓山盟。

【餘音】風流惹下風流[二六五]病。只索把那人[二六六]癡等。他無有真誠。我須辦著志誠[二六七]。

（可雪齋稿）

按：〔滴溜子〕原作〔鬬雙鷄〕。滴溜子又名鬬雙鷄，然南詞新譜另有鬬雙鷄一調，句式與此大異；沈自晉〔雙聲叠韻〕條眉批：「原注滴溜子，又名雙聲疊韻，又名鬬雙鷄，今既另補其曲，則二曲自有本調，不相混矣。」據以正。

南北商調合套[二六八]

冬景題情[二六九]

【金梧桐南】漫漫瑞雪鋪。密密彤雲布。兩兩漁蓑。粧點江天暮。慚無謝女才。空想梁園賦。學弄梅粧。又恐[二七〇]天孫妬。無言半晌[二七一]深扃户。

【罵玉郎北】白鷳皓鶴失鮮素。雲黳黫雪模糊。攔截了遊子歸來路。平埋了折柳亭[二七二]。橫遮斷嘶[二七三]馬橋。緊凍合停橈渡。

【東甌令南】思前事。想當初。有個人兒對擁爐。雲屏霧障[二七四]重重護。卻易把流年度。如今人去影兒孤。教我怎支吾。

【感皇恩北】香燼金爐[二七五]。水冷冰壺[二七六]。空閑了綉氍毹。闌珊了金鍱鋏[二七七]。零落了錦流蘇。愁腸曲折[二七八]。夢境糊突。想著他千般咒[二七九]。百歲盟。半星無[二八〇]。

【浣溪紗南】風月招。姻緣簿。到如今一筆皆塗。癡心倩女成躭誤。薄倖相如下狠毒[二八一]。心正苦[二八二]。見兩個飛禽兒惱人[二八三]。也來相喚相呼。

【採茶歌北】拈彩筆手生疎。寫不就雪蕉圖。把這病容愁臉細臨摹[二八四]。寄到君前君一覩[二八五]。崔徽不是舊規模[二八六]。

【尾聲南】晚來時添淒楚[二八七]。茫茫風雪遍江湖。正是夫戍蕭關妾在吳。（可雪齋稿）

賞中秋[二八八]

【北商調集賢賓】敞南樓夜深簾半捲。看雲翳淨遥天。人世裏秋光剛半[二八九]。碧天邊兔魄初圓。共清光萬户千門。盼佳期動歲經年。立高臺[二九〇]覷天不甚遠。分明的桂影高懸。我這裏臨風歌窈窕。把酒對嬋娟。

【逍遥樂】逢時開宴。老子今宵。風流不淺。笑聳吟肩。伴麄豪〔三九一〕酒聖詩仙。果是今年勝去年。將數曲闌干倚遍。殷勤問月。人既多情。月豈無言。

【醋葫蘆】盈虧在數餘。尋常任晦顯。一輪兒今夜向尊前。聽霓裳羽衣仙韻演。大開著廣寒宮殿。覓浮槎直犯斗牛邊。

【幺篇】我笑那謝玄暉吟詠慳。庾元規局量褊。一個袁宏牛渚便迴船。若嫦娥肯將人可憐。許一個年年來〔三九二〕相見。又何妨夜夜拚遲眠。

【幺篇】那洗炎薰〔三九三〕露滿衣。快襟懷風一翦。恰金神戰退了火龍權。好良宵衹憑歡笑遣。報徹了銅壺銀箭。水沉香消盡玉爐煙。

【梧葉兒】人意滿月光少。月明多人事蹇。今日個人月兩團圓。玉山倒君休計。緑醅空衣再典。則管裏苦留連。問甚麽梧桐影轉。

【後庭花】把瓊觴住又傳。將瑶席收更展。直喫到樹杪銀河瀉。城頭斗柄偏。盃爛熳興陶然。猛可裏秋聲一片。竹瀟瀟曲檻前。葉飄飄荒砌邊。蛩淒淒的語最便。鴈呀呀的聲漸遠。

【青歌兒】月有意清光普遍。人幸得此身康健。人有意時月有緣。願的是〔三九四〕歲歲年年。人月依然。老子癡顛。白髮垂肩。睥睨青天。呼吸長川。坐太乙池蓮。駕御寇雲軒。袖拂秋煙。手挾飛仙。娑羅樹底藥爐邊。直要見嫦娥面。

【浪來裏煞】陰晴少定期。造化多遷變。一年裏能有幾回〔三九五〕圓。情暗隨天道轉。天若是與人方便。儘今生常醉月光前。〔可雪齋稿〕

題冬景〔三九六〕

【南仙呂一封書犯】朔風勁透幙。布被嚴寒曉漸加。彤雲布四匝。玉琮琤鳴萬瓦。幾點沾衣輕忽舉。成陣漫天横又斜。遍天涯。浄無瑕。頃刻園林盡試花。銀葩亂。玉蕊雜。素鸞白鶴舞交加。〔合〕門深閉。盃笑把。肯將樂事讓豪家。

【皂羅袍犯】柳絮才高誰和。倚西樓日晚。野興偏多。漁翁獨釣擁寒蓑。千山那有飛禽過。未知來歲。麥熟幾何。問渠農事。遺蝗有麽。宜時且把豐年賀。醒而醉。一任我。絶勝錦帳宴笙歌。〔合前〕

【大河蟹犯】狂解鷫裘付酒家。酒盡後喚重賒。满地瓊瑶未經掃。莫教踏碎石鼎。呼童謾煎茶。冰誰剪。鹽亂撒。銀盃逐馬帶隨車。〔合前〕

【樂安神犯】凍驢須跨。南枝梅信。泄漏年華。溪橋村路景偏佳。豈惟江上堪圖畫。

散漫飄僧舍。詩句韻無差。還密把歌樓洒。凝眸處多半霎。光摇銀海眩生花。〔合前〕

【餘音】日高時尤僵卧。閑中歲月暗消磨。寄語高軒莫見過。（可雪齋稿）

按：本套【皂羅袍犯】【餘音】二隻轉韻爲「歌戈」韻，疑爲他曲竄入。

元　夜

【北商調集賢賓】暖溶溶鳳城春似海。花湖洞錦樓臺。明皎皎千門萬户。鬧烘烘六市三街。有星橋鐵鎖高横。正金蓮火樹齊開。幾千枝蠟光燒月色。那裏有半點雲霾。真個是笙歌平地起。香靄半空來。

【逍遥樂】風光堪愛。端的是一刻春宵。千金怎買。何幸吾儕。際昇平民物和諧。逐隊隨行儘放懷。似誤入桃源境界。你看那丹青屏障。斜帶着錦繡排栲。高懸着風月招牌。

【金菊香】粧點出十洲三島小蓬萊。分明是擊鼓鳴鑼大會垓。花燈兒四圍交鬪彩。月漾燈篩。周八極貫三台。

【醋葫蘆】太極燈陰混陽。日月燈盈對昃。雪花燈滚滚復皚皚。有金鰲振鱗人見駭。上面把蓬山穩載。看緋桃紅杏倚雲栽。

【么篇】翠巍巍地湧山。綠沉沉山映海。我則見金銀宫闕半天開。一箇浮屠燈九霄摶瑞靄。掩映着幢旛寶蓋。一個火珠當頂蜃噀胎。

【么篇】畫屏燈四面遮。繡毬燈一字擺。你看那紫鸞丹鳳舞毰毸。人叢裏喊聲翻動海。流水似飈輪火塊。則見錦重重社火鬧中來。

【么篇】才過了竹林游晉七賢。又有那瓊林宴唐十宰。早擁上孔門七十二賢才。更有那縱横四豪諸劍客。無數的峨冠博帶。又一簇仙風道辦甚奇哉。

【么篇】一個漢鍾離髻兩髽。一個吕洞賓巾半側。藍采和摇摇擺擺放狂乖。一個李屠拄着個枯木拐。張果老驢兒行快。一個韓湘子手内牡丹開。

【么篇】一個何仙姑竹罩籬因甚擎。一個曹國舅雲陽板不住拍。見幾個風流人物伴着醜形骸。偌來高木橇雲外蹦。賣弄他神通廣大。看那無根花頃刻發枯荄。

【么篇】一個潘安仁奉版輿。一個老萊子呈戲彩。一個孟宗哭竹痛哀哀。一個蔡順自將桑椹採。一個王祥守奈。一個抱鋤郭巨把兒埋。

【么篇】一個惡那叱鳳翅盔。一個李天王龜背鎧。挫捧着金身丈六老如來。一個紅顔綠鬢小善才。遥望着觀音禮拜。洒楊枝甘露淨塵埃。

【么篇】一個安禄山忒索肥。一個東方朔直這般矮。一個沈休文肌骨瘦如柴。他每衣裝相貌不住的改。說不盡千奇百怪。又一個貨郎兒擔子巧鋪排。

【么篇】那老兒破袖衫背脊彎。皂頭巾鬚鬢白。挑着個軟沉沉擔子壓肩歪。叫道是喫的用的隨意買。者麽你頓回零賣。引的些女郎每提挈幾個小嬰孩。

【後庭花】你看他麝蘭風不動埃。可知道綺羅叢裏偏戀客。這壁廂轣轆香車過。那壁廂丁璫玉轡篩。觀仔細覷明白。他每都矜誇賭賽。紫貂裘稱體裁。凌波襪剛半窄。鮫綃帕暗地裏揣。錦香囊私地裏解。紫雲娘偏愛才。杜樊川忒殢色。

【青歌兒】呀。還儅了些花錢花錢酒債。成合了些雨情雨情雲態。直走到河漢西傾斗柄歪。則見那女貌郎才。杏臉桃腮。擠擠挨挨。鬧鬧垓垓。引幼扶衰。撒褪粧呆。有那等大院深宅。玳瑁筵開。月砌雲堦。絳燭銀臺。翠袖弓鞋。寶髻金釵。燕列鶯排。綺剪霞裁。玉斝高擡。玉液頻釃。隱括商猜。戲謔談諧。見如今元首明哉。股肱良哉。庶事康哉。儘今生今夕樂無涯。望北極遥瞻拜。

【浪裏來煞】梯航拱上京。禮樂興三代。春風壽域八方開。祝皇圖永安千萬載。人幸與燈光長在。約明年花市又重來。（可雪齋稿）

壽徐魏公

【北南吕一枝花】潭潭宰相居。凜凜元戎第。觚稜平聳踞。輪奂競翬飛。閥閱根基。

贈衮冕榮先世。錫貂蟬蔭後裔。啟雕窗賓迎着鍾阜朝雲。俯朱檻暎帶着秦淮流水。

【梁州第七】環布下七重錦帳。新築成十里沙堤。寵恩優遠作留臺寄。江淮保障。京國籓籬。令嚴武士。德撫黔黎。有勤王伊傳功勳。有致君堯舜忠直。華堂中氣昂昂森列着八座瓊簪。轅門外光皎皎密排着千枝畫戟。柳營前影飄飄高建着五丈牙旗。早梅。放蕋。正雪花六出呈祥瑞。慶蟠桃海山會。一片仙幢飈彩霓。謫降瑶池。

【煞尾】龜鶴願祝三千歲。一度登階一獻杯。今歲今年是春日。值三公誕期。應三陽節氣。大象乾元利貞吉。（可雪齋稿）

南北中吕合套

閨情集花名

【粉蝶兒北】笑眼睁開。一團兒海棠嬌態。結春愁荳蔻含胎。瘦伶仃。寬掩過。合歡羅帶。鎖梨花暮雨亭臺。杜鵑聲碧紗窗外。

【泣顔回南】金鳳舊時釵。錦帶匆匆雙折。辛夷夢想。宜男甚日歸來。芙蓉貌改。對菱花無意描眉黛。怯山丹不奈輕寒。碧桃香人遠天台。

【石榴花北】剪紅羅做就鳳頭鞋。金蓮小欵欵步蒼苔。木蘭干斜倚費裁劃。正凌霄月色。石竹風篩。瑞香烟縹緲搏雲蓋。金錢兒仔細鋪排。卦爻兒薝蔔深深拜。丁香舌私語記明白。

【普天樂南】紫薇郎薄情煞。木槿要將聲名壞。把金銀花費傾囊。麗春園落下招牌。結香半載。薔薇謝却。菡萏將開。

【鬭鵪鶉北】一些兒茉莉牽纏。又不是雞冠間隔。止不過水疊山礬。似阻着佛桑大海。展轉思量月季懷。他水仙般謊秀才。小見識碎米心腸。巨勝似偷香計策。

【朱奴兒南】十姊妹將咱見責。玉簪珥無心懸戴。郁李冰絃調轉哀。滴珍珠淚濕香腮。㦃㦃害。芍藥怎解。晝夜合寧耐。

【十二月北】他則待荼蘼酒色。那裏有石榴恩愛。辜負了長春宴飲。消磨了玉蘂形骸。他龍爪般心毒意歹。將繡毬兒棄撇在塵埃。

【撲燈蛾南】牡丹花中國色。木犀天香氣格。托模兒似粉團。渾身兒有素馨。縱江梅果然難賽。無定影似楊花風擺。我做錦被將他遮蓋。半含笑佯推不採。一會價猛然躑躅上心來。

【尾聲北】後庭花燭還相待。金盞高擎酒謾釃。鶯粟當年玉鏡臺。（可雪齋稿）

春 情〔二九七〕

【北黄鍾醉花陰】簾捲春寒杏花雨。閑倚遍闌干數曲。羞傅粉倦塗朱。自入春來。好事無情緒。清減盡瘦身軀。半步房櫳怕待出。

【喜遷鶯】自五陵人去。那曾的眼展眉舒。躊躕。問花不語。獨對花枝幾歎吁。好芳菲誰是主。説離思鶯喉燕舌。惱離情柳眼花鬚。

【出隊子】掩重門凝佇。是誰家嬌幼女。你看他飄飄錦帶映羅襦。轣轆香輪走鈿車。鍱鋏金翹攢翠羽。

【幺篇】恣評紅揀緑。翠紅鄉邀伴侣。他每都鬭尋芳草步争趨。戲挽柔條手笑舒。驀轉秋波情暗許。

【刮地風】他每逐隊隨行陪笑語。不道人影隻形孤。去年時送別長亭路。到如今記得來糊突。錦重重綺窗朱户。濕溟溟柳烟花霧。怕春來。愁春去。轉頭春暮。想薄情忒狠毒。兩綢繆一霎生疎。漢相如却把文君負。呀。敢白頭吟親自續。

【四門子】錦迴文織到傷心處。話無多恨有餘。搭一首兒詩。附一紙兒書。覓不着錦江雙鯉魚。將好字兒添。歹字兒除。倩一個行人寄與。

【古水仙子】他他他頗士夫。是是是又不道生來氣味粗。儘儘儘小心兒切月批風。敢敢敢軟性兒憐香惜玉。呀呀呀一時間歹做出。我我我等他來取個招伏。將將將負心的罪名當面數。剛剛剛對人前扯碎姻緣簿。才才才捽破了悶葫蘆。

【尾聲】杜宇無端爲誰訴。只叫到淚血乾枯。猶兀自訴不平心上苦。（可雪齋稿）

秋　景〔二九八〕

【南仙呂一封書犯】驚一葉墜井。陡覺新涼夜半生。欹珊枕夢醒。碧紗幮暑氣清。灑面荷香綃袂爽。雲鬢參差釵玉橫。下空庭。露華零。唧唧寒蛩草砌鳴。寒蛩絮。秋露冷。薰香頻換已三更。〔合〕蕭條意。遲暮景。這般幽怨幾曾經。

【皂羅袍犯】笑語西樓相應。看穿鍼乞巧。坐待天明。蛛絲瓜果漫争能。寧知巧拙天分定。牽牛織女。迢迢兩星。銀河一水。悠悠兩情。嫦娥誰與憐孤另。花陰下。款款行。戲拈羅扇打飛螢。〔合前〕

【勝葫蘆犯】絳蠟秋光冷畫屏。剛吹斷紫鸞笙。怕見梧桐雙瘦影。無端孤月。又在梧桐缺處明。吴山翠。楚樹青。天涯望斷幾長亭。〔合前〕

【安樂神犯】愁人厭聽。西風一片。搗練砧聲。試將郎意比浮萍。萍蹤穩似郎心性。

欲把寒衣寄。無限别離情。遠道誰堪倩。風和雨。不肯晴。紛紛落葉滿江城。〔合前〕

【尾聲】强支持。懨漸病。晚來閒把小闌憑。自折黄花力不勝。（可雪齋稿）

集藥名題情〔三九〕

【南商調集賢賓】今年牡丹花較遲。又開殘芍藥荼蘼。石燕雙雙尋舊壘。正蜂房採盡芳菲。沉吟薏苡。惜輕粉濃華憔悴。和獺髓。描不成柳葉霜梅。

【前腔】檳榔遠方音信稀。問不着浪蕩蹤跡。遠水常山千萬里。寄平安白芷空回。全無枳實。忍將我紅娘抛棄。似無根水。木通達好難尋覓。

【黄鶯兒】香冷鬱金衣。變烏頭減玉肌。斟量五味難調治。人言這疾。没藥可醫。隄防貝母多疑忌。向白芨。天南星底。麥蘗告神祇。

【前腔】梔子去何之。望夫身恐滑石。羅衫漫滴梧桐淚。杏仁那裏。獨活怎的。蓮心苦在咱心内。似膠漆。雌黄口嘴。華撥燕鶯期。

【琥珀猫兒墜】禹餘粮後。梅子上青皮。雲母紗幮初睡起。一春半夏守孤幃。時催。又早菊花天。敗葉紛飛。

【前腔】雪迷山藥。百合掩朱扉。款把珍珠簾幕垂。馬兜鈴響聽驕嘶。猜疑。敢是茴香。那人當歸。

【尾聲】從容展放鴛鴦被。金鴨重將腦麝煨。錦帳雙斟竹葉杯。（可雪齋稿）

南北黄鍾合套

富文堂初夏讌集同徐子仁聯句[三〇〇]

【醉花陰北】簾捲東風畫堂曉。恰春色三分過了。鶯辭谷燕成巢。花事闌珊。萬緑枝頭鬧。牡丹困尚呈嬌。芍藥翻堦試紅早。

【畫眉序南】堪賞景偏饒。彷彿十洲共三島。喜繁華地勝。閥閲門高。小橋横緑水斜通。平堤接垂楊輕罩。市囂。長日何曾到。塵煩向此全消。

【喜遷鶯北】想蘭亭行樂。半都是酒聖詩豪。招邀。山陰故老。今日箇江左衣冠屬我曹。慣追遊能述作。盡壓倒參軍放浪。平欺着内史風騷。

【畫眉序南】唐節度漢嫖姚。筆陣詞鋒座間掃。更氣同儒素。禮邁時髦。蕩汪陂萬頃波瀾。挽快閣千年風調。市囂。長日何曾到。塵煩向此全消。

【出隊子北】啓華筵歡笑。竟何須珠翠繞。有琅函玉匣悶藏牢。錦軸牙籤次第標。虎略龍韜收貯博。

【神仗兒南】情懷傾倒。情懷傾倒。風月無邊。乾坤窄小。折取花簪烏帽。你看那一觴一詠。淺斟深酌。且休道樂今宵。還拚着醉明朝。

【刮地風北】不肯放西園人散却。又何妨酩酊酕醄。絳紗籠十二教前導。一齊的畫燭高燒。那裏管海棠零落。也不問杜鵑驚覺。玉漏沉。更籌换。美人休報。暖翻寒增錦袍。醉而醒侑着香醪。似陳遵投轄開懷抱。不虚誇豈浪嘲。

【鬧樊樓南】聒耳笙歌正喧炒。越盤桓情越好。射覆藏鬮任呼號。不管人間夜迢迢。自黄昏直到卯。

【四門子北】賦新詩更請東君校。怕倉皇音律錯。將熟字兒更。生字兒敲。唤青衣一時敷演着。腔韻又諧。板拍又調。旋譜入陽春舊稿。

【耍鮑老南】宴集雖多。會文最少。既相逢休草草。簿書暫避公家擾。舊期新約。主歡娱。客落魄。

【古水仙子北】我我我愧草茆。喜喜喜玉樹金蘭許定交。他他他有萬種謙恭。羨羨羨没半星兒驕傲。感感感更投之以木桃。呀呀呀竭枯腸怎報瓊瑶。敢敢敢郭汾陽再生明聖朝。來來來將臺高只許騷人造。準準準低首拜旌旄。

【尾聲南】紫泥飛下徵賢詔。遥望入三台九霄。丹鳳騫騰五雲表。（可雪齋稿）

初夏題情[三〇二]

【南南吕梁州新郎】西園暮景。南軒初夏。長日端居多暇。陌頭楊柳。陰陰漸可藏鴉。無奈關心杜宇。惹恨鶬鶊。占定荼蘼架。又早芭蕉分緑也。上窗紗。閒看兒童捉柳花。〔合〕珠箔捲。金鈎掛。恠無端一夜東風大。花亂落。絮交加。

【前腔】瑶臺寂静。畫欄幽雅。一樹薔薇低亞。鴛鴦兩兩。飛來暖傍晴沙。爲甚金鍼閒却。綵線丢開。刺繡都停罷。忽見營巢新燕子。語窗紗。蛺蝶雙雙入菜花。〔合前〕

【前腔換頭】枕痕横臉玉生霞。簟烟微麝香消鴨。對銀箏無緒。鴈行空駕。幾度閑尋舊譜。試學新聲。欲演還抛下。絲絲梅子雨。潤窗紗。無奈少女風前爛熳花。〔合前〕

【前腔】對香奩朱粉慵搽。臨寶鏡青螺羞畫。病懨懨多半。爲他瀟灑。堪笑鸚鵡解語。鸜鵒能言。把薄倖提名駡。最憐開遲紅藥滿。映窗紗。爲甚送盡春風始見花。〔合前〕

【節節高】蓮舟戲女娃。露裙靸。蘭橈水濺凌波襪。貪頑耍。兩髻丫。雙鬟亞。青青荷葉無多大。折來莫把絲牽掛。〔合〕翠羽飛來緑葉叢。玉盤欹側瓊珠下。

【前腔】乘陰傍水涯。强歡狎。玉纖謾解鮫綃帕。音書假。辜負咱。多嬌姹。歸期暗數垂楊下。如今不信傳來話。〔合前〕

【餘音】芳時一任東風嫁。對良辰歡情未洽。難道經秋不到家。（可雪齋稿）

按：曲牌〔梁州新郎〕原僅書爲〔梁州序〕，今正。明人常把梁州新郎誤刻爲梁州序，所謂「亦猶新篁池閣之混刻爲梁州序，而不知犯賀新郎；糠和米之混刻爲孝順歌，而不知犯江兒水也」。下同逕改，不另注。

春　怨〔三〇二〕

【南商調金梧桐】香醪爲解愁。酒醒愁依舊。斜月殘燈。正是愁時候。愁憑酒破除。酒被愁拖逗。酒力無多。酒去愁還又。愁深酒薄難禁受。

【東甌令】花凝恨。柳含羞。花柳傷春人病酒。鶯啼燕語清明後。全不管人消瘦。剩雲殘雨兩悠悠。遮斷晚粧樓。

【大勝樂】桃源洞花事都休。許劉郎重到否。啼痕湮透青衫袖。傷白傅惱江州。這些時瑤琴罷却求凰奏。可正是紅葉誰人寄御溝。陽臺夢杳。苦追踪問跡。似無還有。

【解三醒】忘不了共携纖手。忘不了西園秉燭遊。忘不了同心帶結鴛鴦扣。忘不了羅襪雙鈎。忘不了香囊雜彩又挑繡。忘不了百寶珍珠絡臂韝。閒窮究。把嬌權美愛。盡付東流。

【餘音】好姻緣還成就。繡幃錦帳傚綢繆。月底新詩再和酬。（可雪齋稿）

賞金陵八景〔三〇三〕

【北越調鬬鵪鶉】帝業南都。天開上國。虎踞龍蟠。吴頭楚尾。山海來賓。車書混一。仰聖功。歌聖德。政化流行。胡塵一洗。

【紫花兒序】復修就三王典禮。掃蕩了六代浮華。創立起一統洪基。山川鞏固。殿闕崔嵬。雍熙。班生賦最宜。占斷了江南佳麗。説甚麼唐宋中興。周漢關西。

【小桃紅】曉從鍾阜候雲霓。掩映扶桑日。鬱鬱葱葱藹佳氣。卷舒遲。分明彩鳳朝陽立。須煩太史。占豐紀瑞。有頌獻彤墀。

【鬼三台】望百堞排銀雉。正臘雪初開霽。粧點出石城壯偉。一帶素屏圍。聳嶙峋百尺。走銀蛇漫坡伏又起。堰玉龍遠岡高又低。這一段暮景蒼茫。堪寫入漁簑畫裏。

【金蕉葉】白鷺洲斜横燕尾。合抱着中流二水。尋桃葉桃根故跡。空蕩漾春潮數里。

【調笑令】朱雀橋那壁。問烏衣。百姓人家燕子飛。想當年王謝居權貴。到如今事往人非。江山變遷那可追。祇留下淡淡斜暉。向秦淮試將蘭棹艤。聲宛轉韻清淒。

【禿廝兒】聽嘹喨風前奏笛。只疑是舊日桓伊。烟暝長堤。

【聖藥王】形勢奇。林麓美。另巍巍天印鎮坤維。樵斧息。樵唱起。恁山謳野調總相宜。真趣少人知。

【青山口】鳳臺。鳳臺。月輸輝。晚雲收秋露洗。鳳凰。鳳凰。又來儀。值堯天當舜日。詩翁逐杖藜。閨人正搗衣。聽那細細微微。拂拂霏霏。龍江深夜裏。蓬牕客夢回。天涯鄉信稀。刻燭談棋。翦韭傳杯。遠過瀟湘佳致。小可西湖更難比。

【隨煞】江南自古繁華地。受用煞花朝月夕。一從八景賦金陵。便覺胸中小彭蠡。

（可雪齋稿）

集曲名壽史癡〔三〇四〕

【北南呂一枝花】勸金杯竹葉春。沽美酒瓊花露。集賢賓開壽域。迎仙客下蓬壺。列宴清都。夏初臨逢初度。應天長當月午。石榴花繞檻爭開。翠裙腰登筵謾舞。

【梁州第七】湘子花有紅芍藥。太乙丹貯勝葫蘆。長生道引延生籙。逍遥樂古稀算考。永團圓具慶歡娛。賀聖朝太平黎庶。感皇恩豐稔時俗。掛玉鈎簾幙高軸。瑞雲濃香篆輕浮。立蒼梧白鶴子澤澤鮮鮮。戲錦葵粉蝶兒攢攢簇簇。占垂楊黄鶯兒喚喚呼呼。六幺。拍促。醉高歌一夥閒人物。駐雲飛振林木。香柳娘櫻唇唱鷓鴣。八寶粧梳。

【煞尾】穿窗月色西樓暮。風入松篁暑氣無。燭影摇紅碧紗護。天仙子贈圖。聖藥王賜福。管情取八百莊椿歲年足。（可雪齋稿）

秦淮午日泛舟[三〇五]

【北仙吕村裏迓鼓】淮水上彩舟無數。正值着太平時序。都一般蘭橈畫槳。往來向中流競渡。你看那王孫豪客。華筵錦席。誇奢騁富。也有那皓齒歌。金杯勸。象板促。敢則是間一派瓊簫畫鼓。

【元和令】那黄龍按中央戊己土。那青龍應東方甲乙木。赤龍元是丙丁屬。庚辛金龍色素。更有那北方壬癸爪牙烏。貫魚行分部伍。

【上馬嬌】他任轉旋。相抵觸。也是他操演太滑熟。五方龍雜彩旗分布。有競利的徒。他每都賽願與祈福。

【勝葫蘆】更有那座上騷人宮錦服。躭放浪少拘束。白鷺洲邊重弔古。桃根桃葉。清歌妙舞。樂事想當初。

【幺篇】則兒隱隱殘霞水面鋪。雙雙的燕子戲平蕪。覽勝追歡情未足。臨流洗盞。傍花展席。將他那交友謾招呼。

【後庭花】看他們寶釵頭挑絳符。朱門上懸艾虎。翠荷小盤初展。海榴紅巾半蹙。綠槐影傍庭除。向晚來蘭湯新浴。輕綃薄映膚。喜瑶觴滿泛蒲。北窗詩當再續。南薰絃仍一鼓。

【雙雁兒】只喫的披着襟散着髮酒重沽。玉山頹。玉手扶。款把紅兒悄分付。翠雲屏。暑氣無。碧紗廚涼意足。

【青歌兒】扇弄着生綃生綃團素。簟展着碧波碧波寒玉。新月娟娟透綺疎。笑倚青奴。醉枕珊瑚。香炷金爐。人臥冰壺。待驚烏翻樹酒醒初。踏影向長廊步。

【賺煞】白髮暗相催。好景休辜負。正值着蕤賓月午。謾憶三閭楚大夫。嘆離騷九辯誰續。混風俗。且自歡娛。虎踞龍盤壯帝都。粧點出丹青畫圖。快活煞風流人物。便休題歌舞醉西湖（可雪齋稿）

南寧總戎第夜宴[三〇六]

【北南吕一枝花】詩成奪錦袍。花重欹烏帽。酒光浮玉斝。燭影射金翹。珠翠週遭。傳内苑新聲妙。貯侯門地位高。恰天邊風月分來。又花底笙歌會早。

【梁州第七】翻白雪尊前麗曲。舞回風掌上纖腰。洞天深不許凡人到。雕梁畫藻。粉壁塗椒。簾幃低簌。香靄輕飄。勝蓬萊閬苑逍遥。有玉環飛燕嬌嬈。司空眼見慣尋常。刺史腸難禁懊惱。翰林才堪與評跋。主賓。興好。譙樓一任更籌報。人半酣燭高照。燈火熒煌醉客豪。真個是夜夜元宵。

【煞尾】金釵墜玉手纖東坡詞語分明道。錦帳圍羊羔勸太尉家風豈浪嘲。一刻何曾負歡笑。覷浮名意薄。怕公家事擾。似這等舞女歌兒受用到老。（可雪齋稿）

賞桂花[三〇七]

【北中吕粉蝶兒】萬斛秋香。想靈根産來天上。下瑶堦白露生涼。玉葳蕤。金爛熳。滿枝争放。茜紫妖黄。花一名種分三樣。

【醉春風】銀漢月華明。清秋天氣爽。只愁風雨近重陽。及早裏賞。賞。在曲角闌邊。太湖石畔。緑陰亭上。

【迎仙客】且不索張玳讌，列紅粧。受西風半教簾幕敞。月在天。酒在觴，對著這瀟灑風光。一弄兒詩人況。

【紅綉鞋】太白有沖天豪放。淵明有傲世清狂。花月娱人不能雙。采石月無花共。彭澤菊帶寒霜。愛良宵今勝往。

【普天樂】玉闌遮。銀屏障。遊蜂謾採。浪蝶休忙。千葩吐異芬。四出呈新樣。舉酒高歌花相向。把花神仔細端詳。端的是香清似麝蘭。色嬌如金粉。品壓盡羣芳。

【石榴花】想牡丹聲價重花王。可憐春去太匆忙。漫山桃李總尋常。江梅有暗香。冷落在溪傍。想芙蓉幾樹秋江上。凄涼殺遠水斜陽。值名花在眼身無恙。我這裏痛飲待何妨。

【鬬鵪鶉】愛的是細蘂雲稠。喜則喜繁枝翠攘。見如今露冷天寒。正值着風清月朗。拚着個酩酊花前醉幾場。儘教人笑我狂。或是秉燭通宵。或是憑闌半晌。

【上小樓】不是我詞華過獎。不是我心情偏向。想起那好竹王猷。愛蓮周子。採藥劉郎。争如我對月忘憂。折桂無心。看花想像。恁清風不教多讓。

【幺篇】我風味别。興趣長。香惹烏紗。香襲書帷。香沁羅裳。花下閑眠。花外徐吟。花前凝望。受用足淺斟低唱。

【滿庭芳】烟滋露養。根深蔕固。葉茂枝昌。廣寒宫闕高千丈。覓浮槎怎泝銀潢。全不許鶯喧燕攘。只疑是鳳翥鸞翔。想凡卉多般樣。有濃粧艷粧。争如他正色占中央。

【十二月】使不着吴剛伎倆。用不着韓壽心腸。待學賦淮南招隱。説甚麽竇氏遺芳。正近著秋吟緑牕。寫幽情費盡了思量。

【堯民歌】這答兒賽杜陵流水浣花堂。勝裴公緑野午橋莊。疎英瑣碎月昏黄。冷香飄蕩露清涼。更長。更長漏轉長。坐到斗柄西樓上。

【耍孩兒】丹青巧筆難形狀。不似那閑花朵三三兩兩。一團清氣暗包藏。倩西風簇就金囊。分來月窟千年秀。奪盡東籬一片香。自一種超凡像。便休提櫻唇點紫。宫額塗黄。

【四煞】嫩枝柯含細雨。舊根基培沃壤。歲寒不改長興旺。幽叢未肯依窮谷。仙迹合教貯粉牆。志節真高尚。論交少等。定價難償。

【三煞】花憐人似有情。人惜花勞稽顙。淺黄淡白閑摹仿。密攢玉糝連枝巧。斜妥金釵一股長。無語空惆悵。難留花事。易老韶光。

【一煞】未安排賞翫心。先習學栽種方。頻收新蕊歸佳釀。静陪明月清塵夢。遠逐涼颩入醉鄉。聽畫角聲悲愴。正蛩吟啾唧。烟靄蒼茫。

【煞尾】清香自護持。知音誰過訪。夜深時只恐嫦娥降。則聽得環珮珊珊在半空裏響。（可雪齋稿）

秋　怨〔三〇八〕

【北雙調新水令】鴛鴦夢斷藕花鄉。晝沉沉水心亭上。柳絲牽舊恨。花纈鬬新粧。立盡斜陽。無語幾惆悵。

【駐馬聽】客路修長。一度書來一度想。金風飄蕩。一番雨過一番涼。生前業債甚年償。眉尖悶鎖何時放。聽誰家砧韵響。一聲聲偏搗在愁心上。

【雁兒落】好似那無根蓬欠主張。漫天絮閒遊蕩。逐波萍任去留。隨風柳多偏向。

【得勝令】呀。空寫下舊事兩三行。故紙百十張。把些個謊鬼瞞神誓。翻做了啖秦騙趙謊。害軟了心腸。對人前口强心不强。病染膏肓。那裏是醫良藥不良。

【川撥棹】一弄兒助凄涼。没來由閙鬧嚷。兩兩寒蛩。草下堦傍。也會把離人話講。絮聒聒多半晌。

【七弟兄】他在那遠方。異鄉。着我費思量。且休題動止渾無恙。便些兒破綻有何妨。莫輕將美愛都全忘。呀。恰思今還念往。

【梅花酒】問月在西廂。待月在東牆。對月在南牕。匆匆的秋又來。呀。迢迢的漏偏長。遲遲的夜未央。塵蒙了象牙床。火冷了玉爐香。零落了錦香囊。冷淡了舞衣裳。金縷也不成腔。金雁也不成行。

【收江南】呀。爲誰消瘦減容光。蛾眉空想畫張郎。薄情繫馬向垂楊。知他在那廂。高燒銀燭照紅妝。

【離亭宴帶歇指煞】枕邊悄語成虗妄。從來好事多魔障。積儹下恩多怨廣。鏡奩兒羞照舊時容。袖梢兒不乾今日淚。裙腰兒減盡前春樣。捱徹了孤辰寡宿年。再整理殢雨尤雲況。跳出了愁城恨網。將養的比翼羽毛成。醞釀的並頭花朵就。滋培的連理枝條旺。謾鋪設翡翠屏。重拂綽鮫綃帳。滿捧着瓊觥玉觴。三秋月儘情看。四時花隨意賞。（可雪齋稿）

冬　景[三〇九]

【南商調金梧桐】深深綉幙遮。簇簇銀屏列。四壁氍毹。遍地重裀藉。雕楹轉畫欄。詰曲通臺榭。獸炭紅爐。翠鼎龍涎爇。一窩攬盡閒風月。

【東甌令】殊幽致。不驕奢。與太尉家風分外別。瓊酥旋點羊羔熱。那裏省嚴威冽。美人附耳悄聲說。門外正飛雪。

【大聖樂】把珠簾款款低揭。見彤雲迷四野。初疑暮雨梨花謝。又交舞玉蝴蝶。我這裏吟髭漫撚吟肩超。自把寒梅帶笑折。呼童命妾。遣金尊謾倒。綺席重設。

【解三酲】剛纔聽鳳笙吹徹。早象板銀箏又打疊。行雲繚繞歌喉咽。正纏頭舞錦橫斜。我則見香風滿座飄蘭麝。更那堪翠袖金釵掩映者。誰曾問。燭花銷鳳。盃影吞蛇。

【餘音】太平年。歡娛夜。主豪賓勝兩奇絕。金谷梁園也讓些。（可雪齋稿）

冬暮題情〔三〇〕

【南仙呂入雙調黑蠊序】點檢梅花。見南枝春信。漏洩今宵。雪模糊可堪。半壓寒稍。依稀。暗香動且浮。疎英嫩又嬌。正無聊。着意看時。却又被花相惱。

【前腔換頭】清曉。眉黛慵描。整殘粧無語。向花微笑。惜花人此時。音問寥寥。憑闌。天寒縞袂薄。風輕綉帶飄。自今朝。一捻腰圍。却寬掩翠裙多少。

【忒忒令】任雪花梅英鬬巧。憔悴人暗傷懷抱。此情若使天知道。離恨比天更高。果然是天知道。和天也瘦了。
【五供養】青山頓老。誰收拾滿地瓊瑤。蒼茫冬暮景。舉目正蕭條。笑我因花起早。聽滿耳靈禽喧噪。不報些兒喜。惹煎熬。北風吹面利如刀。
【好姐姐】一交。黄昏靜悄。孤另另銀缸相照。把燈兒慢挑。和衣剛睡着。誰驚覺。聲寒指冷難成調。偷弄飛瓊碧玉簫。
【川撥棹】難猜料。自來這讀書人心性喬。早獮上金屋嬌姿。頓忘了臨邛故交。漢相如恩愛薄。卓文君緣分少。
【錦衣香】闌珊了錦字詩。差錯了瑶琴操。釵分了交股金。帶折了連環套。鳳凰簪鍱鋏玲瓏。那得堅牢。桃花源上不通潮。傷心總是。雨葉風條。連枝樹近來也。生成恨種愁苗。魚鴈無消耗。水闊山高。紅絲繫足。誰把并刀雙攪。
【漿水令】不索將蒼穹禱告。一任他傍人戲嘲。名香夜夜對天燒。幽情未訴。意攘心勞。從前事。都忘却。只求眼下他來到。鴛鴦被。鴛鴦被。重薰麝腦。銷金帳。銷金帳。慢飲羊羔。
【餘音】愁容等得生歡笑。說甚暮冬天道。翻成月夜花朝。（可雪齋稿）

冬　怨〔三二〕

【北黄鍾醉花陰】今歲江梅試花早。一夜裏南枝遍了。舒玉手捲珠箔。恰待看花。又恐花神笑。人瘦損楚宫腰。花比離人容易老。

【喜遷鶯】減花容月貌。平空的兩日三朝。煎熬。眉尖額角。蛾緑宫黄懶去描。好梳粧都罷却。見不得鴛鴦枕冷。覷不的翡翠衾薄。

【出隊子】聽紅兒來報。有青山頭白了。瓊珠滚滚樹頭抛。蝶翅翩翩檻外飄。柳絮漫漫風内攪。

【幺篇】讓豪家歡樂。擁紅爐圍煖閣。十分金盞勸羊羔。八面金屏護錦貂。三足金爐煨麝腦。

【刮地風】他每都喝雉呼盧胡做作。賣弄他一味粗豪。綉氍毹低簌芙蓉幕。四下裏銀燭高燒。俊嬌嬈把玉笙雙抱。美娉婷把錦箏斜靠。吹的吹。彈的彈。滿堂喧鬧。試龍團烹鳳爪。唤家僮旋掃瓊瑶。勸酬頻觥斝從顛倒。呀。敢醉醺醺生怕曉。

【四門子】孤眠人況味誰知道。小房櫳偏静悄。淚顆來彈。燈燼來挑。捱長更好生難打熬。歲月又長。山水又遥。直這般離多會少。

【古水仙子】昏昏昏恰睡着。聽聽聽是誰把深深綉户敲。我我我索自驚疑。他他他登時來到。將將將那脱空言都告繳。喜喜喜再成合鳳友鸞交。悠悠悠戀高唐楚雲剛縹緲。呀呀呀潑雞聲好夢來驚覺。看看看金鴨内篆烟銷。

【尾聲】梅雪清香總奇妙。惜花人自無聊。年年到恁時常病倒。（可雪齋稿）

南北黄鍾合套

元　夜〔三二〕

【醉花陰北】雨順風調萬民喜。元夜好皇都第一。烟靄淡漏聲遲。十二天街。明皎皎如白日。樓上下路東西。把萬盞花燈高掛起。

【畫眉序南】珠掩映翠遮圍。火樹星橋數十里。喜金吾不禁。鼓吹聲齊。賀堯年五穀豐登。慶上苑新正佳麗。可知共樂清平世。良辰媚景相宜。

【喜遷鶯北】值堯天新霽。剔團圞月漾玻璃。交輝。冰壺表裏。月色燈光望眼迷。端的是難下筆。一壁廂王孫歡笑。一壁廂士女争馳。

【畫眉序南】同翫賞共追陪。月底星前恣遊戲。看鰲山深夜。萬象低垂。綺羅叢風月無邊。蓬萊境仙凡何異。可知共樂清平世。良辰媚景相宜。

【出隊子北】社火每衣冠新製。燈影下喬軀老人未識。粧一個姜子牙大雪裏釣磻溪。弔一個杜子美騎驢醉瀼西。扮一個蘇子瞻乘舟遊赤壁。

【神仗兒南】蹌蹌濟濟。塞巷填街。遊人似蟻。更有百工技藝。貨郎兒堆堆積積。萬人叢裏。層樓結勢巍巍。香靄散影霏霏。

【刮地風北】密匝匝燈竿高百尺。花燈兒委實稀奇。梅花燈朶朶含春意。雪花燈舞態高低。一撲撲錦雲飄墜。一片片彩霞零碎。鳳噴烟。麟吐火。滿城佳氣。燭乾坤照四極。動仙音絲竹金石。早梅香撲面東風細。呀。敢喜陽和即漸回。

【耍鮑老南】買笑追歡樂無比。唱紅兒斟緑蟻。銀箭銅龍謾相催。拚取今宵醉如泥。儘留連明月底。

【四門子北】好風光快殺遊人意。夜將闌人未歸。河漢又傾。斗柄又移。只走到鳳城雞亂啼。月色兒沉。燈影兒稀。四下裏笙歌未息。

【鬬雙雞南】四時雖佳。上元最美。百年人能有幾。密約須還擬。來朝相會。把花燈再看起。

【古水仙子北】呀呀呀費品題。看看看燈火輝煌滿帝畿。是是是一統山河。喜喜喜萬年祥瑞。他他他衆元公能燮理。見見見卿雲呈彩鳳來儀。敢敢敢見如今四方無戰敵。有有有老人星隱隱遥天際。我我我鼓舞樂雍熙。

【尾聲南】何幸臣民值今日。好風光相賞休違。太平人一齊歌聖德。（月香亭稿）

夏日秦淮遊賞〔三三〕

【北黄鍾醉花陰】深淺荷花二三里。彷彿似王維畫裏。涼雨過晚風微。小舫輕移。來往垂楊底。好風景喜追陪。萬斛塵襟皆蕩洗。

【喜遷鶯】人生佳會。與詞林三五相知。忘機。盡都是儒冠布衣。睥睨乾坤更許誰。解詩書諳義禮。一會家藏鬮賭令。一會家射覆分題。

【出隊子】五陵豪氣。笑談間出衆奇。一個個子瞻文藻許相齊。一個個司馬才華可並推。一個個杜牧疎狂堪共比。

【幺篇】東吴佳麗。水雲鄉事事宜。數行沙鳥傍人飛。幾點征帆帶雨歸。一片漁歌花外起。

【刮地風】多少興亡殘照裏。鎖蒼烟禾黍高低。慨淒涼自古繁華地。物换星移。一處處古臺幽砌。一簇簇野花荒薺。梁家争。晉家霸。你興我廢。從前事不索題。笑呵呵且自銜杯。倚篷牕遠望無纖翳。水山遶皇都圍故國。

【四門子】列金釵十二雲鬟立。綺羅交珠翠圍。金縷又歌。象板又催。樂淘淘儘拚沉醉歸。錦瑟又彈。鳳管又吹。一弄兒歌聲潤美。

【古水仙子】將將將日墜西。見見見翻雪浪驚濤拍岸回。紛紛紛宿鳥飛還。閃閃閃殘霞飄墜。呀呀呀兩三家半掩扉。喜喜喜儘開懷展放雙眉。來來來趁南薰暫將蘭棹艤。瑺瑺瑺送黃昏遠寺鐘聲碎。看看看燈火見依稀。

【尾聲】載酒重來是何日。重來時切莫相違。常言道閑處光陰能有幾。（月香亭稿）

題　情〔三四〕

【北雙調行香子】朝也相思。暮也相思。這相思了在何時。行也嗟咨。坐也嗟咨。怕看花。羞對酒。倦談詩。

【夜行船】覽鏡驚容鬢有絲。消盡往日丰姿。冷雨秋蛩。酸風梧葉。攛斷起滿腔離思。

【慶宣和】倚遍闌干候雁兒。撚斷吟髭。不見佳音半緘至。盼死。盼死。

【錦上花】雁帖魚牋。姻緣故紙。淚眼愁眉。離人樣子。海誓山盟。徒成廢弛。雨跡雲蹤。全無定止。【幺】眉擔一擔愁。心印幾多事。宋玉情懷。沈約腰肢。半世清白。那曾受私。近日淒涼。分明爲爾。【撥不斷】試尋思。久參差。擔閣跨鳳乘鸞志。收斂尤雲殢雨詞。呫題弄粉摶香事。對西風暗傷獨自。【離亭宴煞】我飽文章頗解勤經史。你善吹彈更喜能針指。相抛許時。空落下些斷腸篇。合歡錦迴文字。昨夜書明傳示。寫道相逢在邇。他既不悔真誠。我須當盡終始。

（月香亭稿）

有所贈[三五]

【北南吕一枝花】一箇擬秋娘共品題。一箇效張珙争高下。一箇並薛濤尤艷麗。一箇比宋玉更清佳。試聽俺判柳評花。一箇論厚重多聲價。一箇數温柔絶點瑕。一箇平分福儘坐的香車。一箇仗家勢堪乘着駿馬。

【梁州】一箇有賦長門胸中詞藻。一箇有泣江州座上琵琶。郎才女貌人驚詫。一箇雲鬟翠袖。一箇角帶烏紗。一箇錦心綉腹。一箇俐齒伶牙。可知道柳耆卿恣意兒嗟呀。

蘇子瞻滿口兒矜誇。都不曾弄聰明謊鬼瞞神。那裏肯假志誠燃香剪髮。更休題虛追陪浪酒閑茶。恩洽。愛嘉。並香肩一對兒堪圖畫。情相投意相掛。百事過從幾曾有一事兒差。那世裏的冤家。

【煞尾】對楸枰聽夜雨歡娱不覺殘銀蠟。捧瑶觴邀皓月酩酊重教泛紫霞。見如今池舘南風正清夏。翫垂楊静露華。賞紅葵絢錦葩。倩着這半幅鸞箋把他來賣弄煞。（月香亭稿）

春日即事〔三二六〕

【北南吕一枝花】草堂外嵐光映日妍。粉牆邊梅萼衝寒謝。小沼上緑波隨雨漲。畫闌前新柳受風斜。春意奇絶。老眼偏懽悦。閑情且打疊。散床頭有限黄金。怕鏡裏無情白雪。

【梁州第七】裁漉酒籠頭紗幘。製踏青可脚烏靴。與知音三五詞林社。超羣灑落。異衆豪傑。厭談名利。不尚驕奢。喜的是一邨邨徑路曲折。愛的是一程程風景全别。買花錢滴溜溜杖上挑著。沽酒店鬧炒炒橋邊問也。載詩囊脹膨膨驢背上馱者。看了他這些。那些。翠屏錦障參差列。尋疎籬覓茅舍。隨定狂蜂與浪蝶。任意跋涉。

【煞尾】醉依芳草須拚藉。笑對青山不忍的別。殘角江樓正嗚咽。却又早鴉歸古堞。烟迷緑野。堪付與老手王維畫圖中寫。（月香亭稿）

憶所見[三一七]

【北雙調夜行船】缺月風簾碎影篩。碧紗廚酒乍醒來。霧髻風鬟。柳腰花面。多情恁時安在。

【風入松】杏花深處小亭臺。猶作夢魂猜。東風邂逅逢嬌態。麝蘭散滿閑堦。羅襪凌波半窄。春衫可體新裁。

【落梅風】眉尖上。眼挫側。先留下幾分恩愛。怕人知特地裏佯不采。徐行過玉闌干外。

【胡十八】不下懷。自驚怪。悲間阻。想和諧。巫山依舊楚雲埋。雁書又乖。魚牋倦裁。一身無限愁。十日九番害。

【撥不斷】細裁劃。命合該。姻緣頃刻多成敗。鬼病千般強打捱。凄涼萬種難擔載。幾曾得片時輕快。

【離亭宴煞】楚陽臺步步荆榛隘。擔閣下西廂情色。相思卷何年結束。糊突謎甚日明

白。傳示你權寧耐。切莫把鯫生見責。是送煖的意兒虛。非摶香的性兒歹。（月香亭稿）

閑　述〔三一八〕

【北南吕一枝花】清風臥榻孤。細雨吟檠短。蘭香螭鼎小。水墨畫屏攢。幽致多般。花木供閑翫。詩書得静觀。焦尾琴玉軫朱絃。金星硯花箋象管。

【梁州第七】相對着眼前佳趣。渾忘了身外微官。湖山左側雕闌畔。逢時取樂。對景追歡。恣情放浪。任意盤桓。漲春池新水漫漫。滴晴堦曉露漙漙。注金瓶酒瀉瓊漿。浮雲葉茶香碧椀。碎銀絲鱠縷雕盤。地幽。興滿。諠譁較遠紅塵斷。儘年光暗中换。一笑掀髯天地寬。痛飲須拚。

【煞尾】竹交梅友松爲伴。心廣形舒體更胖。高臥誰人敢驚唤。常則是與儒衣散冠。步前郵後疃。一任他興廢榮枯盡不管。（月香亭稿）

秦淮漁隱〔三一九〕

【北南吕一枝花】不沾朝野名。自守烟波分。斜風新箬笠。細雨舊絲綸。志訪玄真。家與秦淮近。清時容釣隱。相看着緑水悠悠。回避了紅塵滚滚。

【梁州第七】結交些魚蝦伴侶。搭識上鷗鷺親鄰。忘機怕與兒曹混。尋了些六朝往事。弔了些千古英魂。悲了些陳宮禾黍。嘆了些梁殿荆榛。本是個虚飄飄天地閑人。樂陶陶江漢逸民。有時鳴榔近白鷺洲笑採青蘋。有時推篷向朱雀橋閑看晚雲。有時灣船在烏衣巷獨步斜曛。有時滿身。衣襟。瀟然爽透荷香潤。旋折來柳條嫩。穿得鮮鮮出網鱗。歸去黄昏。

【罵玉郎】一篝燈下篘佳醞。身趔趄醉醺醺。高歌細和滄浪韻。全不受名利拘。那裏將興亡記。把甚麽榮枯問。

【感皇恩】守着這蕭索江濱。冷淡柴門。涼露濕簑衣。清風生酒甖。明月照盤餐。樵夫野叟。相近相親。昨夜離石頭城，今朝在桃葉渡。明日又杏花邨。

【採茶歌】山妻也最甘貧。稚子也頗通文。無憂無慮度朝昏。但得年年生意好。武陵何用訪秦人。

【煞尾】茫茫烟水無窮盡。泛泛萍踪少定根。爲甚生平怕求進。想王侯大動。博魚樵一哂。争似我一葉江湖釣船穩。（月香亭稿）

為妓陳卿雲賦〔三〇〕

【北南吕一枝花】包含着世外情。醖釀就樽前俏。忒玲瓏能變化。多温潤不虚囂，一朶兒丰標。出没應難料。形踪未可招。有時節伴銀蟾楊柳樓心。有時節籠曉日芙蓉殿角。

【梁州第七】傍緑窗遮護了些嬌鶯乳燕。襯雕盤映帶了些舞袖纖腰。擅梨園五彩誇榮耀。憎春烟冷淡。笑暮靄輕薄。賽晴霞燦爛。比香霧清高。蘇子瞻助起評跋。杜樊川惹動風騷。常則是近蓬萊鬱鬱葱葱。那裏也迷遠樹冥冥杳杳。又不曾戀巫山暮暮朝朝。我這裏想着。念着。有千金小可難期約。那風流那輕妙。贏得個無點污的名兒分外標。是何年飛下青霄。

【煞尾】砌龍鱗張鳳翼朱闌碧瓦高低罩。靄祥光摶瑞氣錦帳銀屏遠近飄。霎時間一陣天風送來到。喜的是聚着。怕的是散了。則待要手掌上奇擎看一個飽。（月香亭稿）

春日詠蝶〔三二〕

【北仙吕八聲甘州】春光艷陽。正人意悽惶。花柳濃粧。西園堪賞。步莎茵喜聽笙簧。桃花爛熳遊客醉。院宇深沉春晝長。見幾箇粉蝶兒。巧筆難粧。

【混江龍】一箇不離朱幌。一箇舞東風上下顛狂。一箇戀餐花蕋。一箇映日尋芳。一箇楊柳梢頭吸曉露。一箇杏花枝上採清香。一箇舞翩翩旋轉下雕闌。一箇採薔薇困歇在湖山上。一箇迎風竹徑。一箇戲水池塘。

【醉扶歸】一箇搜盡風流像。一箇逐定買花郎。一箇又被頑童謔的荒。一箇在花下偷晴望。一箇搧粉翅來尋伴當。一箇綠楊枝上見黄鶯不敢輕狂。

【後庭花煞】一箇戀名園桃杏芳。一箇怕晚天庭院凉。一箇曾入莊周夢。一箇春風花草香。一箇不成雙。輕輕把翅兒展放。猛翻身飛過宋家莊。（月香亭稿）

秋日寫懷〔三三〕

【北雙調夜行船】席上催花送酒籌。儘拚爛醉金甌。紈扇生風。單衣無暑。藕花池晚凉時候。

【風入松】兩輪日月不停留。即漸鬢絲秋。人生何苦雙眉皺。故園回首興愁。卞相祠前荆棘。梁王塚上松楸。

【喬牌兒】繁華事已休。山水鎮依舊。浮雲榮辱都參透。因此上且收頭牢袖手。

【甜水令】但願得個故舊詼諧。綺羅圍遶。笙歌左右。此外更何求。俺如今命運蹉跎。形骸懶散。才名卑陋。且休題拜相封侯。

【離亭宴煞】歸來又是黄昏後。月上短牆垂柳。夢初回芭蕉響雨。夜纔深枕簟驚秋。

幾件兒閑窮究。則不如茅堂静守。買負郭數十丘。結知心二三友。（月香亭稿）

冬 景[三三]

【南中吕泣顔回】天氣暖如春。東風似轉柴門。牆頭紅杏。朝來已破三分。吟魂醉魄。誤年光陡訝芳菲近。待携壺慶賞佳辰。郊原外那有游人。

【前腔換頭】俄聞。歌管在東隣。何堪舊隱倦客孤身。年時蹀躞。軟紅十里香塵。無言自哂。對玄冥錯把東皇認。嘆山居冷落青尊。笑豪家醉倒紅裙。

【普天樂】撚吟髭。搔吟鬢。細賡和逋仙韻。雖然是無雪無梅。紙窗明那有纖塵。寒威悄無[三四]。愛銀屏燭彩。斗帳爐薰。

【古輪臺】恠天孫。不將伎巧趁滕神。浩然枉自騎驢去。梅花無信。瘦聳雙肩。歷遍了幽壑荒村。點檢冰壺。幾[三五]宵不凍。布衾何必倩人温。且新篘佳醖。忘情[三六]三五知音。圍爐談笑[三七]。消除閒悶。盡日到黄昏。虚簷外。先自湧冰輪。

【餘音】無眠坐數更籌盡。恐有山陰乘興人。分付兒童莫閉門。（月香亭稿）

為妓白蓮賦[三八]

【北雙調夜行船】太乙峰頭玉井蓮。等閒移入梁園。繡幄遮藏。錦屏圍護。不許路人窺見。

【風入松】劉郎心性與花便。獨自掌花權。高燒銀燭重開宴。風光壓盡桃源。煙靄輕籠婀娜。月明冷浸嬋娟。

【喬牌兒】惜花人正少年。共花神恣留戀。朱顔相對如花面。美姻緣天下鮮。

【雁兒落】花香散舞筵。花影迷歌扇。花輸才子看。花許騷人羨。

【得勝令】人是惜花仙。不吝買花錢。痛飲花前醉。狂吟花底眠。天然。果遂今生願。堪憐。還應宿世緣。

【鴛鴦煞】名題月老合同券。情留張珙相思卷。山海盟深。膠漆心堅。暢道是緑嫩紅柔。香嬌玉軟。兩意相投。已謝却閒鶯燕。風月無邊。諧老芳聲播揚遠。（月香亭稿）

題　情[三二九]

【南商調山坡羊】風兒踈喇喇吹動。雨兒淅零零風送。雨兒[三三〇]凄楚風兒横。繡幕中。燈兒一點紅。燈兒照破人兒夢。夢繞巫山若個峰。朦朧。徘徊兩意濃。匆匆。歡娱一霎空。

【皂羅袍】翠被今宵寒重。聽蕭蕭落葉。亂走簾櫳。緑雲堆枕鬢鬅鬆。不知溜却金釵鳳。惱人階下。淒淒候蟲。驚心樓上。瑲瑲曉鐘。無端畫角聲三弄。

【解三酲犯】最無奈漏長更永。怎支吾恨多愁冗。夜深私語無人共。他那裏驟青驄。笙歌醉迎花笑擁。多應在蘇小湖頭柳市東。放情。一時間採遍芳叢。

【玉抱肚】音書誰送。知隔著關山幾重。見如今水闊山高。促急裏怎覓鱗鴻。寒衣費盡剪刀工。線線針針手自縫。

【掉角兒序犯】一任他浮跡浪踪。終須是有個相逢。既然他能全始終。做來的儘自包籠。告神靈。都無用。捧玉鍾。流霞滿泛親陪奉。生前共。死後從。再把連枝種。

【尾聲】寵愛深。恩情重。風流過犯且姑容。多少閒言過耳風。（月香亭稿）

題 情〔三二〕

【北南呂一枝花】瘦身軀難打捱。美恩愛多艱阻。好功名都拚捨。閑雲雨盡蕭疎。情興揶揄。俺這裏冷落似宋玉悲秋賦。你那裏淒涼如昭君出塞圖。想殺人也可意姻緣。盼殺人也知音伴侶。

【梁州第七】只落得鶯猜燕妒。枉擔閣鳳隻鸞孤。論聰明不是個閑人物。妖嬈體態。穩重規模。席前打令。燈下樗蒲。實指望好恩情久遠如初。誰承望阻天涯信遠音疎。

爲別離一更更斷夢勞魂。想別離一陣陣牽腸割腹。怕別離一番番截鐙埋軸。凄凄。楚楚。怕的是畫船兒開往江心去。空作念枉回顧。抵多少嬌馬春風出帝都。千里程途。

【煞尾】俺這裏幾番人去曾分付。您那裏數載音書一紙無。知他那着疼熱心腸可相顧。但得你相逢呵分福。相見呵病除。得歡會平生願心足。（月香亭稿）

嘲王孟啓賭奕不勝

【北南呂一枝花】粗布袍罩體寬。長麻索拴腰細。破白靴隨脚綻。㡇孝帽壓眉低。打扮的整整齊齊。訪東道陳秋碧。撞冤家羅住持。把楸枰叫動擡來。將死勢登時坐起。

【梁州】皺著眉施逞妙算。低著頭斡運心機。矜誇六出陳平計。左攻右擊。後斷前追。三六下子。二四斜飛。實指望敵手著虧。不隄防自己遭圍。起初兒雄糾糾指下如神。即漸的花碌碌眼前見鬼。末稍兒黑魆魆臉上生灰。自嗟。自悔。清晨白日難推辭。要復仗轉不濟。上手連輸四五回。怏怏而歸。

【尾】書堂中尋事磨徒弟。家門首藏頭躲故知。從今後受路事先枉喎氣。大攔角莫提。十三篇閣起。老著數人前再賣不的嘴。（詞謔）

元　夕〔三〕

【北仙呂村里迓鼓】正值着太平時序。慶賞這元宵景致。建千丈鰲山高聳。民同樂笙歌聲沸。玉漏停。銅壺止。金吾不避。百姓歡。千官擁。萬乘喜。是看那瓊島春陰畫裏。【元和令】月光懸寶殿輝。燈光映曉山翠。燈光月色兩相宜。步天街人輳集。錦城車馬共相隨。玩花燈繞鳳池。【上馬嬌】聽一派絃管齊。歌舞宜。齊整整列在丹墀。有烹龍炮鳳珍羞備。瓜果又奇。光瀲灩高擎紫霞盃。【遊四門】則聽的鳳笙象管間玉笛。動仙音嘹喨遶彤墀。御燈香靄天風細。社火競高低。有。幾回罕見少人知。【勝葫蘆】更有那妙舞清歌錦隊裏。光燦燦燈月正交輝。則聽的黎庶臣僚呼萬歲。金盃酒泛。鈞天樂奏。祝聖壽與天齊。【後庭花】翠叢叢羅綺圍。花攢攢錦綉堆。光皎皎珠簾晃。碧澄澄銀漢低。水瓶中錦花飛。撲鼕鼕喧天鼓擂。設華筵列整齊。彩山前明月低。

【柳葉兒】喜遇着太平的盛世。重譯朝四海無敵。托賴着至仁至德當今帝。承天位。若盤石。錦乾坤一統華夷。（詞林摘艷）

元　夜〔三三〕

【北南吕一枝花】皇都錦綉城。江左繁華地。累朝天子闕。萬載帝王基。水秀山奇。萬姓多豪貴。莊農禾稼齊。幸遇着盛世明時。端的是豐年稔歲。

【梁州第七】泥牛碎鴻鈞氣轉。碧天斡斗柄寅回。鳳城元夜堪人意。一輪寶鑑。萬顆珠璣。燈光相映。月色相隨。燈和月上下光輝。月和燈來往相宜。遍皇都錦樹花開。遶鳳闕金蓮放蘂。滿城池銀燦琉璃。這壁。那壁。家家處處排羅綺。燈和月兩相對。勝似蓬萊圖畫裏。堪賞堪題。

【罵玉郎】元宵賞玩排筵會。斟緑蟻飲金盃。燈光影裏香風細。撇金錢才子行。閑遊玩仕女隨。看社火佳人立。

【感皇恩】呀。皷樂如雷。絃管聲齊。一壁廂躧着高撬。一壁廂踏着迓皷。一壁廂舞着白旗。更有那八仙過海。更有那四聖朝西。鰲山上。畫燈明。照華夷。

【採茶歌】笑吟吟手相携。慢騰騰步輕移。相呼相喚不催逼。漸漸東方分曙色。看看月落衆星稀。

【尾聲】五更禁鼓都休擂。三弄梅花且莫吹。豐稔元宵太平日。千邦來進禮。萬國皆慶喜。萬萬載中華大明國。（詞林摘艷）

閨 怨[三四]

【南中吕泣顏回】薄倖忒情雜。不比尋常作耍。出門容易。而今海角天涯。歸期歲晚。轉頭來過了春和夏。去時節霜老芙蓉。却又蚤水冷蒹葭。

【前腔換頭】奸猾。心性最難拿。瞞人利齒伶牙。悠揚不定。猶如風裏楊花。千思萬想。恁從來色膽天來大。恐習學竊玉偷香。唐突了相府高衙。

【撲燈蛾】恩情如撚沙。清苦似嚼蠟。知他在那廂偎笑臉。虛擔着許多愁病也。不索尋消問息。到頭來終有個還家。風流罪招繇細數。從頭兒一樁一件自詳察。

【前腔】風兒颼颼亂刮。雪兒紛紛密洒。凄凄的鳳枕單鴛帳冷。薄怯怯繡衾寒壓也。憪憪的銀燭爆花。嗚嗚的城上吹笳。鼕鼕的殘更正煞。呀呀的繞天啼散樹頭鴉。

【尾聲】文君再把香車駕。只恐琴心調弄差。反與相如做話靶。（吴騷合編）

咏雨[三五]

【南商調二郎神】芭蕉裹。聽一點點南窻欲斷魂。暗想到花染胭脂香褪粉。焦桐弦澁。求凰別鶴難聞更。斗帳生寒眠未穩。向此際惱人方寸。總休論。怎消得個梨花夜冷重門。

【集賢賓】湘簾暮捲愁復損。如珠似線紛紛。怕夢到鴛鴦蝶未肯。這點滴是怨聲愁韻。低頭自忖。最蕭索孀娥閨壼。情太忍。且莫問柳啼花哂。

【黃鶯兒】瀟灑到紅裙。錯疑將血淚痕。送淒涼似與湘江近。銀燈夜昏。銅壺漏分。聽聲聲只報相思信。强溫存。芙蓉池上。看點破了綠波紋。

【簇御林】冥冥細。漠漠紛。麝香山一片雲。兼催宋玉悲何迅。把風皃沙鳥催成陣。忽傾盆。陰連銅柱。似洗伏波軍。

【琥珀猫兒墜】花間葉底。偏向夜深聞。入幕敲窻帶白雲。更長漏短杳難分。逡巡。斷送了幾個遷客。征夫淚滿孤邨。

【尾聲】隨風雜霰聽難盡。那裹管助人愁悶。除是斬却瀟瀟竹數根。（吴歈萃雅）

詠 花[三六]

【南中吕泣顔回】萬卉花王。惟有牡丹花獨壓羣芳。蘭花噴麝。梅花漏泄春光。梨花淡粧。木蘭花斜倚在雕闌上。玉毬花嫩白嬌黄。紫荆花棠棣聯芳。

【前腔換頭】桃紅。李白鬬濃粧。芍藥花百媚嬌娘。瓊花遺像。海棠花滿架深藏。杏花出牆。白楊花一任隨風蕩。玉蘭花白似瓊漿。石榴花噴火非常。

【前腔】荷花。池畔戲鴛鴦。瑞香花偏惹蜂忙。茶花開放。茉莉花一種清香。葵花向陽。水仙花微露清波上。杜鵑花紅滿枝頭。玉簪花開遍堦傍。

【不是路】罌粟花黄。玫瑰花開滿院香。日初長。蓮花開處蒲花長。梔子花開白玉粧。鬬芬芳。荼蘼花謝薔薇放。百花堪賞。百花堪賞。

【解三醒】夜合花淒涼情况。芙蓉花冷落秋江。金錢花夜倒瑶臺上。寒菊花枝傲曉霜。木香花三種紅黄白。紅蓼花灘夜正涼。花模樣。總不如丹桂花開。分外清香。

【前腔】蠟梅花隴頭開放。枇杷花傲雪經霜。六花飛繞寒江上。汀畔蘆花蝶翅狂。金盞花淺斟葡萄釀。綉帶花枝贈玉郎。花模樣。總不如月桂花開。四季芬芳。

【十二時】鷄冠花似胭脂絳。靈鵲花開蘭麝香。惟有萱花慶北堂。（古今奏雅）

夢回離思〔三三七〕

【南中吕榴花泣】佳期重會約定在今宵。人静悄月兒高。傳情休把外門敲。輕輕的擺動花梢。見紗窻上影摇。那時節知是才郎到。又何須蝶使蜂媒。早成就鳳友鸞交。

【前腔】誰知薄倖誤我好良宵。房櫳静守寂寥。風吹竹檻影蕭條。只落得夢斷魂勞。嘆離多會少。楚陽臺回首關山杳。負雲雨翠减香消。争柰路阻藍橋。

【喜漁燈犯】夜深剔起銀釭照。柰隻影悄。暗想道昨夜歡娱。待今宵更好。又怎知别後絶音耗。鎮日裏縈牽懷抱。莫是他别惹閑花草。莫是他有上稍來没下稍。我爲他臉兒慵整。眉兒倦掃。我爲他茶飯不忺。神思縹緲。我爲他只落得心焦無聊。這離情怎消。漫嬴得潘鬢沈腰。

【瓦魚燈】頓忘了對星月禱告。頓忘了共吟嘲。頓忘了表記鞋兒小。頓忘了詩篇上寫滿鮫綃。頓忘了春衫是奴針線巧。頓忘了把盟香共燒。頓忘了香羅上一點染紅桃。這相思病。一時間怎消。連理債何日償了。正是落花有意隨流水。無情的流水滔滔。剛道是薄命所招。把金錢暗卜没分曉。欲待告天天又高。

【尾聲】還得見怎恕饒。恨不得一句將他駡倒。及至相逢依舊好。（南音三籟）

思憶春嬌〔三六〕

【南越調小桃紅】暗想昔日配春嬌。不知是那一點花星照也。向歡娛中沉埋一段舊根苗。從見了那多嬌。和咱有燕鶯期。鳳鸞交。鴛鴦侶。直勾引得蜂蝶鬧也。恨不得折損柔條。誰承望五陵人。先能勾小蠻腰。

【下山虎】向芙蓉錦帳度春宵。説不盡跎踔踔處他有萬般小巧。怎割捨得葉損枝殘。蕋開瓣凋。早一樹鉛華春易老。是咱思算少。又被傍人一謎攪。猛可地袄神廟頓然火燒。取次藍橋又被水滰倒。

【山麻稭】記痛別。低低道。休得要爲我愁煩。因我煎熬。多嬌。又兀自怕瘦損了潘安容貌。越教人悶填滄海。恨侵雲漢。愁鎖霞霄。

【五韻美】爲恩情傷懷抱。追遊玩賞緣分少。早朱顔不覺鏡中老。書齋静悄。不敢展文公家教。但只是排香案浣兔毫。纔落紙便寫出風情。翰林舊稿。

【蠻牌令】織錦字。寄英豪。焚金鼎禱青霄。端詳雲翰墨。越教人悶難熬。全不記雲期雨約。只説是玉減香消。他説是風流汗濕主腰。跎踔踔在他心上拴牢。

【五般宜】他那裏紅粧殘頓添楚腰。咱這裏春衫袖濕漸成沈腰。他那裏血淚搵鮫綃。

咱這裏行裏坐裏五魂縹緲。擔煩受惱。離多會少。莫不是普天下相思咱和伊都占了。

【江頭送別】懨煎病。懨煎病。甚藥醫療。相思害。相思害。甚時斷勦。不敢與人分明道。只落得夢斷魂勞。

【江神子】莫不是咱無福分消。莫不是我命蹇難招。莫不是老天斷續鸞交。天還知道恁寂寥。敢只是和天瘦了。

【尾聲】眠思夢想如花貌。這情況有誰知道。只有一盞孤燈昏昏的伴到曉。（南音三籟）

感舊〔三九〕

【北雙調夜行船】憶昔揚州廿四橋。玉人何處也吹簫。絳燭燒春。金船吞月。良夜幾番歡笑。

【風入松】東風楊柳舞長條。猶似學纖腰。牙檣錦纜無消耗。繁華去也難招。古渡漁歌隱隱。行宮烟草蕭蕭。

【喬牌兒】悲時空懊惱。撫景慢行樂。江山風物宜年少。散千金常醉倒。

【新水令】別來雙鬢已刁騷。綺羅叢夢中頻到。思前日。值今宵。絡緯芭蕉。偏恁感懷抱。

【甜水令】世態浮沉。年光迅速。人情顛倒。無計覓黄鶴。有一日舊跡重尋。蘭舟再買。吴姬還約。安排着十萬纏腰。

【離亭宴煞】珠簾十里春光早。梁塵滿座歌聲繞。形勝地須教翫飽。斜日汴隄行。暖風花市飲。細雨蕪城眺。不拘束越錦袍。無言責烏紗帽。到處裏疎狂落魄。知時務有誰如。攬風情似咱少。（彩筆情辭）

南北雙調合套

富文堂[三四〇]

【新水令北】富文堂内四時春。夜筵開越添風韻。梨雲封密牖。花月鎖重門。主客醺醺。人間事不須問。

【二犯江兒水南】天付與將軍英俊。更那堪懷抱真。憶西園雅集。北海開樽。又今朝成話本。花炬暈方温。爐香火正燉。飫口羶葷。聒耳笙簨。一會費須千萬緡。暢好是風流主人。真箇有冰清玉潤。高懷那數石季倫。

【鴻門凱歌北】簇擁着青衣力士群。擺列着紅粉佳人陣。歌謳着敲金擊玉詞。酬勸着注玉傾銀醽。宫錦地鋪裀。閨繡座圍裙。貂毳遮寒幙。羊脂盥水盆。承恩。肘繫黄金印。榮身。腰垂寶帶紳。

【鬬寶蟾南】吏隱。文質彬彬。羨負豪任俠。氣充才敏。堪誇處僕從循循。殷勤。供陳器設奇觀。書翻古蹟。畫懸神品。舊存新蓄。自來多武庫怎能窮盡。

【掛玉钩北】哎。你箇禮士謙光五嶽尊。有眼的誰不認。哎。你箇好客聲名四海聞。有耳誰不信。播士夫。傳州郡。受用足江左風華。占斷了白下精神。

【本序南】衮衮。公子王孫。有玉驄花轂。往來親近。日喧衢。向夜不歇。紛紛紜紜。衣冠聚滿堂。歌鐘動四隣。咲欣欣。鎮朝歡暮樂肯辭勞頓。

【川撥棹過七弟兄北】我這裏自評論。論今人邁古人。賢勝田文。豪過陳遵。更强似真右軍。祭征西返舊魂。郭汾陽步後塵。他侍着帝閽。要津。立華勳。腹中所有忠孝藎。聽之言勵即之温。涅而不淄磨不磷。

【錦衣香南】每日價會眷姻。心無吝。集弟昆。情無憒。常則是詩社尋盟。詞場投分。何常汎愛不仁親。一團和氣。充塞乾坤。正昇平美景。身何幸際會風雲。恰值亨嘉運。德歌堯舜。涓埃不恤。秋蛩春蚓。

【梅花酒過收江南北】我覷着塵世氛。嘆今世前因。值月夕風晨。閲暮靄朝暾。算浮生能有幾。休得要等閑悶。枉消磨烏兔奔。好風送透綸巾。好花香滿朱輪。有誰如紫髯君。呀。趁着這一篝燈影鬧黄昏。盃傳到手莫辭頻。玉山頽處倒昆崙。他那裏再巡。我這裏不勝酒渴海思吞。

【漿水令南】封侯事他時擬準。開懷計自家處分。顯榮有路舊翻新。志存鴻鵠。種出麒麟。馳單騎。專外閫。掀天事業成。黑鬢行看取。嚴班鷺引。何須恁清談蝨捫。

【餘音】醉翁會裏人難進。書生自來廝混。古今豈一蘇洵。（雍熙樂府）

【南中吕泣顔回】談笑有鴻儒。盡是文章儔侶。綸巾布氅。交參紫綬華裾。飛觥走斝。看笙歌羅列尊罍具。樂陶陶景媚時良。閑夭夭體廣情舒。

【普天樂】繡緯遮銀屏護。芳草徑夭桃塢。好相看照眼芳菲。怕甚麽妬花風雨。幾番痛飲西園暮。兩行紗籠燒銀燭。海棠風蕩漾紅綃。薔薇露點滴明珠。有清油小蓋。畫壁輕車。

【鴈過聲】規模。潭潭相府。堪寫入王維畫譜。水沉一縷博香霧。笑三閭傲陶朱。正好懷寬放吟骨清臞。汲泉煮茗。調冰雪藕。納涼揮麈。把人間一時熱惱盡消除。

【傾盃樂】須臾。十日霜。幾夜風催綻東籬菊。砌湧層巒。泉飛靈竇。橋横幽洞。門俯清渠。賦成鸚鵡。盃傾醽醁。帽插茱萸。又何須登高戲馬憶東徐。

【小桃紅】侍虞廷陳禆補。入洛社論今古。虎帳談兵嚴法令。施鎮撫。古來幾個文兼武。眼前那有清而富。更那堪謙德通疏。

【笑賢歌】遍江山古跡圖。總金石名賢録。博考索。精求募。看金甌名姓覆。專閫寄請兵符。統雄卒運奇謀。破妖胡獻降俘。試看他拜將封侯談笑取。

【尾聲】堂須造。盟可續。本是騷壇放浪徒。豈待公孫折簡呼。（新編南九宮詞）

按：曲牌【泣顏回】原作【好事近】，兹正。下同逕改，不另出按語。明人散曲常把【好事近】與【泣顏回】混淆而一，誤也。【好事近】僅首四句爲［泣顏回］，餘六句分别犯［刷子序］和［普天樂］。南詞新譜此條按曰：「舊以東野翠煙消一曲名好事近，特諱泣顏回之名而更之耳，實則泣顏回也。」

又：此套爲南九宮詞摘自陳鐸南北中吕合套「富文堂讌賞」中南曲部分，姑録之，異文不校。

複出

小令

【南仙吕二犯桂枝香】

四時閨怨

韶光似酒。池塘晝永。月懸冰鏡。鴛鴦霜重。

吴歈萃雅、萬錦清音、詞林逸響、南音三籟題作「四時閨怨」，俱注陳大聲撰。群音類選、新編南九宫詞注秦時雍作。兹已輯於秦氏卷中，此不重出。

套數

春詞

【北雙調新水令】一春無事爲花愁。

萬錦清音題作「春詞」，注陳大聲撰。群音類選、樂府先春、吴騷集、吴騷合編、珊珊集、詞林白雪俱注祝枝山撰。兹已輯於祝氏卷中，不重出。

夏日閨思

【南仙吕入雙調步步嬌】昨夜春歸今朝夏。

吴歈萃雅、詞林逸響、南音三籟、古今奏雅題作「夏日閨思」，珊珊集題「閨怨」，俱注陳大聲作。樂府先春、吴騷集、南宫詞紀、詞林白雪注王雅宜撰，兹已輯於王寵卷中，不重録。

怨別

【南正宫普天樂】四時歡。千金笑。

詞林逸響、古今奏雅題作「怨別」，注陳大聲作。樂府先春、吴騷集、吴騷合編署李東陽撰，兹已輯於李氏卷中，不重録。

【南仙吕入雙調步步嬌】簟展湘紋新凉透。

樂府先春、吴騷集無題，俱注陳大聲撰。惟吴騷集曲文前與目録署名不同，作劉東生。群音類選題作「閨怨」，屬楊德芳。吴國寶洞雲清響題作「題情」，曲文與各家選本差異較大。未知孰是，兹分輯於本書楊、吴兩家卷中，此不重録。

【南仙吕入雙調步步嬌】紫雲臺上人年少。

樂府先春無題，注陳秋碧作。吴騷集無題，曲文前失注作者，但該書目次署名陳秋碧。群音類選、南宫詞紀、彩筆情辭、詞林白雪俱注晏振之撰。吴國寶洞雲清響題作「情詞」。未知孰是，兹姑輯於吴、晏兩家卷中，此不重出。

西湖

【北雙調夜行船】花柳鄉中自在仙。

詞林摘艷題作「西湖」，注陳大聲撰。筆花集、北宫詞紀、北詞廣正譜俱署名湯式。兹已輯於湯氏卷中，此不重録。

春　怨

【南仙吕桂枝香】畫樓頻倚。

吴歈萃雅、詞林逸響、南音三籟、古今奏雅、珊珊集題作「春怨」，俱注陳大聲撰。樂府先春、吴騷集無題，皆屬吴崑麓。兹已輯於吴氏卷中，不重出。

四景閨情

【南商調黄鶯兒】彈指怨東君。

群音類選題作「四景閨情」，注陳秋碧撰。鄭若庸詞餘、吴歈萃雅、詞林逸響、古今奏雅、南音三籟俱署鄭若庸著。兹已輯於鄭虚舟卷中，不重出。

精訂陳大聲樂府全集序

樂府，詩之變也。而調諧律吕，字辨陰陽，較詩實難爲之。至以詩韻爲曲韻者十常八九，竟不知曲韻毫不可假借于詩韻也。其説平輿先生論之詳矣。自金元迄我國家，以南北曲名者亡慮千百輩。乃今三星逸客，按拍花前，兩京教坊，彈絲樽畔，纔一開口便度陳大聲諸曲，直令聽者神動色飛。此何以故？正以大聲之韻發而意新，聲婉而辭艷，其體貼人情，描寫物態，有發前人所未發者。何元朗取其穩協，王元美服其當行，真知言哉！顧全集人争欲見，惜無善本。新都昌朝博雅多能，尤長於聲律，其所撰樂府數十種，一遵大聲矩度而藴藉過之。以彼臭味之投，固宜不憚心力，俾至美而傳也。賞音者取是集與環翠堂稿並玩之，二君風雅亦可想見乎。萬曆歲在昭陽大淵獻上巳日中順大夫知江西瑞州府事友人湯有光拜撰。

汪昌朝精訂陳大聲全集序

汪鹾使昌朝，開園松蘿山下，吞煙霞而弄湖水，胸中灑灑，不染一塵，究心三教之餘，時或游戲詩賦詞曲。以故風雅者歸其標格，豪俠者重其意氣，菁華者愛其詞章，慷慨者推其直諒，不佞因是以納交于昌朝。昌朝且與不佞稱莫逆矣。昌朝觸事即景，輒度新聲，纔四易寒暑，已成樂府數十種。不佞讀之，見其清音亮節，綽態柔情，恍若有神解焉者。此雖昌朝才情贍哉，而究所從入，則得于陳侯大聲者居多也。大聲金陵將家子，生當弘正昇平之世，乃以詞曲鼓吹休明，直闖金元作者之閫奥，其所著有梨雲、可雪、月香、納錦郎諸稿，而滑稽餘韻、太平樂事，則又妙極俳諧，令人絶倒。大都流麗清圓，豐藻綿密。事盡而思不乏趣，言淺而情彌刺骨。以彼作手，豈獨爲昭代白眉哉，前無古人矣。昌朝不及與侯生同其時，日取遺編，倘徉湖山之際，不覺有心領而神會者，固宜著作之富，直與大聲照暎後先也。昌朝不忍大聲諸作散逸無統，乃手自訂彙，而更以詩詞二韻，並草堂餘意附刻之。則知環翠稿中所載，某宮用某韻，不少混淆者，其體裁皆有所本也。梓成，予並表章之。侯官友弟曹學佺頓首纂。

刻陳大聲全集自序

曲雖小技乎，摹寫人情，藻繪物采，實爲有聲之畫。所忌微獨鄙俚而不馴，亦恐饒洽而太晦，即雅俗並陳矣，倘律韻少舛，其于合作無當也。蓋律以定調，韻以辨聲。律不叶則拂于板，韻不諧則噎於喉。詞隱先生極意釐正，良苦心哉！不佞于此技未窺一斑，私心酷好之。金元作者尚矣，于昭代獨北面陳大聲氏。大聲以簪纓世家，生當江左風流之地，淘瀉襟抱，恣吐才華，布景傳情，動成美善。其所著若梨雲寄傲，若可雪遺編，若月香小稿，若納錦郎傳奇，若滑稽餘韻，若太平樂事，長篇短令，無不使人解頤。總之，其韻嚴，其響和，其節舒，詞秀而易晰，音諧而易按。言言蒜酪，更復擅場。借使騷雅屬耳，擊節賞音，里人聞之，亦且心醉。其真詞壇之鼓吹，而俳諧之傑覇乎？不佞每對蘿月湖雲，手取數闋，長謳一過，神思飛越，竟不知此身在人間世也！第原刻不善，日久益復糢糊，乃自精訂，授之剞劂，而並以草堂餘意詩詞二韻附其後。庶作者知詩與詞各自爲韻，不得以己意相假借也。

若九宫之辨，具載涵虚子、幼平甫二譜中，不佞何庸贅。時萬曆辛亥仲春月上浣新都無如汪廷訥序。

近之爲詞者，北調則關中康狀元對山、王太史渼陂，蜀則楊狀元升庵，金陵則陳太史石亭、胡太史秋宇、徐山人髯仙，山東則李尚寶伯華、馮别駕海浮，山西則常廷評樓居，維揚則王山人西樓，濟南則王邑佐舜耕，吴中則楊儀部南峰。康富而蕪，王豔而整，楊俊而葩，陳、胡爽而放，徐暢而未汰，李豪而率，馮才氣勃勃，時見紕纇；常多俠而寡馴，西樓工短調，翩翩都雅；舜耕多近人情，兼善諧謔；楊較粗莽。諸君子間作南調，則皆非當家也。南則金陵陳大聲、金在衡，武林沈青門，吴唐伯虎、祝希哲、梁伯龍，而陳、梁最著。唐、金、沈小令，並斐亹有致；祝小令亦佳，長則草草；陳、梁多大套，頗著才情，然多俗意陳語，伯仲間耳。餘未悉見，不敢定其甲乙也。王氏曲律

若夫散詞小令，則家和璧而人隋珠，未易枚舉。試數其人，則周憲王、趙□□王、劉誠意、王威寧、楊邃菴、顧未齋、陳大聲、祝希哲、唐伯虎、張伯起、沈青門、王稚欽、李空同、楊用修、王敬夫、康德涵、韓苑洛、金白嶼、楊君謙、常明卿、谷繼宗、何粹夫、王渼陂、王浚川、謝茂秦、王舜耕、陸之裘、陳石亭、何太華、許少華、玉辰玉，彼皆海岳英靈，文章巨擘，羽翼大雅，黼黻王猷。正業之外，遊戲爲此，或滔滔大篇，或寥寥小令，含金跨

元，真所謂種種殊別，新新無已矣。三家村老委談

不作傳奇而作散曲者，二十五人，其三曰：陳鐸秋碧南京人。評云：陳秋碧南音嘹喨餘略蓋諸公多濬文章之派，並揚詞曲之波，歌套數洋洋盈耳之歡，唱小令嗚嗚沁心之妙。篇章應不朽，姓字必兼存。允爲上品。呂氏曲品

陳鐸字大聲，有秋碧樂府、梨雲寄傲、公餘漫興行於世。詠閨情「三弄梅花」一闋，頗稱作家所爲。散套穩協流麗，被之絲竹，審宫節羽，不差毫末。金陵瑣事曲品

陳指揮鐸，字大聲，齋居云：「晚樹低分霽，春雲淡隔城。」夜往新豐鄉云：「山月巧窺人影瘦，夜涼先向客衣生。」送毛都督云：「刁斗夜嚴山月冷，旌旗晴散野雲平。」金陵瑣事佳句

秋碧陳大聲，山水倣沈啟南。余藏送史廷臣一小幀，自題絶句云：「情深此日難爲别，相送元方又季方。萬里楚江孤棹逈，穩吟秋色到維揚。」金陵瑣事畫品

指揮陳鐸，以詞曲馳名，偶因衛事謁魏國公於本府。徐公問：「可是能詞曲之陳鐸乎？」陳應之曰：「是。」又問：「能唱乎？」陳遂袖中取出牙板高歌一曲。徐公揮之去。迺曰：「陳鐸金帶指揮，不與朝廷作事，牙板隨身，何其卑也！」金陵瑣事

陳鐸爲指揮，善詞曲，又善謔，常居京師，戲作月令，惟記其二月下云：「是月也，壁蝨出溝中，臭氣上騰，妓鞾化爲鞋。」最善形容，化爲鞋更可笑也。客座贅語陳公善謔條

黄琳美之，元宵宴集富文堂，大呼角伎集樂人賞之。徐子仁、陳大聲二公稱上客。美之曰：

「今日佳會，舊詞非所用也。請二公聯句，即命工度諸絃索何如？」於是子仁與大聲揮翰聯句，甫畢一調，即令工肄習；既成，合而奏之，至今傳爲勝事。子仁七十時，於快園灑藻堂開宴，妓女百人稱觴上壽，纏頭皆美之貽者。大聲爲武弁，嘗以運事至都門。客召宴，命教坊子弟度曲侑之。大聲隨處雌黄，其人拒不服，蓋初未知大聲之精於音律者也。大聲乃手攬其琵琶，從座上快彈唱一曲，諸子弟不覺駭伏，跪地叩頭曰：「吾儕未嘗聞且見也。」稱之曰「樂王」。自後教坊子弟，無人不願請見者。歸來問餽，不絶於歲時。嗚呼！二公以小技爲當時所慕如此，豈所謂折楊黄荂則聽然而笑者耶？頃友人陳藎卿所聞亦工度曲，頗與二公相上下；而窮愁不稱其意氣，所著多冒他人姓氏，甘爲牀頭捉刀人以死，可歎也！嗟乎，彼武夫伶人，猶知好其知音者，今安在乎哉？客座贅語髯仙秋碧聯句條

陳秋碧與徐髯仙詠四景聯句，調曰金索掛梧桐。其一東風轉歲華，院院燒燈罷。陌上清明，細雨紛紛下。天涯蕩子心，盡思家，只見人歸不見他。合歡未久輕拋捨，追悔從前一念差。無聊處，懨懨獨坐小窗紗。見了些片片桃花，陣陣楊花，飛過鞦韆架。其二楊花亂滚緜，蕉葉初學扇。翠蓋紅衣，出水蓮新現。金鑪一縷微，裊沈煙，睡起紗幮雲髻偏。巫山好夢誰驚破，花外流鶯柳外蟬。無聊處，千思萬想對誰言！添了些舊恨眉邊，新淚腮邊，界破殘妝面。其三閒階細雨收，翠幕新涼透。疏柳殘荷，又早中秋後。新來減盡了，舊風流，無奈新愁壓舊愁！碧雲望斷天涯路，人在天涯欲盡頭。無聊處，懨懨鬼病幾時休？聽了些燕過南

樓，人倚西樓，正是我愁時候。其四銀臺絳蠟籠，繡幙金鉤控。暖閣紅爐，少箇人兒共。月明纔轉，小房櫳，不放清光照病容。無端畫角聲三弄，吹落梅花一夜風。無聊處，天寒夜冷信難通。孤眠人正怕窮冬，又到殘冬，做不就鴛鴦夢。此詞纏綿婉折，曲盡箇中情景。如二公者，故詞場之伯仲也。客座贅語四景聯句條

今人但知陳大聲南調之工耳，其北一枝花「天空碧水澄」全套，與馬致遠「百歲光陰」皆詠秋景，真堪伯仲。又題情新水令「碧桃花外一聲鐘」全套，亦緜麗不減元人，本朝詞手似無勝之者。陳名鐸，號秋碧，大聲其字也。金陵人，官指揮使。今皆不知其爲何代何方人矣！顧曲雜言

陳大聲，金陵將家子。所爲散套，既多鈔襲，亦淺才情。然字句流麗，可入弦索。「三弄梅花」一闋，頗稱作家。曲藻

陳大聲，金陵將家子。曲多鈔襲。「梅花」一闋，爲世所傳，只可供絃索三弄而已。雨村曲話

成弘間，沈青門、陳大聲輩，南詞宗匠。同時康對山、王渼陂，俱以北擅場。王初學填詞，先延名師，學唱三年，而後出手。章邱李太常中麓，亦以填詞名，與康、王交而不嫺度曲，如所作寶劍記生硬不諧，且不知南曲之有入聲，自以中原音韻叶之，以致見誚吴儂。同時惟馮海浮，差爲當行。此外，吴中詞人如唐伯虎、祝枝山、梁伯龍、張伯起輩，縱有才情，俱非本色矣。今傳誦南曲如「東風轉歲華」，云是浙人高則誠，不知乃陳大聲、徐髯翁聯句也。

陳名鐸，大聲其字也，金陵人，官指揮使。蝸亭雜訂

作曲須先識字，否則往往誤用，如梁伯龍浣紗「金井水紅花」云：「波冷濺芹芽濕裙靸。」靸字，法用平聲。然靸，箭袋也。若衣衩之衩，屬去聲。李義山詩「十歲去踏青，夫容作裙衩。」是爲明證。此其失自陳大聲散套節節高之「戲女娃露裙衩」始耳。南音三籟

墨憨齋主人評沈伯英鶯啼序麗情「盈盈十五才過」一套云：「鶯啼序首句，據伯英詞譜仍七字，而此曲乃用六字起，蓋仿陳大聲「孤幃一點殘燈」句法也。三籟謂大聲曲實是「孤幃一點將絶燈」七字，非六字。然考拜月亭有鶯集御林春曲，乃鶯啼序二句，集賢賓三句，簇御林一句，三春柳二句合成者。起句如「恰纔的亂掩胡遮，聽説罷姓名家鄉」，句法正與集賢賓起句一般，何不直注集賢賓五句，而必另注鶯啼序乎？凡鶯啼序用七字起者，皆犯集賢賓者也。或作換頭可耳。因二曲腔調相近，作者多互犯，而又不得真正知音者辨之，其「孤幃一點殘燈」相近，即少一字，亦宜添在孤字之上。若三籟「孤幃一點將絶燈」，則與是非顛倒，吾不知其終矣。太霞新奏

金猊瑞腦噴香霧，向曉鈔本作晚寒多深閉户。窗明殘雪積飛瓊，風起亂雲飄散絮。錦幃細看霓裳舞，小玉銀箏學鶯語。梅香滿座襲人衣，誰道江橋無覓處。此陳大聲冬雪詞也，寄木蘭花令。論者謂其有宋人風致，使雜之草堂集中，未必可辨也。雖然大聲和草堂，自予所選數首外，求其近似者蓋少。江東陳鐸大聲，嘗和草堂詩餘幾及其半。輒復刊布江湖間，論者謂其

以一人心力，而欲追襲羣賢之華妙，徒負不自量之譏。蓋前輩和唐音者，胥以此故爲大力所不許。大聲復冒此禁，何也？然以其酷擬前人，故其篇中亦時有佳句，四言如：嬌雲送馬，高林回鳥，遠波低雁。五言如：飛夢去江干，又添驢背寒。飢鳥啄瓊樹，寒波浄銀塘。香浮殘雪動，影弄寒蟾小。六言如：長日餘花自落，無風弱柳還摇。楊柳依風清瘦，花枝照水分明。明月爲誰圓缺，浮雲隨意陰晴。七言如：花蘂暗隨蜂作蜜，溪雲還伴鶴歸巢。欲將離恨付春江，春江又恐東流去。千里青山勞望眼，行人更比青山遠。秋水無痕涵上下，浮雲有意遮西北。散句如：東風路多少，小燕閒庭，亂鶯芳樹。緑雲盡逐東風散，惟有花陰層疊。九十韶光自不容，何必憎風雨。暮山高下，暮雲平行。人不渡，只有斷橋横。清溪流水，斜橋淡月，不減山陰好。春城晚，霏霏，滿湖煙雨斷腸，無奈落花飛絮。凡此頗婉約清麗，使其用爲己調，當必擅聲一時；而以之追步古作，遂蹈村婦鬬美毛施之失，蓋不善用其長者也。陳霆渚山堂詞話

金陵陳大聲，嘲北地巷曲中人曰：「門前一陣騾車過，灰揚，那裏有踏衣歸去馬蹄香。綵褉綵裙綵褲子，膀脹，那裏有佳人夜試薄羅裳。生葱生蒜生韭菜，腌臟，那裏有夜深私語口脂香。開口便冤家的，歪腔，那裏有春風一曲杜韋娘。開筵便吃燒刀子，難當，那裏有蘭陵美酒鬱金香。頭上髮髻高尺二，蠻娘，那裏有新髻雲鬟宮様粧。行雲行雨在何方？土坑，那裏有鴛鴦夜宿銷金帳。五錢一兩等頭昂，便忘，那裏有嫁得劉郎勝阮郎。」明咄咄夫一夕話詩文類

北將條

卞華伯云：大聲詩用意和平，不務雕刻，深入虞楊范揭之閫奥，而漸登盛唐作者之階梯。明詩綜

大聲以樂府名於世，所爲散套，穩協流麗，被之絲竹，審宫節羽，不差毫末。居第之南，有秋碧軒、七一居，精潔絶塵，與勝流談讌；山水仿沈啟南，自爲詩題其上。人知大聲善樂府，不知其能畫，又不知其工於詩也。列朝詩集

陳鐸，字大聲，下邳人，徙南京，官指揮使。錢氏云：大聲以樂府名于世，所爲散套，穩協流麗，被之管弦，能審宫節羽，不差毫末。王昶明詞綜

明有陳鐸，睢寧伯文之曾孫，都督政之孫也。以樂府名於世，亦藝文之支流餘裔者焉。邳州志卷七

陳政，洪武初從征，驍勇過人，所向有功，累遷中府都督。邳州志卷十五

陳大聲詞，全明不能有二。坐隱先生草堂餘意，甲辰春，半唐假去，即付手民，蓋亦契賞之至。寫樣甫竟，半唐自揚之蘇，嬰疾遽殁，元書及樣本並失去，不復可求。其詞境約略在佘心目中，兼樂章之敷腴，清真之沈著，漱玉之緜麗。南渡作者，非上駟未易方駕，明詞往往爲人指摘，一陳先生，揜百瑕而有餘。是書失傳，明詞之不幸，半唐之隱恫矣。大聲名鐸，别號七一居士，下邳人，家上元。睢寧伯陳文曾孫。正德間，襲濟州衛指揮，有秋碧軒集五

卷、香月亭集卷數未詳。、秋碧樂府二卷，梨雲寄傲，詞、草堂餘意各一卷余所得鉅帙逾百葉，卷數不復記憶。並見千頃堂書目。大聲精擘宮律，人稱「樂王」。又善謔，嘗居京師，戲倣月令云云，見顧起元客坐贅語。又有四時曲、與徐髯僊聯句。蕙風詞話

題大聲樂府朝天子云：「樂王，樂章，這板本在書棚上。把前朝風月細端相，夜半秦淮漲。有鼓板千場，氍毹十丈，掩映着華燈亮。窈娘，窅娘，重教取尊前唱」。冒廣生疚齋樂府

陳氏園佚其地。陳鐸，字大聲，南京錦衣衛指揮。別墅有秋碧軒、香月雪秀二亭。陳詒祓金陵園墅志

〔一〕「忽的」，明抄本梨雲寄傲（以下簡稱抄本）作「忽聽」。
〔二〕「不索」，抄本作「不説」。
〔三〕「常是」，抄本作「常鎖」。
〔四〕「今夜」，抄本作「冷夜」。
〔五〕「像」，抄本作「樣」。
〔六〕第二首抄本題作「春情」。
〔七〕抄本題作「感懷」，雍熙樂府無題。
〔八〕「花欠」，抄本作「花次」。

〔九〕抄本無「那裏也」三字。

〔一〇〕抄本題作「冬夜」。第二首雍熙題作「村隱」。

〔一一〕「禁鼓」，抄本作「禁夜」。

〔一二〕「天大」，抄本作「天下」。

〔一三〕「笑忘機」，抄本作「心機」。

〔一四〕「三尺」，抄本作「三寸」。

〔一五〕雍熙題作「遇美」。

〔一六〕抄本題作「花柳」。

〔一七〕「搓」，抄本作「摇」。

〔一八〕「淺」，抄本作「翦」。

〔一九〕抄本題作「閑情」。

〔二〇〕「鴈」，抄本作「天」。按律第三、四兩句爲對句。「雁」字疑衍誤。

〔二一〕「助」，抄本作「動」。

〔二二〕彩筆情辭題作「贈美妓」。

〔二三〕「也」，抄本作「時」。

〔二四〕「亂擁」，抄本作「半擁」。

〔二五〕抄本題作「草堂」。

〔二六〕「白鴈」，抄本作「白鳥」。
〔二七〕「撇不去丢不竃」，抄本作「撇不下去不掉」。
〔二八〕「數個」，抄本作「數竿」。
〔二九〕「丘阿」，抄本作「丘林」。
〔三〇〕「飛螢」，抄本作「流螢」。
〔三一〕「收」，抄本作「拉」。
〔三二〕抄本題作「漁家」。
〔三三〕「隨意」，抄本作「隨處」。
〔三四〕「欸乃一聲間」，抄本作「欸乃一聲寬」。
〔三五〕北宫詞紀外集題作「懷人」，彩筆情辭題作「代有所思」。
〔三六〕抄本題作「詠香囊」。
〔三七〕「傍」，抄本作「俏」。
〔三八〕抄本題作「春怨」二首，第三首另題作「秋怨」。
〔三九〕「戰篤速」，抄本作「我敢連」。
〔四〇〕「告」，抄本作「囑」。
〔四一〕抄本、彩筆情辭第一首題作「代人春情」，第二首另題作「風情」。
〔四二〕「惑他」，抄本作「感他」。

〔四三〕抄本題作「風情」，彩筆情辭題作「贈美妓」。
〔四四〕「春風」，抄本作「秋風」。
〔四五〕「蹺蹊」，抄本作「僥傒」。
〔四六〕「業錢」，抄本作「弃錢」。
〔四七〕「畫橋」，抄本作「野橋」。
〔四八〕「行在」，抄本作「一幅」。
〔四九〕「幾點」，抄本作「幾箇」。
〔五〇〕「秋風」，抄本作「松江」。
〔五一〕「巉巉」，抄本作「山山」。
〔五二〕「蓬吉」，抄本作「篷繫」。
〔五三〕「綸竿」，抄本作「長竿」。
〔五四〕「不問」，抄本作「不聞」。
〔五五〕「把前程明當黑」，抄本作「不問名和利」。
〔五六〕「船」，抄本作「舟」。
〔五七〕「蘭」，抄本作「楹」。
〔五八〕「喜蓴鱸」，抄本作「侶魚蝦」。
〔五九〕「我娱清」，抄本作「俺漁家」。

〔六〇〕「齊門」，抄本作「大門」。

〔六一〕「團圞」，抄本作「團圓」。

〔六二〕「醉後」，抄本作「醉倒」。

〔六三〕「滿眼金帛」，抄本作「兩眼黄金」。

〔六四〕「閑情」，抄本作「鬭情」。

〔六五〕「道」，抄本作「到」。

〔六六〕抄本題作「贈别」。

〔六七〕首二句抄本作「滯斜陽遠峰。飲清江斷虹」。

〔六八〕彩筆情辭題作「咏桃花贈妓」。

〔六九〕「恩情」，抄本作「思情」。

〔七〇〕「轉危」，抄本作「轉多」。

〔七一〕「詩句子」，抄本作「傳情詩」。

〔七二〕「湯」，抄本作「拈」。

〔七三〕抄本第一首題作「閒情」，第二首題作「小集」，第三首題作「咏雲山」。

〔七四〕「鳳毛」，抄本作「鳳尾」。

〔七五〕「傲」，抄本作「有」。

〔七六〕抄本第一首題作「閨怨」。第二首抄本題作「夏夜」，雍熙題作「村隱」，不注作者。

〔七七〕抄本題作「送僧」。

〔七八〕「等地消磨」，抄本作「驀地銷磨」。

〔七九〕「是非」，抄本作「争鬬」。

〔八〇〕抄本題作「風帆」。

〔八一〕抄本題作「摇櫓」。

〔八二〕「淮浦」，抄本作「南浦」。

〔八三〕「還記的當年聽」，抄本作「記不得當年恨」。

〔八四〕抄本、雍熙、彩筆、北宮詞紀外集皆無「和徐遵誨題」五字。除雍熙不注撰人，北紀、彩筆俱注陳大聲。

〔八五〕「陽臺」，抄本作「瑶臺」。

〔八六〕「軟襯」，抄本作「欵襯」。

〔八七〕「莫當」二句，抄本作「莫負盟言。莫逞奸猾」。

〔八八〕「並倚」，抄本作「難並」。

〔八九〕「猶難」，抄本作「尤難」。

〔九〇〕「一個」，抄本作「我」。

〔九一〕「一個」，抄本作「他」。

〔九二〕抄本題作「隱者」，僅録末曲一首。

〔九三〕「數丘」，抄本作「數畝」。
〔九四〕北宫詞紀外集題同，注陳秋碧。
〔九五〕北外、彩筆題作「嘲妓泥人兒」，俱注陳大聲。
〔九六〕吴騷二集題作「題情」，南音三籟題作「集古曲句」，俱注陳秋碧。
〔九七〕明抄本秋碧樂府（以下簡稱明抄本）題作「閨情」，南宫詞紀、吴騷合編題作「四時閨怨」，南詞韻選録三首，第一、四首無題，第二首題作「夏日」，俱注陳秋碧。
〔九八〕「暮雨」，明抄本作「細雨」。
〔九九〕明抄本題作「閨情」，吴騷二集、吴騷合編題作「四時閨情」，南宫詞紀題作「夏秋怨二首」，南詞韻選無題，俱注陳秋碧。
〔一〇〇〕「雨驟風狂」，明抄本作「雨僽風僝」。
〔一〇一〕「青春」，明抄本作「青青」。
〔一〇二〕明抄本題同。群音類選題作「閨情」，南宫詞紀題作「閨怨六闋」，無第六（半明半滅燈兒焰）、八首（坐裏卧裏頻攧窨），南詞韻選全録無題，南詞新譜録第二首（冷落冷落鞦韆架）無題，南音三籟録第二首，題作「恨别」，俱注陳秋碧。吴歈萃雅録首曲（無形無影書難寄），題作「憶别」，三籟又録第一、三首（怕寒怕冷扃朱户），題同萃雅，俱注楊升菴撰。
〔一〇三〕「絮」，明抄本作「緒」。
〔一〇四〕「滅」，明抄本作「慘」。

〔一〇五〕北外題同，注陳大聲。

〔一〇六〕南紀題同，明抄本題作「四景」，俱注陳秋碧。韻選無題，注無名氏。

〔一〇七〕明抄本、南紀、萃雅、三籟題同，俱注陳大聲。

〔一〇八〕明抄本此句作「他近日恩情」。

〔一〇九〕「錦陣與」，明抄本作「錦障」。

〔一一〇〕明抄本、韻選無題，南紀第二首（雙飛鷀燕）題作「初夏」，其餘三首題作「題情」，吴騷二集亦作「題情」，吴騷合編題作「四時題情」，俱注陳秋碧。

〔一一一〕「可怪」，明抄本作「可恨」。

〔一一二〕「花露」，明抄本作「花霧」。

〔一一三〕「鳳笙」，明抄本作「風篁」。

〔一一四〕「露井」，明抄本作「露徑」。

〔一一五〕「妬」，明抄本作「延」。

〔一一六〕明抄本題作「四景」，南紀題作「四景題情」，韻選分别題作「春情」（惱春情鶯和燕）、「夏景」（柳陰濃榴花放）、「冬閨」（怯嚴寒消風韻）和無題（好霜天賓鴻至），俱注陳鐸。

〔一一七〕北外題作「嘲賀節」，不注作者。

〔一一八〕北外題作「嘲禿子」，注陳大聲。

〔一一九〕北外題作「嘲啞子」，注陳大聲。

〔一二〇〕北外題作「嘲瞎子」，注陳大聲。

〔一二一〕北外題作「嘲瘸子」，注陳大聲。

〔一二二〕北外題作「嘲豁子」，注陳大聲。

〔一二三〕彩筆情辭題同，注陳大聲。

〔一二四〕吴騷二集、彩筆録首曲（燭影摇紅），分别題作「風情」和「歡情」，南紀、韻選録第三首（舊日張郎）分别爲「題所見」和無題，韻選又收第二首（薄分劉晨）和末曲（皓齒纖腰）皆無題，俱注陳秋碧。

〔一二五〕此乃朱有燉誠齋樂府題作「詠閨情别意」六首之前四曲。雍熙題同可雪齋稿，不注作者。此曲恐非陳鐸所作，疑係陳大聲樂府全集編訂者誤收，姑録之，兹互見朱陳兩家曲中。

〔一二六〕群音類選題作「四景閨情」，新編南九宫詞題作「景」，俱注祝枝山。吴騷集、樂府先春無題，俱署梁少白。萃雅題作「四時别怨」，詞林逸響題作「四時怨别」，樂府珊珊集題作「别怨」，三籟題作「四時怨」，古今奏雅題作「四時别怨」，俱注高東嘉。吴騷合編題作「四時閨情」，署常樓居。詞林白雪無題，署李日華。南紀題作「四時閨怨」，昔昔鹽題作「四景懷人」，韻選録第一首（東風轉歲華），題作「春詞」。第二首（楊花亂滚綿）和第三首（閒堦細雨收）無題，第四首（銀臺絳蠟籠）題作「冬景」，俱不注撰人。吴騷二集、名媛詩緯雅集收第四首，題作「冬閨」，並屬景翩翩。恐均非是，兹以之屬陳氏。

〔一二七〕盛世新聲無題，雍熙題作「題情」，類選題作「詠俏」，俱不注作者。彩筆録第一（懷兒中摑惜費温存）、三首（不禁春色眼兒涎），題作「麗情」，注陳大聲。誠齋樂府題作「詠情」。疑係編訂者誤收入可雪齋稿，姑録之，兹互見朱、陳兩家曲中。

〔一二八〕「團圞」，明抄本作「團圓」。

〔一二九〕明抄本僅收前四首，無題。南紀録第一、三、四首，題作「風情三首」，太霞新奏録前八首，題作「風情八曲」，韻選録前八首，題作「風情」，俱注陳秋碧。

〔一三〇〕明抄本題作「風情問答」四曲之第一首。韻選無題，彩筆題作「嘲答」，俱署陳大聲。

〔一三一〕吴騷二集、三籟題作「寄情」，韻選無題，俱注陳秋碧。明抄本題作「麗情」，第四句作「你若是有私」。

〔一三二〕盛世新聲無題，雍熙題作「題情」，俱不注作者。彩筆題作「歡情」，屬陳大聲。誠齋樂府題作「題情」。疑月香亭稿誤收，姑録之，兹互見朱、陳兩家曲中。

〔一三三〕彩筆題作「風流」，注陳大聲。

〔一三四〕彩筆收首曲，題作「宴娱」，注陳大聲。案二首小令見朱有燉李亞仙花酒曲江池雜劇第二折。此疑編訂者誤收。

〔一三五〕吴騷二集録第三、四首，彩筆録第一首，俱題作「風情」，並注陳秋碧。

〔一三六〕明抄本題作「風情問答」。太霞新奏録第二首，題作「戲筆一首」，注陳大聲。

〔一三七〕「土」，明抄本作「飛」。

〔一三八〕盛世新聲、金瓶梅詞話無題，雍熙題作「題情」四曲之第一首，俱不注撰人。誠齋樂府題作

「題情戲漂蕩子弟」兩闋之首曲。疑編訂者誤收入月香亭稿，姑録之，兹互見朱、陳兩家曲中。

〔一三九〕誠齋樂府、樂府羣珠俱題作「新歡」，注誠齋撰。雍熙題作「嘲竊情」，不注作者。疑月香亭稿編訂者誤收。兹互見朱、陳兩家曲中。

〔一四〇〕明抄本無題。北外題作「風情」，注陳大聲。雍熙前二首題作「美愛」，後二首題作「盼思」，俱不注作者。彩筆首曲題作「麗情」，第三、四首題作「風情」，俱署陳大聲。

〔一四一〕「海神」，明抄本作「海龍」。

〔一四二〕此句明抄本作「有一個負了心」。

〔一四三〕此句明抄本作「針尖似小膽兒」。

〔一四四〕「縱的有」，明抄本作「慣縱的」。

〔一四五〕「在」下面明抄本有一「他」字。

〔一四六〕「一千個」，明抄本作「一千聲」。

〔一四七〕明抄本無題。北外題作「盼望」，署陳大聲。雍熙首曲題作「美愛」，後二首題作「盼思」，俱不注撰人。彩筆首曲題作「感懷」，第二支題作「盼思」，俱注陳大聲。

〔一四八〕「難成就」，明抄本作「怎能够」。

〔一四九〕「晚」，明抄本作「裡」。

〔一五〇〕「這恁歹」，明抄本作「肯分的夕」。

〔一五一〕明抄本題作「麗情」。彩筆録第一首，題作「佳遇」，注陳大聲。

〔一五二〕「入」，明抄本作「一」。

〔一五三〕「趁」，明抄本作「稱」。

〔一五四〕「暫」，明抄本作「閉」。

〔一五五〕元明小令抄録第五首（天生下一捻兒玉娉婷）無題，注陳大聲。

〔一五六〕韻選無題，南紀第一、二、四、五、七首題作「題情」，第六首（沉醉京華）題作「飲興」，明抄本、詞林摘艷、吳騷二集、新編南九宮詞録前四曲，明抄本、摘艷題作「麗情」，二集題作「題情」，新編無題，俱注陳大聲。雍熙録前四首題作「題情」，不注撰人。新編又録後三首，題作「情」，注舊詞。彩筆録第二首（杏臉桃腮），題作「春思」，署陳大聲。萃雅録第六首，題作「春思」，注梁伯龍。太霞新奏録末曲（數盡歸鴉），題作「一半兒」，注陳大聲。

〔一五七〕北宮詞紀外集題作「嘲道士」，不注撰人。

〔一五八〕北外題作「嘲尼姑」，不注撰人。

〔一五九〕北外題作「嘲妓女」，不注撰人。

〔一六〇〕北外題作「嘲堪輿」，不注撰人。

〔一六一〕北外題作「嘲瓦匠」，不注撰人。

〔一六二〕金瓶梅題同，不注作者。

〔一六三〕樂府羣珠題同，注陳大聲。

〔一六四〕羣珠題同，注陳大聲。

〔一六五〕羣珠題同，注陳大聲。

〔一六六〕羣珠題同，注陳大聲。

〔一六七〕羣珠題同，注陳大聲。

〔一六八〕羣珠題同，注陳大聲。

〔一六九〕羣珠題同，注陳大聲。

〔一七〇〕羣珠題同，注陳大聲。

〔一七一〕羣珠題同，北外題作「嘲裁縫」，俱注陳大聲。

〔一七二〕羣珠題同，北外題作「嘲磨鏡」，俱注陳大聲。

〔一七三〕羣珠題同，北外題作「嘲彈棉花」，俱注陳大聲。

〔一七四〕北外題同，注陳大聲。

〔一七五〕北外題同，注陳大聲。

〔一七六〕北外題同，注陳大聲。

〔一七七〕北外題作「茶肆」，注陳大聲。

〔一七八〕南紀題作「夜讌」，韻選無題，俱注無名氏。秋碧樂府共四首，第二首（窈窕軒窗）見萬曆間汪氏環翠堂刊本陳大聲樂府全集梨雲寄傲，第三首（夜半涼生）和第四首（沉醉京華）見全集月香亭稿。按明抄本秋碧樂府、梨雲寄傲各一卷，係選取全集四種散曲（梨雲寄傲、秋碧軒稿、可雪齋稿、月香亭稿）八卷而成；亦即飲虹簃所刻曲中陳鐸二種散曲（秋碧樂府一卷、梨雲寄傲一卷）之底本。

〔一七九〕雍熙題作「美愛」，不注撰人。彩筆題作「麗情」，署陳大聲。以下一首〔駐雲飛〕「題情」，詞林摘艷題爲「閨麗」，群音類選題作「閨情」，俱不注撰人。

〔一八〇〕類選題作「閨情」，新編南九宫詞無題，南紀録第二（羅衣寬褪）、五首（緑窗低亞），題作「題情」，又録第四首（陌頭楊柳），題作「詠柳題情」，俱不注名氏。三籟題作「傷情」，屬陳大聲，兹據以録之。

〔一八一〕類選題作「題柳」，南紀録第二（春雲遮映）、三（愁心遥送）、四首（鶯啼時候），題作「詠柳題情」，太霞新奏録第二、四首，題同南紀，俱注無名氏。萃雅題作「傷春」，三籟題作「咏柳」，並屬陳秋碧。今據三籟録之。

〔一八二〕雍熙題作「富文堂」，不注撰人，北宫詞紀題作「富文堂讌賞」，注陳大聲。

〔一八三〕盛世新聲、盛世詞林無題，類選題作「元夜」，俱不注作者。摘艷、南紀題同類選，並注陳大聲。

〔一八四〕摘艷題作「秋懷代人作」，類選、北紀、吴騷合編題作「秋懷」，俱注陳大聲。月香小稿題同摘艷，雍熙題同類選，金瓶梅、盛世詞林無題，皆不注作者。

〔一八五〕雍熙題作「憶情」，不注撰人。北紀題作「春情」，彩筆題作「代人春思」，吴騷合編題作「懷舊」，詞林白雪無題，俱署陳大聲。

〔一八六〕詞謔無題，摘艷題作「閨情」，類選題作「春閨」，北紀題作「春怨」，南北詞廣韻選題作「情詞」，俱注陳大聲。雍熙題作「憶情」，盛世詞林無題，月香小稿題同摘艷，俱不注撰人。合編題作「春閨」，署周秋汀，疑誤。

〔一八七〕摘艷題作「代友人呂景儒有懷」，類選題作「有懷」，彩筆題作「代人秋思」，俱注陳大聲。雍熙題作「秋憶」，月香小稿題作「代友人有懷」，盛世詞林無題，俱不注作者。

〔一八八〕雍熙題作「一點情牽」，不注撰人。北紀題同梨雲寄傲，注陳大聲。

〔一八九〕雍熙題作「閨情」，不注撰人。北紀題作「春怨」，署陳大聲。廣韻選誤作元人著。

〔一九〇〕明抄本無題。雍熙不注撰人，北紀注陳大聲，俱題作「離恨」。

〔一九一〕「一句句」，明抄本作「一句」。

〔一九二〕「做了」，明抄本作「做下」。

〔一九三〕「無信」，明抄本作「有信」。

〔一九四〕「紫釵」，明抄本作「金釵」。

〔一九五〕明抄本無「則俺這」三字。

〔一九六〕明抄本題作「題情」，摘艷題作「春情」，類選題作「閨情」，南紀題同明抄本，萃雅、逸響、三籟、奏雅題作「別恨」，合編、珊珊集題作「恨別」，韻選題作「春愁」，俱注陳大聲。伯虎雜曲、吳騷集、樂府先春、詞林白雪無題，並屬唐寅。雍熙題作「閨思」，昔昔鹽題作「春至興懷」，新編南九宮詞題作「情」，樂府争奇、盛世詞林無題，俱不注作者。未知孰是，兹

〔二二五〕「酒腸」，明抄本作「酒場」。

〔二二六〕明抄本、摘艷、類選題作「閨情」，北紀題作「冬閨怨別」，俱注陳大聲。雍熙題作「春夜歸思」，盛世詞林無題，皆不注撰人。廣韻選誤作元人。

〔二二七〕明抄本無「我只向」三字。

〔二二八〕明抄本無「這裏」二字。

〔二二九〕「記」，明抄本作「繫」。

〔二三〇〕「細」，明抄本作「自」。

〔二三一〕「玷」，明抄本作「點」。

〔二三二〕「設設的」，明抄本作「奢奢」。

〔二三三〕「灼灼的」，明抄本作「的的」。

〔二三四〕抄本、南紀、吴騷二集、萃雅、逸響、合編、三籟、韻選題作「春怨」，類選題作「閨怨」，俱注陳大聲。昔昔鹽題作「春閨怨」，樂府先春、吴騷集無題，俱不署作者。

〔二三五〕「簷」，抄本作「階」。

〔二三六〕「看」，抄本作「堪」。

〔二三七〕「犀」，抄本作「丹」。

〔二三八〕「意忺」，抄本作「意歉」。

〔二三九〕「玉簿」，抄本作「玉牒」。

〔二四〇〕盛世新聲、盛世詞林無題，雍熙題作「賞翫」，俱不注撰人。摘艷題作「行樂」，北紀題同梨雲寄傲，白雪無題，俱署陳大聲。廣韻選誤作元人。

〔二四一〕雍熙不注撰人，北紀屬陳大聲，俱題作「夏日寫懷」。

〔二四二〕雍熙題作「秋懷」，不注撰人。

〔二四三〕雍熙不注作者，北紀注王西樓，俱題作「樂閑」。

〔二四四〕雍熙、月香小稿俱不注作者，北紀署陳大聲，皆題作「漁隱」。白雪無題，屬陳大聲。

〔二四五〕雍熙不注撰人，北紀注陳大聲，俱題作「哭萬柳溪」。

〔二四六〕雍熙、月香小稿皆不注撰人，北紀注陳大聲，俱題作「詠月」。白雪無題，署陳大聲。

〔二四七〕摘艷、北紀、彩筆俱注陳大聲，雍熙、月香小稿不注作者，皆題作「復歡」。盛世詞林無題，不注撰人。

〔二四八〕雍熙題同，盛世詞林無題，皆不注撰人。摘艷題作「秋懷代人作」，北紀題作「秋懷」，彩筆、合編題作「秋思」，白雪無題，俱署陳大聲。廣韻選誤以爲元人。月香小稿題同摘艷，不注撰人。

〔二四九〕類選題作「晝夜閨情」，南紀題作「閨情」，吴騷集、樂府先春無題，合編題作「曉夜閨情」，俱注陳大聲。萃雅、逸響、珊珊集、奏雅、怡春錦、萬錦清音題作「閨怨」，三籟題作「閨思」，俱屬張伯起。昔昔鹽題作「閨情」，三徑閑題、樂府争奇無題，皆不注撰人。

〔二五〇〕雍熙不注作者，彩筆注陳大聲，皆題作「奇遇」。合編題作「詠遇」，署陳秋碧。

〔二五一〕雍熙不注撰人，北紀注元施君美，俱題「詠劍」。施作之説，未必可信。

〔二五二〕雍熙題作「閑樂」，不注作者。廣韻選題作「閑居」，注汪元亨，疑誤。

〔二五三〕摘艷、北紀題作「譏子弟」，俱注陳大聲。盛世新聲、盛世詞林無題，雍熙、類選題作「勸人收心」，俱不注撰人。

〔二五四〕詞珍雅調題作「嘲人乍富」，不注撰人。

〔二五五〕詞珍雅調題作「嘲舟中生瘡者」，不注作者。

〔二五六〕類選題同，注陳大聲。

〔二五七〕明抄本、吴騷集、韻選、樂府先春無題，類選、合編題作「閨情」，南紀題作「題情」，三籟、怡春錦題作「别恨」，萃雅、逸響、奏雅題作「幽閨别恨」，南詞新譜引鬬雙鷄一支，俱注陳大聲。雍熙重收，分别題作「風情」（鶯啼序）和「閨思」（三台令），昔昔鹽題作「夜景題情」，詞林一枝題作「憶别情郎」，新編南九宫詞題作「情」，三徑閑題、樂府争奇無題，俱不注撰人。

〔二五八〕明抄本無此句。

〔二五九〕明抄本此句作「怪浪迹全然無定」。

〔二六〇〕「意」，明抄本作「心」。

〔二六一〕明抄本無此句。

〔二六二〕明抄本無此句。

〔二六三〕「淚痕暗凝」，明抄本作「淚珠暗傾」。

〔二六四〕「遍將」，明抄本作「度把」。

〔二六五〕「風流」，明抄本作「相思」。

〔二六六〕「那人」，明抄本作「情郎」。

〔二六七〕末二句明抄本作「他無有真情。我辨著個志誠」。

〔二六八〕明抄本、詞選、白雪無題，北紀題作「冬日題情」，俱注陳大聲。雍熙題作「雪景」，新編南九宮詞題作「情」，皆不注撰人。合編題作「冬日閨情」，注「王百穀改已刻」。兹另見本書王氏卷中。

〔二六九〕「漫漫」，明抄本作「溟溟」。

〔二七〇〕「又恐」，明抄本作「又恐怕」。

〔二七一〕「半晌」，明抄本作「半晚」。

〔二七二〕明抄本第一、二句開頭有「我只見」，第三句有「敢只是」，第四句有「這雪呵」。

〔二七三〕「遮斷嘶」，明抄本作「攔斷坎」。

〔二七四〕「霧障」，明抄本作「霧帳」。

〔二七五〕明抄本句首有「呀這此時」四字。

〔二七六〕「冰壺」，明抄本作「銅壺」。

〔二七七〕「鍱鋏」，明抄本作「蹀躕」。

〔二七八〕明抄本句首有「這兩日」三字。

〔二七九〕明抄本此句作「想著他千般兒」。

〔二八〇〕明抄本句首有「可敢也」三字。

〔二八一〕明抄本句首有「恨只恨」三字。

〔二八二〕明抄本句首有「下狠毒」三字。

〔二八三〕「惱人」，明抄本作「惱人心」。

〔二八四〕明抄本此句作「雪蕉圖我只病容愁減細臨模」。

〔二八五〕「一覩」，明抄本作「亦覩」。

〔二八六〕明抄本此句作「我只怕崔黴不似舊規模」。

〔二八七〕「添淒楚」，明抄本作「闌再撫」。

〔二八八〕盛世新聲、盛世詞林無題，雍熙題作「中秋」，俱不注撰人。摘艷、明抄本、北紀題作「中秋」，並注陳大聲。

〔二八九〕「剛半」，明抄本作「將半」。

〔二九〇〕「高臺」，明抄本作「高寒」。

〔二九一〕「麄豪」，明抄本作「麄毫」。

〔二九二〕明抄本無「來」字。

〔二九三〕「薰」，明抄本作「蒸」。

〔二九四〕明抄本無「是」字。

〔二九五〕明抄本「回」下多一「團」字。

〔二九六〕盛世新聲、盛世詞林、雍熙無題，俱不注作者。摘艷題作「冬景」，注陳大聲。

〔二九七〕北紀題同，注陳大聲。

〔二九八〕摘艷、北紀、韻選題同，俱署陳大聲。盛世新聲、盛世詞林、雍熙無題，新編南九宮詞題作「景」，皆不注撰人。

〔二九九〕南紀題同，吴騷二集、逸響題作「題情」，韻選題作「集藥名」，俱注陳秋碧。

〔三〇〇〕雍熙題作「富文堂陳大聲徐子仁聯」。北紀題作「富文堂初夏讌集」，注陳大聲、徐子仁聯。兹互見兩家曲中。

〔三〇一〕南紀題同，類選題作「閨情」，合編題作「夏閨」，三籟題作「初夏閨情」，韻選題作「夏景」，吴騷集、樂府先春、白雪無題，俱注陳秋碧。梁少白江東白苧題作「初夏題情改定陳大聲原作」。兹互見兩家曲中。

〔三〇二〕鄭若庸詞餘題作「遣懷」，萃雅、逸響、珊珊集、三籟、奏雅題作「遣愁」，吴騷集、先春無題，俱注鄭虚舟。類選題作「題情」，南紀題作「憶情」，合編、彩筆題作「春思」，韻選無題，俱屬陳秋碧。三徑閑題、樂府争奇無題，昔昔鹽題作「酒遣愁懷」，皆不注作者。未知孰是，兹互見兩家曲中。

〔三〇三〕北紀題同，摘艷題作「咏金陵」，俱屬陳大聲。盛世新聲、盛世詞林無題，雍熙題作「金陵八景」，皆不署名。北詞廣正譜引青山口一曲，注陳大聲撰。

〔三〇四〕北紀題同，注陳大聲。

〔三〇五〕北紀題同，摘艷題作「午日競渡」，俱注陳大聲。盛世新聲、盛世詞林無題，雍熙題作「午日泛舟」，皆不注撰人。

〔三〇六〕北紀題作「春夜南寧總戎宴集」，注陳大聲。

〔三〇七〕北紀題同，署陳大聲。

〔三〇八〕類選、北紀題同，並注陳大聲。合編題作「秋閨」，注祝枝山，疑誤。

〔三〇九〕南紀、太霞新奏、詢選題同，俱注陳秋碧。

〔三一〇〕南紀、奏雅題同可雪齋稿，類選題作「閨情」，萃雅、三籟題作「寄情梅雪」，合編題作「冬閨」，詢選題作「暮冬」，逸響題作「咏梅」，吴騷集、先春無題，俱注陳大聲。昔昔鹽題作「冬暮題情」，三徑閑題、樂府争奇無題，皆不注作者。珊珊集題作「詠梅」，注劉東生，疑誤。怡春錦亦題作「詠梅」，首曲曲牌作〔鬬宝蟾〕，誤。

〔三一一〕北紀題同，注陳大聲。

〔三一二〕雍熙題作「燈詞」，不注撰人。北紀題作「賞燈」，白雪無題，俱署陳大聲。

〔三一三〕雍熙題作「夏日」，月香小稿題作「夏日游秦淮」，俱不注作者。北紀題作「秦淮遊賞」，署陳大聲。

〔三一四〕類選、北紀題同，彩筆題作「秋思」，俱注陳秋碧。月香小稿亦作「題情」，不注撰人。

〔三一五〕雍熙、月香小稿題同，俱不注撰人。
〔三一六〕雍熙不注作者，北紀署陳大聲，月香小稿不注撰人，俱題同月香亭稿。廣韻選誤作元人。
〔三一七〕雍熙、月香小稿不注作者，北紀注陳大聲，合編署毛蓮石，皆題作「憶所見」。廣韻選誤作元人。
〔三一八〕雍熙、月香小稿不注撰人，北紀署陳大聲，俱題作「閑述」。
〔三一九〕北紀題同，白雪無題，俱注陳大聲。雍熙題作「漁隱」，月香小稿題同北紀，俱不署作者。廣韻選誤作元人。
〔三二〇〕雍熙題作「賦雲卿」，月香小稿題作「爲陳卿雲賦」，俱不署作者。北紀題作「贈妓陳卿雲」，彩筆題作「贈陳卿雲」，俱注陳大聲。
〔三二一〕摘艷題同，雍熙題作「詠蝶」，俱不署作者。
〔三二二〕雍熙、月香小稿不注撰人，北紀署陳大聲，題俱同月香亭稿。
〔三二三〕明抄本題作「冬晴」。盛世新聲、盛世詞林無題，摘艷題作「四季」，俱不注作者。韻選題作「冬景」，署陳秋碧。
〔三二四〕「無」，明抄本作「緊」。
〔三二五〕「幾」，明抄本作「通」。
〔三二六〕「忘情」以下明抄本空四格。
〔三二七〕「笑」，明抄本作「論」。

〔三二八〕雍熙題作「題翠蓮」，月香小稿題作「咏翠蓮」，俱不注撰人。彩筆題作「諧妓白蓮」，署陳大聲。唾窗絨、合編題作「爲妓白蓮賦」，俱屬沈青門，未必可信。兹互見沈、陳兩家曲中。

〔三二九〕明抄本無題。類選題作「閨怨」，南紀題作「怨别」，吴騷二集、合編題作「題情」，三籟題作「夜思」，韻選無題，南詞新譜引皂羅袍一支，俱注陳大聲。萃雅、逸響、奏雅題作「夜思」，皆屬鄭虚舟。先春無題，署王鳳洲（世貞）。陶情樂府續集將套中二曲（山坡羊、皂羅袍）作爲一支帶過曲，注楊升菴撰。樂府争奇無題，不注撰人。

〔三三〇〕「雨兒」，明抄本作「雨聲」。

〔三三一〕誠齋樂府題作「題情」。北紀題同，彩筆題作「思遠」，俱屬朱有燉。盛世新聲、盛世詞林無題，雍熙樂府題作「思情」，俱不注撰人。疑編訂者誤收入月香亭稿。兹互見朱、陳兩家曲中。

〔三三二〕摘艷題作「元夕」，注陳大聲。盛世新聲、盛世詞林、雍熙俱無題，亦不注撰人。兹從摘艷。

〔三三三〕摘艷題作「元夜」，署陳大聲。盛世新聲、盛世詞林無題，雍熙題作「燈詞」，俱不注撰人。兹據摘艷録之。

〔三三四〕韻選無題，亦屬陳秋碧。今據合編録之。

〔三三五〕萃雅、三籟、奏雅題作「咏雨」，俱注陳大聲。萬錦清音題同，署龍子猶。兹姑以之屬陳氏。

〔三三六〕類選題作「咏花」，昔昔鹽題作「百花評咏」，三籟題作「咏花名」，樂府争奇無題，俱不注撰人。逸響、奏雅題作「詠花」，俱署陳大聲。先春無題，注王荆石，疑誤。

〔三三七〕萃雅、三籟題同，俱屬陳秋碧。

〔三三八〕摘艷題作「題情」，署無名氏。類選題作「紀情」，合編題同摘艷，彩筆題作「懷美」，並屬王元和。詞林一枝題作「風情妙曲」，昔昔鹽題作「憶昔思情」，新編南九宮詞題作「情」，盛世詞林、韻選無題，俱不注撰人。南曲九宮正始引小桃紅、山麻稭、恨薄情、怨東君、江神子、江頭送別六曲，注明散套。萃雅、逸響、三籟、奏雅題作「思憶春嬌」，白雪無題，俱注陳大聲，惟不見陳大聲樂府全集。未知孰是，茲互見王、陳兩家曲中。

〔三三九〕北宮詞紀題作「揚州憶舊」，署元狄君厚。彩筆情辭題作「感舊」，注陳大聲作。月香小稿題作「感舊」，不注撰人。未知孰是，茲姑輯之。

〔三四〇〕此套陳大聲樂府全集未見。

王　磐

王磐，字鴻漸，號西樓，南直隸（今江蘇）高郵人。生于富室，有雋才，好讀書，琴弈皆精；薄科舉不爲。縱情山水詩畫間。尤擅散曲，善俳諧，與金陵陳大聲並爲南北曲之冠，極負時譽。有西樓樂府、西樓律詩、野菜譜等。卒於嘉靖三年（一五二四）。約生於景泰五年（一四五四）。

小　令

【北雙調沈醉東風】

蛙　鼓

梅雨後千聲亂發。草塘中兩部頻撾。擂池邊鷗鷺驚。震水底魚龍怕。報豐年底是催花。一派村田樂可誇。春社裏農夫醉殺。（西樓樂府）

蝶拍

莊子夢輕輕按醒。謝公詩句句敲成。攛斷的燕舞嬌。供親的鶯歌應。俏知音千載韓憑。獨占了黎園板色名。怪不得滕王閣圖形畫影。（西樓樂府）

螢火

放數斗光飛御苑。聚一囊影射韋編。剛焚著宿燕巢。又撲散輕羅扇。比蘭膏有焰無煙。照秋水無痕上下天。却便是璇璣倒轉。（西樓樂府）

蜂衙

課蜜的成行隊擺。司花的兩部齊排。掌君臣號令嚴。禁出納威風大。似河陽花縣重開。一任春風大小差。將國色天香亂採。（西樓樂府）

蚊雷

青瑣闥争三分震倒。碧紗厨差半點轟著。聒的個魯周公夢恍惚。驚的個蔡孝子心顛

倒。您便是活陳摶也索難熬。者麽恁雨散雲收不定交。只吼到霜天罷了。（西樓樂府）

清明雜興

一陣陣鶯歌燕舞。一層層柳襯花鋪。安排的節令佳。粧點的江山富。拜松楸兒女相呼。端的是漢寢唐陵麥飯也無。只落得行人弔古。（西樓樂府）

掃雪烹茶

敖天上玲瓏玉髓。沁人間錦繡詩脾。結盧仝冷淡交。玩陶穀風流味。滌空腸神爽飛飛。駕兩腋天風萬里歸。倒吸盡金盤露水。（西樓樂府）

書　懷

高枕聽芭蕉奏雨。倚篷看楊柳穿魚。樂唐虞快活年。占巢許清高處。嵌湖山一座樓居。與幾個活水源頭鈎月徒。演一畫先天太古。（西樓樂府）

攜酒過石亭會友

頂半笠黄梅細雨。攜一籃紅蓼鮮魚。正青山酒熟時。逢緑水花開處。借樵夫紫翠山

居。請幾個明月清風舊釣徒。淡一會羲皇上古。（西樓樂府）

再題石亭風花雪月分得風字

敲晚節千竿翠響。遞春叢百和紅香。挽樵歌到耳旁。催釣艇歸湖上。助邯鄲一枕清涼。只俺這白石亭前大放狂。容不得紅塵片掌。（西樓樂府）

題平坡卷行住坐卧

香疊屑韶華滚滚。緑蒙茸景色紛紛。拖一條竹杖痕。踏幾個芒鞋印。助閑人春景三分。者麽恁寶馬香車碾翠雲。争似俺平坡步穩。（西樓樂府）

吹不斷荷香滚滚。掃不開柳影紛紛。晚風生水簟痕。夜月浸冰壺印。助閑人夏景三分。者麽恁玉宇瓊樓避火雲。争似俺平坡住穩。（西樓樂府）

飛柳岸蘆花滚滚。擁蒲團紅葉紛紛。霜箋皺碧浪痕。雁字排青天印。助閑人秋景三分。者麽恁採菊登高醉嶺雲。争似俺平坡坐穩。（西樓樂府）

催暮景寒飈滚滚。報豐年臘雪紛紛。控一鈎水月痕。照幾點梅花印。助閑人冬景三分。者麽恁大帽騎驢遶凍雲。争似俺平坡卧穩。（西樓樂府）

芙蓉帳

繡榻上晴霞亂擁。錦屏前秋水輕籠。鎖鴛鴦自在魂。開蝴蝶逍遥夢。笑梅花冷淡家風。只爲那煖逼春宵睡思濃。翻惹個妖鬟弄寵。（西樓樂府）

春　遊

一處處鶯邀燕請。一村村柳送花迎。丢撇開兒女情。提掇起江山興。趁今朝日暖風輕。憑著這兩只芒鞋一瘦藤。收拾盡繁華萬頃。（西樓樂府）

千葉白桃花

玄都觀風霜易老。武陵溪冰雪難消。香飄茉莉魂。清奪荼蘼俏。喜重重疊疊瓊瑶。生怕胭脂點污著。傍流水橋邊卧倒。（西樓樂府）

元宵即事

鴛帳冷梅花夢悄。鴨爐寒柏子香銷。春來時病友覆。人去也愁顛倒。遇良宵轉覺無

聊。喜的是雨橫風狂雪又飄。齊打諢把元宵過了。（西樓樂府）

夏日即事

銷午夢清茶漱口。趁涼風玉手梳頭。寫芙蓉小畫成。題鸚鵡新詩就。愛青山懶下西樓。門外垂楊繫小舟。來問訊西湖釣叟。（西樓樂府）

過袁石翁

紅葉塢家家賣酒。白蓮塘處處橫舟。人情正喜歡。風景當時候。忍教人獨上江樓。閑掛詩瓢學許由。借問向傍人似否。（西樓樂府）

【北雙調清江引】

閨中八詠（二）

煖　帽

玉釵冷來雲慢挑。按上昭君帽。窗前雪意濃。簾外風寒峭。嫩花頭要將春護了。（西

樓樂府）

寒　裘

蒙茸紫貂籠瑞雪。暗把春光借。一團白玉温。兩朶桃花熱。透靈犀險些兒輕漏泄。（西樓樂府）

汗　衫

輕衫短裁防過暑。堪可包香玉。秋千打罷時。歌舞收回處。濕浸浸似沾花上雨。（西樓樂府）

暑　襪

凌波襪兒真個罕。不肯教人看。霜籠玉笋尖。水浸金蓮瓣。隔紗裙幾回偷抹眼。（西樓樂府）

浴　裙

温泉起來權護體。帶濕雲拖地。翻嫌月色明。偷向花陰立。俏東風有心輕揭起。（西

樓樂府）

睡鞋

猩紅軟鞋三寸整。不著地偏乾浄。燈前换晚粧。被底鉤春興。醉人兒幾回輕撥醒。（西樓樂府）

棕履

玲瓏結成雙翠繭。兜的弓鞋倩。苔沾翡翠根。露滚珍珠面。下瑶臺不愁春醉軟。（西樓樂府）

蒲靴

銀絲細盤雙鳳腦。緊束凌波靿。青蓮兩瓣開。玉筍雙尖蹻。踏青去來天氣早。（西樓樂府）

清明日出遊

問西樓禁烟何處好。緑野晴天道。馬穿楊柳嘶。人倚秋千笑。探鶯花總教春醉倒。

（西樓樂府）

月　夜

呼童掃開庭下雪。轉上西樓月。梅花欲放時。臘酒初嘗夜。這其間怎教人病也。（西樓樂府）

詠菊名報秋黄

問花神此花何太早。欲把秋光報。昨朝陶令歸。明日重陽到。因此上一枝兒先放了。（西樓樂府）

賞　花

紅牙一聲花外響。緑鬟嬌兒唱。行雲駐酒邊。白雪飛梁上。惹得個老西樓連夜賞。（西樓樂府）

耕〔三〕

桃花水來如噴雪。鬧動村田舍。犁翻隴上雲。牛飲溪頭月。這其間衹堪圖畫也。（西

樓樂府）

牧

東風掃開郊外雪。草色連村舍。鞭敲柳岸風。笛弄桃林月。這其間祇堪圖畫也。（西樓樂府）

漁

江湖老來頭似雪。釣艇爲家舍。武陵溪上雲。西塞山前月。這其間祇堪圖畫也。（西樓樂府）

樵

腰間斧磨光爛雪。山下白雲舍。滿身紅葉秋。一擔青松月。這其間祇堪圖畫也。（西樓樂府）

題花贈妓〔三〕

西樓題花心暗惱。誰似花容貌。聞説古刹邊。又有斜陽照。那人兒比花還較好。（西

樓樂府）

【北雙調落梅風】

雨　耕

披蓑去。戴笠歸。濕浸浸滿空春意。短犂梢斡旋造化機。助豐年暗調元氣。（西樓樂府）

月　牧

牛羊放。散不收。正平川夜晴如畫。向青天此宵權借宿。綠蓑衣鋪堆著星宿。（西樓樂府）

雪　漁

銀蓑重。玉笠高。振空江一聲長嘯。坐冰壺不知天地老。怪魚龍不來吞鉤。（西樓樂府）

雲　樵

擔空翠。荷太虛。斧丁丁不知何處。望人間乍晴還乍雨。不覯暮浩歌歸去。（西樓樂府）

和石亭

花濃處。酒釃時。鬧烘烘一團春意。數聲鶯急將人喚起。柴門外白雲飛至。（西樓樂府）

春　陰

鶯兒怨。燕子嗟。好光陰暗中消滅。未黄昏美人先睡也。怕梨花晚來無月。（西樓樂府）

過彦才賞梅

西湖静。東閣空。嘆羅浮一場春夢。香拍拍鄰家雪滿叢。那答兒正堪吟弄。（西樓樂府）

【北中吕滿庭芳】

題石亭

石亭蔭涼。撑開竹影。放入山光。燕兒對舞鶯兒唱。天助詩狂。借林下烟霞一掌。躲人間萬事奔忙。襟懷放。對清風颯爽。歌窈窕兩三章。（西樓樂府）

失　鷄[四]

平生淡薄。鷄兒不見。童子休焦。家家都有閑鍋竈。任意烹炮。煮湯的貼他三枚火燒。穿炒的助他一把胡椒。到省了我開東道。免終朝報曉。直睡到日頭高。（西樓樂府）

【北雙調折桂令】

燈　謎

這關兒無了無窮。一字安排。萬物包籠。蘇子筵前。曹娥碑上。六祖盤中。這壁廂摶沙弄鑛。那壁廂捉影拿風。一片虛空。一段機鋒。一會家癡聾。一會家玲瓏。（西樓樂府）

贈　人

樂昇平兩個詩翁。一個胸次吞吴。一個眼界横空。他都是有掃風雨吟毫。釀風花酒甕。釣風月詩筒。正遇著河出圖洛出書皇家一統。又有那雲從龍風從虎命世羣雄。君也遭逢。臣也遭逢。江也無風。海也無風。（西樓樂府）

【北雙調蟾宮】

清明

問西樓往歲清明。風也無情。雨也無情。問西樓今歲清明。山也多情。水也多情。船載著春遊。馬馱著春醉。車拽著春行。花一攢柳一簇。粧點著秋千麗景。鶯一羣燕一陣。調和著絃管新聲。有幾個白髮先生。白面書生。共賀文明。共樂昇平。（西樓樂府）

元宵

聽元宵往歲喧譁。歌也千家。舞也千家。聽元宵今歲嗟呀。愁也千家。怨也千家。那裏有鬧紅塵香車寶馬。祇不過送黃昏古木寒雅。詩也消乏。酒也消乏。冷落了春風。憔悴了梅花。（西樓樂府）

【北雙調雁兒落帶得勝令】

新　雁

淮南稻正黄。塞北霜先降。一聲漢月高。兩翼胡塵壯。初點破滄江。漸引入瀟湘。有信催寒令。無情送夕陽。堪傷。白髮三千丈。何妨。金釵十二行。（西樓樂府）

泛舟值雨

江湖許浪遊。風雨强拖逗。翠凋楊柳疎。紅濕芙蓉皺。佳興付東流。好事到西樓。月滿梧桐夜。風生桂子秋。輕裘。準備攜詩袖。扁舟。安排釣月鈎。（西樓樂府）

聽　雨

閉門湖水涯。欹枕山窗下。連聲入户來。幾陣敲簷罷。又打到梨花。漸響入蒹葭。莫是風生樹。還應浪捲沙。誰家。翦韮春宵蠟。吾家。連牀夜煮茶。（西樓樂府）

【北中吕紅繡鞋】

紙　鳶[五]

平地上白雲一片。駕東風飛上青天。任兒童牽引且隨緣。你道是閒遊戲。我道是小登仙。有一日斷塵根歸閬苑。（西樓樂府）

【北正宫醉太平】

清　明

問西樓禁煙。有幾句良言。天時人事不能全。好光陰易轉。前年雨打梨花院。去年風捲桃花片。今年人醉杏花天。把襟懷大展。（西樓樂府）

秋雨晚霽

潑空來雨聲。滚地也雷鳴。須臾雲散晚天晴。看秋光倒影。斷虹斜插珊瑚柄。斜陽倒挂軒轅鏡。殘霞亂擺錦幃屏。助西樓畫景。（西樓樂府）

【北商調梧葉兒】

接　秋

探白帝來將近。望金天去不遥。將次也到西郊。緑水外頻相問。銀牀邊繞數遭。猛可裏轉商飈。猛可裏轉商飈。頭直上梧葉兒墜了。（西樓樂府）

【北雙調凌波仙】

前　題

碧梧桐一葉翠將凋。紅菡萏千枝錦亂摇。紫葡萄萬顆珠光落。繞銀牀數百遭。望西來萬里商飈。西隴上歌謡牧豎。西村裏壺漿父老。西樓上詩酒英豪。（西樓樂府）

題菊泉圖卷壽衮石

千秋黄菊變靈苗。千歲清泉化玉膏。兩般兒總是長生藥。助先生壽算高。衮山中白石和調。菊傲的天荒地老。泉洗的風清月皎。抵多少海上蟠桃。（西樓樂府）

【北正宫脱布衫過小梁州】

賞花

牡丹開捻一嬌紅。倩黄鸝報與諸公。彩霞鋪西樓酒蓬。錦香堆暖雲仙洞。寄語風流老睡翁。石亭中唤起詩聾。殷勤囑咐與神童。也要把王侯動。來會小元龍。天香國色相陪奉。助人間富貴家風。白玉觥。黄金甕。主賓情重。只吃到月兒横。（西樓樂府）

張堯臣有柬問余秋夜何如歌此戲答

你那裏問西樓秋夜如何。我這裏順天時保養天和。月明時開樽浩歌。露凉時枕琴高卧。愛月佳人捲翠箔。撲流螢小扇輕羅。檐前丹桂影婆娑。天香墮。咫尺對嫦娥。一聲長笛穿雲破。振天風影動星河。酒量闊。詩懷大。笑他人虚過。貪睡夢南柯。（西樓樂府）

秋夜同陸秋水湖上泛舟

畫船兒滿載詩豪。問先生何處游遨。水晶宫中聞品簫。廣寒鄉盡回頭棹。分付魚龍穩睡著。等閒間休放波濤。老夫今夜弄風騷。搜詩料。翻動水雲巢。一天星斗都顛倒。愛銀蟾水底光搖。我這裏用手撈。不覺的翻身落。也是俺形神俱妙。飛上紫金鰲。（西樓樂府）

【北中呂朝天子】

賞牡丹

詩仙。酒仙。齊擁向西樓宴。暖雲堆裏養花天。醞釀出春風面。粉膩香嬌。酒濃花倩。沉醉也還留戀。誰道我老年。費錢。這的是白髮貴黃金賤。（西樓樂府）

咏喇叭[六]

喇叭。鎖哪。曲兒小腔兒大。官船來往亂如麻。全仗你擡聲價。軍聽了軍愁。民聽了民怕。那裏去辨甚麽真共假。眼見的吹翻了這家。吹傷了那家。只吹的水盡鵝飛罷。（西樓樂府）

瓶杏為鼠所嚙[七]

斜插。杏花。當一幅横披畫。毛詩中誰道鼠無牙。却怎生咬倒了金瓶架。水流向牀頭。春拖在牆下。這情理寧甘罷。那裏去告他。何處去訴他。也只索細數著貓兒罵。（西樓樂府）

【北中呂喜春來】

賀友生子

雪花呈瑞年豐阜。老蚌生珠慶有餘。乃翁仍教與詩書。文繼武。穩取執金吾。（樂府羣珠）

套　數

村　居[八]

【北南呂一枝花】不登冰雪堂。不會風雲路。不干丞相府。不謁帝王都。樂矣村居。

門巷都栽樹。池塘盡養魚。有心去與白鷺爲鄰。特意來與黄花做主。

【梁州】我是個不登科逃名進士。我是箇不耕田識字農夫。我是個上天漏籍神仙户。清風不管。明月無拘。孤雲懶出。野鳥難呼。只俺這牛背上穩似他千里龍駒。只俺這花篷下近似他方丈蓬壺。興來時畫一幅煙雨耕圖。静來時著一部冰霜菊譜。閒來時撰一卷水旱農書。茶爐。酒爐，杏花深處桃花塢。水遶著門。雲遮著屋。端的是隔斷紅塵一點無。那裏有官吏催租。

【尾聲】我向這暖茸茸白雲被底閒伸足。我向這錦片片紅葉莊前醉坦腹。一任這流光眼前度。者麽您能飛的白烏。快奔的烏兔。總不如俺慢慢騰騰傲今古。（西樓樂府）

久　雪〔九〕

【北南吕一枝花】亂飄來燕塞邊。密灑向程門外。恰飛還梁苑去。又舞過灞橋來。攘攘皚皚。顛倒把乾坤礙。分明將造化埋。盪磨的紅日無光。隈逼的青山失色。

【梁州】凍的個寒江上魚沈雁杳。餓的個空林中虎嘯猿哀。不成祥瑞翻成害。侵傷隴麥。壓損庭槐。眩昏柳眼。勒綻梅腮。遮蔽了錦重重禁闕宫階。填塞了緑沉沉舞榭歌臺。把一個正直的韓退之擁住在藍關。將一個忠節的蘇子卿埋藏在北海。把一個廉潔的袁邵公餓倒在書齋。哀哉。苦哉。長安貧者愁無奈。猛驚猜。忒奇怪。這的是天上飛來的冷禍胎。遍地下生災。

【尾聲】有一日赫威威太陽真火當頭曬。有一日暖拍拍和氣春風滚地來。就有千萬座冰山一時壞。掃彤雲四開。現青天一塊。依舊晴光瑞烟靄。（西樓樂府）

元　宵

【北南吕一枝花】四圍瑪瑙城。五色瑠璃洞。千尋雲母塔。萬座水晶宫。錦繡重重。影晃的乾坤動。光摇的世界紅。半空中火樹花開。平地上金蓮瓣湧。

【梁州】活潑潑金鰲出海。舞飄飄彩鳳騰空。更有那天時地利相扶從。千門璧月。萬户香風。六街迓鼓。九陌歌鐘。喜人間和氣融融。報天邊好事匆匆。彩樓中詞括盡萬古風流。畫橋邊謎打破千人懵懂。碧天邊燈照徹四海玲瓏。花容。月容。燈光月色相調弄。車馬迎。笙歌送。端的是徹夜連宵興不窮。管甚麽漏盡銅龍。

【尾聲】這壁廂贊吾皇聖德詩三頌。那壁廂寬百姓差徭詔一封。這的是盛世良宵景堪重。喜上元節逢。愛千金夜永。但願的歲歲年年荷天寵。（西樓樂府）

閏元宵〔一〇〕

【北南吕一枝花】重開不夜天。再造長春境。復遊三市月。又看六街燈。連賀昇平。閏月今番盛。元宵兩度晴。錦模糊世界重修。光燦爛乾坤再整。

【梁州】滄海上六鰲山重重出現。碧天邊雙鳳輦往往巡行。喜新年更遇新時令。猜空詩謎。踏遍歌聲。醉翻豪俠。走困娉婷。飲不竭春酒繩繩。扮不了社火層層。平添上錦重重五百座琥珀歌樓。再擁出紅灼灼三千年珊瑚寶井。又展開紫威威十萬里瑪瑙長城。前正。後正。一年兩度元宵勝。酒有情。詩添興。催逼的雪月風花不暫停。運轉豐登。

【尾聲】那元宵盛張燈燎淡銀河影。這元宵連迓鼓敲殘玉漏聲。管倩取天上人間兩重慶。喜天清地寧。愛風輕月明。這的是太平年夜夜元宵四時景。（西樓樂府）

航隱號為四川任鎮撫作〔一一〕

【北南吕一枝花】捲風雲八陣圖。收狼虎三年令。赴魚龍千載會。結鷗鷺五湖盟。一葉舟輕。載風月無邊興。適江湖萬里情。篷窗下掩藏著星斗文章。柁樓中埋没了麒麟畫影。

【梁州】將一段棟梁材託萍梗與乾坤浪跡。把一片虹霓志寄蜉蝣與天地忘形。正遇著當今四海風波静。帆啊挂洞庭秋月。棹啊蕩剡曲寒冰。纜啊繫瀟湘夜雨。篙啊插鷗鷺春晴。端的是駕浮槎歷遍滄溟。只待要挾飛仙走上蓬瀛。只恁那筆牀兒鋒利似短劍長槍。只恁那茶竈兒乾浄似三牲五鼎。只恁那釣絲兒輕快似錦絡珠纓。天清。地靈。秀人豪不肯居人境。野鶴形。孤雲性。常只是服氣飡霞水面上行。都道是航隱先生。

【尾聲】打聽的釣六鰲海上人同姓。又道是題駟馬橋邊客一城。者麼您丹鳳銜書幾徵聘。認不得客星。識不得將星。空教你訪遍了蘆花釣魚艇。（西樓樂府）

梅村

【北南呂一枝花】雲遮庾嶺遥。水遶孤山峻。騎驢空踏雪。拄杖謾尋春。笑指前村。一步步花成陣。一重重雪映門。不羨他東閣繁開。不讓他西湖舊隱。

【梁州】愛的是影横斜水痕清淺。愛的是暗香浮月色黄昏。端的是萬花深處人棲遯。枝横碎玉。夢冷梨雲。攀條思遠。對影開樽。付霜毫一寫天真。託瑶琴三弄精神。

打熬出宋廣平鐵石心腸。塗抹就楊補之烟雲畫本。安排下孟浩然風雪乾坤。詩魂。酒魂。憐香惜玉常親近。雪半吞。霜半褪。也不知漏洩春光有幾分。試問東君。

【尾聲】躲離了鬧春風桃李諸豪俊。相伴著傲冰雪松筠兩故人。從今後驛使頻傳隴頭信。者麼恁調羹的策勳。畫龍的丰韻。總不如紙帳羅浮夢兒穩。（西樓樂府）

自詠西樓號分得楊字韻

【北南吕一枝花】乾坤老棟梁。雲霧開屏障。烟霞生几案。河漢逼軒窗。高據胡牀。坐指坤元向。居臨太白方。門前列華岳三峯。屋後近瑶池一掌。

【梁州】右壁廂挂萬丈璇璣斗柄。左壁廂接萬里錦繡封疆。一重重直步到銀河上。琴横新月。劍倚斜陽。朱研曉露。筆掃秋霜。陪金母共住仙鄉。與白帝緊靠宮牆。我這裏比南軒少了些雲日炎蒸。我這裏比東坡避了些鶯花閙攘。我這裏比北海躲了些風雪飄揚。詩狂。酒狂。更壓著元龍豪氣三千丈。忒風流。忒疎放。愛的是高卧天風一枕涼。夢熟羲皇。

【尾聲】託賴著臯陶禹稷賢卿相。扶佐著虞舜唐堯聖帝王。因此上巢由得高尚。沐蒼冥寵光。吸清虚颯爽。遥望著萬里蓬萊慶雲長。（西樓樂府）

自壽

【北南吕一枝花】菊開九日前。月滿中秋後。山中逢甲子。林下慶西樓。抖擻著羊裘。忙撇下耕雲耨。急收回釣月鈎。拂蒼苔捻土焚香。望青天誠惶頓首。

【梁州】祝明君山呼萬歲。讚慈親海屋添籌。只俺這不才的臣子沾餘壽。怕的是魚龍混俗。喜的是鹿豕同遊。愛的是桑榆暮景。惱的是蒲柳先秋。將一個打魚船生扭做仙舟。把一個放牛場旋改做丹丘。來的是躲紅塵逃紫陌天地閑人。到的是砍青山釣緑水烟霞故友。會的是翦春冰裁臘雪風月交遊。款留。不周。荒村茅屋風霜舊。村酒薄。山鷄瘦。只落的一片兒秋光對客幽。且共綢繆。

【尾聲】都道我貌如松柏經霜茂。我道是髮似蓬蒿對鏡羞。但願的歲歲年年此時候。布黄雲滿疇。插黄花滿頭。我這裏喜孜孜拜罷了南山慶重九。（西樓樂府）

嘲轉五方

【北南吕一枝花】大揚旛做道場。齊秉燭齋神像。亂敲鈸驚地府。鑾擂鼓震天堂。鬧動街坊。顯手段的唐三藏。逞風流轉五方。赤緊的行者能頑。又撞著東家好攘。

【梁州】頭直上連聲鉈鉈。耳邊廂一片鐺鐺。撮擁著這夥能奔快跑喬和尚。他道是才走回東土。又趕到西方。立追翻羅漢。直踝上金剛。急波波似爺死娘亡。忙劫劫似救火奔喪。撞的箇毗盧帽剩一道光簷。躧的雙寶公鞋止兩條滑顙。扯的領達摩衣只半片精襠。手慌。脚忙。旋風般旋的頭昏漲。轉不及。趕不上。跌一箇海嘯朝天大放光。連叫收場。

【尾聲】一箇道差三分兒撞著擷折了項。一箇道再一會兒難熬挣斷我腸。一箇道早是我生來腦皮壯。一箇道也是我今生合當。一箇道也是我前生業障。不轉上千遭骨頭癢。（西樓樂府）

複　出

套　數

樂　閑

【北南吕一枝花】常尋灞岸梅。

北宫詞紀題作「樂閑」，署名王西樓。陳大聲梨雲寄傲題同。兹已輯於陳鐸卷中，不重録。

刊王西樓先生樂府序

往時外翁西樓先生所著樂府，先大夫嘗刻之郡齋，甲辰歲燬于火。識者咸惜之，謂翁之作不可以無傳也。不肖乃重爲校正，刻于家塾。曰夫聲音之道微矣哉！古者審聲以知音，審音以知樂，故樂府之作，其來尚矣。翁生富室，獨厭綺麗之習，雅好古文詞。家于城西，有樓三楹，日與名流，譚咏其間。風生泉湧，聽者心醉，脱略塵俗之故，以從所好。既而藝日精，家日窘，翁怡然不以爲意。逍遥乎宇宙，徜徉乎山水，出其金石之聲，寄興于煙雲水月之外，洋洋焉不知老之將至，此其襟度有過人者，故所作冲融曠達，類其人也。今觀其村居之作，甘恬退也；久雪之詞，刺陰邪也；元宵之章，樂昇平也；失鷄之曲，見雅度也；喇叭之咏，斥閹宦也；五方之嘲，悟愚俗也，大都非漫作者。翁妙達律吕，率意口占，皆合格調。每一傳誦，人争慕之。儲文懿公，莊定山公，與翁交契獨深。見翁製作，無不嘆服，謂其爲古摩詰之流也。翁琴弈詩畫咸精，不特長于詞學而已。

嘉靖辛亥重陽日，不肖甥張守中頓首拜書。

〔一〕群音類選題目同。

〔二〕以下四首，類選題同。

〔三〕彩筆情辭題作「咏芙蓉贈妓」，注王舜耕撰。

〔四〕北宫詞紀題作「失鷄自解」。

〔五〕樂府羣珠題作「風箏」。

〔六〕北紀題作「詠舟中喇叭」。

〔七〕北紀題作「詠瓶中杏花爲鼠囓倒」。

〔八〕北紀題同，詞林白雪無題。

〔九〕北紀題作「苦雪」，白雪無題。

〔一〇〕北紀題作「賞閏元宵」。

〔一一〕北紀題作「詠航隱爲四川任鎮撫作」。

陸洙

陸洙，字滄浪，號秋水，南直隸（今江蘇）興化人。少負雋才，藉藉江淮間；善詩，與高郵王磐齊名。以薦授工部文思院副使。爲人跌宕放言，雖鉅公無所避。晚節益恣，獲罪戍湖廣。卒於戍所。

套數

【南南吕紅衲襖】你幾時得同心羅帶結。你幾時得鴛鴦衾被熱。你幾時得□□[一]相見成歡悦。你幾時得步履相隨不暫撇。這惡姻緣算將來須用歇。這黑衣郎有甚的難拋捨。他在邊庭遠塞怎得歸來也。你因甚的辜負了少年節。

【前腔】我性兒中愛飧囑的是那冰和雪。我眼兒前怕覷見的是那花與月。我一片撥不轉的冷面皮寒是鐵。我一副點不化的硬心肝火樣烈。父親行何見邪。忖將來無別說。他若是要葬送我的名節也。這些兒青春也拚自決。

【前腔】你那不通方的乖性兒休執念。你那不伶俐的劣意兒須按捺。非是你那做娘的胡口多饒舌。只爲你那舊婚姻多只是不濟也。却不道枉了你一生兒將鍼線捻。負了你兩鬢兒將鈿翠貼。只恐怕花枝未謝先鳴鴂。任你個好紅顔化成灰去者。

【前腔】非是我做女孩兒的性氣撇。非是我不聽着娘話説。只爲着那兩個貞節的字兒難毁拆。因此上這斷頭香教我怎去爇。我爹行見錯也。望娘親好勸些⑴。他若是要孩兒去做一個薄倖人兒也。拚取虞姬劍上血。

【鏵鍬兒】你性兒忒撇。惱得我心焦面熱。只恐怕待要團圓。翻成永別。任他的心腸硬如鐵。還須打疊。休勸者。我志已决。皂白兩難别。要青紅亂列。

【前腔】你言顛行跌。伊行真太劣。怎教他鎚碎連環。翻成斷玦。姻親誰不悦。他甘心苦節。你休弄巧。反成拙。堅白怎磨涅。肯把污行滅。（樂府先春）

〔一〕以上原奪三字，「得」字據上文補。

趙寬

趙寬，字栗夫，號半江，南直隸吴江（今屬江蘇）人。成化十七年（一四八一）進士。歷官刑部郎中、浙江提學副使，仕終廣東按察使。爲文雄渾秀整，行草亦清潤。著有半江集十五卷。生於景泰八年（一四五七），卒於弘治十八年（一五〇五），年四十九。

小令

【南正宫錦堂春】

玉樹斑斕戲綵。瓊林沆瀣凝春。壽鄉深處蓬萊島。高坐兩仙人。（南詞新譜）

萬勛

萬勛，一字著，號柳溪，遼東（今遼寧）遼陽人。與金陵陳大聲交好。

小令

【北正宫脱布衫帶小梁州】

四時閨情　詠琴棋書畫

琴

舞東風楊柳翩蹮。戰春酣紅杏鮮妍。高枝上流鶯緩轉。夢驚回小庭深院。〔小梁州〕粉褪殘粧寶髻偏。無語無言。王孫去馬又經年。誰行纏。魚鴈杳無傳。〔幺〕絲桐掛壁塵生面。强移來粧鏡臺前。玉軫圓。金徽見。舊愁新怨。都付與七條絃。（月香小稿）

棋

石榴開紅映窗紗。翠侵牆新竹交加。□□□雕甍繡闥。控金鉤翠簷高掛。〔小梁州〕黄篆烟微火旋加。燕雀無譁。銀河有路阻星槎。誠甘罷。低首慢嗟呀。〔幺〕紋緅閑與紅兒下。勢初分白鷺烏鴉。遣悶懷。消長夏。寸心乘暇。休舉起意兒差。（月香小稿）

書

映斜陽小小房籠。簇春山矮矮屏風。微雨過西岩翠聳。滴銀牀露華初重。〔小梁州〕夢斷高唐十二峰。雲影無踪。空將淚眼送歸鴻。成何用。獨立粉牆東。〔幺〕顫嵬嵬紅葉風摇動。偶飛來似姤衰容。玉手拈。親題咏。隻鸞孤鳳。寫不盡恨重重。（月香小稿）

畫

粉粧成高下樓臺。玉平鋪遠近庭堦。馬正阻藍關去客。酒先催灞橋詩債。〔小梁州〕香冷金猊淚冷腮。人未歸來。配成割損鳳頭釵。闌干外。梅却爲誰開。〔幺〕撫冰絲聊

把衰容載。仗東風寄與多才。歲月遷。佳盟在。□踈嬌態。看罷□□□。（月香小稿）

套　數

秋　雨

【北南吕一枝花】不沾濡渴望濃。偏欺負孤眠客。恰纔聞花外過。又早向枕邊來。蜜洒斜篩。幽砌畔虚堂外。壞垣西古寺側。逼投的畫屏前宋玉愁忝。攛斷的青鏡裏潘安鬢改。

【小梁州】你便是快睡的陳摶怎睡。能捱的瘦倍難捱。不害的沈約翻成害。凋殘禁柳。落盡宫槐。滴穿碧甃。潤透蒼苔。攪的個鴛鴦夢不得和諧。引的個長門賦加上悲哀。一聲聲偏滴向李三郎蜀道行宫。一點點盡嚮入王仲宣襄陽寓宅。一陣陣都飛上杜少陵夔府空齋。止除是歌臺。舞臺。管絃四壁宫腰窄。好支持易寧耐。此外誰能不掛懷。雨也只恁般作惡興災。

【尾聲】這雨呵醞釀出我二十年憂家爲國奔馳態。埋殺我三千丈詠月嘲風放浪才。不助我一夕風雷□□界。剛合眼又到來。纔安息又滚來。莫不敢倒卷過汪洋東大海。

（月香小稿）

談蚊蟲

【北南吕一枝花】形軀一粒微。口嘴些娘大。賢愚憎最切。今古恨偏多。静裏評跋。造物者何其過。假若不生他待怎磨。一日忙裏盼不到紫鳳儀庭。又怎見祥隣兆郭。

【梁州】黑夜裏成群作黨。到晚來東閃西窩。本是个背明投暗腌臢貨。嚷嚷唧唧。絮聒聒。一心貪狠。四體輕薄。難親傍小扇香羅。緊靠着棘刺蓬科。他他他除非是害不得華山頂上高卧陳摶。他他他除非是犯不着雪宫中雄談孟軻。他他他除非是禁不得月屏裏孤宿姮娥。你若是其他。小哥。若羅幃歲久梅紅破。百忙裏拍不及忍不過。攪的人徹夜連宵眼怎合。那裏得夢到南柯。

【尾聲】有一日撼梧枝金風捲地侵珠箔。滴焦葉玉路漫天瀉絳河。更添上一陣新霜壓青瑣。家家帳起翠幄。村村燒起焰火。把你凍死在屋角簷牙方纔快活殺我。（月香小稿）

自詠

【北般涉調耍孩兒】烟簑雨笠溪邊叟。怕聽攻國戰守。數十年袖手藏頭。極樂處已認深仇。看這千條細柳遮天緑。一曲滄浪遶舍流。好風景能消受。看驚鴻影亂。那去櫓聲柔。

【九煞】我這溪比湘江分外清。我這柳比湘筠就裏稠。你休誇山中奴婢橘如斗。這溪飲牛未可容巢父。這柳繫馬何曾許五侯。柳當前。溪環後。柳呵贈行謾折。溪呵煮茗須求。

【八煞】這柳引黄鸝在上鳴。這溪容白鷗向内遊。兩般兒自從混沌天分剖。這溪遠將着范蠡堅辭越。這柳緊罩定陶潛不仕劉。其中趣。自參透。溪分遠派。柳入新謳。

【七煞】這柳呵向風前妬舞腰。這溪呵敵鏡中别衆醜。他兩般兒把我斯完就。這柳春光未到應先覺。這溪地脈雖枯不斷流。總奪盡人間秀。這柳能將舟纜。這溪先許竿投。

【六煞】這柳亂紛紛白勝綿。這溪暖溶溶濃似酒。把根源支派都曾究。這溪滔滔慣把年光送。這柳裊裊能將春色留。静悄悄門外無輻輳。溪如眼碧。柳比眉修。

【五煞】這溪浪侵堦不用揖。這柳月當稍不用燭。他都識榮枯消長如天候。這溪常居鸚鵡洲邊渡。這柳不近鴛鴦浦外樓。多清潔。能温厚。五株自況。一勾酒酧。

【四煞】這柳不似他有上稍無下稍。這溪不似他有前口無後口。竟何勞一一通安否。

这溪無心雨後能添量。這柳得意風前暗點頭。二十載同相守。這柳見了些别離淚眼。這溪洗不盡今古閑愁。

【三煞】這溪紅塵半點無。這柳緑陰行處有。老天也不爲魚鰕誘。這溪過須浪息我把輕舠放。這柳撲面風來我將好句搜。休説那論交舊。柳呵你將那顛狂换却。溪呵你把流蕩須勾。

【二煞】柳呵慣聽那夕陽枝上蟬。溪呵能陪那西風渚外鷗。我愛個周流無帶心通透。溪呵光摇天際波千頃。柳呵影到窻前月半鈎。既相知不必論前後。柳你休絆征人去馬。溪你休阻遷客歸舟。

【一煞】柳呵應非一日交。溪呵能爲曠代友。愛你心虚量闊無紕繆。柳呵飄飄不受人拘束。溪呵泛泛真能得自由。許多時賴汝相匡救。看看白髮。又上人頭。

【尾聲】閒時節對青山浩歌。慢把舡舷扣。那浪裏功名何須掛口。去來呵稚子鈎來的魚。山妻釀下的酒。（月香小稿）

楊循吉

楊循吉，字君謙，又字君卿，别號南峰山人，南直隸吳縣（今蘇州）人。成化二十年（一四八四）進士，授禮部主事。善病，致仕歸，年纔三十有一。武宗駐蹕南都，爲伶人臧賢所薦，召至，賦打虎曲稱旨，易武人裝侍御前。帝以俳優待之。循吉以爲耻，辭歸。居家好蓄書，所藏十餘萬卷。著有南峰樂府一卷、松籌堂集十二卷、都下贈僧詩一卷、蓬軒吳記二卷、蓬軒别記一卷、吳中故語一卷、菊花百詠一卷、齋中拙吟一卷、燈窻末藝一卷、攢眉集一卷、奚囊手鏡一卷。生於天順二年（一四五八），卒於嘉靖二十五年（一五四六），年八十九。

小令

【北中吕謁金門】

文武醫卜

文才。美哉。原出自庖羲畫。典謨風雅孔親裁。千萬古垂光在。屈宋無朋。班揚難賽。有長庚仙被謫。列鵷鸞滿階。奏雲霞五色。郁郁乎成周代。武藝。最急。論劍法人當習。穿楊百步養由基。其中非由力。舞槊輪鎗。坐作進退。詰戎兵攘寇狄。諸葛亮扇揮。張子房筯畫。總不出三略計策。醫門。濟人。誰不把脉訣論。倉公扁鵲巧通神。嘗百藥農皇奮。南北温凉。内外顱顖。講難經明素問。李東垣主仁。劉河間用峻。則一様留聲聞。卜流。昔有。用雨霽占休咎。非熊曾兆副車求。疑事决神靈授。鬼谷先生。知前達後。拆單單勤禱祝。問田禾交投。斷婚姻籤剖。通上古遺風舊。

【北雙調沉醉東風】

鶯燕蜂蝶

金羽麗飛當翠柳。錦機鳴多止林丘。遲日天。東風後。應韶華出谷離幽。巧韻綿蠻不住休。直聽到晚秋時候。

羽墨色呼稱玄鳥。尾岐分翀舉青霄。王謝家。尋常到。向雕簷結壘營巢。戲蹴飛花正舞着。錦裀上紅英不掃。

趁花噚園林賽錦。鼓笙簧律吕成音。釀蜜柑。尋芳稔。往來飛色炫黄金。三月融和苑囿深。資麗景須還要恁。金粉翅天生華美。翠香叢活計清奇。紫陌頭。名園裏。舞晴空自在翻飛。芍藥荼蘼是所歸。輕颺處真堪愛惜。

【北中吕满庭芳】

春夏秋冬

東風暖和。禽啼雅韻。花發繁柯。酒旗遥指遊人過。隨處笙歌。蝴蝶粉濃粧自抹。海棠絲細長如搓。盤桓箇。韶華盛羅。歸騎踏香莎。

三伏暑天。火雲映日。翠柳鳴蟬。池亭幾陣荷風扇。冰簇芳筵。河朔飲開懷曠遠。杜陵歌束帶狂顛。凭欄遍。芙渠錦鮮。臨沼濯清泉。

庭梧乍飛。風回殘暑。雁促征衣。千林樹色蕭蕭地。水落霜威。愛紅葉停車謾倚。賞黄花貰酒多攜。堪娱意。登樓景奇。孤鶩帶霞暉。

星迴幾周。登場美稼。出甕新篘。峰巒雪霽如銀甃。寒雀枝頭。農事畢圍爐厮守。

故交來舉酒相酬。斯時候。推窻覽幽。江水一漁舟。

【北中呂普天樂】

漁樵耕牧

有漁翁。江鄉住。江鄉好景。緑水新蒲。鳴榔振鷺馴。擲網遊鱗聚。自古玄真名尤著。被寒簑志不存魚。則這蘆花晚炊。烹鮮侑酒。樂矣何如。

有樵夫。雲山樂。雲山好景。翠壑岩嶢。朝從澗道行。暮倚松岩嘯。自古買臣曾居約。擔頭薪書史同挑。則這伐木鳥鳴。時逢碁客。與箇仙桃。

有耕農。東郊舍。東郊好景。水足田賒。隨村種黍苗。遶屋栽桑柘。自古董生勤連夜。把犁鋤務本堪嗟。則這秋來刈禾。場登新穀。萬寶重疊。

有牧童。平原放。平原好景。百草生香。和衣月底眠。横管風前亮。自古凝之稱豪宕。隱廬山犢角懸觴。則這溪花競開。牛肥志樂。一路徜徉。

【北雙調折桂令】

紙墨筆硯

剡溪藤一片生光。水浪魚鱗。隱隱微香。作自何人。蔡侯創法。搗治如霜。善寫字羲之快賞。愛題詩子美忻藏。茜紫鵝黄。多品難量。雲母輕飾。金粉濃裝。

搗玄霜模質如圭。妙用神膠。配煉松煤。古昔名家。廷珪手造。價與金齊。管城子生借力。楮先生咫尺難離。磨起臨池。香霧霏霏。草隸真行。一任閒揮。

紫毫長製自蒙恬。縛兔中山。圓健齊尖。把向明窗。舒箋蘸墨。食指高拈。結搆處鋒芒要斂。放開時草聖須兼。擇毳如銛。玄液濃沾。萬管成功。到古何謙。

産端谿鸜目堪稱。石美無瑜。呵則生津。紫玉青瑶。良工巧製。風字前聞。資翰墨輸功不泯。助文房壽抵莊椿。銘刻長存。下沼波粼。顔柳蘇黄。昔日曾親。

【北正宫醉太平】

風花雪月

透簾幃爽哉。夏日永樓臺。香從花裏驀吹來。把炎蒸盡解。水邊亭四散清虚界。度松篁日夜鳴天籟。片帆飛江路水平開。這涼颷怎買。散微香鬬鵲。化工深紅紫隨機造。任逞東風艷嬌。九十日春饒。遍開縞李與緋桃。天涯爛熳皆須到。海棠邊銀燭夜來燒。賞韶光自好。降彤雲六花。看玉屑交加。一簑漁父泛仙槎。向平林密洒。翠峰巒頃刻銀裝畫。凍禽飢自處寒枝下。孟浩然吟興闊無涯。霰琤琤集瓦。碾瑶空玉輪。匝萬里無雲。清秋良夜桂飄芬。注金盃滿引。漸須臾彩霧圍成暈。晃寒輝皎潔魔難遯。席間邀連影共三人。把瓊簫對品。

套　數

打虎詞

【北南吕一枝花】姿雄百獸藏。風吼千林偃。耽耽眸子炯。濯濯氄毛鮮。鷙剛堅。村落裏尋食穿。草茅中擇穴眠。逞横行鐵爪銀牙。恣飽啖肥羊細犬。

【梁州】我則道是超山氣勇。又誰知觸罟嬰纏。吾皇曉御蓬萊殿。有虞人獻獲。正黼座臨軒。感宸衷振發。奉聖旨傳宣。道這厮暴物違天。有誰能奮搏當先。見班行蓦走出幾箇卞莊。奏臣們初習龍泉。投着。向前。這厮每荒張跳舞來迎戰。這力士儘膘健。驟得他竄走東西毛尾鬖。無翼飛騫。

【牧羊關】引起啗衝冠。怒打得他伏地喘。這烈士越精神誓不雙全。這厮每一來一往。一撲一剪。擁金爪三班齊喝采。環玉陛列貴早誇賢。你便是拔牛强難比並。扛鼎力怎相聯。

【賀新郎】這厮每看看鬬乏口流涎。霎時間毒手成功。恶業除殄。這烈士披袍還笏當瑶輦。看一搭兒倒地腥羶。爛糟糟皮帶骨。丹滚滚血流顛。勑天厨就把封成臠。英風增百倍。法曲上千篇。

【尾】吾皇神武如雷電。左右驍勇百萬員。豈争這一隻山蟲敢專擅。擺列着玉筵。賞賜了鈔錢。則教那太史院的詞臣慢慢演。

南北雙調合套

春　景[一]

【錦上花北】太皡司行。韶華方會。壯麗皇都。報説春回。彩仗泥牛。勝賞又集。料峭餘寒。丹蕚綻早梅。龍樓瑞靄凝。金闕暖風吹。御沼泮輕冰。綠水漸平堤。林鳩含簧。又已早啼。紫陌遊輪。從頭行樂起。

【銷金帳南】千邦歡賀。元旦鳴環珮。正當陽華袞垂。烟非霧非。慶雲曳盛。上苑春意。雪消殿庭。殿庭森羅百戲。香氣繚繞金爐。拜舞交歲律。鈞天樂奏韶。共樂聖君治。

【折桂令北】喜元宵桂魄揚輝。驀見鰲山。出海崔嵬。火樹銀花。春風永夜。光吐珠璣。調玉燭祠傳太乙。弛金吾樂及羣黎。畫皷如雷。鮑老供詼。進上重瞳。萬壽霞盃。

【二犯江兒水南】〔三〕迤邐春光非易。杏花漸舒蕾。聽綿蠻枝上。幾聲黃鸝。又絲絲降雨乍霏。芳草未都齊。條風還與催。梅荳初肥。看到荼蘼。一枝枝海棠紅嬌艷莫比。賞名花簫韶韻微。備擊鞠驊騮駿美。剛纔到春半分淑景遲。

【雁兒落帶過得勝令北】烟將柳畫眉。雨壓花成醉。花容得雨嬌。柳色逢烟媚。花柳共春輝。遊翫賞芳菲。法醞臨花瀉。雕鞍向柳維。徘徊。春榭風光麗。瑰奇。春臺物象熙。

【疊字錦南】最好日麗畫幙花事有期。錦屏圍。莫不是夭桃綠間緋。韶光盛布東風。

上林紛鬬艷。争説院落一樹梨。御樂奏酒釃碧泛罍。又報道靈芝叢生煒煒。甘泉瑞木一併現。當今世。最好日麗畫幙花事有期。

【沉醉東風南】見垂楊藏鴉可喜。又翩翩蝴蝶抱蕋。隨處廣排食罍。亭臺上富貴。翫羣芳任笙歌聲沸。暖風掠卉。但覺忽聞花氣。又見翠衿丹臆。幾般禽飛來樹底。

【川撥棹北】鶯哈哈傍龍旂。鹿呦呦親玉几。柳長新梯。花吐芳蕤。魚躍玻璃。雉擾文翬。單則因吾皇聖德。孚動植樂無爲。

【川撥棹南】春明媚。愛融和添日晷。日正永舞燕差池。牡丹叢新英乍披。又芳辰瀫雨追。冶艷濃香錦綉堆。傍禁庭列瑣闈。動一派歌管聲。馳霞觴進蓬萊。怎得配樂昇平民庶綏。

【七弟兄北】乍上巳過矣。又百五來兮。呀漸春深柳花飛。却便似晴空風蕩晴雪墜。池塘一夜長漣漪。又浮萍萬點青無際。

【梅花酒北】畫閣日影移。對媚景晴曦。文史心怡。雨潤琴徽。呀。我則見春水溶溶滿太液。聽布穀禁林棲。賽歌吟。堪愛惜。花競發景偏宜。殿餘春落紅稀。落紅稀又春歸。

【喜江南北】呀。論春來好景筆難題。遍人間明麗共華夷。樂東郊膏雨足耕犂。歡慶洽四畿。誰不仰聖主德巍巍。

【餘音】良辰美景春爲最。賞韶光無如帝里。永享億萬洪基。

南北越調合套

夏景

【綉停針南】夏景云初。昨夜薰風來入帝都。清和又送一番雨。日長晝景堪娱。池塘上猶然飛絮。盛紅藥翻堦競舒。到此風光越添富。山河百二壯皇居。良辰正値春暮。

【小桃紅北】則見招摇南指祝融墟。漸長養亨羣物。五色薔薇錦般具。雀生雛。向晝簷飛上庭前樹。立夏已踰。佛生仍遇。閙喧喧蘭水沐金軀。

【合笙道和南】輕綃初御。乍暖進温噓。園林緑晴景勝殊。鶯喉宛轉朝至晡。滿林簷葍香風霧。料得仙苑蓬壺。不過只如許。溜鳴韶護。池亭夏日偏宜駐。枇杷彈熟金無數。翠鳥往來飛翥。賞花釣魚。鳳笙鼉鼓。喜逢端午。正是滿目丹榴。相看酒泛蒲。更着龍舟飛棹。水面競浮渡。憑欄翫取。向幽雅處。宴賞停鑾馭。不妨得句彩箋書。

【調笑令北】雨餘。緑蕉敷。見乳燕呢喃相趁呼。廣寒宫闕輝金玉。自然無半星塵土。戎葵競開傍側圃。便東風紅紫如何。

【山馬客南】麥乍黄。梅早腴。漸炎蒸苦熱。北陸飛烏。層冰疊架瓊與琚。唤清涼頃刻回寰宇。豈異神仙洞府。向水殿山亭。賞翫怡愉。

【憶多嬌南】夏日徐。堪燕處。瑶琴進御操有虞。物阜時康皇情豫。槐柳清渠。真個丹青畫圖。

【禿廝兒北】荷擺葉翠盤風舉。藕花開錦帳雲鋪。不燒沉水自芬馥。似仙姝萬粧俱。且觀芙蕖。

【聖藥王北】天正炎。火令驅。甘霖時得沛菑畬。圃有蔬。農有穀。吾皇德化與天符。鼓腹樂康衢。

【金蕉葉北】三伏裏暑炎似爐。九天上風清滿裾。仙樂奏彈絲品竹。鳳鳥至來儀聖主。

【豹子令南】瓊島嵯峨水浸隅。泛錦艫。一似閬苑世間無。檜千株。疊嶂迴峰隱雲霧。最高亭上好風雩。俯寰區越裳肅。慎捴來輸。

【梅花酒南】龍笛鳳竽。錦筝瑶柱。浮瓜沉李華筵布。偏暢樂轉風車。好涼天多景趣。瓊漿滿金觚。風洒暑祛。太平時怎虛度。

【前腔】雨洗翠梧。風穿白苧。玉盃送到涼生處。看月上晃清虛。喜入荒蠧臣伏。陰山縛匈奴。膺歷秉樞。聖明君百靈護。

【餘音南】從來長夏難並伍。是品彙俱各生聚。共樂昇平皇圖邁萬古。

南北南吕合套

秋 景

【一枝花北】金風送早涼。梧葉飛清籟。蓐收方效職。北鴈盡南來。寳樹瑶階。露滴滴珠堪摘。宇澄澄暑漸排。暗香餘幾陣荷颸。紅樓抹一天霞彩。

【一江風南】景奇哉。秋到真堪愛。庭院添奇快。玉鐍開。粧點秋容。競吐雕欄外。金樽對景釃。風來偏暢懷。更玲瓏翠竹摇碧瀨。

【紅芍藥北】銀河夜永跨天街。七夕星諧。笙歌迭奏鳳喈喈。法曲新裁。宴良宵傾琥珀。看成橋靈鵲啣柴。一年佳節賞亭臺。乞巧此時該。

【兩頭蠻南】秋空一字雁行挨。餘暑疎蟬吟滿槐。又中元節至脩持佛戒。盂蘭盆廣會齋。散香花點向蒼苔。則這箇如來普施無揀擇。殊勝福田何不勤種栽。

【風入松南】山園禁苑似蓬萊。早又中秋屆。遥觀冰鑑飛出海。這月色其實難買。盛羅列玉果筵排。瞻碧漢浄無霾。

【罵玉郎北】天香萬斛舒丹桂。桐露洗竹風篩。秋光潑眼山奇態。但見潦水清。日月高。乾坤大。

【節節高南】重陽菊始開。滿庭堦。金英翠葆紛相界。秋如海。助雅懷。花偏耐。登高賸把茱萸帶。翔鸞翥舞紅雲外。天朗氣清正斯時。好稱西園盛飛蓋。

【感皇恩北】楓葉霜裁。幾樹臨崖。更芙蓉。嬌映水。比桃腮。水天一色。王粲多才。逡巡到。秋老處。嫩寒纔。

【採茶歌北】碧崔巍。聳樓臺。倚欄杆萬里天無礙。捲珠簾迎瑞靄。則見西山爽氣滿前哉。

【生姜芽南】西風肅九垓。候無乖。霜高氣勁鷹飛快。鞲繫解。俊羽開。隨禽邁。草間孤兔咸除害。吾皇講武順天時。豐登永荷唐虞代。

【尾聲】秋來衆寶欣俱會。八方寧謐絶烽埃。共皇齡億萬載。

南北商調合套

冬景

【集賢賓南】初寒瀟洒正萬國。禾黍收成農暇。俟服盡朝運輻爭。馳光天下玄冥布。令冬臨乍。透珠箔涼颸韻雅。賓賢會。與普天同慶詔書寬假。

【梧葉兒北】天工奏。物景佳。晚暮更堪誇。山堆石。水見沙。菊餘花。最耐觀冬來歲華。

【山坡羊南】紅葉酣霜如畫。翠柏淩寒無價。放晴和爲晒登場稼。小春時候佳。菊吐葩。新粳玉粒先供駕。膳後餘清陽羨茶。皇家。封疆萬里遐。如麻。依期貢不差。

【出隊子北】晚來林罅。動清風藏玉蟆。蓮開絳蕋燦如霞。鼓弄新腔雨亂撒。此是上元燈會耍。

【金菊香北】朔風自北不住飄颩。旅雁南來日夜偕發。黃葉輕翻滾下寒木槎。霜老蒹葭。啼蛩唧唧語聲雜。

【醋葫蘆北】一陽從地生。四海惟君大。梯航來賀表裝匣。金石嗚餘廷看馬。車書華夏。遍幅員拜舞盡懽洽。

【東甌令南】寒威凛。浩無涯。古木喬林集暮鴉。彤雲密布風堪駭。眼見雪兒下。飄搖一似柳飛花。斷纖瑕。

【玉交枝南】玉鱗萬瓦。問青山誰爲粉搽。范寬圖懸掛。流丸凍雀堪打。擁紅爐樂奏玉貌姓。對瑶林酒飲黄金斝。詞客賦彩毫堪把。慶豐歲迎禧受嘏。

【後庭花北】營齋奉釋迦。遍及衆菩薩。臘八伊蒲供。慈悲念濟拔。論悉達。天上天下。無不恭敬他。梵潮音天雨花。酪杯濃浄飯家。好佳時修禁闥。

【玉抱肚南】恭默玄化。似上天物成事寡。此際元氣斂藏。暖閣中錦帷綉榻。報春信有寒梅先放花。景到隆冬還更佳。

【錦羅袍南】冰結流泉暗達。正窮冬寒沍。風猛揚沙。海東夷長獻雙駕。都來稽顙丹墀下。歲云暮矣。防邊轉加。單于欵塞。無勞奏笳。太平宫禁多清暇。

【青歌兒北】一冬逡巡殘臘。樹蕭蕭蜕葉藏芽。全仗東風幹當他。獸炭噓呀。酒泛流霞。曲掃琵琶。菓飣梨楂。味列熊蝦。玉几上金瓶水仙花。清香辣。

【耍鮑老南】歲當除夕星周恰。天時就可堪誇。燒爆竹。聞聲遠。祀門户將神答。殘年半霎。明日春來花又發。畫戟羣儺把僑裝面假。屠蘇酒欵年華。麟脯鯨鯢鮓。列宴香風洒。晨鐘動曉鼓撾。侍臣催嚴駕。千萬炬燭籠紗。

【餘音南】聖皇拱穆覃鴻化。似天地無不涵納。海内謳歌配大雅。

歲朝慶賀

【北商調集賢賓】慶皇明太平新歲好。堯舜世喜逢遭。海宇清三陽開泰。執玉帛萬國來朝。繞丹墀鹵簿齊排。對金階庭燎高燒。森森羽林如蝟毛。擺列着畫戟金刀。旆旌天闕近。鐘鼓鳳樓高。

【逍遥樂】銀河初落。漏盡銅壺。聲殘畫角。寶鼎香飄。聽鈞天一派簫韶。瑞靄祥雲接絳霄。我則見珠簾高捲。雉扇輕開。聖主臨朝。

【掛金索】你看那聳翠流丹。殿宇烟籠罩。舞鳳蟠龍。斧扆光明耀。戛玉鏗金。劍珮聲錯落。瑶室瓊臺。仙境誰曾到。

【金菊香】雾時曈曨日影上林梢。弱柳垂青白玉橋。兩袖天香春意早。方信道玉燭均調。和氣滿凍烟消。

【醋葫蘆】則聽得錦衣人鞭擊三。絳幘人時報卯。更有那教坊司高把魷燈挑。整肅朝儀人静悄。鴻臚傳報。龍顔瑞拱九重高。

【尾聲】〔三〕徐徐定了班。朗朗的宣罷詔。雍雍的行禮兩三遭。萬歲山呼齊頌禱。百官忻躍。一箇箇揚塵舞蹈盡忘勞。

追和馬東籬百歲光陰

【北雙調夜行船】物態多般薄似蝶。閒推想幾許堪嗟。燕覓烏衣。前番王謝。量只有杜康難滅。

【喬木查】上雲梯桂闕。非乏少閒俊充朝野。守山庵冷話誰共説。笑紛紛猜不明。酒影弓蛇。

【慶宣和】大抵人生一兔穴。豈貴英傑。顔子簞瓢志不折。都來是道耶。命耶。

【落梅風】休學儉。勿慕奢。趁家緣伏朝臘夜。百年身從不聞長鑄鐵。留片晌舉杯邀月。

【風入松】晚郊疎雨白楊斜。多少北邙車。黑頭俄頃成皓雪。撚指見好醜各别。須信機關是拙。枉勞心不似癡呆。

【撥不斷】筆毫竭。履絇絶。才高漫得青蠅惹。路窄偏饒刺棘遮。冰輪每苦光先缺。竟何如爛柯樵舍。

【離亭宴帶歇指煞】桃符版元亮門慵貼。煙波江魯望舟躭歇。流光箭徹。纔除夕竹驚雷。又元宵燈作市。早茂夏鵑啼血。鬭繁華金谷園。甘静僻柴桑社。覷幻夢水中漚。浮名枝上露。煩惱風前葉。掩青編罷苦吟。燒絳蠟追佳節。更取俺春衫當者。唤不起馬東籬。與何人酬唱也。

複　出

小　令

【南仙吕入雙調松下樂】

清　課

歸來重整舊生涯。

堯山堂外紀題作「清課」，注楊循吉撰。吴歈萃雅、詞林逸響、南音三籟題目同外紀，俱署楊斗望作，未知孰是。兹已輯於文岳卷中，此不重出。

楊循吉

〔一〕此曲北曲拾遺亦録，不注撰人。
〔二〕原作〔江兒水〕，兹正。
〔三〕【尾聲】原奪，兹補。